Haiwai Xinwen
Chuban Shilu
2008

海外新闻
出版实录2008

新闻出版总署
对外交流与合作司 编

人民出版社

目　录
CONTENTS

出　版

政策与管理

海外看中国

出版

康泰纳仕从大洋彼岸姗姗走来

金秋的 9 月,与第 29 届北京夏季奥运会重合的第 15 届北京国际图书博览会,移师天津举办。

美国康泰纳仕国际集团董事长乔纳森·纽豪斯先生,应邀以贵宾的身份,在博览会高峰论坛上做了主题演讲。

与英国的企鹅出版集团、德国的贝塔斯曼出版集团、法国的拉加代尔传媒集团以及日本的讲谈社相比,美国的康泰纳仕国际集团对中国新闻出版界来说,大概还有点神秘。然而,当把《时尚》(Vogue)、《GQ》、《AD》、《魅力》(Glamour)、《纽约客》、《名利场》、《美食家》这些美国顶尖的杂志与之联系起来的时候,立刻就会感觉康泰纳仕原来是非常"熟悉的陌生人"。

百年老字号

康泰纳仕从创立至今,将近 100 年。作为以出版杂志为主的国际集团,一直致力于全球发展战略。

康泰纳仕国际集团现任董事长乔纳森·纽豪斯,从事新闻出版业已有 30 余年。1972 年从出版报纸起步。1980 年加盟康泰纳仕。1989 年被任命为康泰纳仕国际集团总裁。从 1991 年起,出任康泰纳仕国际集团董事长。

乔纳森·纽豪斯成为康泰纳仕的掌门人以后,承先启后,继往开来,不断续写着辉煌。现在,康泰纳仕已在世界 23 个国家出版 130 多种杂志,这些杂志每期的总发行量达到 3 500 万册。随着网络经济的兴起,康泰纳仕积极开拓杂志网络领域,现已拥有 83 个网站,用户达到 2 400 万。

康泰纳仕的核心竞争力主要在杂志。这样,康泰纳仕也理所当然地成为催生名牌杂志的摇篮。比如,美国 2008 年度的"国家杂志奖",再次拥抱康泰纳仕——其所属的《名利场》《GQ》《纽约客》《连线》和《康泰纳仕证券》进入获奖名单。

有行家形象地比喻说,如果把美国"国家杂志奖"看作一顶皇冠,获奖的杂志是镶嵌在皇冠上的明珠,那么,仅康泰纳仕一家,就贡献了五颗璀璨的明珠。

美国建国不过 200 多年,而康泰纳仕即将进入百年老店的行列,且与时俱进,长盛不衰,愈久弥新。

不妨认为,无论在美国、在北美,还是在全世界,康泰纳仕都是最具规模、最有影响的杂志出版集团之一。

中国期刊出版界的新伙伴

虽然康泰纳仕的乔纳森·纽豪斯董事长已来过中国 20 次,但康泰纳仕与中国新闻出版界的合作,可以说才迈出了第一步。

2005 年,经新闻出版总署批准,康泰纳仕与人民画报社进行版权合作,创办了《服饰与美容 VOGUE》杂志;2007 年,经新闻出版总署批准,康泰纳仕与中国妇女杂志社开展版权合作,推出了《悦己 SELF》杂志。比起"老资格"的贝塔斯曼、拉加代尔等其他外国集团来,康泰纳仕还是中国期刊界合作的新伙伴。

然而,凭借自身跨国公司的丰富经验,凭借中国的天时地利人和,康泰纳仕做出了一系列实现本土化、充满人情味、让中国读者感动,甚至值得中国新闻出版界借鉴的事情:

——与 2008 年 5 月号《服饰与美容 VOGUE》杂志同期,特别制作了一期厚达百页的奥运别册《2008 在北京》。别册除了简短的文字以外,还配以大量精美图片,体现了奥运北京之美、奥运人文之美。新闻出版总署主管的中国新闻出版报指出,"以如此篇幅关注北京奥运,这在众多版权合作的期刊中'并不多见'。"

——《悦己 SELF》杂志(大陆简体版)通过中国国际图书进出口有限公司,现在销售到北美和欧洲,如纽约、旧金山、洛杉矶、拉斯维加斯、伯明翰、多伦多、魁北克、温哥华以及欧洲各国的主要城市,并进入北美地区各大城市的机场。与此同时,在 2008 年,《悦己 SELF》杂志开始百分之百地采用大陆简体版的内容,出版总页码为 148 页的台湾繁体版,通过康泰纳仕台湾分公司,在台湾地区正式发行。台湾现有人口 2 300 万,报纸杂志强手如林,但台湾繁体版的《悦己 SELF》一面市发行量就达到 8 万册,这是出人意料的。应当承认,《悦己 SELF》杂志台湾繁体版的出版，与正面宣传"实现祖国统一"有异曲同工之妙；而《悦己 SELF》杂志大陆简体版的海外发行，与中国出版及中国杂志"走出去"的理念又是不谋而合的。

——从 2008 年起，康泰纳仕与新闻出版总署及中国期刊协会开展一项为期五年的合作计划，内容包括通过康泰纳仕设立的奖学金资助中国出版业官员和专业人员出国进修，以及与中方共同组织每年一期的期刊经营与管理培训研讨班等，每年研讨主题由中方根据需要确定，外方提供专家和资金方面的支持，以加强人才交流。

——四川发生大地震以后，康泰纳仕在第一时间通过集团分公司向灾区捐款 100 万元人民币。集团董事长乔纳森·纽豪斯，集团总裁简武浩，集团中国区董事总经理曹伟明，集团中国区战略发展总经理蔡荣生还以不同方式表达了对灾区的慰问和支持。集团中国分公司还组织在北京、上海、广州、香港地区的员工捐款和献血。《悦己 SELF》杂志与李连杰主持的"壹基金"联手，开通了"悦己"专属的短信捐款通道，专款专用，支持灾区重建工作。

后来者居上？

2008 年 4 月，新闻出版总署副署长孙寿山会见了康泰纳仕国际集团董事长乔纳森·纽豪斯一行。

孙寿山表示，改革开放 30 年来，中国出版业发展迅猛，书报刊出版总量居世界首位，音像、电子、网络出版增长迅猛，已形成较完整的体系并具备一定产业规模。中国政府正在大力推进包括出版体制改革在内的文化体制改革，进一步解放和发展出版生产力，推动中国由出版大国向出版强国转变。

孙寿山特别指出，中国期刊出版单位与国际期刊出版机构版权合作取得良好进展，目前，全国已有 1 家商业类期刊、26 家时尚生活类期刊、32 家科技类期刊与国外期刊出版机构开展版权合作，社会效益和经济效益都不错。

也就是说，中国大陆现有杂志 9 400 多种。如果减去以上 59 种已经"涉外"的杂志，那就还有 9 300 多种杂志还没有与国外杂志开展版权合作。这对国外杂志而言，合作空间无疑是巨大的。

中国的《读者》期刊集团和《家庭》期刊集团，主要是把一种或几种杂志做大做强。美国的康泰纳仕国际集团，似乎是把几十上百种杂志做大做强。因此，韩信点兵，多多益善。只要是"有人居住的地方"，就要有康泰纳仕的杂志。康泰纳仕尽管已拥有 130 种杂志，但继续增加下去应是题中之义。

万事俱备，更有东风。在北京奥运会比赛场馆的商店里，中国政府破天荒地允许世界各国的杂志进入，与中国的杂志同场销售，中外读者都可以购买。有人说这好像也是"全球杂志的奥林匹克运动会"。这应当预示着，中国期刊界正在以更加开放、更加大气的姿态，迎接国际期刊界的光临。

同样是在 2008 年，一直情系中国图书出版的贝塔斯曼，似要和中国出版说再见。而一直关注中国杂志出版的康泰纳仕，却越来越看好中国出版。

与中国出版业的合作，如果说康泰纳仕是个"后来者"，那么，随着对中国文化的深入了解，和与中国出版业交流合作的进一步开展，焉知这个"后来者"不会"居上"？不会走得更远？

笔者有幸提前拜读了乔纳森·纽豪斯在北京国际图书博览会高峰论坛上的主题演讲稿。在演讲稿的最后，有着意味深长的结束语："对于出版从业者来说，这是一个激动人心的时代，就像舵手在险流中航行，前方波涛澎湃，暗礁处处。如果你不小心，可能会触礁而沉。但是如果你能够驾轻就熟，你就可以全速前进，越走越远。"

乔纳森·纽豪斯演讲的题目是：《世界杂志出版的趋势》。

（古隆中　编写）

世界杂志出版的趋势

(编者按：这是美国康泰纳仕国际集团董事长乔纳森纽豪斯先生在2008年第15届北京国际图书博览会上的主题演讲。他对世界杂志态势的分析，值得中国期刊界借鉴)

你们好！我很荣幸受邀来为这个中国知名出版人士云集的会议作演讲。这是我第20次访问中国，但却是第一次来到天津，我很喜欢天津。我受邀演讲的题目是《世界杂志出版的趋势》，这是我很有资格谈论的一个话题。

我的康泰纳仕出版公司，在23个国家和有人居住的世界各大洲出版经营的杂志总共超过了130种。我定期访问这些市场，并通过我的同事们、信息源以及自己的眼睛观察来获得第一手资料。

世界是一个既大又复杂的舞台，在不同的发展时期有着不同的市场和文化，并且以不同的速度前进着。因此，即使有可能发现某些趋势，但也并不一定具有普遍性。像美国和德国这类成熟市场中杂志出版的趋势，与俄罗斯和印度新兴市场的区别很大。不过，某些重要的趋势还是可以被报道的。

一个令人担忧的重要趋势就是单份杂志的销量在美国、法国、德国、意大利以及西班牙等许多发达国家明显下降。在2004～2007年之间，上述发达国家的单份杂志销量都下降了，这些数据反映的仅仅是通过报摊亭和铁路站这些非订阅式的单份杂志的销量，同期美国的单份杂志销量下降了9％，法国为7％，德国为9％，意大利为7％，西班牙为10％。

销量为什么会下降呢？法国和德国市场销量下滑是与该国销售杂志的报摊亭

数量减少有关的。由于这些国家城市里的房租都已经上涨，那些无力支付房租的报摊亭租户都被赶走了。销售杂志的报摊亭消失之后，一部分杂志也跟着从市场上消失了。

另外一个重要的原因，想必就是手机和黑莓等手提电脑之类的便携式通讯工具的兴起。

传统上，人们买杂志是因为当他们坐火车或者公共汽车，又或者是在候诊室的时候，杂志是一个既便宜又便于携带的消遣和信息获取手段。

但是，过去购买杂志的那些人，现在都把时间花在移动电话或者电脑上。我虽然没有具体的统计数据来支撑我这个判断，但是，只要观望一下任何一座火车站的候车站台，你就可以发现这一点。

当然，像俄罗斯和印度这些正处在上升阶段的新兴市场中，并不存在单份杂志销量下降的趋势。这些市场上的销量一直在增长。2004～2007 年之间，俄罗斯的销量增长了 27%，印度同期也增长了 25%。

还有一个重要的趋势则是杂志开办了自己的网站。几乎所有的杂志都开设有相应的网站。有时候，网站上仅仅提供几张印有杂志名称和本期目录、购买地点等基本信息的页面。但是也有一些杂志的网站发展得非常成熟，其内容多达几百页，并且大部分网站基本上每天都会更新。这些杂志的网站属于杂志的内网，它们能够比纸质杂志吸引更多的读者量。

例如，这一页就是来自西班牙版《时尚》(Vogue)杂志的网站。

西班牙版的《时尚》(Vogue)杂志大约有 15 万的发行量，但是它的网站却拥有 53 万的独立用户，并且每月都会产生 1 900 万的页面流量。这个信息表明杂志的网站与杂志本身有着很大的不同。

实际上，我们在法国尝试做了一个试验。我们拿来一本杂志，把它的内容一页一页地复制到网站上去。我们甚至对这些内容精心设计了一番，使得网站用户能够翻页阅读。我们还允许网站用户购买这些和纸介质杂志一样的网络版杂志。结果，只有 29 个读者购买了网络版杂志，购买纸介质杂志的却有 35 万。人们不喜欢在线阅读冗长的杂志文章，他们只是想在只言片语之中得到消遣。

杂志通过网站可以带来订阅费。

有些杂志甚至还为移动手机用户提供内容服务。

我要讲的第三个趋势，也正是我敢确信的，因为我的公司现在主要就是在做这一块，那就是袖珍版杂志在增长，尤其是关于女性领域的袖珍杂志。

我的康泰纳仕集团国际部，在 1999 年削减了意大利版《魅力》(Glamour)规模，这是我们第一次削减标准版女性杂志的规模。一开始，我们一直并行不悖、不分重点地既做意大利版《魅力》(*Glamour*)，又做国际版的《魅力》(*Glamour*)，因而是两种版本，两种价格。

现在，我们只销售少量的国际版的《魅力》(*Glamour*)杂志。

女性喜欢袖珍杂志，因为她们在坐火车去旅行或者乘坐公共汽车的时候，可以随身携带着放在自己的笔记本里。男士们则倾向于不喜欢袖珍型杂志，他们喜欢选择那些重量和开本更符合标准出版物的杂志。

这一做法得到了其它出版商的普遍仿效。这里有一张幻灯片充分表明越来越多的女性袖珍型杂志开始在欧洲出现。

在中国，我们公司和中国妇女杂志社合作出版了《悦己 Self》杂志。我们主要在精心挑选的二线和三线城市出版《悦己 Self》这种袖珍型杂志，并且该杂志颇受读者的青睐。

下一步的发展现在还不算是一种趋势，但是，如果它最终未能形成某种趋势，我将会感到惊奇。这就是免费杂志。在英国，主要有《Short List》和《Sport》两种杂志。

这两本杂志每周都将在地铁站针对男士们免费发放一次。

这种主意来源于免费新闻报纸。免费新闻报纸在欧洲和美国的许多城市里，已经成为虽然数量不大、但一直在不断增长的业务。

在这些城市当中，那些称为"地铁报"和"伦敦报"的报纸都是免费向公众赠阅的。一般来讲，读者应该为报纸支付一点现金，但是这些免费报纸不需要读者支付任何报酬，他们100%的是靠广告收入来支撑的。这些免费报纸在城市中也已寻找到了自己的立足点，并且抢走了一些有偿报纸的读者群。

现在，我们已拥有了第一份免费杂志。这会不会成为一种趋势呢？我希望不会。作为一个商人，我希望顾客为刊物掏钱。尽管我这样希望，但是，免费杂志也许正成为一个不断增长的现象。

网络和免费刊物现象的出现，反映了信息提供方式的戏剧性改变。大量的信息开始得到免费地提供。许多人，尤其是年轻人，开始感觉到自己再不需要像以前掏钱买杂志那样就可以免费得到信息与消遣。这是一种观念的转变。坦率地说，这对于我们杂志出版商来说是不利的。如果大家感觉自己可以不用掏钱就可以得到信息与消遣，那么，将会很难怂恿读者购买刊物。为了激发读者购买我们的刊物，我们就必须使得杂志的内容更好更引人注目。我们的工作也将会越来越难，而不是越来越容易。

各种不断变化的因素影响了杂志的销量，这种趋势在发达国家一直在走下坡路。当然并非所有类型的杂志都是那样的。不同类型的杂志显现出了不同的趋势类型。其中,有成功者也有失败者。

例如,电视节目清单杂志就是这样一种持续不景气的类型。在过去,这些是属于载有本周上映电视节目的传统的周刊杂志。现在,这些杂志的销量几乎呈全线稳步下滑之势。在法国,其发行量下滑了14%,德国下滑了10%。

在美国,电视杂志和电视指南最为著名,历史也最为悠久,也曾经一度是市场份额最大的杂志,但是,其销量下滑已经很多年了。实际上,在过去的五年中,其销量下降了63%。

另外一个销量下滑的杂志类型是专门针对青少年,尤其是花季少女的杂志。在英国,像《Bliss and Sugar》之类的杂志销量都已经下降了,《J—17 and 19》杂志也已经停刊。这里有张幻灯片表明在过去五年中,此类型杂志销量的下滑情况。

德国,作为欧洲最大的期刊市场,像《Popcorn》这样的青年杂志也难逃厄运。在美国,像《YM》、《Elle Girl》、《Teen》这些较大的青年杂志也已经停刊。在这种消极态势之下也有一个例外,那就是康泰纳仕的《Teen Vogue》杂志却在美国成长起来了。

再次审视这种趋势出现的原因,新技术革命仿佛就是罪魁祸首。新媒体增加了信息来源,改变了人们获取信息以及消遣时光的方式。科技进步对期刊的销售产生了影响,按照我所描述的情况来看,这种影响是消极的。

从积极的角度来看,我们看到在很多国家有一种类型的杂志销量是不断增长的,这就是致力于娱乐界名人的廉价周刊杂志。这些杂志往往质量低下,哗众取宠,过分关注那些电影明星、电视名人、运动员以及模特。这种类型的杂志经常存在着,而且现在越来越多,似乎每个月都会有新杂志出现。在不到几年的时间里,这种杂志在英国就已经获得爆炸性的增长,这种趋势在英国的任何一个地方都得到了充分的体现。

出版同仁们,我已经为大家呈现出了一副世界正在发生的景象。这是一幅很令人费解的图画。不是吗?现实总是不能被简单而清晰地理解,尤其是当现实中受到充满活力的因素的影响。对于出版从业者来说,这是一个激动人心的时代,就像舵手在危险的水中航行,前方波涛澎湃,暗礁处处。如果你不小心,你将会触礁而沉。但是如果你能够驾轻就熟,你就可以全速前进,越走越远。中国的出版者们已经驶入了世界出版业那宽阔的海面,一切都已经被改变了,一切又都如此令人兴奋。愿我们大家都能好运!

（刘永红　翻译）

总统竞选人图书出版悲喜剧

2008 年前后,新的一轮美国总统竞选热火朝天。主要竞选人要么推出新作,要么再版旧作,今天你的书畅销市场,明天我的书登上排行榜,着实给美国出版业带来了生机与活力。

"枪手"代劳

美国图书业销量跟踪调查机构"尼尔森图书扫描"最新统计数据表明,奥巴马的回忆录《来自我父亲的梦想》(1995 年第一版)和政治自传《无畏的希望》两本书合计平均销量,在 2008 年 2 月下旬已超过每周 3.5 万本,大约是 2008 年 1 月的三倍。

而与此同时,希拉里的自传《亲历历史》(2003 年第一版)在 2008 年以来平均周销量仅有 1000 本。不过,这本书在 2003 年首次发行时火爆一时,一两个月内销量就接近百万册。此外,她在 1996 年出版的《同心协力》也曾连续 20 周荣登《纽约时报》畅销书排行榜。然而,在最近两年《纽约时报》美国畅销书排行榜上,希拉里倒是"稀客"。

相比之下,尽管麦凯恩在共和党内政治行情一路看涨,但他的著述销量一直不见起色。他的自传《我父辈的信仰》(1999 年第一版)、政治宣言类著作《强烈的呼唤》(2007 年第一版),以及《值得争取》(2002 年第一版)和《勇气为何重要》(2004 年第一版)等作品销量平平,每周均不超过 1000 本。

奥巴马的两本著作不但畅销,还在格莱美的舞台上让他风光了一把。凭借有声读物《无畏的希望》，奥巴马 2008 年第二次获得格莱美"最佳朗读专辑奖"。两年前，他就因朗读自传《来自我父亲的梦想》赢得过该奖项。而此前，两位前总统比尔·克林顿和吉米·卡特都曾与该奖项失之交臂。

当然，选总统不是搞书展，今天的美国选民不会幼稚到因为喜欢一本书就去选作者当总统。更何况，许多政客出书在很大程度上只是挂名而已，实际大部分由职业写手捉刀或由顾问和"门客"集体创作。

稿酬不菲

在美国政坛，不平凡的经历能够成为闪光的"卖点"。在参加本届大选的十几名竞选人当中，没有一个不出书的。据乔治·华盛顿大学政治系统计，目前美国市面上出售的竞选人著述或以他们为主角的图书不下百种，但受欢迎程度大相径庭，稿酬也有天壤之别。

希拉里《亲历历史》一书动笔前，就一次性提前领取了 800 万美元的报酬。此书问世后十分畅销，一版再版，并被译成多种文字，累计销量不下数百万册，仅仅版税收入就累计达到 230 万美元。

奥巴马 2006 年出版的《无畏的希望》，得到 42.5 万美元稿费。到目前为止，此书销量已超过百万册。

麦凯恩的著作尽管在销量上不及前两位，但他著述颇丰，而且在共和党人中有一定的读者群。他最近两年的版税收入也超过了 30 万美元。

赫卡比尽管在共和党提名战中出局，但他努力减肥 100 多磅的传奇经历使他的自传体"减肥宝典"——《用刀叉远离坟墓》颇有销路，版税收入也有 14 万美元。

"真诚"与真实

尽管希拉里已经退出总统竞争，但她和奥巴马无疑是此次大选产生的两颗政治巨星，他们的著述尤为引人关注。这同时也意味着，他们的作品受到了更多人的点评，优点和缺点都被放在了镁光灯下。

与此同时，对比两人的代表作，个性和政治风格上的反差十分显著。这也似乎揭示了两人角逐背后一些深层次的东西。

首先，两人与其作品的关系不同。希拉里的两本代表作《同心协办》和《亲历历史》，幕后都有人"捉刀"。奥巴马则基本上是自己创作，尤其是在 1995 年出版《来自我父亲的梦想》时，他还是个无名小卒，根本没有能力请人代写。

两人作品的文风也非常不同。《纽约太阳报》记者克什说,希拉里的书很少有文学性的语言,有时过于字斟句酌。在《亲历历史》中,希拉里描述对南非前总统曼德拉的印象时,说他"鼓舞人心和礼贤下士"。说他"礼贤下士"是有深意的:一是因为曼德拉当总统后原谅了当初囚禁他的狱卒;二是借以指责政治对手多年来仍咬着自己不放。而奥巴马的书则不拘小节,行文生动,可读性更强。

希拉里的作品以"真诚"为卖点,以大量的事例和论据说明自己的政治立场和抱负。

奥巴马则以"真实"见长,更多描述自己的坎坷历程,比如讲述年轻时对自己黑白混血身份的困惑,容易让读者产生真实可信的感觉。

当然,正如一些评论家指出,两人在书中展现的卖点也可能成为弱点。比如,"真诚"过了头,就成为"自怜",这是希拉里在作品里多次流露出的一种情结。

另一方面,强调"真实"过了头,便有"自恋"之嫌。当然,在此次竞选中,奥巴马人气超旺,在很大程度上得益于他的个人魅力。

"政治推销"

一本书不能代表一个人,与其治国能力也根本是两码事。不过,从上世纪中叶以来,美国政界著书立说逐渐成风。

早在1956年,年仅39岁的参议员约翰·F.肯尼迪出版自传《当仁不让》并获得普利策奖。随后,他声名鹊起,政治前途一片光明,并在1960年当选总统。

对有志问鼎白宫的人而言,出版一本书往往成为竞选总统的前奏。如果一鸣惊人,则将对聚集人气起到很大的作用。

受到肯尼迪成功"案例"的启发,每到大选之年,主要竞选人要么推出新作,要么再版旧作。竞选人出书热潮背后的动机显而易见。

美国《新闻周刊》主编米查姆说,著书立说是竞选人向选民展示自己、消弭误解的一个平台,而要让选民了解自己、喜欢自己,最好的方法是通过自传讲述亲身经历,给人留下深刻印象,这也是最古老的一种"政治推销"。

亦悲亦喜

米查姆说,竞选人出书已成为参加总统竞选的"规定动作",但效果却有天壤之别。

对一些竞选人而言,出书还可能是一件"人财两空"的事情。麦凯恩《强烈的呼唤》一书的出版商卡普指出,这是因为文笔好的政客非常少,许多人又不擅长讲故事,因此,他们的书经常充满了陈词滥调,枯燥无味,必然滞销。

2004年民主党总统候选人克里则堪称竞选人出书失败的经典。他所著的《接受召唤为国效力》一书2003年还赚取了近九万美元稿费,但到了大选年2004年几乎一本也卖不出去。目前,在美国旧书交易网站上,这本书最低起拍价只有一美分!

(李文清 编译)

"浓缩铀一般的图书"走俏美国

据美国媒体报道,"浓缩铀一般的图书"在美国出版物市场上的行情越来越好,大大消除了此前出版商们的担忧。

所谓"浓缩铀一般的图书",就是把一个作者出版的诸多作品或所有作品,集中改写成一本篇幅不长、文字不多、读者阅读耗时较少的书。因此,"浓缩铀一般的图书"又叫"小书"或"短书"。

例如,准备写《埃德加·爱伦·坡传》时,作者彼得·阿克罗伊德通读了埃德加·爱伦·坡的作品20余册,做了满满两文件柜的笔记,信息量比最忠实的"坡迷"一生中能搜集到的还要多。所有这些只是为了写一本篇幅不足200页、几小时就能读完的书。

作家喜欢写短书

彼得·阿克罗伊德说:"写短书就像写论文,而不是传记。不论是在形式方面还是在主旨方面,这都是 种训练。我得设法提炼一个人生、一项事业、一个世界的主干,这在长篇传记中是不大可能的。"彼得·阿克罗伊德曾写过关于伦敦和莎士比亚的书,篇幅分别长达800页和500页。

这是简短艺术的一种表现形式,这是浓缩铀一般的图书。

自詹姆斯·阿特拉斯以其"企鹅系列"复兴这种简短形式后,十年来,至少有十家出版商推出了各白系列的短篇非小说,从科学家到总统到神话都可成为作品主题。尽管预付稿费低,销售量也常常不高,短篇非小说还是吸引了畅销书和获奖作品的作家。

《富国论——亚当·斯密》的作者、幽默作家鲁尔克说："我喜欢这一趋势。这是旧时自我完善的大众文学。"

短篇非小说至少可以追溯到古希腊传记作家普鲁塔克，后继者则有 17 世纪的约翰·奥布里以及 20 世纪初的利顿·斯特雷奇。但是，詹姆斯·阿特拉斯和另一些人都说，在同一时期内，从来没有这么多出版商同时倾心这种形式，虽然他们对于目前出现这一趋势的原因看法有分歧。

读者爱看短书

詹姆斯·阿特拉斯说："我把读者想像成受过高等教育的阅读群体，想像成《纽约书评》、《纽约客》、《纽约时报书评》的读者……我想，总有很多读者希望受到最高水平的教育。"

格罗夫—大西洋出版公司的出版商摩根·恩特雷金说："读这一类书并不太费精力，这不像《塔影蜃楼：基地组织与通往'9·11'之路》或《最冷的冬天：美国与朝鲜战争》，短期内你就能学到某一方面的知识。"

阿克罗伊德计划写一套十本的系列丛书，其中，关于乔叟、艾萨克·牛顿、特纳的作品已经写好。经典之路出版公司的"重述神话"系列期待玛格丽特·阿特伍德、乔伊斯·卡罗尔·奥茨、唐娜·塔特及其他作家的投稿。

格雷沃尔夫出版公司已经开始出版其关于某些艺术的系列书籍，由非小说类获奖作家查尔·巴克斯特担任编辑，他本人写了《潜台词的艺术》。而在帕尔格里夫—麦克米伦出版公司，北约前指挥官韦斯利·克拉克将军担任短篇军人传记系列丛书方面的指导，包括奥马尔·布拉德利和道格拉斯·麦克阿瑟的传记等。

韦斯利·克拉克说："为了便于普通读者理解这些故事，这些书采用平铺直叙的写法。你可以在机场拿起这样一本书，四五小时就能读完。如果读者确实很感兴趣，他们则可以去找篇幅更长、学术性更强的著作。"

短书不怕市场泡沫

如果理想的读者是受过教育的自我提高的人，那理想的作者应该是多才多艺、高产、其产品应有激励作用，如加里·威尔斯，短篇作品有《詹姆斯·麦迪逊传》（纽约时报图书出版公司的美国总统系列丛书）、《圣·奥古斯丁传》（企鹅系列）及《托马斯·杰斐逊的蒙蒂洛之家》（《国家地理杂志》的"向导"系列）。

其他受欢迎的短篇作家还包括弗朗辛·普罗斯——作品有《卡拉瓦乔传》(哈泼·柯林斯出版公司的"杰出"系列)、《饕餮》(牛津大学出版公司的"七宗罪"系列),保尔·约翰逊——作品以拿破仑和文艺复兴为题材,以及卡伦·阿姆斯特朗——作品关于佛教和伊斯兰教。

由于预付稿费最多只有十万美元,关键问题不仅在于写书,找作者也同样重要。小阿瑟·施莱辛格想请比尔·克林顿为纽约时报图书出版公司写一部亚伯拉罕·林肯的短篇传记,但这只可能提高其声誉,而不能给这位前总统数百万美元的市场价格。阿特拉斯回忆说,他为请亨利·基辛格做另一项计划,却被告知其起步价为200万美元,"比我的预期多了好几位数"。但有时采取恳求的态度也很见效。阿特拉斯曾说服评论家、游记作家及语言学家比尔·布赖森为"杰出"系列写了一部关于莎士比亚的短书,她最终在去年(2007年)出版了一本短书。畅销书《林中漫步》和《霹雳男孩的生活与年华》也出自布赖森之手。

其他被说服的作家还有希钦斯和戏剧家戴维·马梅特,前者写了《托马斯·潘恩传》和《托马斯·杰斐逊传》,后者为下一本书出版公司的"犹太人遭遇"系列完成了一部关于反犹主义和犹太人自我仇视的作品。向纽约时报图书出版公司的总统系列投稿的作家有前参议员加里·哈特和乔治·麦戈文,以及畅销传记《肯尼迪总统传》和《尼克松总统传》的作者达莱克。

达莱克说:"我想改变一下写作节奏。"他的短篇传记《哈里·杜鲁门传》将于秋季出版。他说:"写完《尼克松与基辛格》这本700页的长篇作品后,很想写一部150页的短书,这可以在相对很短的时间内完成。我不必过多地依赖档案研究。这本《杜鲁门传》可以说是一则背景介绍,一篇展开的论文,一篇评论。"

几年前,阿特拉斯还设法找到著有《马的天堂》及曾获普利策奖的《一千英亩》的小说家简·斯迈利,请她为企鹅系列投稿。斯迈利说:"我认为,短书很像浓缩铀,把无限多的内容聚集在十分有限的篇幅里,需要极高的归纳和提炼能力。这也像是为一本杂志写一篇文章,不会有很大的利润。我喜欢出版短篇非小说的这一主张,尽管它和所有泡沫一样,都会破灭。但是,书市泡沫的优点在于,即便市场暴跌,我们还有书可读。"

(李文清　编译)

《乔治·H.W.布什的中国日记》出版

据美国及英国媒体报道，美国前总统老布什，烈士暮年，壮心不已。有时跃马扬鞭，重温牛仔精神。有时空中跳伞，显示宝刀未老。在告别 2007 年，迎接 2008 年的时候，又要表达犹如陈酿老酒般的中国情结。在 3 月份，老布什推出了经过精心整理的《乔治·H.W.布什的中国日记》。

这些报道叙述说，在上世纪的 1974 年，乔治·H.W.布什在国际事务问题上还是个新手。那时，他刚刚担任共和党全国委员会主席，在"水门事件"中竭力维护理查德·尼克松。要不是尼克松辞职，他差点就当上了副总统。作为给他的安慰奖，他得到了担任美国驻巴黎或伦敦大使的美差。可他却选择到毛泽东领导的中国去，那时，华盛顿刚刚在那里开设了"联络处"。老布什实际上是美国驻广袤神秘的中华人民共和国特使。

从 1974 年 10 月到 1975 年 12 月，老布什在中国的这段经历开始让他了解国际体系的运作方式，最重要的是，他了解美国在国际体系中的地位。在中国期间，他把自己的想法和感受通过口述的方式录在磁带上。这些录音后来被整理成日记，集成了《乔治·H.W.布什的中国日记》。以下是日记的部分摘录：

1974 年 10 月 21 日

我自己问自己，对于前往中国的选择，"我是在逃避什么吗……是在逃避……'水门事件'以及一切丑陋的事吗？我是在选择简单的方式解决问题吗？"我认为答案是"不是"，我去中国是因为它的神秘魅力。

国务院的人似乎对我们的对华政策吓得要死。(国务卿)亨利·基辛格过于守口如瓶……官员似乎不愿采取任何主动。我希望我能有机会结识中国的下一代领导人——不论他会是谁。所有人都告诉我这是不可能的。但是我的超兴奋的政治本能告诉我,这份工作的乐趣将在于进行更多的尝试。

1974 年 10 月 22 日

毛泽东接见丹麦首相,对于毛身在何处有各种各样的猜测。丹麦人不方便说,因为他们发誓要对此保密。有人认为毛到乡下去了,好看北京的统治集团会怎么做。还有人认为他就在北京,毕竟他年事已高。但问题在于人们不知道他在哪儿。人们猜测、谈论着这件事。这是拥有八亿人口的国家,但保密工作却做得如此之好。至少我们听不到什么。惊人,简直太惊人了。

1974 年 11 月 1 日

我前去拜访(时任副总理的)邓小平。他个子不高。我们到达后,先被领到了屋子中间与他合影。我和霍尔德里奇分别站在邓小平的两边。随后,我们走进会客厅,在那里进行了长时间气氛友好的会谈……我向他表明了我的立场,即我们的对华政策必须有明显的进展。邓显得很克制,谈到了农业人口数据,对印度表示关切,还认为我们在印(度)巴(基斯坦)战争中没有尽力。我太客气了,没敢问他中国为印巴冲突做了些什么。

1974 年 11 月 3 日

昨天,我们的一位同事在十三陵遇到了一件事。他开的车前轮刚刚越过"外国人不得越过此线"的标识后,就被一位解放军拦了下来。经过两个半小时的争吵,终于来了另外的军官,他才获准离开……这展示了友谊、宴会和礼貌的另一面。还有一件事,我要在办公室里挂张地图。一位官员把一张地图交给了一名中国人去镶框。那个中国木匠回来后大骂我们的官员,说台湾的颜色和中国其它地区的颜色不一样,因此地图不能用。他喋喋不休地骂了好长一段时间,官员没办法只好收回地图。

1975 年 2 月 17 日

回(美)国后,我惊讶地发现国内普遍存在抑郁、涣散和沮丧的情绪。尽管如此,我对我们的国家满怀信心。事情在很大程度上取决于我们的自信——自信我们有能力应付一切。如果我们把这种沮丧和失意的情绪表现出来,那会让全世界的人看出来。人们如果发现我们无法履行承诺,就会感到疑惑。我想到了柬埔寨,想到了越南,我想,如果我们无法履行我们作出的承诺,那中国和其它国家的政府会怎么想……赢得他们的信任,真心实意、坦诚相待,对我们的关系非常重要。尽管他们跟人打交道历来很注重细节。我认为,我们与他们打交道的时候不需要采取这种方式。

相关链接

美国风靡小"布什下台倒计时"日历

据英国媒体报道,在 2007～2008 年之交,美国出版界别出心裁,推出了小"布什下台倒计时"日历,销售行情比想象的好得多。

对于喜欢和不喜欢小布什的人来说,2008 年都是小布什当政的最后一年,购买、悬挂并收藏小"布什下台倒计时"日历,也许更加幽默,因为日历的每一页上都印有损害了美国形象的小布什"失言金句"。

新奇有趣的日历总是节日期间的畅销商品,但这种日历成了最热销的礼物。小"布什下台倒计时"日历售价 11.99 美元,囊括了布什在过去七年里乱用比喻、错误用词和句法的句子。

销售这种日历的公司的发言人说:"这是一种大胆创新,因此非常热销。人们反感布什,使这种日历很畅销。"

围绕这个题材设计的数字计数器、饰带、徽章等也很畅销。

布什曾表示美国将实行"外手"(foreign-handed)外交政策,这个词令人难以理解。他曾在接受哥伦比亚广播公司金牌女主播凯蒂·库里克采访时说:"你知道,我工作最困难的部分之一就是将伊拉克同反恐战争联系起来。"

对于出版日历的出版印刷商来说,布什的"失言金句"数不胜数、随手可得,难的是从中选出最经典的。

（古隆中　编译）

一人出书廿万种　写编印发全颠覆

概而言之，韩国一年出书 3 万种，俄罗斯一年出书 5 万种，日本一年出书 8 万种，法国一年出书 9 万种，英国一年出书 15 万种左右。而美国一个名叫菲利普·帕克的教授，自从"玩"出版以来，一个人已出书 20 万种。

据西班牙媒体报道，美国亚马逊在线购物网站的最新搜索结果显示，一个名叫菲利普·帕克的美国人迄今为止已经编纂了 20 万种书，用他自己的话说，这些作品已经让他成为"全球第一多产作家"，尽管从准确意义上说他只能被称作这些图书的"编纂者"而不是"作者"。

欧洲工商管理学院教授菲利普·帕克研发出一种特定的信息演算法，能根据读者的喜好在网络上搜索关于某个话题的大量信息。他共使用 60～70 台电脑搜集相关资料，然后再使用六到七种相应程序将这些资料归纳整理。当有读者愿意购买时，当有单位对他下"订单"时，帕克才会将特定的图书印刷出版，其中很多书都在 150 页左右。他的这些图书所涉及的领域十分广泛，包括医疗、生物、科普、励志等。

尽管他的一些"畅销书"能卖到几百册，但大多数只能卖出十几册，通常是一些医学类图书馆会主动购买他的资料汇编。目前他已经将自己的这项技术从图书扩展到纵横拼字游戏、简单的诗词和动画片脚本等"生产"领域。帕克还表示，利用电脑进行图书的"批量生产"，能使图书从编纂到出版的过程实现"自动化"，从而解决了传统图书编纂过程中大量人工重复劳动的问题。

虽然还不清楚菲利普·帕克是如何解决版权问题的,但他在客观上做到了"按需出版"、"按需印刷"和"零库存",并且在"回归"中把"传统式作坊"变成"现代式作坊",把出版行业的全部功能集于一人一身一双手。

（岳　月　编译）

华人李健文掌控《多伦多太阳报》

最近几年，加拿大的华人一说起报纸，就要津津乐道一个人，那就是华人李健文。2006 年 3 月，他正式出任《多伦多太阳报》社长、首席执行官以及太阳传媒公司执行副总裁。目前在加拿大，李健文也因此成为第一位、也是唯一一位掌控主流报纸的华裔人士。

《多伦多太阳报》隶属加拿大第二大媒体集团魁北克传媒集团的子公司——太阳传媒集团，是多伦多市最大的英文日报之一。从版式上讲，四开的《多伦多太阳报》属于小报，但其影响力却不输于同城的《多伦多星报》和《环球邮报》等大报，因而也被誉为"多伦多的另一种声音"。

然而，在目前激烈的媒体竞争下，《多伦多太阳报》发行量连续八年下滑，2005年降幅更是高达 17％。在此情势下，魁北克传媒集团总裁兼首席执行官毅然决定"换将"，把从 2001 年起任太阳传媒副总裁的李健文推到了前台，希望这位东方男子能为已经有 36 年历史的《多伦多太阳报》注入新的"活力和热情"。

李健文的上任实可谓水到渠成。他于 1987 年毕业于滑铁卢大学数学系，次年获得注册会计师证书，1989 年加入多伦多太阳出版公司（太阳传媒集团的前身），起初在公司财务部工作。很快，李健文因才华能力出众而在集团公司内名声鹊起。2001 年李健文任太阳传媒副总裁和首席财务官。

《多伦多太阳报》总部大楼位于多伦多国王东街 333 号。设在五楼的社长办公室宽敞雅致，从长长的落地窗远眺，安大略湖的美丽风光尽收眼底。李健文说，担任社长这一年多来还真没顾得上欣赏湖景，他指着茶几上摆放着的本周出版的报纸，笑着说，"注意力全在这里了"。

的确,甫一上任,李健文即从简化组织结构、改进内容设置和完善发行服务三方面,对《多伦多太阳报》进行了强力革新。通过裁撤冗员,引进新技术和外包相关业务等,不仅提高了报社运转效率,还节省经费 2 000 万加元。改革的效果比李健文预计得还要快。2007 年 11 月初,加拿大发行量审计局发布的数字表明,过去六个月内,《多伦多太阳报》周六和周日的订户均呈上升趋势,升幅分别为 4.5% 和 1.1%。特别令李健文欣慰的是,这个成果是在多伦多其他报纸订户量下降 1.6% 的情况下取得的。

1964 年,李健文随父亲从香港移民加拿大时,才六个月大,后来他不仅没有机会学习普通话,就连父亲老家的土话,他也讲不了几句。尽管如此,祖母、父亲和叔父们却身体力行,把尊老爱幼、勤俭持家、自力更生和诚实守信等中国人的传统价值观念,深深地灌输到了他的血液里。

2008 年北京举办奥运会,《多伦多太阳报》也一直以此为主要内容之一。李健文说,在中国举办奥运会,百年难得一遇。他的报纸还将加大报道力度,借以凝聚加拿大华人的心。

(岳 月 编译)

"绝唱":墨西哥出版怪现象

据美国媒体报道,生活是艺术的源泉,毒品既给创作带来灵感,又给艺术家带来灾难。但在同时,给出版业带来的却是繁荣。

在墨西哥,从 20 世纪 90 年代以来,除了描述工作和爱情的传统民谣之外,墨西哥通俗歌手也开始越来越多地演唱关于 AK-47 冲锋枪和可卡因的歌曲。从墨西哥的山区到洛杉矶的犹太移民聚居区,数千首"毒品歌谣"在酒吧和聚会上广为传唱。巴伦廷·埃利萨尔德创作的《边境走私》就是其中之一。大号和手风琴的伴奏让这首歌带有波尔卡舞曲的味道。歌词唱道:"枪声大作,倒下 14 具布满弹孔的尸体,美国政府啊,拿走大麻吧!"2006 年 11 月,巴伦廷·埃利萨尔德在边境城市雷诺萨遭枪手伏击身亡。

巴伦廷·埃利萨尔德之死并不是一起孤立的事件。自 2006 年 6 月以来,至少有 13 名音乐人遇害,有的被枪打死,有的被烧死,还有的被勒死。

就在 2007 年 12 月,墨西哥三名音乐人在一周之内连续遇害,引起了国际社会的关注。其中歌手塞尔希奥·戈麦斯之死最令墨西哥人感到震惊。移民芝加哥的戈麦斯是"K 和平山"乐队的创始人。他演唱的情歌《你会后悔》曾风靡一时,几乎席卷了大半个墨西哥。前不久,戈麦斯在家乡米却肯州办完演唱会后被绑架,遭到殴打后被人用尼龙绳勒死,尸体上还有多处烫伤。

在米却肯州、墨西哥城和安葬戈麦斯的芝加哥市,共有数千人为他举行了悼念活动。墨西哥城警察局长霍埃尔·奥尔特加在当地举行的悼念仪式上说:"作为戈麦斯的歌迷,这个消息让我感到十分伤心。这种事情不应该发生在我们国家。不管原因是什么,这都很令人痛心。他是一名杰出的歌唱家。"

迄今为止,调查人员尚未破获其中任何一起案件。虽然他们声称贩毒集团可能是幕后黑手,但并未锁定任何嫌犯。联邦政府拒绝透露有多少谋杀案与毒品有关,但墨西哥总统卡尔德龙坚称他正在赢得对贩毒集团的战争。当局缴获的可卡因数量屡创新高,成功将毒贩头子引渡到美国受审,并在贩毒活动最猖獗的城镇街头部署了士兵。

遇害音乐人全都拥有类似的曲风。这种曲风来自墨西哥北部的农场和小镇,融合了墨西哥民谣与德国进行曲的特点。如今,这类歌曲在演奏时引入了电吉他和键盘乐器,在墨西哥和美国的大城市也流行起来。

拥有这类曲风的音乐人大都成长在毒贩出没的社区。毒贩常常付钱给他们,请他们在自己举办的聚会上表演或是为自己写歌。在吟唱情歌之余,歌手们也会演唱一些毒品歌谣,而这些歌谣也成了墨西哥最畅销的作品。

遇害音乐人的经纪人、同行和家人并没有站出来指认嫌犯或说明可能导致谋杀事件的原因。有人说他们为自己的安危担心。伊莱贾·沃尔德最近写过一本关于毒品歌谣的书。他认为,音乐人并不是特定的目标,他们只是和许多毒贩身处同一个圈子,因而卷入了帮派斗争。沃尔德说:"随便朝某个毒贩聚会扔一枚炸弹,总会炸死几个音乐人。歌手有时会吸引毒贩妻子或女友的目光,而这足以让他们送命。"

无论如何,由于这些音乐人遭遇不幸,客观上使他们的作品变成"绝唱",这样,与他们有关的音乐图书、音乐CD以及回忆录十分畅销,从而成为墨西哥出版行业一道凄凉的风景线。

(李文清　编译)

古巴有份中文报

　　《光华报》作为古巴华人移民的精神支柱，依然顽强地矗立在大西洋与墨西哥湾之间那片红色的岛屿上。在古巴首都哈瓦那老城区一条洁净的步行街上，有一座很旧的楼房。这里就是古巴惟一尚存的中文报纸《光华报》报社所在地。

　　自 1928 年 3 月 20 日创刊以来，《光华报》走过了 80 个春秋。

印刷和排版设备都像博物馆的古董

　　古巴中华总会馆书记周卓明陪同我们走访了这家古老的报社。前来迎接我们的是《光华报》总编辑蒋祖乐，他已白发稀疏，步履蹒跚。借着昏暗的光线看去，报社是一栋阁楼式两层建筑，一层是排字车间、印刷车间和经理室，二层阁楼是编辑室。

　　狭窄的排字车间内，满是一盘盘的铅字。那些被飘落的蜘蛛网缠绕的铅字不知是按照拼音还是部首排列，可能是经常使用的缘故，83 岁的蒋祖乐老先生已将每个字的位置铭记在心，找起字来很快。

　　印刷机也已经老掉牙了，是 1900 年的产品，由当年美国华侨送给古巴华侨，绝对称得上是博物馆的古董。相信现在会用它的人已所剩无几。报社内唯一现代化的物件就是中国驻古巴大使馆最近赠送的一台电脑。

八个 80 岁的老华侨在苦苦支撑着

　　中华总会馆书记周卓明告诉我们，1928 年，左派爱国人士黄淘白来到了哈瓦那，创刊《光华报》，当时叫《工农报》，报纸的宗旨是反对蒋介石的统治，支持中国革命。当时，古巴处于马查多的独裁统治下，报纸不敢公开发行。后来，报社几番坎坷、几经易名。1959年，古巴革命胜利后，《光华报》才获得新生。

而《光华报》的题名也颇有些来历。据周明卓介绍，1960年，当时的报社负责人到北京开会，请时任中华人民共和国副主席董必武题写报名。董老欣然命笔，写下了"光华报"三个大字，沿用至今。

据介绍，《光华报》由中华总会馆出资办报，目前有八名工作人员，平均年龄都80多岁了，每月工资仅几个美元，工作人员大多是从各行业退下来的老华侨，因为一份情感的维系而在这里苦苦支撑。

由于财政困难，《光华报》几年前改为每月出版两期。每次开本为对开，分四个版，头三版是中文版，第四版为西班牙文。主要内容包括：中国要闻、古巴要闻、国际要闻、古巴华人社会动态、小说连载等等。介绍中国的消息主要来自新华社、中新社和《人民日报》。

生命不息，传承中华文化不止

如今，每份《光华报》卖两毛钱古巴比索，相当于不到一美元，每期印刷500～600份，每期报纸有30～40份发往古巴国内不同地点，包括哈瓦那、马坦萨斯、卡马圭及东部的奥尔京、圣地亚哥等地区。

《光华报》一直在惨淡经营，因为即便每月600份全部售罄也不会盈利。古巴华人社会在逐渐萎缩，报纸的读者越来越少。如今，他们招聘不到新人，因为古巴华人里真正懂中文的很少，就连一些老年华侨都只用西班牙语了。

《光华报》其实是古巴华人移民史的一个缩影。曾经辉煌但也渐渐消隐，历经坎坷却生生不息。一位老华侨语重心长地对记者说："我们即使再困难，也一定要保证《光华报》的出版，让它延续下去，因为它已成为古巴维系华人团结，传承中华文化的重要纽带。"

（金点子　编译）

鸟瞰欧盟各国图书出版

在 21 世纪的第一个十年里,属于欧洲联盟(简称 EU)总部行政机构的欧洲委员会(简称 EC),委托外部的专门调查机构,对欧盟 25 个国家的出版业、书店业进行了全面的调查与统计。有关的系列"报告书"从 2004 年以来相继公之于世。这里着重介绍图书出版调查的内容。

欧盟原有 15 个成员国,加上 2004 年后加入的十个国家,现为 25 个成员国。从使用语言来看,在 25 个成员国中,使用母语的国家为 23 个,这与欧盟总部使用的公共语言种数相同。目前,欧盟开展的所有业务以及接受信息、发送信息都凭借这 23 种语言。

对出版社、书店、图书馆的实际状况进行调查,是一件至高至难的事情。仅仅是出版物的统计、销售额的统计,就很棘手。比如由于各国的统计方法和调查年代不统一,各国的调查数据首先需要整合;有的国家本身的调查统计不全面,且后加盟国家的数据几乎为零。但是,在本次历时一年的对欧盟 25 国出版市场的调查中,受委托的专门调查机构不畏艰难,锐意进取,不仅把各国的统计数据图表化,而且从各方面还做了透彻的分析。

这种调查虽然属于首次,但"报告书"既不偏重于欧盟主要国家和主要出版企业的调查,又不仅仅是过去数据和过去情况的简单汇总。"报告书"从宏观的角度,鸟瞰了欧盟 25 国的出版现状;对出版产业处在新媒体不断产生的时代,面临各种挑战,应当采取什么对策提出了建议。"报告书"没有做什么"最终结论",而是呼吁欧盟各国围绕出版业的发展,今后要加强联系,相互提供更新的信息、更准确的数据,定期或不定期地召开研讨会,举办高水平的论坛等。

发起并委托外部专门调查机构实施本次调查的,是欧盟的欧洲委员会。大概是要以这种"报告书"为基础,对欧盟各国将来的从出版业、书店业的政策到文化教育政策、市场政策进行调整。2004 年 9 月,欧洲委员会在 J. M. 巴罗佐主席以下,增设了五名副主席,加上 19 名委员,共 25 人。这 25 人都是在各政策领域及相关部门担任要职的官员,"阵容"强大自不待言。委员们并不都是来自主要国家,而是立足于 25 个国家,平均每个国家有一人参加。

应欧洲委员会"企业负责总局"的请求,英国伦敦的赖特苏格姆公司组成了调查统计团队,在收集各种数据的过程中,还得到了芬兰图尔库经济经营大学的帮助。紧扣分析欧洲出版产业竞争力的主题,历时 12 个月,产生了"报告书"。

综合归纳本次调查结果的"报告书",围绕欧洲出版产业面临的各种挑战及其课题,欧洲委员会在加深对欧洲出版产业理解的同时,就各国出版社如何保持并加强竞争力,提供了有用的信息和值得参考的建议。

"报告书"把出版产业分成四个领域进行调查。这四个领域分别是:"报纸"、"一般杂志和专业杂志"、"图书"、"便览书和数据库"。在这里,主要介绍图书出版的调查、统计以及分析概况。

图书分为四大种类

一是面向消费者的一般图书(虚构小说和非虚构小说、教科书和教学辅导书、学术书);二是面向职业人、技术人员的图书;三是儿童图书;四是宗教图书。儿童书包含在一般图书;宗教书包含在教学辅导书。

欧盟各国的图书销售总额

据推算,2000 年度欧盟 25 国的图书销售总额为 266 亿欧元。按国家排名次,德国、英国分列第一和第二,这两个国家的图书出口额也很大。在英国之后,分别是法国、西班牙、意大利。

各销售部门在图书销售额中所占比重

在法国,零售店占 70%(包括书店、超级市场、多媒体商店);图书俱乐部占 20%;其他(比如访问销售)占 9%。在德国,零售店占 63%;图书俱乐部、通讯销售、直销占 21%;因特网销售占 5%。在英国,大型书店及其连锁店占 43%;超级市场占 5%（其他国家的数据没有）。

图书出版品种数

从 1995 年至 2002 年，平均每年出版品种数多的分别是英国、德国、西班牙、法国等。在后加盟的东欧各国中，波兰比较突出，年出版图书约两万种。其后分别是捷克、匈牙利、斯洛伐克。假如把各国的人口同出版品种数结合起来考虑，在出版品种上得到实惠的国家有丹麦、芬兰、拉脱维亚和英国。

出版产业的企业数量

2001 年，意大利、法国、德国、西班牙、英国分别有出版企业 3 000 家左右。在后加盟的国家中，波兰比较突出，出版企业约 2 500 家。其他国家都在 300 家以下。

每个出版社年出版品种数（平均值）

英国排第一位，平均每家出版社年出书 40 种。其后是葡萄牙、奥地利、芬兰、丹麦，这些国家平均每家出版社年出书 30 种左右。德国、意大利、西班牙、荷兰等国家的出版社年平均出书 20 种左右。

出版社的从业人员

2001 年，原来的欧盟 15 国出版社从业人员，合计为 14 万人。在英国、丹麦、荷兰，从业人员呈增加趋势；而在法国和意大利，从业人员呈减少趋势。按国家分，英国和德国的从业人员最多，分别超过 3 万人；在其后的法国、西班牙、意大利，分别在 2 万人左右。在后加盟的十个国家中，波兰的从业人员最多，为 1.5 万人；其他九个国家分别在 2 000 人以下。

出版社从业人员的平均年收入

从业人员的年收入，原来的欧盟 15 国平均每人为 4 万欧元。按国家分，法国、德国、英国、荷兰、意大利、西班牙每人平均接近 5 万欧元。

各国出版物销售额排名

在 1995～2001 年之间,排名靠前的分别为英国、德国、法国、意大利、西班牙和荷兰。

各国出版社的利润率

在各国出版社销售总额中的利润率,达到 20% 的有奥地利、英国、意大利、比利时、荷兰。与之相比,葡萄牙、西班牙、丹麦少一些。德国为 10%。法国为 7%。

每个从业人员的平均销售额

比较高的分别是意大利、法国、比利时、荷兰、英国。在后加盟的国家中,匈牙利、波兰、斯洛伐克比较高。

公共图书馆数量和出租图书册数

按国家分,按各国人口计算,图书馆的人均藏书册数,芬兰、瑞典、丹麦三国最多,排名并列第一。其后是爱尔兰、比利时、荷兰、英国、德国和法国。

从图书馆租借图书的册数来看,图书馆利用率最高的国家是芬兰、丹麦;荷兰、瑞典、英国次之;意大利、德国、法国在其后。按人口计算,每人每年平均租借图书的册数,最多的是芬兰,20 册。其后是荷兰,十册。法国为三册。租借图书册数的平均值,因新加盟国家的增加而提高。波罗的海三国或斯洛伐克在六册以上。其他东欧诸国每人每年平均租借五册图书。

竞争力和文化的多样性

欧盟的《基本人权宣言》,强调要尊重各加盟成员国文化、宗教、语言的多样性。因此,无论是整个出版产业,还是图书出版业,对于各国政府来说,不仅仅是一种产业,而且要看作是支撑各个国家、各个地区文化主体性的基础。尽管内容不同,但各国政府都在对出版业实施优惠的财政政策以及各种支持政策。在德国,"把图书视为传达思想的工具",对出版产业的经济政策,直接与文化的课题相联系。在法国,国立图书中心以支持出版关联业为目标,被支持的对象包括著作家、出版社、书店和图书馆,甚至还包括出版振兴及读书促进的各种团体。融资、财政支持的预算每年在 2 500 万欧元。同时,也重视有希望的出版物的创作。在奥地利和爱尔兰,也出台了针对出版产业的新的财政支持政策。在匈牙利,从 20 世纪 90 年代后半期开始实施对教科书、教学辅导书出版社的财政支持政策。这些政策对从传统的国有体制转向民营体制的出版社来说,是解决经营难题、摆脱经营困境的"及时雨"。在希腊,建立了以向国际社会传播希腊文化为目标的国立图书中心。在各个国家的出版相关政策中,除财政支持以外,还采取了减免税措施。

附加值税(VAT)和定价销售制度

以前,欧洲许多国家对图书征收的附加值税,不是减少就是免除。然而到了现在,根据国家不同,征收的附加值税从零到 25％。瑞典在 2002 年征收图书的附加值税从 25％减少到 6％,其结果是 2003 年出版物销售额增长 20％。对于图书的附加值税率问题,欧洲出版业社协会(AEB)指出:"如果提高附加值税率,对顾客(读者)来说,等于就要提高图书的定价,最终结果是抑制购买欲望,削弱购买能力。"目前,有关附加值税的问题,欧盟总部还只能寄希望于各国政府自行调整政策。因为各国的图书(出版物)市场发展与各国的经济发达程度直接相关。

截至 2004 年,还在实行图书定价销售制度的欧盟成员国,有俄罗斯、德国、意大利、西班牙、英国、荷兰、奥地利、丹麦、希腊、匈牙利等十个国家。其他成员国认为原有的定价销售制度不合时宜,有的已经废止;有的则根据读者情况和流通网络的变化,以传统的方式实行各种价格。定价销售制度对推出有价值出版物的中小出版社、对广大的中小书店来说,是构成稳定发展的基础。也就是说,为了与资本雄厚的大出版集团、可以进行打折销售的大型书店及其连锁店相抗衡,维持自身的经营,保存定价销售制度是必要的。不过,欧盟关注的是市场开放政策,在此基础上,根据各国的具体情况也把问题提出来,比如近年来针对奥地利、丹麦、希腊、意大利、荷兰等国。定价销售制度是保护中小出版社和中小书店的必要措施,但如果图书的零售价格下降,那么销售总额会增加吗?

出版产业与环境保护问题

从消费纸张的观点来看,出版产业的消费量并不是很大。在出版物销售额最大的德国,图书对纸张的消费量仅占全部印刷品对纸张消费量的 5％弱。在装订过程中对能源和化学用剂的消费,出版产业所占比重也不大。但是,从出版物也会报废的角度来看,问题还是很大的。过去,图书要么被收藏,要么作为古旧文物可以再批发、再零售,行业不用担心什么。近年来,由于再生纸出现,使得出版物也有报废的时候。在纸张的消费量中,包装材料(有波纹的厚纸、手提纸袋、包装用纸)占 45% 还要多,而图书占的比例很小,因为现在大量图书使用的是再生纸。在物流方面,出版物的运送也有一个消耗能源的问题。尽管消耗的数据没有统计出来,但不可忽视的是,近年来随着对联机实时出版感兴趣的顾客(读者)增多,出版物的送货上门迅速增加。这既带来了能源的消耗,同时也给交通带来了拥堵。

新生孩子减少,社会进入老龄化

在欧洲全境,新生孩子减少、社会进入老龄化成为普遍现象。除了大都市的人口增加以外,其他地方的人口都是呈减少的趋势,家族小型化非常明显。识字率提高,学历教育普及,大学毕业及获得大学以上学历的人口增加:德国、英国、北欧各国为 80%;荷兰、奥地利的百分比也很高;法国为 65%;南欧诸国为 50%。

读书的实际状况

根据 2002 年的统计,在欧盟 25 个国家中,按总人口计算,2001 年度年人均阅读图书册数为零册或一册的占 15%;年人均阅读图书册数二至四册的占 39%;年人均阅读图书册数八册以上的占 13%。另一方面,按总人口计算,日人均收看电视的时间:58% 的国家日人均收看二至四小时;6% 的国家日人均收看六小时以上;13% 的国家日人均收看一小时以上。因特网的使用时间,50% 的国家日人均上网不足一小时;6% 的国家日人均上网两小时以上。从以上可看出,蚕食读书时间的,以电视、因特网为主。

涉及图书的数字技术、联机实时出版

欧盟各国的出版社在利用因特网开发市场方面普遍很积极。电子图书的销售额小,是因为市场不成熟,阅读、使用电子图书的器材产品还有待开发。在美国,承载电子图书的电子阅读器销售额 2002 年增长 27%,品种超过 7 000 种,但是，由于在销售单价上过度竞争，也发生了崩盘的事件。在欧洲，目前还没有关于电子图书销售额的统计。实现图书的电子图书化，最先是从百科全书的出版物开始的。业务书、技术书有望逐渐实现电子图书化。随着将来软件、PDA、手机的性能越来越丰富，对电子图书肯定会产生新的需求，锁定最终用户的产品开发又将受到重视。

图书出版业面临的课题

欧盟各国出版社可以利用的优势，在于全体欧洲人的识字率高、接受教育的程度高、文化水平高。图书是各种思想、信息、娱乐的源泉，每个人从孩提时代接受教育，都是从图书中提高文字的拼读理解能力，因此，无论是公共图书馆，还是学校图书馆，都在不断充实新的图书。欧洲对美国、中国、日本乃至亚洲的出版物出口量大，各国的出版市场、特别是发达国家的出版市场也很大，具有世界水平的出版社也很多。这些都是进一步提高欧洲出版产业国际竞争力的基础。

但是，也存在一些问题。首先，购买图书的人口并没有呈增加趋势。尤其是年轻一代，用于读书的时间，远不如花在电视、娱乐、因特网上的时间多。其次，在图书的销售额中，图书的最大消费者是大中小学校、各个图书馆，个人消费者所占比重很小。出版社不大了解作为个人的最终消费者的情况。第三，大型书店开展连锁经营，对库存图书的限制与退货，以及有关减价打折商法的实行，让中小出版社苦不堪言。第四，从销售方面来看，比起出版物来说，消费者把时间和资金投向其他媒体的倾向越来越明显。第五，随着数字技术的发展，由其他行业进入出版行业的公司、企业逐渐增多。第六，欧盟各国的减税政策，往往成了对文化、教育预算的削减。第七，在小学、初中、高中和大学，以前主要使用图书中的教材教辅，现在出现人机对话学习，开始使用自主开发的教材教辅。在美国，由接受国家和政府支持的机构，专门开发、创新用于教育的内容，学校出版协会和出版行业群起效仿。现在已进入这样的时代：教材、论文、研究报告的内容存储在各机构的数据库，可以广泛被使用。在这样的新时代，如何开发独特的内容、使之不断扩充、并持续出版，各国出版社应当从各个角度去探索。

相关链接

欧盟成员国共有 27 个

欧盟原有 15 个成员国：奥地利、比利时、丹麦、芬兰、法国、德国、希腊、爱尔兰、意大利、卢森堡、荷兰、葡萄牙、西班牙、瑞典和英国。2004 年 5 月 1 日，爱沙尼亚、拉脱维亚、立陶宛、波兰、捷克、斯洛伐克、匈牙利、斯洛文尼亚、马耳他和塞浦路斯等十国正式加入欧盟，这是欧盟历史上最大规模的扩张，欧盟由 15 国增至 25 国。2008 年 1 月 1 日，保加利亚和罗马尼亚正式加入欧盟，至此欧盟已有 27 国。

欧盟推出发展电影产业新计划

欧盟于 2008 年 6 月 10 日宣布，计划鼓励电影在全球发行，以此来推动欧洲电影产业发展。

欧盟委员会发言人马丁·泽尔迈尔说，如果获得通过，那么将从 2011 年起增加一项每年耗资 6 000 万欧元的计划，来加强这一领域的国际合作。

欧盟总部在一项声明中说，南美、加拿大、亚洲和俄罗斯的电影制作人已经对这一计划表现出了兴趣。该计划将扩大欧盟当前对欧洲电影的支持体系，目前该体系每年投入一亿欧元的资金，来支持诸如获得奥斯卡奖的法国电影《玫瑰人生》之类的影片，旨在对抗好莱坞电影在欧洲影院一统天下的局面。

不过，欧盟官员说，拟议成立的"媒体蒙杜斯"计划不会排斥与美国电影制作人及发行人的合作。

目前，在欧盟电影市场上美国电影所占的份额超过了 60%，欧盟国家制作的电影约占 28%。

马丁·泽尔迈尔说，在欧盟国家以外，欧洲电影在全球电影市场上只占据了 2%～5% 的份额。

　　欧盟负责媒体事务的委员维维亚娜·雷丁说："'媒体蒙杜斯'计划有助于我们的电影发行到全球，也有助于伙伴国家的电影发行到欧洲。"

　　欧盟已经与电影制作人、发行人、版权持有人以及电影产业的其他官员就此事进行磋商，并在6月25日就拟议成立的"媒体蒙杜斯"计划举行了公开的证听会。

（金点子　编译）

当代法国出版业

法国把鼓励创作，促进出版，发展阅读作为政府文化政策的重要组成部分。法国政府重视知识产权保护，不断完善著作权法，维护作者的合法权益，坚决制止和打击侵犯著作权的行为。国家注意降低图书消费的增值税，统一图书销售价格，以此鼓励图书在市场上的销售，避免倾销行为和无序竞争，以利于维护图书市场的稳定。

图书管理机构

法国文化和通讯部（简称文化部 Ministère de la Culture et de la Communication）图书阅览司（Direction du Livre et de la Lecture）是管理图书出版业的政府机构。在法国，图书的出版、发行和销售均由私人企业经营；而文化部则通过国家图书中心（Centre National du Livre）对图书出版业给予扶持和资助。国家图书中心是政府机构，创办于 1947 年，中心主任由文化部图书阅览司司长担任。图书中心的任务是鼓励文学创作和图书出版，资助出版有价值的文化和科技图书；对法国文学名著的出版给予扶持；协助建立和完善图书发行和销售网络；支持把法国图书翻译成外文或把外文图书翻译成法文；向出版社提供贷款。同时图书中心也成为出版界人士交流和聚会的场所。国家图书中心可为图书出版业提供资助以利发展。图书中心下设 15 个专业委员会，如文学委员会、诗歌委员会、科技委员会等。这些委员会负责了解本专业的图书出版情况，并向图书中心提出资助建议。图书中心根据专业委员会的建议提供资助。图书中心的资金主要来自图书生产和销售方面的税收。

法国出版界设有本行业组织——全国出版协会（Syndicat National de L'Edition）。法国最主要的300多家出版社均为该协会的成员。协会的主要任务是保护出版企业的利益；维护出版自由、版权和统一书价；促进图书创作和阅读。协会的机构包括代表大会、常委会、主席会议、专业委员会和专业小组。协会主席、常委会成员和专业委员会成员由出版业各方代表通过选举产生，每三年改选一次。

新世纪以来的图书市场

根据法国《世界报》和《图书周刊》统计，新千年以来法国图书市场发展平稳。

2001年全国共出版和再版44 618种图书，营业额共达26.56亿欧元，比2000年增长了3%，其中图书销售额为22.542亿欧元，版权交易额为9 800万欧元，图书俱乐部和图书函购营业额为3.03亿欧元。

2002年法国各类图书出版和销售情况好于往年，特点鲜明。2002年法国共出版和再版了各种图书45 787种，比2001年增加了2.6%。

2003年法国经济继续低迷，但出版业仍是个好年头。在消费总体下降的形势下，图书市场还是高于平均消费水平。2003年共出版和再版了各种图书44 145种，营业额达25亿欧元，超过电影和音乐，居法国文化产业的首位。

2004年法国图书再创佳绩，共出版和再版了52 231种图书。图书零售总额比2003年增长了3%。

2005年法国图书增长平缓，出版和再版了53 462种图书，比起过去的一年增长率只有2.4%。业绩突出的图书是：连环画、园艺、心理学、地理、游戏和艺术。

2006年法国共出版和再版57 728种图书，全年图书的销售额为41亿欧元。自1991年起法国《图书周刊》开始统计全国图书发行以来，2006年的图书种数虽然比2005年53 462种有所增加，但是图书零售总额下降了1.5%，是近15年以来最不好的年份。2001~2006年法国图书具体统计数字详见下列各表。

2001～2006 年出版和再版图书种数

年度	出版和再版图书种数
2001	44 618
2002	45 787
2003	44 145
2004	52 231
2005	53 462
2006	57 728

社会学类图书种数

年度	社会学类图书种数
2001	6 799
2002	6 751
2003	5 976
2004	7 766
2005	7 655
2006	8 218

社会学类图书明细表

类别	增减百分比
行政机构	−8%
社科、军事艺术	−6%
国际政治	−11%
经济	+5%
法律	+10%
教学	+2%
民俗	+16%
社会服务、刑事	+13%

实用类图书种数

年度	实用类图书种数
2001	4 349
2002	4 275
2003	4 374
2004	5 252
2005	5 516
2006	5 734

实用类图书明细表

类别	增减百分比
园艺	－28％
医学	－7％
烹调	＋7％
管理	－2％
家禽和畜牧	＋27％
土木工程学	＋49％
运输技术	＋22％
农艺学	＋9％
家庭经济	＋31％
建筑	＋13％
卫生和营养学	＋1％

艺术类图书种数

年度	艺术类图书种数
2001	3 115
2002	3 164
2003	3 175
2004	3 656
2005	4 223
2006	4 612

艺术类图书明细表

类别	增减百分比
绘画和刻印艺术	+17%
手工艺术和休闲创意	+37%
音乐	−2%
雕塑	+14%
城市规划	+24%
戏剧表演艺术	+32%
摄影	+4%
电影与电视	−8%

小说和外国小说种类

年度	小说种类
2001	6 698
2002	6 801
2003	6 821
2004	7 549
2005	7 435
2006	8 021

小说明细表

类别	增减百分比
侦探间谍	+13%
科幻	+5%
外国小说	+3%

青少年读物种类

年度	青少年图书种类
2001	5 459
2002	5 651
2003	5 070
2004	6 588
2005	6 410
2006	6 989

（于平安　编译）

2007 年法国图书出版特点

2008 年 2 月 15 日法国《图书周刊》公布了 2007 年图书的统计数字，全国共出版和再版图书 60 376 种。自 1991 年起法国《图书周刊》开始统计全国图书发行以来，2007 年出版的图书种数比 2006 年 57 728 种有所增加，创本世纪以来新高。2007 年全国图书零售额比 2006 年增加了 3％。2007 年法国政治图书、连环画、口袋书和青少年读物业绩突出。

政治图书热销

2007 年法国进行的总统大选引起读者阅读政治图书的兴趣，其中文献和散文类图书最为突出。法国前卫生部长西蒙娜·韦伊的自传《一生》由斯多克出版社出版，该书不到两个月就售出了 30 万册，打破了文献类图书销售量的纪录。

连环画保持良好业绩

法国是出版连环画的大国之一，法国人将连环画视为第九艺术。2007 年出版了 4 313 种连环画（其中再版 1 001 种），比 2006 年增加4.4％，总共销售了 4 030 万册，2007 年的营业额比 2006 年增加了 0.4％。这是法国连环画连续 12 年持续增长。2007 年法国有 15 种连环画的销售量超过十万册，而 2006 年超过这一销售量的连环画只有八种。《猫》、《小斯皮鲁》等连环画受到读者的喜爱。2007 年，法国业绩突出的连环画出版社有：媒体与参与出版集团出版了 474 种连环画，营业额达 9 780 万欧元。德莱古尔出版集团出版了 484 种连环画，营业额达 2 850 万欧元。弗拉玛里翁出版集团连环画的营业额为 4 400 万欧元。太阳出版集团连环画的营业额为 2 100 万欧元。据不完全统计,法国现有 254 家出版社出版连环画,其中 17 家是大型出版集团。大型出版集团出版的连环画约占法国连环画出版总数的 74%。

口袋书持续增长

2007 年,法国口袋书继续保持良好出版势头。通常情况下,由电影改编的口袋书电影上映后会再次激发读者的买书欲望。《香水》、《99 法郎》、《在一起足矣》、《快去快回》、《一个秘密》等口袋书都是在改编成电影后销售量继续上升。2007 年法国全年口袋书的销售量已经超过一亿册。业绩突出的口袋书出版社有:阿歇特出版社和阿尔班·米歇尔出版社,全年共出版了 13 种口袋书,这 13 种口袋书销售量占口袋书销售总量的 1/4。

青少年读物受欢迎

2007 年法国青少年读物仍受读者的欢迎。由于《哈利·波特》在世界各地的热销,法国人特别是年轻的读者也爱不释手。法国加利玛尔出版社出版的法文版《哈利·波特》销售量截至 2007 年 10 月已高达 108.9 万册。作者罗琳在“哈七”出版后,曾宣布“哈利·波特”故事结束。由于包括法国读者在内的全世界读者的请求,作者只好允诺开始创作“哈八”。除此之外,法国其他出版社的青少年读物也颇受青睐,比如法国拉丰出版社出版的《天上的火》销售量达 5.55 万册;阿尔班·米歇尔出版社的《我爱妈妈》销售量为 4.05 万册。

2001～2007 年出版和再版图书种数

年度	出版与再版图书种数
2001	44 618
2002	45 787
2003	44 145
2004	52 231
2005	53 462
2006	57 728
2007	60 376

(于平安　编译)

男性大众杂志激烈争夺市场份额

　　美国著名的康泰纳仕出版集团法国分公司已从 2008 年 2 月 20 日开始在法国市场上销售第一期法文版《绅士季刊》。《绅士季刊》50 年前创办于美国，现在美国的销售量达 100 万份。该杂志 25 年前在英国发行英国版，现销售量为 12.7 万份。法文版是《绅士季刊》的第 15 种国际版本。

　　康泰纳仕出版集团法国分公司经理格扎维埃·罗马特说，"《绅士季刊》是一份多题材的大众男性月刊，涉及到生活技巧、思想观念、个人生活等等。"受众对象是好学和无拘束的 25～45 岁的男性。《绅士季刊》不想成为像《国际时尚人》和《最佳》等那样的时尚杂志，《国际时尚人》和《最佳》之类的时尚杂志发行量很小，也不想成为像《会晤》、《男人帮》那样"劣质"的杂志，这类杂志近几年来越来越无人问津。面对销售量和广告收入双双下降，2006 年像《男士健康》一类的多种杂志已经停刊。法国拉加代尔出版集团也计划与《会晤》杂志和《恰女生》杂志解脱关系。近两年来，《会晤》杂志的发行量减少了 20 万份，2007 年的发行量只有 30.9 万份。《恰女生》杂志的发行量也只有 14 万份。

　　《绅士季刊》法文版第一期总共印了 45 万份，共 320 页，售价为 1 欧元，第二期的售价定为 2.5 欧元，第三期的售价定为 3.4 欧元，为最终零售价。康泰纳仕出版集团法国分公司经理格扎维埃·罗马特指出，"此类杂志在法国卖这样的低价格很少见"。康泰纳仕出版集团在法国推出《绅士季刊》的总预算为 1 000 万欧元，预期 2008 年底的发行量能达到 7 万份，争取三年内实现收支平衡。

　　然而，男性大众杂志的竞争相当激烈。2008 年 2 月初，雅卢出版集团以其月刊《最佳》全新的版式发动了一场"攻势"。《最佳》月刊已经创办 13 年，2007 年的发行量仅为 44 440 份,比 2006 年下降了 12.6%。但是,雅卢出版集团想与康泰纳仕出版集团进行一场"决斗"。出版集团希望《最佳》的发行量能达到10 万～15 万份。销售该杂志的零售点已经翻两番,达两万个,零售价也已从原来的 3.95 欧元减至 1 欧元。雅卢出版集团为改版该杂志的投资达 200 万欧元。2007 年销售量为 13 万份的《男人帮》杂志也已于 2007 年年底推出了新版式,增加了"大众内容"。

康泰纳仕出版集团总是喜欢例举取得成功的《魅力》(Glamour)杂志,该杂志是一份 2004 年推出的女性杂志,2007 年的销售量达 33.9 万份。

在如此低迷的期刊市场里,2007 年康泰纳仕出版集团法国分公司的营业额达 6 700 万欧元,比 2006 年增加了 12%,因为要推出《绅士季刊》,收益比 2006 年减少了 10%。说明美国公司充满活力的例子还有,2007 年康泰纳仕出版集团用于创办新期刊的投资达两亿欧元。

(张林初　编译)

法国十大出版社业绩突出

2007 年法国总共出版和再版了 60 376 种图书,其中 10 大出版社业绩突出,共出版了 21 519 种,占总数的 35.6%,而 2006 年占 36.9%,2005 年占 38.8%。分析表明,法国大型出版社出版图书增长的速度慢于中小型出版社增长的速度。法国共有 6 000 多家出版社,其中出版和再版 40 种以上图书的出版社有 327 家。

然而,由于出版集团的兼并扩大和大型出版集团充满活力,2007 年法国两家最大的出版集团出版的图书数量明显增加。阿歇特出版集团(Hachette)共出版了 7 040 种图书,比 2006 年增加了 8.3%。埃蒂特出版集团(Edite)共出版了 4 812 种图书,比 2006 年增加了 11.8%。

新书的出版情况则因出版社的不同而有较大差异,阿尔马唐(Harmattan)出版社比 2006 年增加 7.4%。加利玛尔出版集团(Gallimard)增加 6.5%。巴亚尔出版社(Bayard)增加 8.4%。媒体参与集团(Média—Participation)只增加 1.1%。而弗拉玛里翁出版集团(Flammarion)则比 2006 年下降了 12.4%。阿尔班·米歇尔出版集团(Albin Michel)下降 14.3%。马尔蒂尼埃出版集团(Martinière)下降 2.2%。太阳出版集团(Soleil)将其漫画出版社转让给其他出版社后已不再是法国十大出版社之一,连环画出版大社已由南方行动出版集团(Actes du Sud)代替,该出版集团 2007 年出版和再版了 646 种图书。

2007 年法国总共出版和再版了 1 023 种口袋书,其中新书 642 种,比 2006 年增加了三倍。另外,教育和旅游指南类新书也呈现良好的发展势头。

2007 年法国十家出版社出版图书数量统计表

出版社名称	出版数量（种）
阿歇特出版集团	7 040
埃蒂特出版集团	4 812
阿尔马唐出版社	1 994
加利玛尔出版集团	1 811
阿尔班·米歇尔出版集团	1 688
弗拉玛里翁出版集团	1 179
马尔蒂尼埃出版集团	1 178
媒体参与集团	759
巴亚尔出版集社	759
南方行动出版集团	646

（张林初　编译）

法国风光好 旅游指南热

法国以其悠久历史灿烂文化和美丽风光誉满天下。根据法国益普索集团(Ipsos)对2007年暑假旅游情况的统计,法国游仍为外国游客的首选国家之一,特别是欧洲的客人,占所有国外游客总人数的17%。近年来,越来越多的法国人也青睐国内游,64%的法国人利用暑期周游国内。法国旅游热促使关于法国旅游指南和图书的热销。法国几家专门出版旅游指南和图书的出版社决定抓住良机编辑出版发行相关图书。

创办于1826年的阿歇特出版社是法国一家著名的老字号出版社。1979年,阿歇特出版社创办了一套名为《鲁塔尔指南》的丛书(le Guide du routard)。1991年该出版社推出了《鲁塔尔》的第一本关于法国的旅游指南。自1991年至今,《鲁塔尔指南》总是以同一版式出版发行地图、名城简史、值得参观的地点、雅致廉价的旅馆以及游览的建议。

阿歇特出版社现已出版三种旅游指南:《鲁塔尔指南》、《蓝皮导游书》和《周末所到之处》。目前,《鲁塔尔指南》每年销售已达250万册,深受游客的欢迎,每本定价12欧元。《蓝皮导游书》现有23种,每本定价从14.50~30.20欧元不等。《周末所到之处》为小型导游书,现有12种,成为《蓝皮导游书》的姐妹版。这种指南约100页,有大量的地图和插图。游客阅读非常方便,可以一目了然所到之处的情况,每本定价为10.75欧元。

加利玛尔出版社是法国一家老出版社。为了满足游客的需求,2007年推出了一套《旅游百科全书》(Les Encyclopédies du voyage)。全套丛书共260页,约400~500张插图,每一卷定价为22欧元。《旅游百科全书》每一卷的前两页和最后两页都是详细的介绍,附有各种地图。城市地图是横向折叠,地区地图则是竖向折叠。《旅游百科全书》还为读者标明旅店、餐馆、咖啡馆的地址以及值得参观景点的地址。法国旅游热同样引起了其他国家出版商的兴趣。澳大利亚洛内里·普拉内(Lonely planet)出版社长期专门出版世界各地的导游指南,2007 年 3 月推出了一套名为《小型旅游指南》(*Les Petits Voyages*),其中有一本关于法国的指南。这套新的旅游指南版本如同一本口袋书,每本定价为 4.95 欧元。澳大利亚洛内里·普拉内出版社力图使《小型旅游指南》内容通俗易懂。为了使游客喜欢此套图书,编者还专门撰写了一篇亲切的卷首语。值得一提的是该指南有一"特需"栏目,比如向恋人介绍适合他们的饭店、餐厅;父母如需外出,可以临时看管孩子的地方等等。《小型旅游指南》的不足是地图和插图较少,全指南唯一的一张地图标着各地的主要干道,这也成为与其他导游指南的不同之处。

(于平安　编译)

法国发展连环画的主要做法

　　法国人喜欢看连环画,将连环画视为"第九艺术"。同时,法国也是一个连环画的出版大国,2007 年出版了 4 313 种连环画(其中再版 1 001 种),比 2006 年增加4.4％,总共销售了 4 030 万册,2007 年的营业额比 2006 年增加了 0.4％。这是法国连环画连续 12 年增长。法国全国出版协会(Syndicat National de l'Edition)连环画分会主席路易·德拉斯说,"连环画是法国图书出版业中最活跃的部门。这主要得益于作者创新的多样性和出版商的活力,得益于连环画的国际性,得益于连环画是一种介于光盘、电影、互联网及其衍生产品之间的图书"。法国发展连环画的主要做法是:

大小出版社齐上阵

　　法国以往主要是一些小型出版社出版连环画,近几年随着连环画的迅速发展,一些大型出版集团也积极参与出版连环画。2007 年,法国第一大出版集团媒体参与出版集团(Groupe Média Participation)出版了 474 种连环画,营业额达 9 780 万欧元。德莱古尔出版集团(Groupe Delcourt)出版了 484 种连环画,营业额达2 850 万欧元。弗拉玛里翁出版集团(Groupe Flammarion)连环画的营业额为4 400万欧元。太阳出版集团(Groupe Soleil)连环画的营业额为 2 100 万欧元。据不完全统计,法国现有 254 家出版社出版连环画,其中 17 家是大型的出版集团。大型出版集团出版的连环画约占法国连环画出版总数的 74％。

每年组织国际连环画节

自 1974 年以来,法国每年都要举办国际连环画节,目的是为了交流经验,切磋技术,了解发展趋势和进行版权交易。2007 年是第 35 届国际连环画节,来自世界各地成千上万的连环画作者、出版商、书商、读者云集法国西南城市昂古莱姆(Angoulême)。法国昂古莱姆连环画节,既是欧洲最大的连环画节,也是世界上最负盛名的两大连环画节之一(另一个是美国的圣地亚哥漫画节)。连环画节设立了一系列奖项,包括最佳连环画、最佳系列连环画、最佳剧情、最佳艺术表现、最佳处女作、最受读者喜爱的作品、最有潜力的连环画家等十余个,其中份量最重是年度大奖。另外,法国连环画作者和出版商还专门组团参加法国巴黎图书沙龙,以及诸如法兰克福等一些国际图书博览会。

积极引进其他国家的漫画

自 1992 年法国出版商雅克·克莱蒙首次引进漫画(日本连环画)以来,法国引进外国的连环画越来越多。据不完全统计,2007 年法国总共引进出版了 1 787 种外国连环画,约占连环画出版总数的 41％。其中日本、中国、韩国、泰国等亚洲国家的连环画 1 371 种,美国的 253 种,意大利的 64 种,西班牙的 24 种,英国的 13 种,其余为德国、荷兰和阿根廷等国的连环画。虽然法国的文化与亚洲国家的文化有着很大的差异,但是法国人越来越喜欢亚洲国家的漫画,从亚洲国家语言翻译成法语的漫画占法国进口连环画总数的 76.7％。现在法国一些大型连环画出版社都有日本、韩国和中国漫画编辑部。

有敢于创新的作者

法国的连环画能连午高速发展的关键是,有 支稳定的作者群体。据不完全统计,法国现有 1 357 名连环画作者,他们中有的是连环画的作者,有的是连环画的画家,还有一些既是连环画的作者又是连环画的画家,其中女性有 137 名,占连环画作者总数的 10.1％。为能创作丰富多彩读者喜欢的连环画,法国还以优厚的条件引进国外的连环画作者,特别是日本、韩国、中国以及东南亚国家的漫画作者。

拥有一批青睐连环画的读者

法国男女老少都爱看连环画，他们对图文并茂、主题鲜明和幽默诙谐的连环画情有独钟。据统计，在购买连环画的人中，男女几乎各占一半，男性占49.5%，女性占50.5%。购买连环画的人年龄相对比较年轻，81%的人不足50岁，其中19%小于24岁。在连环画购买者中，工人占23%，干部占20%，职员占15%。他们大部分是城里人。他们看报纸相对比较少，只有34%的人买报纸，但是他们喜欢看杂志，他们中46%的人购买杂志。他们不太喜欢看电视，但他们是一些经常使用互联网的网民，其中33%的人喜欢上网。他们经常看电影和参加音乐会，但是他们参加其他文化活动的次数要比其他读者少，他们中50%的人每年参观一次博物馆和展览会，21%的人每年看一次戏剧。他们是DVD光盘的主要消费群体之一。

总之，法国人的漫画消费，综合性强，可持续时间长，这是法国漫画产业生生不息的根基。

法国1995～2007年连环画出版情况表

年份	出版和再版数（种）	较上年增加（%）
1995	481	—
1996	638	24.6
1998	951	31.1
1999	1 037	9.0
2000	1 272	22.6
2001	1 598	25.6
2002	1 984	24.1
2003	1 901	−4.2
2004	2 589	36.1
2005	3 231	24.8
2006	4 130	14.7
2007	4 313	4.4

法国主要连环画出版社的市场份额

出版社名称	所占市场份额
媒体参与出版集团	34.6%
格莱纳出版集团	15.8%
德莱古尔出版集团	9.4%
弗拉玛里翁出版集团	8.3%
太阳出版集团	7.5%
阿歇特出版集团	4.8%
邦博出版社	2.8%
帕尼尼出版社	2.6%
科罗卡瓦出版社	2.4%
其他出版社	11.8%

2007 年法国最畅销的连环画

书名	销售量（单位：册）
《八》ⅧＩ（第 18 部）	286 300
《八》ⅧＩ（第 19 部）	279 900
《拉尔戈·温奇》(Largo Winch，第 15 部)	218 200
《猫》(Le Chat，第 14 部)	155 600
《纳吕托》(Naruto，第 27 部)	130 900
《纳吕托》(Naruto，第 28 部)	126 800
《小斯皮鲁》(Le Petit Spirou，第 13 部)	125 100
《阿斯泰里和他的朋友》(Astérix et ses amis)	119 700
《布勒和比耶》(Boule et Bill，第 31 部)	119 500
《托尔加尔》(Thorgal，第 30 部)	119 400
《纳吕托》(Naruto，第 29 部)	116 100
《纳吕托》(Naruto，第 30 部)	113 100
《蒂特夫》(Titeuf，第 11 部)	108 700
《星空中的朗弗斯特》(Lanfeust étoiles，第 7 部)	106 900
《纳吕托》(Naruto，第 31 部)	103 900

（张林初　编译）

拉鲁斯词典在法国经久不衰

　　编辑、出版和发行词典对于法国教育和出版业的发展至关重要。随着时代的发展,法国出版社非常重视词典内容的更新、编辑和发行的宣传工作。对于喜欢阅读的法国人来讲,词典已经成为工作和学习的必备工具。

　　在法国词典市场上处于领先地位的拉鲁斯出版社于 1852 年由皮埃尔·拉鲁斯(Pierre Larousse)创办。本着"语言是以后学习知识的主要基础"和"出版为教育服务"的思想,拉鲁斯出版社自创建起至今以出版词典和百科全书闻名于世。在长达一个半世纪的时间里,这些工具书一直在为教育服务。拉鲁斯出版社每年不仅用 41 种文字出版词典,还出版 200 种图书,年营业额约 1.5 亿欧元。在法国本土,拉鲁斯出版社有 130 名员工;在 31 个国家设立代表处,在墨西哥、阿根廷、哥伦比亚、委内瑞拉、巴西、西班牙和波兰等七个国家建立了子公司,与意大利成立了合资公司。

　　皮埃尔·拉鲁斯"这位没有获得法国中学会考证的自学成才者始终没有得到教育界人士的正式认可。然而,他在较短时间内完成了一部部巨作。说较短时间,这是因为他逝世时只有 57 岁"。创业前,皮埃尔·拉鲁斯曾于 1849 年自费出版了一本《小学词汇编》,随后他把这本词汇编改编成为《词汇基本语法》。1856 年,拉鲁斯出版社出版了第一本词典《法语新词典》。1859 年 6 月至 1860 年 6 月,仅一年这本词典共销售了 4.4 万册;从 1856 年至 1905 年的半个世纪里总共出售了 500 万册,业绩颇丰。《法语新词典》后来编辑成为众所周知的《小拉鲁斯插图词典》。据统计,现在法国每个家庭都有一本《小拉鲁斯词典》(带插图版)。2000 年版的《小拉鲁斯词典》销售量高达 100 多万册;小年份的销售量约在 5 万~6 万册之间,比如 2003 年。2004 年,《小拉鲁斯词典》共售出了 120 万册。新出版的 2007 年版《小拉鲁斯插图词典》已印刷了 76 万册,其中大开本的为 12.5 万册。2007 年版六万个词目中收入了约 100 个新词组和新词,在原有的 2.9 万个专用名词中有 50 余个新的专用名词。

时光流逝,自 1852 年至今,创始人皮埃尔·拉鲁斯坚持"出版为教育服务"的思想影响着社里一代又一代的编辑。除上述词典外,1933 年拉鲁斯出版社出版了专供学生使用的《常规小拉鲁斯》;1953 年出版了《彩色拉鲁斯》。许多专业词典,比如农业词典、家务词典、美食词典等也陆续出版,受到广大读者的好评。近几年来,随着高新技术特别是电子技术的迅速发展,拉鲁斯出版社的电子版百科全书已经发行。

为了提高词典质量和扩大发行量,拉鲁斯出版社非常重视宣传工作:召开新闻发布会、张贴海报并在法国电视台播放节目。除此之外,拉鲁斯出版社还在法国大型超市门上店内张贴有关《小拉鲁斯词典》和其他词典的宣传画,比如在众所周知的福纳克和家乐福两大超市。

(于平安　编译)

法国音乐图书受青睐

近年来，法国音像市场不景气，而法国的音乐图书却走势见好。法国音乐图书出版商预计今后十年该类图书的出版状况将会更加喜人。

几年来法国音乐图书的营业额一直平稳。据统计，2005年法国音乐图书的营业额为1.616亿欧元，而光盘的营业额则连续四年下降50％。法国音乐图书出版商状况良好，他们除了出版图书外，还利用品牌的价值寻求多种与音乐相关的方式盈利。比如，法国音乐图书出版商与法国电视台、法国音乐台、法国电影制作公司、音乐厅和体育场保持联系，关注着著作权集体管理组织收取现场表演和机械表演音乐作品支付费用的情况。随着互联网等新兴传媒手段的迅速发展，音乐磁带、音乐光盘、随身听、音乐贺年片、音乐生日卡、USB和彩铃等颇受使用者的欢迎。

19世纪法国出现了音乐图书出版商的职业。法国作者作曲者音乐出版者协会成立于1851年，是法国著作权集体管理协会中历史悠久，管理规模颇大的协会。随着法国知识产权法的逐步制定和著作权集体管理组织的不断发展，保护音乐权利人的意识在法国逐渐增强。根据法国著作权法，著作权集体管理组织代表权利人收取现场表演和机械表演音乐作品应支付的费用。

相关链接

法国作者作曲者音乐出版者协会

　　该协会成立于1851年,是法国著作权集体管理协会中历史悠久、管理规模颇大的协会。目前共有八万名会员;数据库内存300万个音乐作品。总部设在巴黎,并在法国其他地区设立了若干个办事处,共有1500名工作人员。协会的最高权力机构是会员代表大会,每年召开一次。由会员代表大会选举产生董事会。董事会内选举产生一名主席。董事会作出决策后由行政部门执行。行政部门设有使用作品部(负责认定作品、建立作品库和资料库)、收费部、财务部(负责分配工作)、国际部、法律部等。

　　根据法国著作权法,协会主要代表权利人收取现场表演和机械表演音乐作品应支付的费用:

　　(1)现场表演,即对现场表演使用的音乐作品的组织者进行收费。

　　(2)机械表演,即对饭店、咖啡馆、电影院、电台、电视台等所有播放音乐作品的场所进行收费。

　　协会与国外的同行协会签订了双边代理规定,国外的上述费用则由这些协会代为收取。协会将收到的费用,扣除15%作为其行政管理费,5%用于发展国内的文化事业和进行国际交流,其余全部费用都分配给作者。

(于平安　编译)

法国园艺图书市场广阔

2007 年法国共出版和再版了 214 种园艺图书，比 2006 年增加 29％，但仍未达到 2005 年 252 种的最高峰。高质量、实用性强、具有创新理念，涉及环境保护、花园里栽培可食用植物的图书很受法国人的青睐。

近两年来，法国园艺图书市场虽然略有萎缩，但出版社仍有较好的收益。2007 年，于尔梅出版社（Ulmer）的营业额增加了 10％，德韦希出版社（De Vecchi）的业绩也非常好，并计划 2008 年出版 25 种新书，其中绝大部分为原创。园艺图书占其营业额 35％左右的南方出版社（Edisud），2007 年出版了一套十分时髦的关于栽培地中海植物的丛书。吕斯蒂卡出版社（Rustica）2007 年年初时虽然比较困难，但到年底时因精装园艺书销售良好而营业额大增。前几年，阿歇特实用出版社（Hachette pratique）在园艺图书中作了较大投资，现控制出版新书的数量，每年计划出版十来种。弗拉玛里翁出版社（Flammarion）继续奉行其前几年确定的战略：将其出版数量控制在几种特定的园艺图书内。拉鲁斯出版社（Larousse）则依然认为园艺图书是实用图书中最具价值的图书，2007 年出版的园艺图书比前几年增加了两倍，营业额也明显增加，2008 年将继续奉行大力发展园艺图书的政策。

巴黎农舍书店（La Maison rustique）经理奥利维耶·普沙尔指出，近几年来，园艺图书不仅数量多而且质量也逐年提高。巴黎园艺书店（La Librairie des jardins）的营业额则连年增加，2007 年增加了 40％。该书店经理弗朗索瓦丝·西蒙很满意出版社为图书市场提供了许多高质量的园艺图书，尽管她与巴黎农舍书店经理奥利维耶·普沙尔一样抱怨出版社还不够大胆。

法国园艺记者协会主席帕特里克·格莱马说，近几年来园艺图书的质量比前几年有很大提高,"出版社在图书的外观和内容上都下了很大工夫,他们似乎想用质量来夺取市场。我认为这是一种很好的战略。"

现在很多出版社说它们都很注重园艺图书的包装和品牌,它们都想为读者提供更多适合其口味的园艺图书。出版社应该出版一些"实实在在"的园艺图书,使拥有大量信息的读者感到新书依然给他们带来了新的信息或回答了他们的问题。读者现在更加关注实用园艺图书和技术园艺图书。巴黎农舍书店经理奥利维耶·普沙尔指出,"现在人们对园艺的兴趣有增无减,但读者受教育的程度越来越高,所以市场上走俏的图书都是那些能够提供内容质量高和解决实际问题的图书。"近几年来,法国最畅销的园艺图书是以下几种。

环保图书越来越受青睐

几年前,环保问题还只是少数人关心的事,而今则成为人人关心的问题。现在人们如同关心日常生活的其他方面一样在关心环保。当然纯环保的图书还很少,因为很难做成园艺类图书,特别对那些刚从事园艺图书的出版社。然而,"合理种植"或"持续发展"已经成为很好的选题。2007年获得成功的此类选题的图书有:于尔梅出版社出版的《可持续的园艺,生态是一种好办法》,六个月内总共销售了7 000册,而且还获得了法国2007年度圣·菲亚克勒奖(Saint-Fiacre);南方出版社出版的《无水花园》,第一版4 000册很快就销售一空,于是进行第二次印刷;南方行动出版社(Actes du Sud)出版的《无需浇水的花园》也取得了很好的业绩;吕斯蒂卡出版社出版的丛书《花园地球》的两种图书《对生态花园的良好思考》和《可减少污染的植物》很快各销售了1万册,《可减少污染的植物》还进行了第二次印刷;奥巴内出版社(Aubanel)出版的《天哪,我的花园热》和《天哪,我的花园冷》也有许多读者;9月出版的《拉鲁斯生态花园》不到一个月就销售了7 000册;索拉尔出版社(Solar)4月出版的《不需要浇水的花园》没有几天就卖出了4 000册,出版社喜出望外;德韦希出版社出版的《你花园里的小动物和小昆虫》也取得很好的销售业绩。

良好的销售业绩对出版社来说是一种鼓励。于是,于尔梅出版社3月出版了《生态做园艺,逐步与自然协调》和《家庭可减少污染的植物》,4月又出版了《建造内外都有植物的墙壁》。弗拉玛里翁出版社4月出版了《好园丁手册》,总共印刷了1.5万册。

实用的可持续发展图书很抢手

前几年,弗拉玛里翁出版社出版了新版《阴历》,每年平均销售1.5万册。马拉布出版社今年2月出版了《随月亮做园艺》。德韦希出版社则出版了《耕作者的阴历》和《园丁的阴历》等两本经典图书,以及丛书《园丁急救》中的《生态种植》。

阿尔班·米歇尔出版社(Albin Michel)宣称,今年将出版一套关于环境保护的丛书《我爱我的花园》,2月已经出版了前两本,书名分别为《我与寄生虫作斗争》和《我学习不浪费水》。阿歇特实用出版社3月以出版《随气候变化做园艺》来做贡献。生动活泼(Terre vivante)地球出版社是一家生态专业出版社,3月也在其丛书《花园:最根本的》中出版了几本新书。至于吕斯蒂卡出版社将出版环保图书作为首选,以提高其支持持续发展的形象,计划4月将以出版两种新书来丰富其丛书《绿色生活》,这两种新书的书名是:《花园里的蝴蝶》和《生态花园:是真是假》。另外,吕斯蒂卡出版社已于3月在其丛书《花园地球》中出版了《无水花园》和《堆肥,肥料和生物处理》。

花园里栽培可食用植物的图书倍受关注

近几年来,人们讲究返璞归真,回归大自然和希望更加健康地生活,在花园里种植蔬菜的图书也开始吃香。吕斯蒂卡出版社至少出版了四种有关蔬菜种植的图书,即在其丛书《绿色生活》中的《蔬菜种植A至Z》和《12个月的蔬菜种植》;在其丛书《花园作坊》中的《蔬菜种植口袋书》以及在其丛书《逐步》中的《简易蔬菜种植》。德韦希出版社出版了《当今蔬菜种植》和《生态花园,烹饪花园里的蔬菜、水果和叶子》。南方出版社已经出版了《像人们喜欢的那样种植蔬菜》,并计划出版一套丛书,其中前三本的书名是《罗勒》,《各国的无花果》和《西红柿,辣椒和茄子》。

拉鲁斯出版社则将在技术丛书《100%花园》里出版《种植蔬菜》,在丛书《特吕福的一步又一步》里出版《花园里的蔬菜》,另外还将出版《你种植蔬菜吗?》。于尔梅出版社2006年出版的《生态种植蔬菜的一角》获得了巨大成功,今年计划出版《阳台上的美食》和《芳香的植物》。马拉布出版社则计划出版《芳香的草》。

读者喜爱种植蔬菜的必然结果是关注药草。巴黎农舍书店为此专门开辟了植物芳香剂疗法和植物疗法图书部,集中了100多种此类的图书,取得很好的销售业绩。为满足读者的需要,南方出版社将出版《药用花园》,吕斯蒂卡出版社则计划出版《荨麻》、《薄荷》、《鼠尾草属植物》和《熏衣草》。

高质量的实用图书普遍受到欢迎

观察家们一致认为,现在的读者受教育程度高,对园艺图书的要求也越来越高。德韦希出版社经理让—马蒂厄·戈瑟兰说,"我们的调查显示,读者们现在选择一些对某一方面详细介绍的图书,并经常提出一些非常专业的问题,他们需要一些技术性很强或很有参考价值的园艺图书。"所以德韦希出版社 2007 年再版了《修剪和嫁接:实用百科全书》和两种新书《农家植物》和《装饰性修剪》。另外,在丛书《园丁急救》中出版了四本新书,其中包括《不费力的花园》和《无需维护的种植》。《园丁急救》是一套专门回答读者问题和介绍技术的丛书。索拉尔出版社计划再版《好好从事园艺》,该书自 2003 年出版以来总共已经销售了 4 万册。马拉布出版社则将再版《马拉布园艺大指南》。

吕斯蒂卡出版社已于 2008 年 2 月出版了《吕斯蒂卡关于花的论著》,该书共560 页。该出版社还出版了一套全新的丛书《从 A 到 Z》,其中第一本书为《花园从A 到 Z》。拉鲁斯出版社已于今年 2 月出版了第 42 版《特吕福》,并想方设法降低其传统图书的价格,如《拉鲁斯花园里的草与花》和《特吕福——阳台与天台》。拉鲁斯出版社还努力将出版物多样化,并出版一些低价的技术性丛书。丛书《100%的花园》将按实用的理念出版,同时计划 2008 年出版四种书,即《棕榈树、竹子和禾本科植物》、《攀援植物》、《插条》和《嫁接》。受众对象主要是初学者的丛书《拉鲁斯一步又一步》,2008 年 3 月已经出版了《简易修剪》、《阴凉植物》和《竹子和禾本科植物》。

拉鲁斯出版社还为园艺迷和行家出版了一套名为《拉鲁斯专家》的丛书,计划今年出版四本书,即《牡丹》、《绣球花和八仙花》、《棕榈树和铁树》和《小花盆指南》。于尔梅出版社也奉行出版多样化的方针,已经出版了《在花盆里种植生长快、耐旱寒和花期长的花》和《在花园里种植生长快、耐旱寒和花期长的花》,并将在丛书《通灵者》里出版《禾本科植物》;在丛书《植物相片》里出版《八仙花相片》。阿歇特实用出版社则将再版其经典之作《修剪与嫁接》,而且售价从原来的 19 欧元减至 9.5 欧元。一些出版社还将一些名贵花卉出成专集,如索拉尔出版社将出版精装和平装两种版本的《迷人的兰花》,马拉布出版社将为业余爱好者出版一本介绍《牡丹》的图书。

创新的专业园艺图书有发展潜力

许多出版社更倾向于出版一些以往较少涉及或者多少有些创新题材的专业图书。如德韦希出版社出版了一套各种类型花园的图书,其中包括《阴凉花园》、《海边花园》、《冬天花园》和《山上花园》。吕斯蒂卡出版社已于3月出版了一本232页的《花盆花园》。鲁埃格出版社前不久出版了《趣味花园》。花园规划是一个很好的选题,至今各出版社还很少涉及。马拉布出版社今年春天在其低价(6.5欧元)丛书中出版了《建造专业》、《铺砌地板和平台专业》、《喷泉和喷池专业》。吕斯蒂卡出版社则在其丛书《绿色生命》中出版了《建造一个小水池》。

法国西部出版社(Ouest France)实行减少数量的政策,突出发挥地方特色,已经出版了《在布列塔尼建花园》和《花园的灵魂》。南方出版社继续出版其丛书《挑战花园》,该套丛书的《假山花园》和《小花园》都取得了很好的成绩。成功的秘诀是突出了法国南部的特色,其销售量的50%在法国南部地区。该出版社2007年在丛书《逐步》中出版的《无花果树》在几个月内就售完。2008年将在该丛书中出版《含羞草和洋槐》和《装饰性禾本科植物》。充满活力大地出版社5月将出版《有造化的花园:乌托邦,生态和实用建议》,这是一本其他出版社很少涉及的图书。该出版社出版这本书的理由是,类似的图书有读者,如共1400页的《插图橡树指南》,尽管销价达145欧元,但仍然销售了900册。此类图书既知识丰富又美观漂亮,受到专业人士的好评。两年前,该出版社以同样的方式出版了《橛树》,今年将出版一本关于松树的书。

2007年底,索拉尔出版社出版的《花园的1001张照片》销售了1万册,这是一本极好的圣诞节礼品书。阿歇特实用出版社准备今年春天出版《花园日记》,这是一本为花园园丁准备的书,该书如同一本日历,专门设立了留言处,以记录花园的历史及其发展变化。弗拉玛里翁出版社计划4月在其丛书《1001》中出版《一生中应该参观的1001个花园》,丛书《1001》的销售量都是五位数,另外还将在其丛书《小盒子》里出版一本《树》的图书。

法国主要园艺图书出版社的市场份额表

出版社名称	市场份额（％）
吕斯蒂卡出版社	16.9
拉鲁斯出版社	14.5
马拉布出版社	9.8
阿歇特实用出版社	5.8
阿尔泰米斯出版社	5.8
德韦希出版社	3.0
于尔梅出版社	3.0
德拉绍和尼斯特莱出版社	2.9
索拉尔出版社	2.5
格林德出版社	2.4
其他出版社	35.7

（张林初　编译）

法国旅游图书丰富多彩

　　经历了 2006 年旅游图书市场低迷后，2007 年法国旅游图书出版商们终于又露出了笑脸，绝大多数专业出版社取得了很好的业绩。2007 年法国总共出版和再版了 1 927 种旅游图书，比 2006 年增加 7％。面对竞争十分激烈的市场，2008 年出版商们竭尽全力进行拼搏，相互补足，充实丛书，提高附加值，而方法则又各不相同，或增加原创图书，或更好地适应读者的需要。

搞活库存图书突出丛书特性

　　由于如今的读者越来越挑剔，要求也越来越高，因而，法国多家出版社竭力搞活库存图书，突出丛书的特性。阿歇特出版社（Hachette）继续其 2006 年 10 月推出的丛书《看》。阿歇特出版社的丛书《城市漫游》获得了巨大成功，今年 3 月又推出了《法国漫游》。该丛书介于米其林出版社（Michelin）出版的文化性很强的《绿色指南》和非常实用的《鲁塔尔指南》之间。新丛书《法国漫游》每种书介绍法国的一个省或一个小地区，这样便于读者根据自己的爱好安排旅行日程。阿歇特出版社编辑部主任纳达莉·普雅分析说，"人们至今仍认为参观文化景点的旅游只是一种与户外野餐一样的旅游。这样的看法实际上是不对的。今天人们有各种各样的想法。"所以，每种《法国漫游》向读者介绍法国一个省或一个地区的文化自然遗产，并附有实用的路线和地址等。2008 年已经出版了八种，其中包括普鲁旺斯、朗格多克—卢西永、科西嘉等。

旅游图书的营业额不断攀升

加利玛尔出版社(Gallimard)称,2007年旅游图书的营业额增加了2%,并为适应市场的需要,2008年将再版120种旅游图书,出版15种原创新书。除在文化指南丛书《旅游百科书》和历史丛书《旅行者丛书》中各增加一种新书外,即南比利牛斯省和罗马尼亚,出版社还将出版两种更加实用的丛书,一种名为《地理指南》,另一种名为《杂志指南》。

埃迪蒂出版集团(Editis)旗下的洛内里·普拉内出版社(Lonely planet)则完全达到了原先设定的2007年营业额增加18%的目标,现在已经成为法国第四大旅游图书出版社,仅次于阿歇特出版社、米其林出版社和加利玛尔出版社。洛内里·普拉内出版社2008年将继续奉行大力发展的政策,并将重点放在法国国内,计划出版14种新书,其中包括巴斯克海岸、蓝色海岸、莫尔比昂省等。另外还将完善2007年推出的丛书《短途旅行》。

出版更加实用和带图片的旅游图书

马科斯出版社(Marcuc)不断更新其历史丛书《马科斯指南》,并出版一些相当有趣的小型文化图书。这些小型文化图书也经常更新,并列入丛书《马科斯上路手册》。国家地理出版社(National Géographic)将继续奉行其2007年开始的战略,即缩小图书版本,每本图书的价格从15.95欧元降至8.95欧元。虽然单本图书的价格降低了,但2007年的营业额却增加了20%。2008年将出版六种新书,其中包括旧金山、罗马尼亚。达科塔出版社(Dakota)也将出版新版丛书《走》。

为满足那些能从各种途径获取信息和越来越寻求根据自己需要进行旅行的读者,各出版社努力将其丛书多样化,甚至有时还将其指南的内容也尽量多样化,以介绍一些很有特色的旅游景点。因此,大学新出版社(Nouvelle édition de l'université)出版的非常实用的丛书《调皮小孩》最近增加了不少文化内容和图片。米其林出版社出版的《蓝色指南》也更加突出实用信息。该出版社2005年还创办了丛书《实用旅游》,此丛书更加贴近旅行者旅游的各种不同的方式,并由旅行者自行设计旅游线路,2008年将出版五种新书,即巴西、巴黎、马德里、北京和西西里。

城市指南图书受到好评

现在,到城市里进行短途旅游的倾向越来越明显,所以城市指南图书受到青睐。阿歇特出版社的丛书《长周末》今年第一季度又增加了四种图书,即柏林、马拉喀什、伦敦和里斯本。该出版社 2007 年成功推出的丛书《城市漫游》2008 年将出版伊斯坦布尔和布拉格。洛内里·普拉内出版社 2007 年出版的纽约是一本畅销书,2008 年将出版几本法国城市的图书,其中包括里昂、马赛、斯特拉斯堡、波尔多。同时,该出版社在今年春天推出了新丛书《旅游几天》,已经出版了六种书,即巴塞罗那、柏林、伦敦、马德里、纽约和布拉格。该新丛书已经在盎格鲁—撒克逊市场取得了良好的销售业绩,其成功的秘诀是事先对市场进行了深入的调查研究。洛内里·普拉内出版社主编弗雷德里克·萨尔法蒂说,"10 年前,旅行者在旅游时总想尽可能地多看一些地方,而今天他们想利用休假的时间,按照自己的兴趣在其居住的城市里进行深度旅游,度过美妙愉快的时光。"城市旅游指南一般都是小开本,附有许多图片和一张可以折叠的地图。

加利玛尔出版社的丛书《城市地图》全力以赴,两年的销售量增加了 84%。该出版社在继续做好各国首都旅游图书的同时,也对出版各国中等城市旅游图书感兴趣,今年上半年已经出版六种书,其中包括里加、克拉科夫、布宜诺斯埃利斯、图鲁兹、里尔等。加利玛尔出版社的丛书《地理指南》也开始面向城市,2008 年将出版罗马和迪拜。《调皮小孩》也将充实其城市指南丛书,今年 3 月已经出版了丹吉尔。米其林出版社则创造了一个奇迹,2007 年 11 月在东京推出其《米其林指南—东京》时,两天内销售了九万册,现已总共销售了 30 万册。销售情况有点类似《哈利·波特》。《米其林指南—东京》的英文版已于 2008 年 2 月开始在欧洲销售。

奉行出版系列丛书的战略

米其林出版社在其丛书《绿色指南》中也出版了有关法国城市旅游的图书,2008 年计划出版 12 种图书,其中包括里昂、马赛、波尔多、斯特拉斯堡、蒙彼利埃等。菲东出版社(Phaidon)也于 2007 年加入了旅游图书市场,与《华尔杂志》(Wallpaper)合作推出了丛书《城市华尔杂志》,每本书介绍一个城市的文化、建筑和生活方式,该出版社 2007 年出版了有关 30 个城市的旅游图书,截至 2008 年 4 月已经出版了 12 个城市的旅游图书,其中包括孟买、开罗、河内、慕尼黑、悉尼等。

就发展战略而言,许多出版社奉行出版系列丛书的战略。例如,马科斯出版社出版了系列丛书。该出版社经理帕特里克·阿尔菲谈道,"我们出版社是法国第一家用法文出版了有关古巴、也门、哥伦比亚的旅游指南。"该出版社将继续奉行出版系列丛书的战略,计划今年在其丛书《道路手册》中出版以色列北部和摩尔多瓦,在其丛书《行程与发现》中出版南部非洲,在其《旅行者指南》中出版肯尼亚和坦桑尼亚,该书厚达 600 页,全面介绍一个国家的情况。

《调皮小孩》也将奉行同样的战略。该丛书主编让-保尔·拉布尔代特说,"我们出版社已经用法文出版了 70 种人们很少去旅游或又想去旅游地方的图书。"根据这样的思路,丛书《调皮小孩》今年将出版意大利的阿尔卑斯山和多洛米蒂山、刚果(布)、加蓬、圣多美和普林西比。其他出版社也将出版一些游客较少去旅游国家的图书,如洛内里·普拉内出版社 2008 年将出版阿尔及利亚、加那利群岛、以色列和巴勒斯坦。

然而,米其林出版社则将出版一些游客非常多的国家的详细图书,将出版五本关于西班牙的图书和三本关于意大利的图书。至于地图,是一个倍受互联网和 GPS 卫星定位仪竞争的领域。尽管如此,米其林出版社还是创建了一个地区地图集,该地图集采用了卫星照片,因此精确度很高。该出版社还把走向世界作为其发展方向,从现在起到 2009 年底将其现有用十种文字出版的指南翻译成 18 种文字。

西部出版社(Ouest France)则在其丛书《想……》中出版地区地图,2008 年春天已经出版了《想去诺曼底旅游》和《想去奥弗涅旅游》,另外在其今年新创办的丛书《500 次心跳》中已经出版了《布列塔尼》。南方出版社(Edisud)在其丛书《遗产》中已经出版了《普鲁旺斯的节日》、《阿尔卑斯山》和《蓝色海岸》。

主题旅游图书也有读者

主题旅游图书是近年来受到读者追捧的图书。阿歇特出版社 2007 年出版的《旅店秘密房间》和《旅店非同寻常房间》获得了良好的销售业绩。今年还将出版《海滨客房》和《廉价秘密客房》。在主题旅游图书方面,达科塔出版社出版的《迷人手册》也取得了良好业绩。该出版社 2008 年将出版《非同寻常住宿指南》。米其林出版社今年初已经推出了《旅店指南》和《在旅游车里偷闲》。

米其林出版社地图与指南编辑部主任克里斯蒂安·德莱承认,在丛书《蓝色指南》中,取得最成功的主题图书都是关于巴黎的图书。阿歇特出版社 2007 年取得良好业绩的图书是,《谜语般的巴黎》、《巴黎行踪和谜语游戏》和《巴黎 0

点》，出版社今年将出版《年青人的巴黎0点》。另外阿歇特出版社将出版新版《在巴黎骑自行车》，图书将增加自行车的停车站，并向骑车人提供最佳路线。洛内里·普拉内出版社在其丛书《短途旅行》中也出版了《巴黎步行》和《在巴黎骑单车》。

专门出版巴黎图书的巴黎格拉姆出版社也出版了几本关于巴黎旅游的图书，如《巴黎最佳告知》，《迷人又廉价的周末游》。该出版社前不久还推出了一套名为《地图/在巴黎漫步》的丛书，该丛书的每本书都附有可以折叠的每个区的地图和旅行线路图。

生态旅游图书很时髦

当前生态是最时髦的话题，所以关心生态已经出现在旅游指南图书中。2008年，《调皮小孩》已经推出了《生态旅游指南》，书中提出了20种生态旅游建议。洛内里·普拉内出版社则倾向于以"生态指数的形式"，把"持续发展"的大观念逐步融入到旅游指南中，该出版社出版的第一本生态旅游指南是澳大利亚。不久将出版的另外一些主题旅游图书是，如聚合出版社（Convergence）出版的《与孩子一起法国游》，丛书《调皮小孩》的《101种非同寻常游》和《结婚游》。西部出版社则在其主要丛书《发现路线》中出版主题旅游图书。今年春天已经出版了《诺曼底小径》、《从绿色小路通向布里塔尼亚》和《布里塔尼亚神秘的地方》。

远足图书停滞不前

受互联网和旅行社免费出版物的竞争，近几年来远足类图书一直不景气。然而，2007年法国步行远足联合会则实现了营业额增加3%的良好业绩，2008年将出版29种新书。为更好地满足读者的需要，该联合会将在其历史丛书《大远足》和《小远足》中增加图片和关于遗产与文化的文章。自2007年起，《大远足》已经增加了新系列《森林小道》，第一种书是《留尼旺岛》，今年将出版《朗格多克－卢西永》。两套新的丛书将更好地满足公众更加家庭化发展趋势的需要。朗多出版社（Rando）出版的丛书《朗多城市》的《在巴黎步行》很长一段时间以来一直是出版社的畅销书，已经销售了20万册，以后将逐步出版法国的其他一些城市，2008年将出版《在波尔多步行》。另一套丛书名为《家庭步行》，现在已经出版了15种图书，以后将着力发展。

2001～2007 年法国旅游图书出版和再版数量统计表

年份	数量（种）	增长率％
2001	1 285	—
2002	1 409	9.6
2003	1 415	0.4
2004	1 634	15.4
2005	1 676	2.5
2006	1 802	7.8
2007	1 927	6.9

法国主要旅游图书出版社市场份额占有表

出版社名称	市场份额（％）
阿歇特旅游出版社	38
米其林旅行出版社	17
加利玛尔出版社	8
大学新出版社	8
洛内里·普拉内出版社	6
法国步行远足联合会	3
国家地理出版社	2
法国西部出版社	2
巴黎格拉姆出版社	1
朗多出版社	1
其他出版社	14

（张林初　编译）

从家族出版社到世界传媒集团

法国桦榭菲力柏契传媒集团是一个国际化的集团。集团在 41 个国家和地区开展业务，在全世界出版 262 种期刊。2005 年的营业额达 19 亿欧元，其中 54.6％来自海外。仅从营业额来看，桦榭菲力柏契传媒集团在法国期刊市场上已名列榜首，成为美国、西班牙、意大利、中国和日本市场上的第一大外国出版商。

桦榭菲力柏契传媒集团的创业史

桦榭菲力柏契传媒集团的前身是阿歇特出版社，创办于 1826 年，是法国一家著名的老字号出版社，创始人是路易·阿歇特。1800 年 5 月路易·阿歇特出生在一个普通的家庭。由于家庭经济困难，阿歇特被迫于 1826 年中断学业，决心致力于出版业，以寻求发展。他用借来的一笔资金创办了一家以他自己姓名阿歇特命名的出版社。阿歇特从事出版业后不久，正逢法国小学教材进行改革，于是阿歇特决定出版社优先做教科书业务。1835 年，阿歇特出版社承印了 50 万张法文字母表，十万册课外阅读材料，四万册算术、历史和地理教科书。教科书首战大捷为阿歇特出版社以后的业务发展奠定了基础。从此，阿歇特与巴黎教育界一直保持着密切的关系。他广交朋友，发行专业海报，从而获得了教育部大量的订单。与此同时，阿歇特从教员中招聘了一些作者和编辑，开始创办各种教育杂志。《公共教育杂志》就是阿歇特与教会合办的一份杂志。阿歇特的第二个工作重点是出版教育参考书。他出版的《法国简史》发行量达 227 万册，《拉丁语字典》的发行量为 44 万册。阿歇特的第三个工作重点是大量出版一般图书和通俗文学图书。众所周知的《高乃依杰作选》就是由阿歇特出版社发行的,当时的售价只有一法郎。随后阿歇特又倡议创办了法国皇家大学出版社。

在整个 19 世纪,阿歇特出版社除出版教育图书和普通文学图书外,还十分重视图书的发行和销售工作,以尽量扩大出版社的业务范围和图书的销售量。1852年,阿歇特出版社在法国首创开办了"车站售书亭",买断了车站售书的专营权。如今车站售书亭遍布法国,全国共有 900 多个。与此同时,阿歇特出版社还策划编写发行了一套《蓝皮导游书》,这套图书发行到今天仍然深受法国读者的喜欢。路易·阿歇特 1864 年去世时,阿歇特出版社已经是欧洲最大的出版社之一,享誉全球。

世界一流传媒集团

社会的发展使过去家族式的出版社已经不再适应形势的需要。20 世纪 60 年代,达尼埃尔·菲力帕契先生创办了法国菲力帕契出版公司,专门出版大众期刊,特别是青年和男性杂志。20 世纪 90 年代,阿歇特报刊子公司(又译为桦榭报刊子公司)与菲力帕契出版公司合并,组成了阿歇特菲力柏契出版集团,即现在大家熟知的桦榭菲力柏契传媒集团。

目前,桦榭菲力柏契传媒集团共有员工 9 900 多人,其中 5 400 多人在国外工作。现在集团的业务主要分为四个方面:在法国出版发行杂志;出版图书和地方日报;制作多媒体衍生产品和在国外出版发行驰名杂志。

法国第一大期刊出版商

桦榭菲力柏契传媒集团是法国第一大期刊出版商。在法国有 4 500 多人从事期刊出版工作,出版 62 种杂志。集团出版的期刊涉及领域十分广泛,包括女性、男性、青年以及休闲等杂志。集团在法国发行杂志的方式一般是零售,就是在报亭里出售,但也可以订阅,目前订阅杂志的读者越来越多。桦榭菲力柏契传媒集团每年在法国销售杂志 3.4 亿份,相当于每天销售近 100 万份,约占法国期刊市场的 20%。

《她》(ELLE)是法国桦榭菲力柏契传媒集团的一份知名品牌杂志,创刊于1945 年 11 月 21 日。《她》是一本女性刊物,涉及时尚、美容、家居、健身等妇女关心的问题。杂志不仅在法国出版发行,而且还在美国、西班牙、意大利和日本等 39 个国家和地区出版发行当地的版本。每个月销售量为 550 万份。据统计,

2004～2005年阅读《她》的忠实女读者人数达2190万。在全世界《她》已经成为一本享有盛誉的女性杂志。《她》杂志还衍生出版两种月刊，一种是《她—装饰》，另一种是《她—餐桌》。从1988年起，《她》杂志开始与中国上海译文出版社合作出版中文版《世界时装之苑》。

《巴黎竞赛画报》是法国桦榭菲力柏契传媒集团的另一份驰名期刊，是一份重要的时事、消遣性周刊，刊登重大新闻和照片，文章图文并茂。为了紧跟形势，编辑部的员工分成白班和夜班两班工作。2006年5月，中国的新闻出版总署和法国桦榭菲力柏契传媒集团合作创办了一本刊物——《中国》。这是一本由国外知名传媒集团出版专门介绍中国的期刊。2006年5月29日，法国桦榭菲力柏契传媒集团在其巴黎总部举行了《中国》杂志的首发仪式。同年11月15日，该刊物正式在法国出版，发行量达五万册，该刊广受读者喜爱。

（于平安　编译）

法国免费报纸不断发展

自 2002 年 2 月 18 日法国在巴黎和马赛两市发行首份免费报纸《地铁日报》（Métro）以来，读者人数逐渐增多。根据法国日报信息研究所的统计，从 2006 年 7 月至 2007 年 6 月《地铁日报》的读者已达 200 万，比创刊时提高了 28％，每日的发行量为 88 万份。目前，《地铁日报》已经在法国 12 个城市发行，读者人数已名列全国免费日报读者排行榜的第三位。第一位是《20 分钟日报》，读者有 240 万；第二位是《队报》，读者为 230 万。

《地铁日报》是由瑞典国际地铁集团和法国电视一台分别控股合办的报纸。瑞典国际地铁集团控股 65.7％；法国电视一台控股 34.3％。《地铁日报》自在法国发行起就试图寻找一条适合本国发展的经济模式。据《地铁日报》出版商透露，自创刊以来，《地铁日报》已投资 3 500 万欧元。主编瓦莱里·德康说，"我们的经济模式是经科学论证的，2007 年取得的成绩鼓舞人心。"据统计，连续三年《地铁日报》收益上下浮动。2005 年营业额较高，为 3 740 万欧元；2006 年只有 210 万欧元；截至 2007 年的第三季度，营业额已达 1 350 万欧元。目前，在法国阅读免费日报已成为一种时尚。该类报纸争取到了众多的读者，多数读者是城里的年青人，他们大多是受过高等教育的专业人员。在地铁里、电车里、公共汽车里，随处可见法国人阅读免费报纸。免费报纸提供的统计数据显示，"五个 15～34 岁的法国人中就有一个人在看免费报纸。"

迄今为止，法国已有如下七种免费报纸：

《地铁日报》由瑞典国际地铁集团和法国电视一台分别控股。

《20 分钟日报》由挪威 Schibted 集团控股 50％，法国《西南日报》和 Sofiouest

公司各控股 25%。该报纸共有读者 136.3 万。在地铁里发行 67.5 万份,其中在巴黎地铁里发行 50 万份。

《为了我们的巴黎日报》由巴黎地铁集团、《巴黎人报》和 Colareg 公司分别控股 55%、30% 和 15%。在巴黎地铁里发行 35 万份。

另外,在《城市更好日报》系列中,有桦榭菲力柏契出版集团《普鲁旺斯日报》办的《马赛更好日报》;索克出版集团《前进日报》办的《里昂更好日报》;《北方之声》办的《里尔更好日报》和《西南日报》办的《波尔多 7 日》。

法国报纸出版商对免费报纸前景看好的一个重要原因是,各免费报纸的广告收入都令人满意。法国《新闻媒体手册》杂志的出版商指出,"2003 年,《地铁日报》和《20 分钟日报》的纯营业额达 8 000 万欧元,比法国男性杂志和电影杂志营业额的总和还多。""免费报纸的经济模式并不是异想天开,现在许多投资者对此感兴趣。"面对这一形势,法国许多报纸出版商感到不安。法国期刊和新闻协会主席帕斯卡·马里指出,"这对期刊新闻协会来说是一个令人不安的问题,因为免费报纸对我们的行业已经构成一种挑战。"

（于平安　编译）

法国地方报纸进行大规模重组

随着多媒体、互联网和免费报纸的迅速发展,法国地方报纸面临诸多挑战,发行量已从 1997 年的 633 万份减少到了 2006 年 575 万份,十年内减少了 10% 左右。为适应形势的发展变化,近三年来,法国地方报纸进行了大规模重组,近 56 种地方日报中的 1/3 已经转手。这一重组涉及到长期以来一直在一些地方很有影响的报纸,如里尔地区的《北方之声报》、里昂地区的《进步报》和安昂热地区的《西部邮报》。媒体专业银行人士让—克莱蒙·特谢尔指出,"近几年来,用于地方报纸重组的投资达 7.5~8 亿欧元。"

法国地方报纸此次重组始于 2004 年。当年 6 月,法国 Scopresse 集团将十来种地方报纸卖给了 Serge Dassault 集团。同年 8 月,法国拉加代尔集团以 1.6 亿欧元将其在法国南部的《尼斯晨报》、《瓦尔晨报》、《普罗旺斯报》和《科西嘉晨报》转让给了 Hersant Média 集团。法国《世界报》集团为减轻债务负担,也转让了其在南方地区控股的报纸。法国西南集团用 9 000 万欧元并购了南方的地方报纸(《自由南方报》、《独立报》……)。另外,西南集团还与图卢兹的《南方快报》一起成立一个名为"南欧媒体"的经济利益集团,然后把南方报纸 50% 的股份转让给图卢兹集团。不久还将成立一个波尔多——图卢兹——蒙彼利埃报业联合集团,该集团将拥有 4 500 名员工,发行 85 万份报纸,将成为法国居 SIPA 集团和法国西部集团之后的第三大地方报业集团和最大的地方报纸发行集团。

创刊第一份法国地方日报的法国西部集团,于 2005 年底通过并购 Scopresse 集团在法国西部出版的报纸(《西部邮报》、《自由曼恩河报》……)来提高自己的地位。法国共和国东部集团则于 2006 年 2 月收购了 Scopresse 集团在法国东部出版的报纸（《进步报》、《解放了的妃子报》……），同时创建了 EBRA 集团，该集团由《东部共和国报》控股 51%，互助基金控股 49%。EBRA 集团还控制了《阿尔萨斯报》、《洛林共和国报》和《阿尔萨斯最新消息报》。通过一系列的兼并，EBRA 集团现在是法国最大的地方报业集团。

法国地方报纸的重组还在进行中。《山地报》、《中西部新共和国报》和《中部共和国报》等三个独立的报业集团，通过相互参股的方式，成立了法国大中部报业集团，该集团在法国中部 17 个省里发行 60 万份报纸。法国《中部共和国报》主编雅克·加缪说，"地理位置的邻近促使这三大理念和文化比较接近的集团走到了一起。"至今，欧洲人还没有大量涉足法国地方日报的兼并，但是比利时的 ROSSEL 集团已于 2005 年控制了《北方之声报》和《北方闪电报》。这两份报纸原先属于埃尔桑传媒集团（Hersant）。

《邮报》集团总裁让—米歇尔·贝莱说，"子公司都处于危机之中。如果不进行重组，那么大家都将被淘汰。"法国地方日报委员会主席、《尼斯晨报》集团总裁米歇尔·孔布勒指出，"此次重组既有地理位置的考虑，又有经济利益的考量。以前一份地方报纸的发行量 20 万份为宜，今天则 60 万份为宜。"面对互联网和免费报纸的激烈竞争，地方日报应该像全国性日报一样，积极应对广告费的下降。所以，此次重组企图通过降低印刷、发行、销售的费用，并建立广告协作关系，从而使报纸的成本更加合理。

重组也使所有发行商重新考虑自己的战略。媒体专业银行人士让—克莱蒙·特谢尔指出，"那些能很好进行重组的人是那些瞄准免费报刊的人"。例如，法国西部 SIPA 集团有一个 SPIR 免费报刊集团，西南报业集团有一份免费的 S3G 报纸。另外一些报业集团则采取一些其他措施，例如《电讯报》与法国 Regionsjob 网站合作创办了一个职业介绍网站，现在发行量不断增加。

法国主要地方报纸一览表

集团名称	营业额(单位:欧元)	旗下报纸(括号内为发行量)
法国西部 SIPA 集团	11.5 亿	《芒什海峡报》(2.4 万) 《法国西部报》(76.6 万) 《自由曼恩河报》(4.6 万) 《海洋报》(4.5 万) 《西部邮报》(9.9 万)
Amaury 集团	—	《巴黎人报》(33.7 万)
布雷斯特电讯集团	1.1 亿	《电讯报》(20 万)
NRCO 集团	1.4 亿	《中部共和国报》(5.2 万) 《中西部新共和国报》(21.5 万)

集团名称	营业额(单位:欧元)	旗下报纸(括号内为发行量)
法国中部－山地报集团	1.9亿	《山地报》(19.1万)
西南集团	5.4亿	《自由夏朗德报》(3.8万) 《西南报》(31.3万)
快报集团	1.8亿	《中部报》(2.1万) 《南方快报》(19.3万)
南方报业集团	1.42亿	《自由南方报》(14.7万) 《独立报》(6.4万)
埃尔桑传媒集团	9.0亿	《尼斯晨报》(11.5万) 《瓦尔晨报》(7.3万) 《普罗旺斯报》(15.0万) 《科西嘉晨报》(4.3万) 《团结报》(11.1万) 《巴黎－诺曼底报》(6.6万)
EBRA集团	8.2亿	《东部共和国报》(18.8万) 《洛林共和国报》(14.2万) 《阿尔萨斯最新消息报》(18.0万) 《阿尔萨斯报》(9.9万) 《公共财产报》(4.9万) 《索恩－卢瓦尔报》(6.1万) 《进步报》(33.4万) 《解放了的妃子报》(24.2万)
北方之声集团	4.0亿	《北方之声报》(28.5万) 《北方闪电报》(2.9万)
皮卡尔邮报	0.4亿	《皮卡尔邮报》(6.5万)

（张林初　编译）

法国日报面临严峻考验

　　面对互联网和免费报纸的激烈竞争,法国平面媒体特别是全国性日报正经历一场革命。媒体社会学家让－玛里·沙龙说,"互联网对现有媒体特别是全国性日报造成了巨大冲击,使得日报的经济运行模式、内容以及与公众的关系都产生了天翻地覆的变化。"发行量和广告收入的双双下降使得日报变得更加脆弱。近十年来,日报的销售量下降了20％。根据法国广告报刊发行量检查所(OJD)的数据,尽管有总统大选等重大政治事件,2007年法国16种全国性日报的发行量还是下降了0.6％,读者仅增加0.2％。法国现有日报读者817.3万人,占法国总人口的16.4％。法国日报的营业额已经从2000年的11.45亿欧元减少到2007年的8.51亿欧元。

　　同期,法国全国性日报的广告营业额也明显下降,但是下降的趋势不是线性的。如同其他媒体,全国性日报广告充分利用了互联网投机性活动的泡沫,从1996年到2000年,广告收入几乎增加了一倍。但之后广告收入一路下降,2007年法国全国性日报的商业广告收入下降了10％,启事栏目的收入从2000年的1.77亿欧元下降到2007年的6 400万欧元。互联网的冲击显而易见。

　　KR Média 媒体委员会负责人奥利维耶·古莱说,"由于行政管理费用很高,日报的广告联络费用也随之提高,所以这就限制了刊登广告的数量。"在日报的广告中,制作费特别是印刷费和纸张费是造成广告费增长的主要原因。另外,发行的问题依然存在。尽管法国巴黎报刊运输新公司(负责分发法国的大部分日报)称2007年的报刊零售点有所增加,已经从2006年的29 300个增加到2007年的29 651个,但是报刊零售点下降的趋势仍未得到遏制(1995年法国全国曾有33 540

个零售点)。报刊历史研究员帕特里克·埃韦农说,"自20世纪80年代以来,我们的报纸不再赢利。"

在上述背景下,日报重新确定了其经济运行模式。首先采取的措施之一是降低费用和裁减员工。法国的三大日报《费加罗报》、《世界报》和《解放报》已经这样做了,三大日报的员工已经分别减至600人、584人和204人。

其他的措施还有,其中之一是使收入来源多样化。2007年,法国日报通过出版副刊、从事副产品工作(制作CD和DVD光盘或报纸夹带卖图书)或制作其他数字化产品,营业额增加了20%。2007年,副产品虽然有明显的发展(达一亿欧元),但是市场已经基本饱和。媒体专业银行家让－克莱蒙·特谢尔说,"日报应该围绕品牌创造新产品来增加其他收入。"他列举了电话的例子。

当然,日报已经通过网站来拓展读者。日报网站是读者的第一大信息源。网站也可以经营广告,但现在数量还不多。网站广告费用是纸介质广告费用的1/10。媒体专业银行家让－克莱蒙·特谢尔说,"互联网广告将有大的发展,但会超过报刊吗?真正的威胁是其他一些因素,如电信运营商,或谷歌或雅虎网站的内容聚合力,它们的能量远远超过日报。"

法国全国日报工会主席法朗西·莫雷尔说,"我们应该围绕我们品牌在日报的延伸中谋求发展道路。日报依然是尖刀部队,因此应该着力加强日报。"美国记者和Mediacafé博客创始人杰夫·米尼翁认为,面对大量来自通讯社且可在网上免费阅读的海量信息,"日报70%的页面应该用于展望。"媒体专业银行家让－克莱蒙·特谢尔说,"报纸应该重新定位,提高附加值",甚至可以每天出版报纸(译者注:法国日报周末不出版)……

媒体社会学家让－玛里·沙龙说,"日报不应该热中于寻求完整,而应该有很好的附加值。"Play Bac Presse创始人、国际报刊协会法国代表弗朗索瓦·迪富总结说,"日报危机是一场供求危机。"日报依然是很有影响力的媒体,仍然可以引起人们的兴趣。

法国与美国主要日报发行量对比

	报纸名称	1988年发行量	2007年发行量
法国	费加罗报	422 200 份	327 500 份
	世界报	387 400 份	315 850 份
	解放报	195 400 份	132 350 份
美国	今日美国报	2 270 800 份	228 400 份
	纽约时报	1 136 800 份	1 077 000 份
	华盛顿邮报	753 100 份	673 180 份

法国和美国各种媒体在广告收入中比例对比

	法国（%）	美国（%）
电视	32.5	32.7
杂志	20.3	14.3
报纸	13.1	27.8
免费报纸	11.2	—
招贴广告	10.3	3.9
广播	7.2	11.8
互联网	4.6	8.9
电影	0.8	0.6

（张林初　编译）

走近法语联盟

    1883 年成立于法国巴黎的法语联盟（Alliance Francscaise），是法国外交部及教育部下属的非营利性的、以从事公益事业而闻名的语言文化教学机构，也是法国政府唯一认可的法语培训机构。它以传播法语和法国文化为宗旨，致力于推动法国与其他国家的相互交流。该联盟历经 120 多年的发展，在世界上的 130 多个国家建立了近 1 100 个法语培训中心，注册学生总数超过 45 万人，每年举办的文化活动参与者逾 600 万人次。

    与普通的语言类学校不同，法语联盟下设的每个法语培训中心都是独立自主的组织，具有所在国的国籍。所有的法语培训中心都坚持采用不同的形式介绍法国文化，并致力于与所在国的文化交流。他们制定的办学章程须得到法国法语联盟的认可，由法国法语联盟监督法语培训中心执行。法语培训中心的课程设置与正式大学不同。它通常由法国派遣的校长安排设置，校长的工资由法国外交部支付。法语培训中心的各项事务由当地中心理事会具体负责，理事会的工作是不取报酬的，不介入当地的政治、宗教和种族等问题。

法语联盟在中国

    法语联盟在亚洲和中国的历史可以追溯到 19 世纪末。1886 年，在中国的广州、北京、天津和上海等地先后建立了法语免费学习学校。由于战争的原因，这些法语学校 1937 年后逐渐关闭，法语联盟在中国大地上消失。

    再次复兴是在 1989 年，中国政府开始陆续与外国进行教育领域的合作，在香港和巴黎的法语联盟的推动下,一个崭新的时期来到,法语联盟得到大规模重建。1989 年,法语联盟在广州建立中国内地第一家法语培训中心。随着中国经济的迅速发展和中国人国际视野的日益开阔,法语培训工作在中国市场有了长足进步。参加法语培训的学生每年以 15% 的速度增长。截至目前,中国已在北京、上海、广州、武汉、南京、成都、香港、澳门等十余个城市设立了法语联盟培训中心,注册学生近 2.2 万人。

除了进行法语教学活动,法语联盟还组织相关的文化活动,旨在传播法国语言和文化,同时为准备赴法留学者提供信息咨询服务。

法语联盟的其他活动以及出版概况

中国的法语联盟每年都会组织各种文化活动,如"法国广告之夜"、音乐节、"法国薄若莱新酒节"等等。这些活动贯穿全年。法语联盟周密的活动规划将法国文化和法国新事物的各个侧面都展示给观众:音乐、戏剧、小说、讲座、美术展、设计展或者摄影展……这些活动不仅面向广大中国学生,同时还面向在华的法语群体以及对法语感兴趣的群体,法语联盟为大众提供了分享和交流法国文化的机会。

此外,作为在华法国文化机构的中坚力量,法语联盟连同法国驻华使馆文化处与中国许多的文化机构及企业开展了密切的合作。在这种合作与交流发展理念的指导下,法语联盟积极参与了中法文化年的庆祝活动,并每年都参加中法交流活动以及法语国家国际周的各项活动。

对于北京 2008 年奥运会,法语联盟正在试图帮助北京奥组委对一些志愿者如医疗救护人员、保安执勤人员进行简单的法语口语培训。"能参与北京奥运会的筹备工作,为这一重要事件作贡献,是法语联盟的荣幸和使命",负责大中国区法语联盟事务的总代表、北京法语培训中心校长安德司说。

另一方面,作为法国语言和文化的传播者,法语联盟为展示法国形象、加强法国在世界上的影响起到了不可忽视的作用。1990 年,法国外交部图书与多媒体处推出了一项资助出版的特别项目(PAP),旨在向国外推广法国图书,在世界各地支持文化多样性。特别项目用于资助各地出版商获得各类图书(通过购买版权)并且扶持图书的出版发行。至今,这一项目已在全世界的 75 个国家得到落实,涉及 1.2 万多种知名作家的图书。而自 2005 年以来,"特别项目"(PAP)又因"翻译计划"而进一步得到加强。该"计划"清点登记已经翻译成英语、阿拉伯语、汉语、西班牙语和俄语的法国图书,以便使这些图书拥有更大的知名度,同时也资助图书的译者。

此外,在法国国际出版局和法语书籍出版国际协会的支持下,外交部图书与多媒体处与国外出版商发展合作,尤其是与非洲讲法语国家和阿拉伯国家的出版商,为相关从业人员提供良好的职业培训。另外,还有图书出版附加项目,目标是使非洲讲法语国家的大学生能以低廉的价格购买到大学教材。这是法国外交部、文化部、法语联盟、法国的图书出版商以及法国图书展览中心联合行动的结果,在不影响图书连锁销售的情况下使图书价格减半甚至下降 2/3。

法语联盟的独创之处在于:该联盟致力于在世界范围内传播法语以及法语国家的文化。法语联盟的双重使命是与当地文化和艺术的宣传紧密相连的,这些因素共同构成了法国政府推行的"文化交替发展方案"。

(欧丽娜 编译)

从图书开始——爬不完的"台阶"

　　站在文化丰富性、发展文化产业的角度看，经典作品之所以可以永恒，是因为其内容可以与时俱进，可以反复被利用，可以被各种艺术形式包装，并且常用常新。

　　据美国媒体报道，美国观众翘首以盼，《39级台阶》再出新意。在英国伦敦，这部获奖舞台喜剧的宣传海报上打出的是"约翰·巴肯的《39级台阶》"。但在美国的纽约百老汇，这部2008年开始上演的英国戏剧被称为"阿尔弗雷德·希区柯克的《39级台阶》"。在1915年出版小说《39级台阶》的巴肯在英国比在1935年成功将其改编为电影的悬疑片大师希区柯克更加有名，这可能吗？

　　大概是可能的。毕竟，这本"惊险小说"——巴肯这样称呼他的这部作品——在英国曾长期畅销不衰。它讲述了殖民地时期的采矿工程师理查德·汉内如何单枪匹马挫败一个德国间谍团伙的阴谋，正好迎合了第一次世界大战初期民众的恐惧和热情。这本书在出版后六个月内卖出了2.5万册，到1940年巴肯逝世时累计售出100万册。他辞世时第二次世界大战刚刚爆发，那时候巴肯不仅作为一名间谍小说先驱、知识渊博的历史学家和传记作家而著名，还因为他是加拿大总督和一级男爵。

　　因此巴肯在英国也许仍然富有号召力。当笔者不久前在伦敦观看这部由帕特里克·巴洛改编而成的戏剧时，它对伦敦街区的影射、演员的地方口音以及对英国音乐厅的提及几乎让笔者相信，这部戏具有太完美的地方色彩，因此难以在海外流行。

　　可是它不仅在百老汇的首演受到了欢迎，也登上了意大利和南非的舞台，而且在韩国、日本、澳大利亚、墨西哥等十几个国家上演的版本也在筹划之中。

然而,这种成功不能完全归功于巴肯。任何读者如果去看最初的小说,都很难承认它跟希区柯克的电影有什么类似。小说里把大量笔墨用于铺陈描述苏格兰高地的峡谷和山脉,这里住着一群不太符合现实的古怪的本地人:一位有文学抱负的旅店老板、一位富有和平主义同情心的自由候选人、一名大醉不起的贫困修路工人,还有一名其实掩藏了身份的光头考古学家。

希区柯克借用了巴肯小说的基本框架——一名无辜的局外人被卷入一场错综复杂的迷局并同时受到黑白两道的追杀——并把它作为贯穿自己导演生涯的最主要的电影主题。这位大导演曾说过,巴肯对自己有着"深刻影响"。

希区柯克摈弃了这部小说里几乎其他所有内容,加入了音乐厅的气氛,添加了小说里完全没有的调情和性爱场景,把背景改在了 20 世纪 30 年代,把题目中的"39 级台阶"变成了一个吊人胃口、但并非解谜关键的悬念。

其实现在这部戏剧是根据希区柯克的电影改编的,因此纽约百老汇的宣传语才是正确的。四名戏剧演员根据剧情需要随时改变他们的口音、帽子和道具,重现了电影中由几十名演员才完成的几乎所有场景。

巴肯认为希区柯克改进了他的书,事实上也的确如此。但希区柯克在采用巴肯的故事框架的同时,也设法改变了它的风格。巴肯是英国政府中一个德高望众的人物;他的英雄为古老英帝国的高尚目标而奋斗。甚至主角汉内最后的胜利也是在向英国最高机构求助后才取得的。

当然,希区柯克更加喜欢捉弄人。他粉碎了间谍团伙,但苏格兰场和外交部直到最后才明白事情的原委。在希区柯克的指挥下,汉内原本很体面的罗曼史危险地徘徊在伤风败俗的调情情节上。在希区柯克创造的充斥着狡猾间谍的世界里,旧的价值观被颠覆了。

希区柯克后来到美国拍摄的电影把巴肯这种无辜者被追杀的套路进一步发扬光大。在《西北偏北》——相当于美国版的《39 级台阶》,只不过苏格兰的背景被美国的标志性建筑取代——中,加里·格兰特饰演的男主角发现自己可能遭到外国间谍追杀,但最后他发现原来也不能完全信任教授和自己在华盛顿的同事。戏剧版本的《39 级台阶》甚至更进一步,让巴肯对汉内的信仰显得有些荒谬;这部间谍小说作为一个小说类型,还有书中的所有看法,在剧中都成了被善意嘲弄的对象。

在"古老经典改编"的热潮中,《39 级台阶》的改编是个典型。据传闻,欧洲和亚洲一些国家已在琢磨怎样把《39 级台阶》再改编成漫画、动画和游戏。

相关链接

谁来开发莎士比亚?

据英国媒体报道,莎士比亚是一座内容金山,应当不断开发下去。英国的教育专家们指出,小孩子从小被莎士比亚熏陶,就应当让莎士比亚伴陪他们一块成长。不仅要有"书本"的、"戏剧"的、"电影"的莎士比亚,而且还应当有"漫画"的、"动画"的、"游戏"的莎士比亚。

英国皇家莎士比亚公司说,应该从4岁起教儿童读莎士比亚,因为这时他们还没有被作品的语言吓住。该公司称,向十几岁的青少年介绍莎翁著作太晚了。

皇室莎士比亚公司教育部负责人雅基·奥汉隆说:"有些幼儿园小班课上得极为成功,4岁孩子在这方面取得很大成绩。"

他还说:"幼儿园的孩子不存在畏惧因素,因为他们从没听说过莎士比亚。"

目前,在面向英国14岁少年的全国考试中,莎士比亚是唯一的必读作家。

皇室莎士比亚公司的艺术指导迈克尔·博伊德说:"真的,应该在孩子不懂得害怕、在他们习惯尝试新语言的时候教莎士比亚。"孩子们从小喜欢上莎士比亚,那将是英国文化延续和文化产业发展的福音。

"水切画"的"漫画书"让学生认识世界

据日本媒体报道,漫画不仅可以用于消遣,也可以用于教育,且教育效果还非常好。在日本的一些小学校,老师们希望把从小就开始干活而上不起学的世界各国儿童的情况传递给日本的孩子们——凭借这种想法制作成的"漫画书",正通过小学的"听读活动"在日本的儿童之间得到推广。而老师们的想法也成了出版社的选题。

这些漫画书的作者是调布市的末光有子女士。她希望读过她制作的漫画书的儿童们能够改变世界儿童的未来，"如果孩子们对此感兴趣，应该会有所行动"。

末光有子女士2007年6月出版了漫画书《让全世界的孩子们接受更多的教育》。漫画书用"水切画"这一手法描绘了十个国家的儿童从小就被强迫劳动的现状，其中包括用嘴排雷的伊拉克儿童、贩卖人骨的阿富汗儿童等。

末光有子女士的"水切画"，是用蘸水的笔将报纸的广告栏等处的彩纸按照打算裁剪的形状描湿后，用手撕下来，再贴到衬纸上去的一种绘画方法。由于用手撕后的切口比用美工刀切的柔和，所以"水切画"本身也成为一种柔和的表现手法。

末光有子女士说："大约五年前，我就开始有了这个想法。听说世界上有2.5亿以上的儿童被强迫劳动，我忍不住地为他们悲惨的生活状况流下了眼泪。"她说："对于这些孩子的生活现状，我主要是通过自己读书了解到的，所以我也打算通过书来传播开去。"

于是，末光有子女士通过调布市教育委员会向市内的中小学校赠送了该书。学校通过开展"听读活动"向学生们介绍书中列举的十国儿童的现状。

读过漫画书的儿童们对此不仅表达了"真可怜"、"真想为他们做点什么"等质朴的感想，而且还提出了要将自己画的漫画送给阿富汗儿童的计划。

末光有子女士说："日本很多孩子都回答不出为什么而学习这一问题。所谓学习就是要了解真相，我想让孩子们了解真实情况。"她打算今后还要通过制作漫画、举办书展等多种方式，让日本小学生更多地了解世界各地儿童被强制劳动的真实情况。

用"水切画"制作的漫画书受到日本小学生的热爱。目前，日本多家出版社与末光有子女士签订意向性合同，希望出版她制作的系列漫画书。

（李文清　编译）

"八卦杂志"在英国也不吃香了

据英国媒体报道,追寻名人行踪、披露名人隐私、渲染名人喜怒哀乐、依靠名人支撑内容、被读者戏称为"八卦杂志"的那些杂志,由于各种传统和现代媒体的激烈竞争,在出版物市场上的日子也越来越不好过了。

根据英国发行审计局公布的 2007 年 7~12 月的数据,所谓的名人"八卦杂志"的《热度》、《靠近》和《现在》,其销售量均下降了 10％以上。

名人"八卦杂志"出现在本世纪初,随着小甜甜布兰妮等超级巨星的浮沉以及许多明星的一夜成名而越来越畅销。但是分析人士说,随着越来越多的"八卦杂志"涌入市场,市场饱和、读者视觉疲劳和其它媒体的竞争都使销售量趋于下降。

英国发行审计局关于英国和爱尔兰的销售量统计数据表明,《靠近》杂志比 2006 年同期下降 11.2％,《热度》杂志比 2006 年同期下降 12％,《现在》杂志比 2006 年同期下降 12.8％,《你好!》杂志比 2006 年同期下降 5.4％。

造成销售量下降的原因在于,2006 年电视节目《名人老大哥》的热播,曾使这些"八卦杂志"的销售量在短期内猛增,而这股"热乎气"很快又过去了。读者的感觉是,经历了"超级刺激"到"超级麻木"的过程。

另一方面,还存在其它问题。媒介机构优势麦肯公司新闻主管丹·皮姆认为,这些名人周刊杂志的部分压力源于现在关于名人的小道消息正在走向主流。他说:"报纸也开始报道这类消息。认真看一看报纸,报纸的编辑态度已经发生了变化。因为名人效应总是卖点嘛!"

"另外读者也普遍感到厌倦。因为电视、报纸和杂志上的这类消息太多了。相同的,相似的,翻来覆去都是。"

此外，出版时间再短也需要一个星期，所以，这些周刊还未上市时，充斥着名人图片和消息的网站和博客就已经传播了最新消息。

但是德国的鲍尔出版集团仍看好这个市场。它正开办新的网站和数字电台。该集团伦敦生活方式部总裁马库斯·里奇说："我们正时刻与读者互动。我们会在2008年拓宽我们的品牌，开设电台和新网站。""我认为网站会吸引读者到杂志中寻找更多内容。"

电视广告对于名人杂志非常重要，最新的广告宣传使销售量明显增加。《OK!》杂志销售量上升 11.3％，超过《靠近》成为销售量最大的"八卦杂志"。《现在》上升了 3％。

就其他杂志而言，英国发行审计局的数据再次表明，新闻和时事类杂志销售量有所增加。《本周》杂志上升 7.2％，《经济学家》周刊在英国的销售量上升 6.7％，该杂志的亚太版和欧洲版也有所上升。

（岳　月　编译）

"巾帼"称雄德国出版业

德意志联邦共和国的现任总理是默克尔,她是德国历史上的首位女总理。因此不妨认为,从 2005 年 11 月默克尔上任以来,德国在政治领域迎来了女性时代。

2007 年以来,德国出版行业也有了"女性时代"的说法。尤其是 2007 年秋天的德国"读书节",被称为"女性的季节"。之所以称为"女性时代",不仅是因为女性作家异常活跃,而且还由于为数众多的女性的"传记"、"自传"和"口述"图书的出版。

在德国 2007 年度的畅销书排行榜上,文艺类图书的精装书,从第一位到第七位,全部由女性作家的作品占据。排第一位的是英国作家 J. K. 罗琳的《哈利·波特(7)》,这本书也是该系列书的最终卷。《哈利·波特》系列书在哪个国家的畅销书排行榜上都名列前茅,这似乎是个"世界现象"。排第二位的是德国新人作家尤里亚·法兰库的"处女作"《正午之女》(S·菲舍尔出版社出版,定价 19.90 欧元)。由于《正午之女》荣获 2007 年度德国图书奖,在一段时间里曾雄踞畅销书排行榜之首。排行榜第三位以下的图书位次每周都在变化,但被称为"德国儿童文学第一人"的科内利亚·丰凯的作品真是个奇迹,她的《墨水之死》(C·德累斯拉出版社出版,定价 22.90 欧元)、《墨水之心》(C·德累斯拉出版社出版,定价 19.90 欧元)以及《墨水之血》(C·德累斯拉出版社出版,定价 22.90 欧元)等三种书,始终都在排行榜前 14 位。被称为"惊奇的主妇作家"的安德烈亚斯·玛丽亚·显克,因"处女作"《坦埃德》(纳乌狄尔斯出版社出版,定价 12.90 欧元)在 2006 年荣获德国推理小说奖。她的这本书和她的第二本《卡尔杜埃斯》(纳乌狄尔斯出版社出版,定价 12.90 欧元),以及瑞典的儿童文学大师阿斯图里托·林德格伦的《长靴下的嬉皮士》(埃丁卡出版社出版,定价 9.90 欧元)等,都在 2007 年度畅销书排行榜上"流连忘返"。

在很久以前,阿斯图里托·林德格伦的许多作品,就为德国家喻户晓。凭借专门翻译出版林德格伦作品的出版商埃丁卡出版社的努力,林德格伦的图书在德国已经销售了 3 000 多万册。为了纪念林德格伦诞辰 100 周年,2007 年埃丁卡出版社推出了 12 卷本的林德格伦全集,每卷定价仅 9.90 欧元。由于内容好,价格低廉,很快卖出 120 万套。除了《长靴下的嬉皮士》以外,林德格伦的其它作品也相继进入畅销书排行榜。

在德国 2007 年度的畅销书排行榜的前 20 位中,进入其中的外国作家不少,且外国女作家更多。在 20 部畅销书中,外国女作家的作品占了 60%以上。

在德国,不但女作家的作品"称霸"出版物市场,而且在出版物市场上流通的图书,差不多有 70%是被女性读者(消费者)购买。据德国有关方面的"消费者行动调查",2006~2007 年,在购买过图书的德国居民中,女性读者占 65%,男性读者占 51%;在每年购买十册以上图书的德国居民中,女性读者占 20%,男性读者不过 14%。在回答"每天读几次书?"或"每周读几次书?"的问题时,给予回答的女性读者为 46%,而男性读者只有 29%。

这种女性比男性更爱读书的趋势,理所当然要被出版社一方"捕捉"到。2007 年,德国的出版社纷纷推出了以女性为核心目标读者的策划。特别在 2007 年秋天,有关女性的自传、有关女性的口述历史、有关女性作家的自传、有关女性作家的口述历史出版了很多,其中成为热门话题的作品俯拾即是。

E·圣多马出版社在 2005 年出版的《阅读图书的女人们很危险》,当年既成为畅销书,又成为热门话题。2007 年,该社又推出了《我们体验太多!》(定价 24.80 欧元)和《维尔斯马的贤慧女人们》(定价 24.80 欧元)两种畅销书。《我们体验太多!》是对出生于 20 世纪 20~30 年代的所谓"世纪女性们"、对著名的政治家和专家学者,对众多的无名的各类职业人,讲述纳粹时代、第二次世界大战以及第二次世界大战以后的苦难人生。《维尔斯马的贤慧女人们》的内容主要表现生活在都市的女人们。比如,从古代的安娜·亚马莉亚皇妃,歌德的情人查洛蒂·冯·施泰茵、作家菲多拉·冯·阿尔尼姆,到哲学家叔本华的母亲约翰娜、毕业于建筑造型学校的建筑师马里亚莱·勃兰特等。《维尔斯马的贤慧女人们》相当于众多女性的"列传"。

希尔德卡德托·梅勒创作的《女流画家和"蓝色骑手"的缪斯们》(比佛出版社出版,定价 19.90 欧元)一书,成功地描述了属于康定斯基抽象画派的艺术团体内的加布里埃累·明特、马里亚莱·冯·沃累普克等女流画家的痛苦与欢乐、成功与失败以及她们和异性之间的感情纠葛。

还有,像著名女作家芭芭娜·波朗宁创作的《被砍掉翅膀的飞翔里卡卢达·胡佛的晚年》(阿尔平出版社出版,19.90欧元),描写了德高望重的女流作家在纳粹时代的苦难生活、战后在苏联占领区的惶惶不可终日等。这是一本非常成功的有关个人的传记。

2007年的德国出版行业,迎来了"女性时代"。对于这种"女性时代",赞扬声有之,批评声也有之。批评不是针对这股潮流而是针对实际的内容。女性们书写自己的历史,回顾自己的过去,展示自己的辉煌,"自爱自恋",一味地赞美歌颂是显而易见的。凭借女性们创作的女性传记,其写作方法简直和19世纪的写作方法如出一辙,主人公往往都是真善美的化身,是没有一点缺陷的人物形象。不过,也是在2007年,斯戎藩·格奥尔格的传记,恩斯特·云格尔的传记,既描写了主人公的辉煌,同时也记述了主人公的缺点,真实可信,栩栩如生。这两本书与以上那些书形成鲜明对照。

（雪　莲　编译）

德国学术图书出版社兼并
收购愈演愈烈

收购愈演愈烈近年来,在德国,一般图书出版社、文艺图书出版社兼并、收购的情况并不普遍,而学术图书出版社的兼并、收购乃至实行集团化的倾向越来越明显。

从前,德国各地的中心城市都有实力强大的学术图书出版社,这些出版社与当地的大学或研究机构合作,开展着独立性很强的出版活动,这也成为德国出版行业的特色之一。然而,现在这种特色日渐淡薄。2006 年以来,首先是理工医学图书出版社之间开始兼并、收购,且集中度越来越高;进入 2007 年,属于人文科学图书的出版社,也拉开了相互兼并和收购的序幕。

柏林的瓦尔特·迪·克罗伊塔出版社(集团)宣布收购 K.G. 索尔出版社和麦克斯·尼迈耶尔出版社。尽管这件事德国出版行业在某种程度上是有预感的,但真正变成现实,还是对德国出版行业产生了冲击。

比较大的专门出版人文科学图书的出版社,在德国有十几家。以前,在出版人文科学图书中"坐头把交椅"的出版社,是施普林格出版社,年销售人文科学图书1 700万欧元。排第二位的是 K.G. 索尔出版社,年销售人文科学图书 1 650 万欧元。排第三位的是麦克斯·尼迈耶尔出版社,年销售人文科学图书 1 050 万欧元。K.G. 索尔出版社和麦克斯·尼迈耶尔出版社的销售额加在一起,达到2 700万欧元,在德国的学术图书出版社中,是无可争议的第一。正如瓦尔特·迪·克罗伊塔出版社(集团)在宣布收购两社时指出,德国将出现欧洲大陆最大的人文科学图书出版社。目前,在欧洲大陆有两家最大的人文科学图书出版社,那就是英国的牛津大学出版社，年销售人文科学图书约三亿欧元；另一家是英国的剑桥大学出版社，年销售人文科学图书约一亿欧元。

原来的瓦尔特·迪·克罗伊塔出版社（集团），是在1919年即第一次世界大战之后的混乱期，吸收、兼并当时的著名出版社赖默出版社、盖奇出版社、你好出版社、战斗出版社和妥鲁富纳出版社之后，成为一家大的综合学术出版社。在19世纪20年代，瓦尔特·迪·克罗伊塔出版社（集团）又收购马克斯和韦伯出版社、弗里特里比才出版社和德海尔曼出版社；在1977年，再收购荷兰的以出版语言学图书而闻名世界的姆汤出版社，而使自身规模继续扩大。

另一方面，现在被瓦尔特·迪·克罗伊塔出版社（集团）收购的K. G. 索尔出版社，说起来与收购方还有一些历史渊源。也就是说，瓦尔特·迪·克罗伊塔出版社（集团）现任社长K. G. 索尔，于1949年创办了专门出版图书信息杂志、图书馆学图书的费尔拉库·德克孟塔齐奥出版社，这家出版社是K. G. 索尔出版社的前身。1978年，这家出版社用创业者的名字改换名称，即K. G. 索尔出版社，在其专业出版领域成长为在世界上屈指可数的出版社。然而，由于个人经营带来的资金困难，这家出版社在1987年被荷兰的里德/埃尔塞布集团收购。在该集团的范围内，K. G. 索尔出版社在1990年又被瑞士有代表性的人文学术图书出版社弗兰克出版社收购。从1996年至1999年，K. G. 索尔出版社又被以出版《屈尔施奈·德意志文学年鉴》、《屈尔施奈·德意志学者年鉴》而闻名的位于莱比锡的B. G. 多伊布勒尔出版社的古典文学编辑部收购。到了2000年，里德/埃尔塞布集团再把K. G. 索尔出版社卖给美国的汤姆森/吉姆集团。在这个集团的旗下，2006年底、2007年初又被在德国语言学、文学出版领域最具实力的麦克斯·尼迈耶尔出版社收购。

K. G. 索尔从创业以来就一直经营以自己姓氏冠名的出版社，由于K. G. 索尔出版社的业绩急剧下滑，以及同汤姆森/吉姆集团的经营战略相冲突，他于2003年被迫辞职。瓦尔特·迪·克罗伊塔出版社（集团）的管理层认为K. G. 索尔有本事，把他找来，就任社长。这个K. G. 索尔当了新社长以后，做的第一件事情就是把自己创办的K. G. 索尔出版社以及麦克斯·尼迈耶尔出版社，又从汤姆森/吉姆集团收购回来。

收购之后，像K. G. 索尔出版社、麦克斯·尼迈耶尔出版社等社名，今后还会继续存在，但在瓦尔特·迪·克罗伊塔出版社（集团）内部，各出版社的经营由新设立的经营协议会统一协调。比如，除了柏林以外，分散在汉堡、慕尼黑、莱比锡、苏黎世、纽约等出版基地的出版范围调整问题，要通过经营协议会严密的分析报告来解决。目前，法律、医学、数学、自然科学图书的出版也在开展。过去人文科学图书的比率为45%，据说未来将提高到65%。此外，电子图书出版的比率也将提高到 25％。

　　瓦尔特·迪·克罗伊塔出版社（集团）不仅在德国文学和语言学图书出版领域已经占有压倒性的份额，而且在英美文学和语言学、法国文学和语言学以及哲学、神学图书出版领域也将成为新的"霸主"。作为竞争对手的其他出版社，与其说是欢迎，不如说是在冷眼旁观。同行们担心，出版行业的集中化愈演愈烈，其弊端可能造成德国出版失去多样性和丰富性。

（岳　月　编译）

奥地利出版商觊觎德国出版市场

众所周知，奥地利这个国家使用的语言是德语，所以，奥地利一直又是最大的德国出版物进口国。近些年来，奥地利每年从德国进口图书约 2.5 亿欧元，占德国图书出口总额的 20％以上，在所有德语图书进口国当中，排第一位。而奥地利每年向德国出口图书仅 3 000 万欧元，仅占德国图书进口总额的 4.5％，在所有向德国出口图书的国家中，排第八位。也就是说，对于德国出版行业来说，奥地利是最好的"读者"，也是最大的市场。

对德国出版行业而言属于第二大图书出口国的瑞士，由于 2007 年 6 月官方宣布废除图书固定价格制度（即图书定价制度），引起瑞士出版全行业动荡不安，这让德国出版界十分忧虑。与此同时，德国出版界也担心奥地利出版行业会不会出现类似的情况。

奥地利的图书定价制度也摇摇欲坠

近些年来，受邻国的影响，奥地利的出版行业也不平静。出版社之间兼并重组此起彼伏，书店之间搞集团化热火朝天，特别是那些大型书店，展开了建立分店或连锁店的激烈竞争。时至今日，仍然硝烟未尽。

奥地利图书市场每年的销售额约为八亿欧元，其中近 40％被总称为"菲里阿利斯苔"的多店铺书店占有。比如，在维也纳和林茨等主要城市，以卖场面积 4 000 平方米以上的规模很大的大型书店为"核心店"，向各地的都市发展分店或连锁店。有专家指出，在"书店版图"上，奥地利已经没有空白了。现在，在奥地利如果只是

1 000 平米左右的"核心店",要向各地的都市发展分店或连锁店,就充满风险,因为留给新书店成长的空间太小了。

奥地利的大型书店虽然在发展分店或连锁店上你争我夺,但也通过持有彼此股份展开业务合作,2007 年以来,这种动态越来越明显。例如,奥地利书店行业中排名第二位的塞来阿书店与排名第三位的莫拉维亚书店,在互联网销售上进行合作,实施充实内容和多渠道战略,与"美国·亚马逊"网络书店一争高下,大有夺回被其占有的奥地利图书市场的气势。

前面提到,瑞士的图书固定价格制度业已废除,受其影响,奥地利的图书固定价格制度也摇摇欲坠。

一直以来,奥地利的出版物价格受到该国法律的约束。比如图书的降价(打折)销售,法律认可对最终消费者可以给予最多 5% 的价格优惠;对国内各类图书馆可以给予最多 10% 的价格优惠。应当承认,这些法律条款对买者和卖者都是有利的,用时髦的话讲,客观效果还是"互惠"和"双赢"的。然而,近些年来,书店为了吸引读者,推行"会员卡"或"百分点卡"制度,降价(打折)率往往在 5% 以上。

目前,最引人关注的,是店铺数量最多、图书销售额在行业内排名第五位的利布罗书店。在奥地利,给图书的附加价值税为 10%,而在德国,给图书的附加价值税为 7%。2007 年伊始,利布罗书店把从德国进口的图书以适用于德国的税率进行销售,不仅销售,还要大张旗鼓地宣传。一时间,读者蜂拥而来,总店、分店以及连锁店的图书销售额节节攀升。为此,奥地利的商工会议所向法院提出申请:要求对利布罗书店处以停止这种销售的惩罚。然而,利布罗书店不服,提出抗诉。双方相持不下,官司的第二回合打到了维也纳上级地方法院,至今还没有结果。

奥地利的出版社瞄准德国的市场

据奥地利官方统计,奥地利现有出版社 800 多家,其中 658 家聚集在维也纳。和奥地利书店的情况一样,奥地利新办的出版社一般都很难立足。尽管如此,新办的出版社还是不断出现,而且一开始往往就以"独立出版社"的姿态登台亮相。

奥地利每年出版图书的总品种数 8 000 种左右,这差不多只是德国年出版图书总品种数的 1/10。奥地利每年图书的总销售额为八亿欧元,而德国每年图书的总销售额为 92 亿欧元。因此,奥地利的出版社瞄准市场规模十倍以上于自己的德国,就是理所当然的。目前,众多奥地利出版社积极主动联系德国的出版社,商讨合作的内容及方式。

作为独立出版社,奥地利最大的出版社尤伯罗伊特出版社,收购了德国的莱班出版社,使自身在德语圈的漫画和连环漫画的出版领域,处在最强势的地位。尤伯罗伊特出版社的生产经营横跨奥地利和德国,等于同时拥有了两个市场。

奥地利的农学出版社,在2005年收购了德国的卡德摩斯出版社,在2007年又从德国的兰道普费出版社大量购进版权,成为德语圈出版农业书的最有实力的出版社之一。

奥地利强大的施蒂李尔集团,把德国的皮黑拉出版社、卡琳迪亚出版社、埃戴茨沃·埃斯赖希出版社收在自己旗下,在实用书出版领域大显身手,开始纵横驰骋于德国的出版市场。

不仅如此,奥地利出版界雄心勃勃,还在进行新的策划,还要继续把新的梦想变成新的现实。2008年春天,奥地利将在林茨市举办首届国际图书博览会,同年11月,将继续在维也纳举办不断充实、扩大的名叫"书本之周"的国际图书博览会。奥地利出版人的想法是,竭尽全力打造这两个图书博览会,使之与德国春天的莱比锡国际图书博览会、秋天的法兰克福国际图书博览会相媲美。

(古隆中　编译)

荷兰图书出版业与爱读书的荷兰人

荷兰是欧洲图书出版业比较发达的国家,每年出版约 1.2 万种新书,再版或重印 5 000 种左右的图书。荷兰的图书发行渠道畅通,并自成体系;全国各地书店众多,已经形成网络;读书俱乐部遍布全国,实行统一书价。这些积极因素有力地推动着荷兰图书出版业的发展。新世纪初,2001 年荷兰的图书营业额已达 15 亿欧元,其中出版社的营业额为 8.9 亿欧元,书店的营业额为 6.33 亿欧元。

荷兰图书出版业

荷兰主要有三家出版集团,即 PCM 出版集团、费恩·罗施与科伊宁出版集团(Veen Rosch & Keuning)和 WPG 出版集团。

PCM 出版集团是荷兰的主要报刊和图书出版集团,2001 年营业额为 7.34 亿欧元,其中 20% 来自图书出版。其下属的主要出版社有:海特·施佩克特鲁姆出版社(Het Spectrum)、莫伊伦霍夫出版社(Meulenhoff)、普罗米修斯/贝尔特·巴克出版社(Prometheus/Bert Bakker)、布鲁纳出版社(Bruna)和瓦萨卢奇出版社(Vasalucci)。

费恩·罗施与科伊宁出版集团成立于 1999 年。2001 年营业额为 1.23 亿欧元,其主要出版社有:安博·安托斯出版社(Ambo Anthos)、阿特拉斯出版社(Atlas)、奥古斯塔斯出版社(Augustus)、孔塔克特出版社(Contact)、季里翁出版社(Tirion)和范达拉出版社(Van Dale)。

WPG 出版集团是荷兰的主要期刊和图书出版集团。2001 年营业额为 1.035

亿欧元,其下属的主要出版社有:阿希佩尔出版社（Archipel）、德贝齐热·比出版社（De Bezige Bij）、基罗多出版社（Quirido）、德阿尔贝德尔斯贝出版社（De Arbeiderspers）和普勒格玛出版社（Ploegsma）。

除此之外,荷兰还有一些为数不多的独立出版社,如德赫斯出版社（De Geus）、沃特·万奥尔斯霍特出版社（Wouter van Oorschot）、科恩·万古利克出版社（Koen van Gulik）和德哈莫尼出版社（De Harmonie）。其中德赫斯出版社为独立出版社中规模最大的出版社,每年出版图书约 100 种。

爱读书的荷兰人

荷兰人酷爱读书。据统计,74％的荷兰人喜欢阅读,尤其是中老年人更喜欢阅读。荷兰人对文学情有独钟,到图书馆借阅图书的人多达 500 多万。图书在荷兰销售得非常好,而且某些好的图书长时间销售,如著名小说《发现天空》（*La Découverte du ciel*）1992 年出版当年就销售了 30 万册,十几年后的 2007 年销售量仍达 3.5 万册。在人口只有 1 600 万的荷兰（外加比利时讲荷兰语的弗拉芒地区600 万人）,100 种畅销书的总销售量多达 490 万册,而人口 6 000 万的法国 100 种畅销书的总销售量只有 720 万册。不过,近几年来,荷兰的图书市场发展缓慢,于是荷兰一些出版社将一种图书出版大开本后再改版为"半价图书"（相当于法国的口袋书）。基罗多出版社（Quirido）经理里德维迪·巴里斯说,"这样做可以延长图书的寿命。"

（于平安　编译）

诊治"安妮之树"
使《安妮日记》再度热销

据英国媒体报道,多少年以前,《安妮日记》使"安妮之树"闻名于世;现在,围绕"安妮之树"的诊治问题,再使《安妮日记》畅销荷兰,热卖欧罗巴。

大约在 65 年以前,14 岁的荷兰小女孩安妮·弗兰克藏匿在一个密室中,创作了记录第二次世界大战期间犹太人真实经历的《安妮日记》,里面就提到了一棵老栗树。当年安妮一家藏身的密室就在这棵栗树所在花园的对面,安妮常常透过天窗仰望栗树,并在日记中多次提到栗树。这棵栗树给全世界的读者留下了深刻的印象。这棵树已然成为小女孩安妮·弗兰克的象征。

现在,这棵已经 150 多岁的老栗树内受到两种贪婪的真菌侵蚀,外有潜叶蛾的袭击,人们都知道老栗树快要死了。包括其所有者在内的许多人希望它结束苦难,但最终是要求暂缓执行死刑的人胜出了。昨天,保留安妮·弗兰克栗树基金会正式接管了这棵树,目前正在急于搭建某种类似植物生命维持系统的东西以挽救它的生命。

该基金会的重要成员阿诺尔德·海尔切教授说:"'安妮之树'不仅仅是一棵树。它是大屠杀的象征之一,提醒世人曾有人企图灭绝犹太人。"

该基金会计划建一个钢质支架,防止这棵 30 吨重、22 英尺(约 0.7 米)高的大树轰然倒地;或者出现更糟的情况——砸在密室上。这项工程预计耗资七万欧元左右,其后每年的维护费用为一万欧元。现在时间很紧迫,需要迅速获得这笔钱并竖起钢支架。阿姆斯特丹市议会已经把 5 月底定为最后期限,因为到那时栗树将会开花和长出新叶,树干或许将无力承受新增的重量。

这棵树的象征意义不容置疑。它显然也在全球具有吸引力。每天都有数以百计的访客在安妮之家博物馆官方网站上的虚拟栗树的叶子上留言。人们也愿意为某种与历史的真切接触而付钱。一位邻人决定出售这棵老栗树上落下的一枚栗子，在 eBay 网站上历时四天的竞价之后，它以约 5 000 英镑的价格售出。

然而尽管这棵栗树深受世人喜爱，有人说，它的捍卫者选错了目标。即使加上新的钢支架，预计这棵树顶多能再活 15 年，到那时它将已经花掉 20 万欧元。这棵树上死去的部分已经迅速增多，到最后一次测量时，活着部分只占 29％。在荷兰，树林通常在这个数字为 33％时就要被砍倒。

安妮·弗兰克博物馆的馆长汉斯·韦斯特拉已经在这里工作了 30 年，几乎每天都会看到这棵老栗树。但令汉斯·韦斯特拉先生夜不能寐的是栗树意外倒下的这种可能性。他说："最重要的是，不能让这棵树成为密室的威胁。"

拯救"安妮之树"的行动一开始，不仅第 N 次炒热了《安妮日记》，让出版商惊喜万分，而且也吸引了越来越多的世界各地的游客前去"看望"老栗树，企盼它的生命出现奇迹。

相关链接

承认"虚构"，却使图书更好卖、电影更好看

据法国媒体报道，当电影《与狼群共存》公映以后，由于作者站出来承认原书"纯属虚构"，反而使看了电影的观众争相去书店购买图书看；使原来看过图书的读者争相去影院观看电影。

2008 年初春，一名年迈的比利时妇女承认，她的那本"自传体"的名为《与狼群共存》的图书，是虚构作品。这名妇女曾写了一本后来改编成电影的畅销书，书中讲述了她在父母落入德国纳粹之手后被一群狼收养的故事。

这位妇女、该书的作者米沙·德方塞卡，现在居住在美国。在片名为《与狼群共存》的法国与比利时合拍电影放映数周后，她向比利时的一家报纸承认该书是虚构作品。

电影讲述了一名犹太女孩的父母遭纳粹盖世太保逮捕，而女孩受到驱逐的故事。

女孩被狼群收养并在狼群的陪伴下逃跑,穿越了比利时、德国和波兰。在这个令人心碎的大屠杀故事中,她为了寻找父母奇迹般地跋涉了3 000公里。

然而,这些惊心动魄的故事不是真的,是虚构出来的。年迈但精神矍铄的作者米沙·德方塞卡对比利时一家报纸说,她的父母的确于战时在布鲁塞尔被德国人逮捕。但是她后来被一些人收养,一位收养她的叔叔对她很不好。

这位作者在一份声明中说:"我的确幻想了一种生活,想象了一种生活,那种生活使我无忧无虑,让我远离了我讨厌的人。"

该声明说:"曾经有些时候,我难以区分什么是现实,什么是发生在我内心世界里的东西。"

声明说:"这本书是一个故事,是我的故事。它不是真正的现实,却是我的现实,是我生存的方式。"

她还在声明中说:"我请求所有感到受欺骗的人原谅,但是我希望他们为一个失去所有一切、并要生存下去的4岁小女孩设身处地地想一想。"

这位作者承认,她的家庭甚至不是犹太人家庭,不过,她的家人的确在比利时遭到流放并在战争中被害。

常言道,作者是"骗子"(无中生有),演员是"疯子"(以假作真),读者观众是"傻子"(甘愿上当)。米沙·德方塞卡真心诚意的"认错",却让无数的观众、无数的读者更加同情她过去的遭遇,更加佩服她出类拔萃的想象力。毕竟,欧洲的读者,他(她)们本人或他(她)们的父辈祖辈,大都经历过纳粹德国的踩躏、践踏,《与狼群共存》能够引起永远的共鸣。

目前,写实的《安妮日记》和虚构的《与狼群共存》犹如"姊妹篇"一样,在欧美的图书市场上比翼齐飞,销售行情一涨再涨。

(李文清　编译)

瑞士兄弟的雕塑出版社稳步发展

离瑞士洛桑不远有一个农庄叫戈林（Gollion），农庄里的弗雷德里克·罗西（Frédéric Rossi）和达伟德·罗西（David Rossi）兄弟二人酷爱读书。弗雷德里克·罗西从事考古专业，在一个考古队工作。达伟德·罗西在日内瓦经营一家雕塑书店。1999年，罗西两兄弟对图书市场进行了调查。他们发现有关雕塑的图书不仅在法国甚少，在瑞士更是罕见。他们感到如果出版雕塑方面的图书也许会有发展前景。

1999年，罗西兄弟决定成立一家雕塑出版社，命名为安弗利奥（Infolio）。出版社成立初期主要出版两类图书：一类是雕塑，另一类是历史和考古。罗西兄弟出版的两种图书不属于"精美"的书籍，但内容严谨甚至颇有争议，比如2006年他们就出版了一套名为《雕塑》的丛书，内容主要关于雕塑的理论研究。随着时间的流逝，瑞士农庄的安弗利奥雕塑出版社一本接一本地出版着读者喜欢的专业图书。从成立之日到2006年，安弗利奥雕塑出版社的书目已经有100种，每一种图书大约售出2 000册。2007年，罗西兄弟至少出版了50种图书。安弗利奥雕塑出版社的书目发展到今天涉及的专业也更加宽泛，包括文学、摄影、烹调，还有幽默与笑话等。罗西兄弟讲，他们不希望自己的出版社只限于出版雕塑的图书，但是一定要出版读者喜欢特别是学生需要的书，书价也一定要合理。

力求稳步发展，罗西兄弟已经走出了瑞士农庄家族式的出版社，在巴黎设立了一个办事处，准备逐步打开法国图书市场。目前，安弗利奥雕塑出版社已经成为法国圣·拉玛蒂尼埃发行公司最小的客户，其图书销售主要通过这家法国公司代理。

（于平安　编译）

从《达·芬奇密码》
到《达·芬奇指纹》?

那本红遍全球的《达·芬奇密码》还在陆续被翻译成各种语言出版,欧洲的研究人员又对媒体宣布:达·芬奇很有可能是阿拉伯人。为此,欧洲的出版商既兴奋又焦急:谁来写一部《达·芬奇指纹》?

一批科学家在研究了从达·芬奇作品中发现的他的一个完整指纹后断言,他很可能是阿拉伯人。那是这位大艺术家的左手食指指纹,是基耶蒂大学研究人员在对达·芬奇的作品进行了长达三年的详细搜索后发现的。

该研究小组负责人路易吉·卡帕索教授是一位人类学家。他说,这个指纹的核心螺纹是中东一种很普遍的螺纹类型。他说:"中东约 60% 的人口都有这种螺纹结构。"

这一意外发现使人们更相信一种日益流行的学术理论,即达·芬奇的母亲卡泰丽娜是一名从伊斯坦布尔来到托斯卡纳区的奴隶。

亚历山德罗·韦佐西是研究文艺复兴时期达·芬奇的专家,也是达·芬奇故乡芬奇的博物馆馆长。他说:"我们拥有的文件表明,她是一位东方人,起码她来自地中海地区。她名叫卡泰丽娜,当时在托斯卡纳区,许多女奴都叫这个名字。"

无论达·芬奇还是他的家族都没有留下任何东西。这个指纹是在对这位艺术家的 52 件手稿和画作进行了长达三年的搜索后才发现的。

研究小组利用最新的光谱扫描技术发现了 200 多个指纹,但只在一幅名为《抱银貂的女子》的画作中才找到一个完美的指纹样本。

达·芬奇用自己的手指将画中项链的阴影擦得模糊不清。这幅画现在收藏在波兰克拉科夫市的恰尔托雷斯基博物馆。各种各样的文件中并非所有的痕迹都是达·芬奇留下的。卡帕索教授说，其中许多痕迹属于他的学徒或那些触摸过手稿的人。左撇子的达·芬奇常常一边工作一边吃东西，因此一些污渍中残留着一些食物成分。目前研究人员正在研究这位艺术家通常吃什么食物。

　　在出版商们看来，无论是达·芬奇的"指纹"还是达·芬奇吃的"食物"以及他神秘的"母亲"，和"密码"一样，都有可能成为畅销书的内容之源。

（岳　月　编译）

100 卷《斯大林主义史》将陆续出版

据俄罗斯媒体报道,俄罗斯出版界正在实施一项空前宏伟的工程——俄罗斯政治百科全书出版社推出一项计划,由叶利钦基金会赞助,历史学家将在未来三年编撰出版 100 卷专著《斯大林主义史》,首批 5 卷已经出版。出版社总经理、历史学副博士安德烈·索罗金最近接受了外国诸多媒体的采访。

意在"恢复历史真实"

记者:索罗金先生,俄罗斯政治百科全书出版社出版这部历史专著的初衷是什么? 为什么想到现在编撰这套丛书?

索罗金:这来源于我们一直以来的宗旨,即恢复历史真相、历史公正。我们出版俄罗斯和苏联在 20 世纪的历史文献,出版此类问题的研究成果,斯大林主义自然成为我们的关注对象。现在,考虑到这个问题对俄罗斯社会的现实意义,我们实施这项重大计划,是要让社会在历史文献和事实的基础上,而不是通过无聊的杜撰,来对斯大林主义进行评判。

记者:编撰这套丛书的总体思路是怎样的?

索罗金:学术出版物是这项计划的主要想法和总体思路。我们最终是想让社会用历史眼光来评判苏联在 20 世纪 20～50 年代的历史。这项计划没有政治色彩。我们的主要任务在于,让社会评判学术诠释,向学者们(当然包括各种思想和政治潮流的学者)提供资料,促进社会的学术讨论。我们应当促使社会研究清楚这个问题。

记者:系列专著都包括哪些题目呢?

索罗金:我们希望相当全面地提供最广泛和最不同的内容。现代历史文献有多少就提供多少,不管是俄罗斯的还是外国的。系列专著将尽量是完整的,将收入俄罗斯和国外主要历史学家关于这个问题的学术专著。题目也是多种多样的:斯大林主义的起源,不同领域的社会生活,斯大林制度下个别代表人物(包括受害人)的经历,斯大林主义的政治经济,二战后莫斯科在东欧各国的政治存在,民族关系等各个方面。其中一个关键题目是,研究在集中营的大规模镇压现象,这是这个时期苏联历史不可分割的一部分。

从最新历史资料出发

记者:会引用很多新公开的档案材料吗?

索罗金:近15年来,俄罗斯史学研究发生了档案革命,大量的苏联历史文献被公开。公开的文件材料多达几万份。《斯大林主义史》的意义不在于公布历史文件,这种工作我们出版社已经做了许多而且还在继续做。系列丛书的意义在于,在最新历史文件的基础上,解释斯大林主义和苏联社会不同领域的生活。内容是,出版在最近公开的文件的基础上撰写的研究成果。

记者:这是新专著吗? 你们已经出版的5卷包括哪些内容?

索罗金:俄罗斯作者提供的都是新专著,以前从来没有发表过。外国作者的情况就不太一样了,多数内容都是从国外出版的书籍·译过来的。只有很少一部分专著是专门为我们这个系列撰写的。

5卷中有两卷出自俄罗斯作者之手,两卷是外国作者写的,另外一卷是尼基塔·彼得罗夫和马克·扬松合写的。《斯大林培养出来的人——尼古拉·叶若夫》专门介绍人民委员叶若夫。此人是1937～1938年的大刽子手,70多万人死在他手上。俄科学院历史所研究员祖布科娃的《波罗的海沿岸与克里姆林宫》介绍莫斯科和波罗的海沿岸共和国在20世纪40年代至50年代的相互关系。俄科学院斯拉夫学研究所的《莫斯科与东欧当局与教会》介绍莫斯科对东欧国家内政的影响。两卷·译的作品来自德国作家,题为《红色恐怖》和《斯大林与犹太人》,前篇谈到的是斯大林主义的红色恐怖,后一篇则提供了另一种观点。

记者:还有哪些人参与了创作?

索罗金:其中有维克托·孔德拉申,他是现代农业史最知名和权威的研究人员。他在这套系列丛书中发表了关于苏联20世纪30年代初饥饿史的文章。这部分内容非常真实。奥列格·赫列夫纽克曾发表过多部介绍这个时期的专著,其作品已被译成意大利文、英文、德文、法文和日文。他准备为本系列撰写《主人斯大林和独裁制度》。作者中还有其他的一些国际知名历史学家。

斯大林主义永远不过时

记者：了解斯大林主义的现实意义何在呢？

索罗金：这个社会政治问题是一个被广泛讨论的课题。最近的一项社会舆论调查表明，50％以上的俄罗斯居民积极评价斯大林在国家历史中的作用。这就决定了这个题目的现实意义。与此同时，绝大多数人不太清楚这个时期我们国家的历史是什么样的，不太清楚科学、技术、社会领域取得了什么样的实际成就，更不清楚国家为取得这些成就所付出的代价。

记者：关于斯大林主义的观点发生了哪些变化呢？

索罗金：绝大多数从苏联社会过来的人以前对这个问题不感兴趣，苏联社会有过20世纪80年代末经历的最活跃分子对斯大林主义持消极和否定态度的时期。在改革时期，报刊杂志曾发表过大量政治理论文章。非常多的政论文章缺乏历史文献依据。如今，社会对这个时期的态度比较平和了，但也许仍然有许多人对这个问题不感兴趣。现在的区别在于，又出现了大量政论性的作品，这些作品已具有正面的评价。我们想通过《斯大林主义史》系列专著，让读者自己去评判，判断假专家——政论作者、新闻工作者和作家的抽象思维。我说的假专家是指20世纪80年代末和现在那些发表极端性文章的作者。我们想让读者以学术眼光来评判这个问题，而不是带着正面或负面的有色眼镜。我们注重的是学术事实和证据。

记者：您认为民众对这套系列丛书会有什么反应呢？

索罗金：反应将是各种各样的，因为对这个时期历史的观点差异巨大，我们的社会至今对斯大林这个人的看法仍是多样化的，甚至截然相反的。太多的人持截然不同的观点看待这个时期，评价这个时期的成就和缺点。

（岳　月　编译）

俄议会和总统大选前
呈现"出版黄金期"

　　近几年来，俄罗斯的出版业一直不温不火，让老资格的出版人总是在回忆前苏联时期的出版盛况。2007年下半年，随着俄罗斯议会和总统大选日益临近，随着政治热潮的逐渐升温，出书与上镜宣传一样，成了政客们谋求选民支持的一种手段。目前各党派不遗余力，似乎在图书上架率上也要一争高下。俄罗斯的特别是莫斯科的出版社和书店，可以说是"忙并快乐着"。

　　在这股出版热潮中，最引人注目的当然是参加大选的各路候选人。他们的书不外乎做选举宣传，基本以阐述政治观点、竞选承诺为主。已经出版的"大选图书"自然不乏力作，但是多含有对其他政党和候选人的攻讦之语，从而轻则导致口水战，重则引发司法案件，导致了严重政治后果。例如公正俄罗斯党的一位议员候选人出书，对莫斯科市长卢日科夫进行公开的人身攻击，最终被迫退出竞选之争。统一俄罗斯党的党首们不甘人后，也纷纷出书，如莫罗佐夫著有《杜马：我们选择的俄罗斯》，参加北极考察的奇林加罗夫著有《穿越冰与浪》。

　　其他政治人物的书不仅限于政治方面。比如，总统普京一会说自己不参加下届总统选举，一会又说自己有可能出任下届总理，为了体现自己的多才多艺，最近出版了一本关于柔道方面的书。再如，亚博卢党领导人亚夫林斯基出版了一本经济方面的专著。还有，俄罗斯共产党领导人久加诺夫出版了一本笑话集。这本笑话集一经面世，就遭到俄罗斯联邦安全局的打压，据说因为有些内容是针对普京的人身攻击。对俄罗斯共产党来说，"打压"为其在大选前创造了较高的新闻曝光率。对出版社和书店而言，"打压"成了不掏一分钱的宣传效果又是最佳的销售广告。

俄罗斯右翼力量联盟领导人涅姆佐夫出版了一本极富争议的书，名为《不卖身的政治》。此书刚一出版，就被自由民主党领导人日里诺夫斯基告上法庭，理由是作者在书中歪曲历史事实。但涅姆佐夫本人日前骄傲地声称，他的书销量已经超过俄语版的《哈利·波特》。有的书店因势利导，把《不卖身的政治》与《哈利·波特》摆在一起销售。

俄罗斯中央选举委员会认为，相关法律没有明确规定，不允许政治人物进行创作活动。作为创作活动，出书自然不能算宣传手段，也就是不受相关竞选法规限制。政治观察家们认为，在大选前出书是比较简单、实用和有效的宣传手段，一方面图书本身就是政治广告，而且又不触犯竞选法规。此外，如果作者在书中放狠话、爆猛料被告上法庭，则能够极大地吸引社会公众的视线，也不失为炒作妙方。

总之，即将举行的俄罗斯议会和总统大选，给俄罗斯出版界带来了"出版黄金期"。

（方象磐　编译）

普京高调出现在
俄罗斯历史教科书中

　　据俄罗斯及法国媒体报道,为了回击海外的反俄罗斯趋势,堵住那些说三道四的乌鸦嘴,俄罗斯在 2007 年圣诞节前夕推出了新版历史教科书,无形中成了给普京最好的圣诞礼物。

　　这些媒体引述俄新版历史教科书编辑的话说,引起争议的俄新版历史教科书赞扬普京,斯大林的过去也被赋予了正当性和合理性。

　　这些媒体引述编辑亚历山大·菲利波夫的话说,"我已经分析了邻国有关俄罗斯历史的书籍,我得出的结论是:我们的邻居在煽动俄罗斯恐惧症上做得非常到位。"他说,"俄罗斯人民被描述成所有邪恶的来源。我们必须做出回应。"

　　这本已经被批准的教科书——《俄罗斯历史 1945～2007 年》,在全国推广之前将在俄罗斯五个地区的学校试用。这本教科书覆盖了当代俄罗斯半个世纪的历史。

　　这些媒体说,"约瑟夫·斯大林和列昂尼德·勃列日涅夫被给予了积极评价,他们在世的做法被赋予了正当性"。

　　这些媒体说,新版历史教科书"先抑后扬":叶利钦这位苏联解体后的首位领导人,在他掌权的 20 世纪 90 年代,新版历史教科书描绘成充满"危机"的时期,而普京担任总统被认为是"有效的"和"成功的"。当然,普京的脱颖而出,要归功于"夺权有方治理无力"的叶利钦这个识得"千里马"的"伯乐"。

　　这些媒体说,该教科书对于普京在任时尤科斯石油公司的石油巨富霍多尔科夫斯基被捕以及 2004 年决定结束地方州长的直选特别给予了积极评价。

　　教科书以 2007 年早些时候亲克里姆林宫的历史学家出版的一本手册为基础。该手册将斯大林的统治形容为"有效率的"。新版教科书的作者之一,亲克里姆林宫的有效政策基金会的研究学者帕维尔·丹尼林说,"我们并不认为斯大林的清洗行动是正当的,但是我们也没有在每一页上都羞辱他"。

　　这本新版历史教科书一出来,首先抓住的不是学生们的眼球,而是俄罗斯一般民众的眼球。直线上涨的销售行情让出版商、发行商和零售商喜出望外。而这本新版历史教科书已经开始攀登俄罗斯的畅销书排行榜。

相关链接

"英雄"和"功勋"属于普京

　　据俄罗斯媒体报道,俄罗斯新版历史教科书有了最好的广告宣传,一批俄罗斯和前苏联的退役元帅和将军联名致信未来总统德米特里·梅德韦杰夫,要求授予现任总统普京"俄罗斯英雄"称号,并颁发一级祖国功勋勋章。

　　在这封公布的公开信中,这些均获得过前苏联或俄罗斯英雄称号的老兵们指出:"在这八年中,正是总统普京创造了丰功伟绩,他应得到人民的高度评价。"

　　他们认为,普京值得拥有"俄罗斯英雄"称号,因为"是他在第一任期内把俄罗斯从不团结中拯救了出来,通过采取军事行动清除了国际恐怖主义在俄罗斯的巢穴"。

　　此外,还应该授予他一级祖国功勋勋章,因为在他的第二任任期内,"使俄罗斯经济得到复苏,改善了人民生活水平,巩固了俄罗斯的国防"。老兵们指出:"新任总统应该在上任之初就为普京授勋。"

　　此外,他们还赞颂了普京采取的外交政策,使俄罗斯恢复了在国际舞台上的威望。他们为普京感到骄傲,"他向世人表明,俄罗斯将不再允许任何人插手我们的事务",这让许多西方国家感到不快。

　　2008 年 3 月 2 日大选后,普京卸任。2007 年 12 月他表示,支持梅德韦杰夫竞选下届总统。

　　其实,在俄罗斯的出版商看来,"老兵的呼吁"不仅仅是广告,而且是选题。有关斯大林的选题重新热起来,有关普京的选题热起来,有关梅德韦杰夫的选题热起来,"领袖选题"成为 2008 年俄罗斯出版业的主旋律之一。

建博物馆和图书馆把普京形象永远留住

据俄罗斯媒体报道,俄罗斯对"领袖选题"的宣传继续升温,2008 年新年刚过,普京又有好事。一些议员建议,设立博物馆和图书馆,以保存普京的有关物品。普京于 2008 年 3 月 2 日俄罗斯总统大选后卸任。

这项由公正俄罗斯党领导人谢尔盖·米罗诺夫提出的议案,已提交到杜马有关委员会。尽管建议成立的博物馆和图书馆,原则上是为俄罗斯卸任总统设立的历史遗产中心,但实际上这一中心是专为普京而设的,因为至今还没有人提议,将 2007 年逝世的叶利钦的遗产包括在博物馆内。

历史遗产中心将由一个博物馆、一个图书馆和一个档案馆组成,存放前总统的照片、物品和可供研究的资料文件。支持议案的议员叶梅利亚诺夫认为,历史遗产中心将有助于总统遵守不能连任两届以上的宪法规定,有助于总统权力交接,并可以让离任总统在未来政治和社会生活中发挥积极作用。他相信该议案能在杜马获得通过,因为它符合所有政党的利益。

但也有议员认为提出该议案不合时宜,并认为这种政治献媚的做法将有损总统声誉。俄罗斯反对派指出,某些政党利用民众对普京的个人崇拜,试图将普京变成俄罗斯的"救世主",这是在发动又一场现代"造神"运动,对俄罗斯并非是福音。

虽然"盖棺"不"定论",没有"盖棺"先"定论",在对待普京的态度上,俄罗斯人已经打破了诸多记录。俄罗斯的有关出版专家预测,即使总统选举和议会选举结束,"出版黄金期"还将继续下去。

情人节发行电影版"普京"

据法国媒体报道,俄罗斯人围绕心爱的普京炒作不断,电影版"普京"在 2008 年情人节问世。

你知道普京是总统、柔道专家、前克格勃特工。如今,俄罗斯的一部影片展现了他的感情生活。

这部名为《真爱之吻》的电影没有直接把普京作为主角。不过,男主人公来自圣彼得堡,会讲德语,从事情报工作,妻子是空中小姐,有两个女儿,后来当上了总统。所有这些细节都与普京相当吻合。

影片的宣传手册中问道:"在生活中,在家庭中,他究竟是个怎样的人? 他的内心隐藏着什么? 他的心中是否有爱?"该片对最后一个问题的回答是肯定的。

与冷若冰霜的普京相比,安德烈·帕宁扮演的男主人公显得比较亲切温柔。达里娅·米哈伊洛娃扮演的女主人公则与普京的妻子柳德米拉不无相似之处。她在影片中说:"妈妈,他是个有血有肉的人。"

与其他国家的领导人不同,普京的个人生活几乎是个谜。他在八年前登上总统宝座时,媒体和公众对他几乎一无所知。如今也没有人知道他在3月2日离任后有何打算。人们知道他喜欢滑雪和柔道。但是,与法国总统萨科齐大事张扬的感情生活相比,普京的家庭生活是禁止媒体涉足的领域。

普京的妻子很少公开露面。人们也几乎从未看到过他的两个女儿成年后的照片。如今,《真爱之吻》有望打破这个禁忌。事实上,影片早在2003年就已拍摄完成。一位知情人士说,由于克里姆林宫的阻挠,该片一直未能公映。如今,这部影片也只是从2月14日开始发行DVD版,不会在电影院上映。

（雪　莲　编译）

"佳人"取代"才子"引领日本出版业

尽管最终统计要到 2008 年下半年才出来，但据日本有关出版专家推算，2007 年的日本出版行业，与 2006 年相比，继续下滑是不争的事实。比如，图书出版品种，2007 年可能达到并超过 8.1 万种。出版行业的销售总额，可能下降至 2.1 万亿日元，而高峰时期的 1996 年销售总额为 2.69 万亿日元。从 1997 年算起，除去出现过些许反弹的 2004 年，截至 2007 年，日本出版行业已是名副其实的"十年萧条"了。

但是，久经"萧条"磨难的日本出版行业，和以往的"萧条岁月"一样，在艰难前行中仍然有自身的"亮点"。

外国人用日语创作的作品成为佼佼者

面对在日本生活和工作的外国人越来越多的现实，日本当局开始考虑对在日本的外国人进行语言测试。日本外务大臣高村正彦认为，"若想改善外国人在日本的生活质量，懂日语是首要条件。"其实，不但精通日语，而且用日语创作的外国人已经比比皆是，43 岁的华裔女作家杨逸就是其中之一。

2007 年，杨逸女士创作的第一部日文小说《小王》，赢得了日本广大读者，刊登《小王》的杂志一再重印，苦恼于本国作家畅销作品产出日渐减少的日本出版商十分看好杨逸，争相拜访杨逸，要让她做签约作家。当年 12 月，《小王》获得了《文艺春秋》杂志社主办的日本文学界新人奖，杨逸因此成为该奖诞生 52 年来首位获奖的外国人。2008 年元旦刚过，《小王》又获得了象征日本文学界最高荣誉的芥川奖——被称为日本"文坛奥斯卡"的提名，这可以认为是外国人（中国人）在日本文坛崭露头角的新生代。

杨逸在中国的哈尔滨长大,1987 年留学日本,旅日至今已经 20 年。杨逸从小喜欢写东西,从留学时代起就投稿给日本的华文报纸,当时投稿的主要是诗歌。日本御茶水女子大学毕业后,她在华文报社就职,后来在东京当中文老师。但是中文报纸的稿费毕竟不多,用这种方式很难在日本维持生计,再加上杨逸到日本时间不短,逐渐开始融入当地的生活,价值观也有了变化。所以,杨逸觉得既然生活在日本,这里的主流文化应该用日文写出来才能被主流社会接受。于是,《小王》诞生了。《小王》讲述了一名在中国婚姻失败后渡海嫁到日本的农村女子,带着一队面临"结婚难"的日本男子前往中国相亲的故事。

对于获得日本权威的文学奖提名,杨逸是从来没有想到过的,因为她对自己一点儿信心都没有。杨逸认为,日本人比较喜欢细腻的、带有个人情绪的小说,所以她丝毫没想到芥川奖的光芒会照着她。作为日本文学界最重要的奖项之一的芥川奖,是为纪念日本著名作家芥川龙之介于 1935 年设立的纯文学奖项,主要目的在于奖励文坛新人。尽管杨逸最终名列第二,未能获得芥川奖,但她的名字已经响彻日本出版界,被出版商们排进"未来的潜在的畅销书作家"行列。

手机书是出版品种的新宠

手机图书在日本已经问世好几年,但其对出版行业的影响,却是在 2007 年开始凸显。

现在的日本人,不仅在手机上看小说,还在手机上创作小说,以短信的形式向特定网站上传一个个片段,无数读者再通过手机下载这些片段。其中,最流行的小说会被印成纸介质图书出版,从而成为畅销书。

2007 年,在日本超级图书交易公司东贩的十大畅销小说中,诞生于手机小说的纸介质小说占了五种,其中三种占据首席、次席和第三的位置。随着手机图书在网站上大量"出版",也涌现出一批著名的"作家"。比如,2007 年在"手机图书迷"中耳熟能详的名字是冲山香行女士。从很多方面看,冲山香行是一个普通的日本女青年。她有一个孩子,爱和朋友聚会,喜欢迪斯尼。不寻常之处在于,她是个作家。更不寻常的是,她写作使用的工具不是笔记本电脑,也不是纸张和自来水笔,而是几乎人人手中都有的手机。冲山香行的第一部手机小说名为《K》,其创作速度令那些老资格的作家望尘莫及。如果把《K》变成纸介质的实体图书,其篇幅长达 235 页。冲山香行说:"我每天最多用两小时的时间写 20 页,总共花了将近一个月时间。我是趁孩子睡觉的时候创作的。"尽管她以往每天要写大约 100 条短信,但从未想到自己会通过以拇指按键的方式成为全日本最热门最著名的新"作家"。一个朋友向她讲述自己的亲身经历后，她骤然意识到这是极好的小说素材。她承认说："我原先从来没写过小说，也不喜欢看小说。我不知道什么是纪实小说，所以我就像以往写短信一样创作了这样一个作品。"曾经供职于日本东京娱乐咨询行业的文学评论家约翰·波斯曼说："手机小说的创作者和阅读者都是些想要倾吐心声的日本青年。这是真正意义上的流行文化。"不过，用手机创作小说的新潮流，也激起日本文学界的强烈不满。许多手握钢笔或操作电脑进行创作的作家认为，手机小说应该仅限于手机传播。传统的手写创作是猪，就在猪圈里转悠。时髦的手机创作是马，就在马场上奔跑，不要跑到猪圈里瞎掺乎。然而不可否认的是，手机图书震撼了销量持续低迷十年的日本出版行业。在"越卖不动越必须出，越出得多越卖不动"的困境中，手机图书正在勾勒出一个全新的出版模式：大量手机图书出版——无数手机用户（读者）筛选——多数手机图书被淘汰——少数手机图书聚集人气——出版印刷纸介质图书——发行销售成为畅销书。

翻译书是出版大潮的弄潮儿

截至 2007 年底，日语版"哈六"的《哈利·波特与混血王子》，已销售了 200 多万册（套）。2007 年 7 月，J. K. 罗琳女士推出"哈七"的《哈利·波特与死圣》，并宣布这是"哈利·波特"系列书的"终结篇"。在日本独家自己翻译、自己出版、自己发行"哈利·波特"系列书的静山社，随即引进了"哈七"的版权，翻译家兼出版社长的松冈佑子女士，一方面继续为"哈六"的销售造势，一方面也进入紧张而兴奋的"哈七"的日语版翻译之中。由于"哈七"是"终结篇"，日本的"哈迷"们在抢购"哈六"的时候，又在发疯似地预订"哈七"。截至 2007 年底，静山社已经收到近 150 万册（套）的订数。在 2000 年前后，从日语版"哈一"投放日本出版市场以来，从"哈一"到"哈六"，平均每种书的销售收入为 100 亿日元，而只有四个人的静山社，平均从每种书获取的销售收入为 50 亿日元，6 种书就是 300 亿日元。如果套用中国的"黄河百害，帷富一套"的说法，那么，就可以夸张一点地说，日本是"出版百衰，帷富一社"。因为 J. K. 罗琳女士，松冈佑子女士成为日本当今最富有的女翻译家和女出版家之一，这让日本出版界很有点"酸葡萄"心理。2005～2006 年，日本东京税务部门对外宣布，说松冈佑子偷税漏税高达七亿日元，加上罚款，她须缴纳 10 亿日元左右。一时间，出版界万众注目，各种传言风起，盼着看她的"笑话"。然而，经过松冈佑子的据理力争，"偷税门"事件不了了之。不仅如此，接下来继续让出版界瞠目结舌的是，一方面"哈七"至少又将给松冈佑子带来 50 亿日元的进账，另一方面，

J.K.罗琳女士2007年12月在英国宣布,她感到越来越无法抵御来自全世界书迷要求其续写的强烈呼声,计划开写"哈八",承诺让霍格沃茨魔法学校重新面对读者。英语版的"哈八"一旦问世,日语版的"哈八"肯定还是由松冈佑子操刀,丰厚的出版利润还将涌向静山社。其实,让出版界最清楚最不敢面对的是,从"哈一"到"哈七",在日本有(文字)图书,有(银幕)电影,有(三维)动画,但至今还没有(纸介质)连环漫画书。而对静山社来说,如果买下了日语版连环漫画的改编权,那么,把"哈利·波特"改编成连环漫画,就只是时间问题。假定把一卷"哈利·波特"改编成100集的连环漫画,那么,七卷"哈利·波特"就是700集的连环漫画,这给松冈佑子带来的出版利润应当是天文数字吧!

2007年,另一本翻译书是来自中国的《〈论语〉心得》。于丹女士的《〈论语〉心得》,在中国大陆问世以来,已经发行400多万册。这也引起了日本列岛的关注。从二战结束以后一直独占鳌头的讲谈社,在2006年全日本出版社的销售排名中,第一次屈居小学馆之后,沦为"老二"。前面提到的"哈利·波特"系列书,这也是讲谈社心中"永远的痛"。当年讲谈社以及小学馆与静山社在大英帝国竞争"哈利·波特"的版权,结果"航空母舰"硬是败给了"小舢板"!为了重振雄风,讲谈社抢先买进《〈论语〉心得》的版权。2007年7~8月,当时还在台上的日本首相安倍晋三,也忍不住自己的好奇心,声称要在第一时间读到日语版的《〈论语〉心得》。无独有偶,在《〈论语〉心得》正式出版发行后,时任日本首相福田康夫来中国访问,专程到山东曲阜参观孔子故里。在相传是孔子晚年教授弟子的地方——杏坛前,他接受了电视采访。"现在日本兴起了'论语热',很多人在学习《论语》。儒家思想对中国和日本都产生了重要影响,是日中两国文化的共同点。我到这里来,就是要亲眼看到和确认这个共同点。现在,我的愿望终于实现了。"临别时,福田还挥笔写下了"温故创新"。这四个字显然是从《论语》"温故而知新"变通而来,恰如其分地反映了他对日中关系的期待。前后两任日本首相对《论语》的推崇,对日语版《论语力》起到了无形而巨大的促销作用。2007年的最后两三个月,《论语力》的发行超过1万册;进入2008年以来,销售势头似乎是天天在涨。好风凭借力。在《论语力》销售形势大好的前提下,讲谈社又购进了丁丁《〈庄子〉心得》的版权。不妨预测,和罗琳的"哈利·波特"系列一样,于丹的"中国古典心得"系列可能正在为日本出版行业注入新的"兴奋剂"。

(金点子　编译)

日本的地震图书

日本是一个多地震、多火山喷发的国家,因此,有关地震火山的内容,也成为日本出版行业长盛不衰的选题之一。这里介绍几本近些年出版的地震图书。

①《地震给人们带来贫困——在"大阪、神户、淡路大地震灾害"中的 6 437 名遇难者的呼声》

(《地震は貧困に襲いかかる——「阪神·淡路大震災」死者 6 437 人の叫び》)

いのうえせつこ 著

花 传 社 共荣书房 联合出版发行

定 价 1 700 日元

出版日期 2008 年

本书作者个性鲜明,颇有传统日本浪人的作派,和那些另类的日本人一样,给自己取的名字不用汉字(和字),只用假名(字母)——"いのうえせつこ"——如果非要用汉字表示,"いの"的汉字大约是"犬";"うえ"的汉字大约是"饥";"せつ"的汉字大约是"拙";"こ"的汉字大约是"粉"。连起来就是"犬饥拙粉"。甚至有人无不牵强附会地用作者的名字来形容作者创作本书的经历——如同一条饥渴(饥)的搜救犬(犬),花了近 12 年的笨(拙)功夫,在大阪、神户、淡路大地震的废墟瓦砾(粉)中寻找遇难者,从 1995~2006 年(5 月),最终确认了遇难者为 6 437 人。

日本的专家学者认为,本书的最大特色,不仅在于对遇难者人数的最权威确认,而且还在于从建筑学的角度,从社会学的角度,从人文关怀的角度,对遇难者生前的居住条件展开的深入调查,对幸存者后来的生活状况进行的不懈追踪。本书以大量事实证明,多数遇难者的家庭属于"生活保护家庭",居住在叫做"文化住宅"的廉租房里,这种"文化住宅"在 1995 年发生大地震之前,都有 30～40 年的建筑历史。因此,居住在"文化住宅"中的"生活保护家庭",其在地震中的死亡率,是一般家庭的五倍!也就是说,如果一般家庭有 1 个人遇难,那么"生活保护家庭"就有五个人遇难。本书进一步指出,阪神大地震的"余震"持续时间更长,产生了一大批贫困人口,即被统称为"震灾弱者"的"高龄者"、"生活受保护者"、"残疾者"和客居日本的"外国人"。在 1995 年以后的岁月里,不少"震灾弱者",虽然没有死于地震,但却相继死于贫困——离开人世的方式主要是自杀。本书特别提醒读者,在地震之前,应当有预报,就像天气预报那样天天报;在地震之中,无疑要抗震救灾;在地震之后,除了恢复重建家园,更应当有针对性地长期扶贫济困,既要物质方面的,又要心理方面的。

　　本书问世于 2008 年。在本书出版发行之前,有关专家学者指出,"这是一本关于阪神大地震的最新力作"。在本书出版发行之后,日本出版行业权威杂志《出版新闻》专门做了介绍。正当日本读者读着本书进行反思时,中国的四川发生大地震,日本的宫城县也发生地震,无形中又给本书增加了卖点。目前,在日本所有关于地震的图书中,本书成了佼佼者。

　　②《写真集·被大地震毁坏的建筑物》
　　(《写真集·大震災で壊れた建造物》)
　　第三书馆编辑部　编辑出版发行
　　定　　价　**3 708 日元**
　　出版日期　**2006 年 8 月**

　　1995 年,日本的大阪、神户、淡路发生了大地震。当时,这些地方的建筑物大多夷为平地。2005 年,为了纪念这次大地震 10 周年,第三书馆(出版社)编辑部的编辑们从过去 10 年的报纸、杂志、电视台、互联网、档案馆、民间团体及个人的摄影、摄像中收集资料,把从建筑学角度拍摄的当年被毁坏的或幸存下来的 20 万栋房屋照片编辑在一起,汇成"地震房屋众生相"。本书通过活生生的"写真"(照片),告诉人们:在"高级别"的地震面前,什么样的建筑物"弱不禁风";什么样的建筑物"牢不可破",为在日本这样的多地震、多火山喷发的国家修建经久耐用的房屋提供了第一手资料。

　　本书自 2006 年 8 月问世以后,由于日本名古屋大学地震火山·防灾研究中心的著名教授安藤雅孝先生的极力推荐，本书首先在地震学、建筑学领域成为教学参考书。而又因为本书印装精美，图文并茂，更激发了日本普通民众在本书中"思念亲人"、"寻找过去"、"重返故乡"的情怀。2007年以来，尽管本书页码很厚，定价奇高，但赶上日本出版行业"大部头出版重新繁荣"时期，在发行销售上行情很好，几乎逼近畅销书排行榜。

③《从12岁开始掌握的受灾者学 在大阪、神户、淡路大地震灾难中学到的78个智慧》

（《12歳からの被災者学 阪神・淡路大震災に学ぶ78の知恵》

神户纪念大会饭店　编辑

NHK出版　出版发行

定　　价　**1 200 日元**

出版日期　**2006 年**

12岁，差不多是读小学六年级的年龄。为了纪念阪神大地震十周年，本书作者（编辑委员会）遍访1995年发生地震时正值12岁的幸存者，从他（她）们的亲身经历和亲口叙述中，总结出78条在大难临头时的逃生经验。这些当年的"小精灵"、"铁臂阿童木"，在山崩地裂的一瞬间，虽然处境各异，但凭借各自的沉着冷静、快速反应能力、聪明和智慧，不仅成功逃生，而且还帮助家人、邻居、同学以及素不相识者幸免于难。因此，78个智慧是经过血与火、生与死考验的结晶，对今后地震中的怎样自救和如何他救都有借鉴意义。

本书出版发行后，得到专家好评。名古屋大学地震火山・防灾研究中心的防灾学者伊藤武男指出，本书"把阪神、淡路大地震的体验让一般人分享"，书中的ABC……知识，是"作为正确的受灾者必须了解的知识"。名古屋大学灾害对策室的防灾学者木村玲欧认为，一本普及读本，难得有如此翔实而令人信服的数据。比起专家们的专著来，本书的内容深入浅出，更容易让普通读者接受，且本书的读者群体还可以从孩子向大人扩展。

④《孩子地震手册》

（《こども地震サバイバルマニュアル》

国崎信江　著

白 杨 社　出版发行

定　　价　**1 500 日元**

出版时间 2006 年

白杨社以出版儿童读物而闻名于日本出版界。赶上纪念阪神大地震 10 周年，白杨社自然不甘落后，为孩子着想，特约作者国崎信江撰写了《孩子地震手册》。本书的核心目标读者——"孩子"，并非只是幼儿园大班的"坏小子"和"傻丫头"，而是从几岁到十几岁的未成年人。本书融汇以往抗震救灾的经验，以"年龄"为经，以"方法"为纬，用浅显的语言文字，用生动的彩色插图，既培养孩子们的自我保护意识，又教给各个年龄段的孩子力所能及的防灾自救方法。

《孩子地震手册》和以上的《从 12 岁开始掌握的受灾者学在大阪、神户、淡路大地震灾难中学到的 78 个智慧》一样，进入"日本防灾专家推荐书目"的行列。

⑤《地震与喷火的日本史》
（《地震と噴火の日本史》）
伊藤和明　著
岩波书店　出版发行
定　　价　700 日元
出版时间　2006 年

日本的国土夹在日本海与太平洋之间，从立国那天开始，就与"多灾多难"相伴，所以，日本人的忧患意识也可以说是与生俱来的。1973 年（昭和 48 年），日本著名作家小松左京推出了轰动效应至今犹在的科幻小说《日本沉没》，不妨认为是日本人忧患意识的最集中、最典型的体现。另一方面，吾国身处祸地，灾难随时降临，早晚不过一死的观念也影响着日本人，这样，豁达乐观、视死如归的意识也潜藏在日本人身上。

也许是以上两种意识的综合，又恰逢阪神大地震十周年祭祀，日本著名社会和历史学家伊藤和明，应日本老字号出版社岩波书店之约，从社会学、历史学的角度，很平静、很达观、很公允地回顾与分析了 19 世纪以来日本发生的大地震和大的火山喷发事件。《地震与喷火的日本史》认为，守着富士山，就意味着火山随时可能喷发；踩着环太平洋断裂带，就意味着地震随时可能发生。日本人在其中世代繁衍，休养生息，既不能"躲开"，也不能"远离"，更不能拽着头发把自己悬在半空中，只能顺其自然，兵来将挡，水来土囤。不断与地震、火山这类灾害的较量，构成日本社会发展史不可缺少的部分，也铸造了日本人坚如磐石的性格。纵观世界多地震、多火山喷发的国家，有哪一个国家比得上日本兴旺发达？

　　名古屋大学地震火山·防灾研究中心的著名教授安藤雅孝先生指出,从多难兴邦的角度理解地震与火山,或许是《地震与喷火的日本史》的积极意义所在。这大概也是日本读者对本书爱不释手的重要原因之一吧!

(古隆中　编译)

剪影:日本出版业30年

日本出版行业有两大支柱:一个是图书出版,另一个是杂志出版。

从《日本出版业30年图书、杂志发行销售变化(1977~2006年)》的统计表中,大致可以把握日本出版行业近30年的发展脉络和具体走向。

高低都繁荣

从统计表中不难看出,在1977~1996年的20年间,日本出版行业年年都是增长。在1977年以前,由于1973年受到第一次中东石油危机的冲击,日本的纸张、油墨价格飞涨,出版物的价格也跟着"水涨船高",平均涨幅近20%。反映在出版物的总销售额(总销售收入)上,就是连续与上年相比的高增长。1977年与上年(1976年与上年相比增长8.8%)相比增长6.9%;1978年与上年相比增长7.8%;1979年与上年相比增长8.3%;1980年与上年相比增长9.3%。到了1981年,资源短缺的日本又受到第二次中东石油危机的冲击,这之后出版行业虽然放慢了增长的速度,但依旧年年"风光独好"。1985年与上年相比增长0.3%;1990年与上年相比增长6.8%;1996年尽管与上年相比仅增长3.6%,但总销售额达到了二战结束以后、也就是1945年以来的最高峰——2.69万亿日元。把1977年的总销售额1.14万亿日元与之相比,后者增加了1.55万亿日元,增长140%还要多。

不可否认,日本出版行业在20世纪90年代以前的高增长和90年代中前期的低增长,除了自身特有的优势以外,也基本上与日本的经济发展轨迹相一致。

1980年以前,在日本出版物的总销售额中,一直是图书的销售额大于杂志的销售额，即"图书高杂志低"，这种从 1945 年持续了近 35 年的态势，在 1980 年前后发生逆转，变成杂志的销售额开始大于图书的销售额，即"杂志高图书低"。日本出版人士认为，日本出版行业进入了"杂志主宰的时代"。由"图书高杂志低"变为"杂志高图书低"，主要原因在于日本的孩子出生人数逐年减少；年轻人"远离铅字"，厌恶印着铅字的书本；人们的阅读需求从重学习（图书）转为重消遣（杂志）；不仅连环漫画杂志层出不穷，而且还因为漫画单行本（图书）使用杂志代码、以杂志形式发行而被统计为杂志等。

多少皆萧条

1996 年与 1997 年之交，金融风暴席卷亚洲，重创日本经济，日本的出版行业也未能幸免。和充满泡沫的日本经济从此进入长期不景气一样，充满泡沫的日本出版行业也拉开了长年负增长的序幕。

1997～2006 年，除了 2004 年增长以外，其余九年都是负增长，如果把 2004 年增长的 1.3％"分摊"一下，那么，实际上十年来都是负增长——1997 年与上年相比负增长 0.7％；1998 年与上年相比负增长 2.3％；1999 年与上年相比负增长 2.4％；2000 年与上年相比负增长 1.7％；2001 年与上年相比负增长 2.7％；2002 年与上年相比负增长 0.3％；2003 年与上年相比负增长 4.9％；2005 年与上年相比负增长 2.4％；2006 年与上年相比负增长 1.3％。近几年，图书的销售额与杂志的销售额越来越接近，特别是 2006 年，图书的总销售额为 10 090 亿日元，杂志的总销售额为 12 510 亿日元，两者的差距很小。因此，一些日本出版专家认为，日本出版行业进入了"图书低杂志低"的"双低时代"。

从《日本出版业 30 年图书、杂志发行销售变化》的统计表中，可以清楚看到，其他项目有增有减，只增不减的只有图书的"新书品种数"。例如，1977 年为 25 148 种，1987 年为 37 010 种，1997 年为 62 336 种，2006 年为 80 618 种。一边是出版物的品种不断增加，一边是出版物的销售册数、销售额不断下降，这表明日本出版行业陷入"越出得多越卖不动，越卖不动越必须出"的怪圈而难以自拔。

出路在何方

一般而言，当某个行业动荡不安时，总会出现"重新洗牌"的情况。在日本的出版行业，呈现的却是另一番景象。萧条延续近十年，不仅行业内部你还是你我还是我，而且来自行业外部的兼并重组压力也很小。小林一博在他那本著名的《出版大崩溃》中，给日本出版行业提出了十大建议，也没有涉及兼并重组。与日本出版行业有着天然联系的日本印刷行业，尽管在"出版大崩溃"中吃了苦头，众多中小印刷企业纷纷倒闭，但那些超大型的印刷企业，不但毫发无伤，反而如日中天。大日本印刷公司年销售收入1.6万亿日元；凸版印刷公司年销售收入1.6万亿日元；共同印刷公司年销售收入1.3万亿日元。把三家印刷公司的销售收入加在一起是4.5万亿日元。从理论上讲，这三家印刷公司联合起来可以收购六个东贩或六个日贩；可以收购30个讲谈社或30个小学馆；可以收购45个纪伊国屋书店或45个八重洲图书中心；几乎可以收购两个日本出版行业！然而，"印刷大鳄"为什么无意吞食"出版小鱼"呢？

以旁观者的眼光来看，原因主要有三个。一是日本的出版社大都是私营企业，政府的行政指令往往不起作用。日本经济不景气，当年的小泉政府挖空心思让各行各业多缴税，对出版行业也提出了缴纳"门脸税"的方案，顿时激怒了出版界。小泉政府不仅一分钱的"门脸税"没有拿到，还惹了一大堆麻烦。"印刷大鳄"在想，还没有把"出版小鱼"吞下去，自身会不会先被出版人的口水淹没？二是日本的出版社大都是家族企业，现代市场运行规则在血缘关系、等级观念面前往往碰壁。例如，讲谈社、小学馆的年销售收入1 500亿日元，日贩、东贩的年销售收入7 000亿日元，从市场经济角度看，谁占有份额大，谁就是龙头老大。可日本出版行业不是这样，讲的是论资排辈。从辈分上讲，讲谈社、小学馆是"老子"，日贩、东贩是"儿子"，所以，再牛气的"儿子"也得看"老子"的眼色行事。从企业性质来讲，无论讲谈社、小学馆，还是日贩、东贩，都还不是真正意义上的"株式会社"。在这种状态下，"印刷大鳄"纵然张开血盆大口，对着虽现代更封建的出版行业该从哪里开吃呢？三是再销售制度的存在。所谓再销售制度，就是定价销售制度或固定价格销售制度。二战以来，日本政府为了便于国民获取知识，以法律的形式规定出版物为不参与市场竞争的商品之一。为了维持出版物的这种垄断性，就必须依赖再销售制度。不可否认，从20世纪50～90年代中前期，作为"经济杠杆"，再销售制度维系了日本出版行业近半个世纪的繁荣；从1997年至今，作为"救命稻草"，再销售制度在十年当中不断扮演缓解日本出版行业颓势的角色。随着时间的推移，随着时代的变迁，再销售制度本身的弊端一再显现，日本公平交易委员会几次三番要宣布废除再销售制度，但迫于日本出版界的压力，迫于日本国民的压力，每次的结果都是不得不认可继续"暂时"保留再销售制度。再销售制度在实质上把出版行业限制为"保本微利"行业，这对在印刷价格上升降自主的"印刷大鳄"也是不可逾越的障碍。

当年，小林一博在《出版大崩溃》中预言，日本出版行业开始进入"下滑不见底，前行不见路"的漫漫长夜，日本出版界将信将疑。2003年负增长4.9%，创下1997

年以来负增长的最高百分比,出版界觉得这大概就是"谷底"了。2004 年回升1.3％,出版界认为重新复苏的"道路"可算找到了。然而,2005 年、2006 年再次负增长(2007 年负增长也几成定局),出版界没辙了,只得再把已经"驾鹤西去"的小林一博的预言奉若神明。时至今日,行业内外再没有人出来预测出版行业下滑的"谷底"是哪里,前行的"道路"在何方。

（古隆中　编译）

韩国 2007 年图书出版分析

按照惯例,韩国的大韩出版文化协会公布了 2007 年 1～12 月的出版统计。该协会代理国内各出版社向国立中央图书馆缴纳样书的业务。出版统计是基于对缴纳的新书综合归纳的结果。从形式上讲,"新书"是指第一次出版的图书,不包括再版图书,也不包括像杂志一类的定期出版物。从内容上讲,"新书"是指包括漫画单行本图书、连环漫画系列图书在内的一般图书。

新书出版品种减少

2007 年,韩国出版新书 41 094 种,与 2006 年的 45 521 种相比,减少 4 427 种,减少比例为 9.7%。韩国图书根据内容分为 13 大选题领域,2007 年有九个领域的新书出版品种减少,超过半数以上,无疑是创纪录的。减少幅度特别大的领域有:"技术科学"类图书,与上年相比减少 30.2%;"语言学"类图书,与上年相比减少 26.8%;"历史学"类图书,与上年相比减少 21%。增加幅度大的是"儿童"类图书,与上年相比增加 9.1%。"儿童"类图书增加最为显著。

2007 年出版新书 41 094 种,按出版领域划分占有比率:排第一位的是"文学"类图书,出版 9 697 种,占 18.9%。排第二位的是"儿童"类图书,出版 7 307 种,占 17.8%;排第三位的是"漫画"类图书,出版 7 290 种,占 17.7%。从以上三个领域图书的排序变化来看,漫画图书出版呈现衰落迹象。排第四位的是"社会科学"类图书,出版 6 488 种,占 13.6%;排第五位的是"技术科学"类图书,出版 4 493 种,占 7.6%。

作为参考,在这里不妨大跨度地比较一下过去几十年新书出版的品种数——1980 年出版新书 23 521 种; 1990 年出版新书 45 842 种; 2000 年出版新书 34 961种; 2005 年出版新书 43 585 种; 2006 年出版新书 45 521 种; 2007 年出版新书 41 094 种。

新书印刷册数增加

2007 年,新书印刷册数为 1.325 亿册,与 2006 年相比,增加 1 936 万册,增加比率为 17.1％。从 2005 年、2006 年和 2007 年的情况来看,2005 年是"品种增加,册数增加"; 2006 年是"品种增加,册数减少"; 2007 年是"品种减少,册数增加"。

按领域划分印刷册数,引人关注的是"儿童"类图书领域的跳跃式发展。2007 年印刷 3 564 万册,比 2006 年增加 23.8％,这是创纪录的! 在 13 大选题领域中,虽然有十大领域的印刷册数有所增加,但"儿童"类图书领域增加是最显著的。如果去掉"儿童"类图书,与 2006 年相比,新书印刷册数在总体上就会减少 11.7％。也就是说,假如没有"儿童"类图书的特别兴旺,新书的印刷册数在整体上还是减少的。"儿童"类图书在出版品种数中所占比例也显示了这一点。"儿童"类图书在印刷册数分领域的占有率中为 42.8％,与 2006 年的占有率 18.6％相比是大大提高了。

按不同领域分析不同印刷册数,"漫画"类图书、"文学"类图书的减少幅度比较大。2007 年,"漫画"类图书在印刷总册数中所占比率为 13.7％,与上年相比减少 12.7％。"文学"类图书在印刷总册数中所占比率为 13.1％,与上年相比减少 18％。与此相似,"学术参考书"在印刷总册数中所占比率为 10.1％,与上年相比减少 13.5％,可以说失去了往年的生机与活力。

平均印刷册数、平均定价、平均页码

2007 年,每一种新书的平均印刷册数为 3 224 册,与上年相比增加 739 册,增加比率为 29.7％。在平均印刷册数上,"儿童"类图书增加比率也是最大的,与上年相比,增加 7 766 册,增加比率为 146.6％。"学习参考书"增加 7 667 册,在平均印刷册数上这是首次增加。紧接其后的是"漫画"类图书,增加 2 482 册。"文学"类图书增加 2 235 册。

2007 年,新书的平均定价为 11 873 韩元,与上年相比增加 347 韩元,增加比率为 2.8％。"儿童"类图书平均定价为 9 224 韩元;"学习参考书"的平均定价为

9 730韩元;"文学"类图书的平均定价为 9 658 韩元;"漫画"类图书的平均定价为 4 173 韩元。

2007 年,新书的平均页码为 266 页,与上年相比几乎持平。

日本图书在韩国"吃香"

韩国最大的书店是教保文库,从这个书店的畅销书排行榜上,可以清楚地看到韩国图书和从国外·译的图书的品种数。例如,在进入"100 种畅销小说"的图书中,韩国小说和从日本·译过来的小说形成鲜明对照:2003 年,韩国小说 40 种,日本小说 15 种; 2004 年,韩国小说 24 种,日本小说 23 种; 2005 年,韩国小说 25 种,日本小说 23 种; 2006 年,韩国小说 23 种,日本小说 31 种; 2007 年,韩国小说 22 种,日本小说 33 种。从两组数字不难看出,日本小说渐有压倒韩国小说的趋势。

(岳 月 编译)

中文《亚洲日报》在韩国诞生

随着中国经济的发展，中国的"以方块字为载体的信息"又开始在前些年宣布废除汉字的韩国吃香。2007 年 11 月，韩国第一份由韩国人主办的中文日报《亚洲日报》发行了试刊号，在韩国引起了关注。在经过紧张的准备之后，《亚洲日报》在 11 月下旬正式在韩国发行日报，通过首尔等地的街头报摊和各种发行渠道提供给韩国读者。随着《亚洲日报》的问世，韩国外文报刊由英文一统天下的局面正在被打破。

第一个"吃螃蟹"

今天，韩国人的"追欧（洲）随美（国）"，已经不亚于日本人的"脱亚（洲）入欧（洲）"。但是，韩国人对于外文媒体的接受程度并不高。迄今为止，韩国只有三份英文报纸，而且发行量都不大。因此，当《亚洲日报》出现在韩国媒体市场，韩国报业人士都感到有些意外。

在媒体发展已经处于饱和状态的韩国，报业竞争日趋激烈，而且还面临网络，乃至 3G 通讯技术催生出的各种视频新闻、手机新闻和手机报刊的严峻挑战。《亚洲日报》在这样激烈的竞争中面世，而且以日报的形式每天出 24 个版，确实需要很大的魄力。

然而，《亚洲日报》社长郭永吉对此有充分的心理准备，他在接受媒体采访时表示，"对于韩国第一份中文日报，我没有太大的野心，只想踏踏实实地推动它慢慢成长"。

为了办好报纸,突出中文报纸特色,《亚洲日报》在韩国招聘了50多名工作人员,其中的25名一线记者编辑都有从业经验,而且有一大半是在韩国的中国人,熟悉媒体的运作和中文稿件的采写。2007年11月中旬出版的试刊号虽然是第一期报纸,但无论从语言文字和排版印刷来看,都比较成熟,风格接近中国的城市类报纸,很有"中国特色"。

此外,《亚洲日报》从起步阶段开始就很注重与中国媒体的合作,以获得丰富的新闻来源。在创刊前,《亚洲日报》与新华社驻首尔分社取得联系后,迅速决定使用新华社新闻和图片产品。社长郭永吉说,我们的报纸也正在寻求与其他中国媒体实现各种形式的合作,"就像我的名字'永吉'那样,我们的报纸以及报社与新华社的合作一定会'永远'和'吉祥',有长足和稳步的发展。"

不会中文爱中国

作为一个韩国人,作为一个不懂中文、没有过驻华工作经历的报人,郭永吉敢于个人出资主办《亚洲日报》,这是经过一番市场调研的。

郭永吉拿出的统计数字非常有说服力。他说,2007年韩中往返的人员近600万人次,其中中国来韩100万人次,韩国赴华近500万人次。此外,目前在韩国注册的中资机构已达1.6万余家,中国企业数量在韩国的外国企业中名列第一,这些人员都可能是《亚洲日报》未来稳定的读者。

该报将其读者群定位为驻韩中国外交官、企业家、金融机构、学者、留学生和华人华侨团体,以及从事韩中贸易和关注中国的韩国读者。报纸以韩中两国经济、产业和文化领域内容为主要报道对象。

郭永吉说,"郭"姓虽然在韩国属于排名30位以外的小姓,但在中国姓郭的人很多,亚洲的"郭"姓应该是一家人。对郭永吉来说,办一张全亚洲人的报纸一直是他的梦想,而现在所有条件都很成熟。

至于为什么会选择办一份中文报纸,他说,"历史上,中国在7世纪唐代和14世纪的明代都出现了经济文化盛世。从中国经济发展趋势来看,新的一个中华盛世将在21世纪重现。这对韩国来说,既是机会也是挑战。"

根据郭永吉的设想,《亚洲日报》近期的目标为达到五万份左右的发行量,实现在韩国全国所有报纸零售点出售,价格上与其他日报保持一致,并在六个月内实现赢利。而报纸的中期目标是争取在往返于韩国和中国各大城市间的飞机上"露脸",长期目标是今后打入中国市场,出现在中国国内和中韩之间的高速铁路车厢内。

道路可能是曲折的　但前途一定是光明的

然而,《亚洲日报》目前面临着资金和人员有限的问题,更重要的是今后以什么样的立场来报道中韩之间存在的问题,这是关乎报纸生存与发展的一大课题。

根据郭永吉的规划,《亚洲日报》将把今后的报道内容重点放在韩中经济领域,在报道中保持客观,兼顾各方立场。除了同时采用中韩两国的编辑和记者以外,《亚洲日报》的管理层中大部分是熟悉两国经济情况的前政府官员和媒体资深人员。报社的几位理事包括原韩国信息通信部的长官和次官,还有前财政经济部官员。报社总编辑崔弼圭曾任《韩国经济新闻》驻香港特派记者和驻北京特派记者,能讲一口流利的汉语,对中国情况十分了解。

郭永吉说,《亚洲日报》的办报理念是:以报纸为媒介,帮助韩中两国人民全面、充分地相互了解对方国家,为韩中经贸往来搭建咨询平台,提供文化动力。郭永吉说,韩中在某些领域存在着一些问题,这难以回避,但《亚洲日报》不会为吸引眼球而炒作这些问题,通过激化矛盾来扩大市场。作为一份着眼于中韩两国,甚至是亚洲市场的中文报纸,《亚洲日报》将立足于为韩中两国构建一个新的交流渠道,为增进两国的经济交流和理解而努力。

（李文清　编译）

韩国出版界热门话题不断

从上一年延续下来的几个热门话题，至今还为韩国出版界所津津乐道。其中几个热门话题分别是：韩胜宪律师的"时局审判资料集"出版；《20世纪的韩国小说》计划出版50卷；"ソウル"用汉字表示为"首尔"。

韩胜宪律师的"时局审判资料集"出版

在韩国军事政权时代，一些韩国人一边参加民主化运动，一边访问北朝鲜，因此成为"被告"。韩胜宪律师当年为这些人担任了辩护律师。现在，韩胜宪把担任辩护律师时参与的有关事件的资料整理出来，由图书出版汎友社出版成总共七卷本的《韩胜宪律师辩护事件实录》。这部庞大的资料集，收录了韩胜宪律师从1960年以来的40年间负责的时局事件搜查记录和审判相关资料，其中有各个事件的背景说明、法庭上检察官一方和辩护律师一方的说辞以及判决书等。此外，还有韩胜宪律师执笔的对各事件的最新解说。

韩胜宪作为献身于民主化和人权运动的律师而闻名韩国。在韩国军事政权时代，因为参加民主化运动，不少人英勇牺牲。韩胜宪被称为"法律的保护神"，为这些人奔走呼号，异常活跃。《韩胜宪律师辩护事件实录》收录的事件林林总总，多达67个。既有1965年作家南廷贤的《粪地》笔祸事件，又有2003年对卢武铉总统的弹劾审判。翻阅《韩胜宪律师辩护事件实录》，看着这些"时局事件"，无不为之动容。现在的韩国可以说是"民主国家"了，但当年为了走到这一步，韩国人付出了多大的牺牲！

在《韩胜宪律师辩护事件实录》中记述的主要事件还有："东柏林事件"、"统一革命党事件"、"'利达'杂志笔祸事件"、"徐胜、徐俊植兄弟事件"、"在野党议员拘捕事件"、"总统紧急措施第一号事件"、"文学者间谍团事件"、"民青学联事件"、"金东吉、金灿国两教授事件"、"金大中违反选举法事件"、"'报道指针'暴露事件"、"6月民主抗争事件"、"文益焕牧师访问北朝鲜事件"、"民众艺术'杜鹃的画'事件"、"南北作家会谈事件"、"全大协林秀卿进入北朝鲜事件"、"作家黄晳暎进入北朝鲜事件"等。

《20 世纪的韩国小说》计划出版 50 卷

韩国的创批社为了纪念建社 40 周年，从几年前就开始策划出版囊括韩国近现代小说的系列书《20 世纪的韩国小说》。这套系列书已经在 2005 年 7 月和 11 月、在 2006 年底分三次出版了 14 卷，2007 年再出版 6 卷。全书计划用 50 卷出齐。

在此之前，韩国其他的出版社出版过类似的韩国文学全集。但是，现在创批社出版的《20 世纪的韩国小说》，特色更加鲜明，"时间从 1910 年韩国文学的摇篮期至 2000 年的第一个十年，精选在这 100 年间打下时代烙印、像珍珠一般把人和历史串在一起的中短篇小说"。《20 世纪的韩国小说》为了方便年轻读者阅读，在编辑制作上下了大工夫。

根据这套书，大致可以确认 20 世纪韩国小说史的源流，任何优秀的中短篇小说在书中都可以查到。收录的作品按照严格的标准挑选，每部作品从字、句、段开始完整的修订。书中的注释由一大批专家学者执笔，就连"韩国国语辞典"中没有的语言，也展开了详细的解释。为了让读者欣赏到高品位的文学作品，创批社可以说调动了各种资源。

《20 世纪的韩国小说》收录 204 个作家的 374 部作品。从李光洙、金东仁、廉想涉等元老级作家，到目前在韩国文坛最活跃的金英夏、河成兰等。此外，为了纪念《20 世纪的韩国小说》的出版，创批社还出版了《20 世纪韩国小说指南》。《20 世纪的韩国小说》各卷本定价 7 000～8 000 韩元。

"ソウル"用汉字表示为"首尔"

在韩国语中，"ソウル"（SEOUL）意味着首都。但这只能用朝鲜字母书写，不能用汉字表示。像"ソウル"这样的语言，本来就不属于汉语而属于韩语，所以没有相应的汉字是可以理解的。在殖民地时代，因为"ソウル"被称为"京城"，在那些年

长者中，也有人把"京城"这对汉字用来表示"ソウル"的。不过，这肯定是错误的。

在中国，中国人用"汉城"表示"ソウル"，如同用汉字的"卡拉 OK"表示"カラオケ"、用汉字的"可口可乐"表示"コカ一ラ"一样。在中国的报纸上、中国航空港的指示牌上，"ソウル"也变成了"汉城"。从朝鲜朝时代到韩国时代，"ソウル"曾被称为"汉城"或"汉阳"，虽然不能说这些称呼与"ソウル"没有一点关系，但韩国人还是听不习惯。

近几年，中国大陆开始使用"首尔"一词表示"ソウル"。"首尔"一词与韩国语的发音相近，使用这个词也受到韩国人的欢迎。在中国国内，在韩国的"ソウル市"，都可以看到"首尔"的汉字标志。现在，从日本寄往韩国的国际邮件，写上"首尔市某某区"，收件人也能收到。

在韩国出版界看来，中国使用"首尔"代替"汉城"，是对韩国的进一步认同；与韩国其他行业一样，韩国出版进入中国大陆的机会将越来越多。

（岳　月　编译）

几个亮点围绕韩国出版业

　　韩国 2007 年第 12 期的《出版新闻》，刊登了《从畅销书看 2007 年的出版状况》的专集，相关的文章有六篇。

　　专集中这六篇文章的题目依次是：《提升商品性的个人技巧图书凝聚人气》、《吸引读者眼球的人文、社会科学类图书的大趋势》、《让你掌握既能"赚钱"又能长久"处世"方法的图书独领风骚》、《韩国小说的强劲势头与类型多样化》、《一般图书的趋势以及对幼儿、青少年图书的影响》和《2007 年出版界的焦点问题》。

"88 万韩元族"为出版界打工

　　假如是熟悉韩国出版行业情况的人，只要看一下这些文章的题目，大约就能推测文章的内容。笔者在这里介绍一下各篇文章的要点，并做简单的综合归纳。

　　像作为首篇的《提升商品性的个人技巧图书凝聚人气》一文，本身就具有"概括整体"的意味。文中的小标题诸如"在生存竞争中，以'自我启发'为主体的人们酷爱读书"、"88 万韩元族诞生，给出版行业输入廉价劳动力"……这都表明文章记述了在韩国出版行业乃至韩国引起关注的事实。

　　在当今的韩国，"……族"的句式非常流行，也非常时髦。这种句式形象地概括了某个时代某个阶层的思维方式和行为方式。比如，"88 万韩元族"在韩国的其他行业存在，也比较普遍地存在于韩国的出版行业。对于出版商而言，雇佣廉价而年轻的劳动力，是十分划算的。

　　20 岁从事非正规职业的劳动者占全部 20 岁劳动者的 95％，与其他年龄层次的劳动者相比，比率非常高。非正规职业劳动者的月平均工资额为 119 万韩元，而 20 岁非正规职业劳动者的工资额占全体非正规职业劳动者的 74％。所以，计算公式为 119 万韩元×0.74＝88 万韩元。由此而来，"88 万韩元族"的称呼在韩国社会不胫而走。10 万韩元约等于 1 万日元，约等于 700 元人民币。88 万韩元约等于 8.8 万日元，约等于 6 160 元人民币。这样的月收入，在高物价高消费的韩国，几乎不能维持起码的生计。

20 岁上下的"88 万韩元族"，甘愿为出版行业打零工，这反过来说明韩国出版行业不很景气。

关注"自我启发类图书"

在雇佣方面、生活方面以及养老方面缺乏安全感的，不仅仅是 20 岁的人们。在生活的道路上，障碍越来越多，劳动力这个商品如果只是以"体力"为主，靠青春吃饭，就不值钱，也不能长久。只有提高劳动力的"附加值"，在劳务市场上才有可能"待价而沽"、"高价"出售。于是在 2007 年，"自我启发类图书"十分走红。比如，能够使人产生奇想的书、使人学会交流的书、使人学会与人相处的书、使人学会谈判与周旋的书、使人学会企业策划的书以及商务英语方面的书，都受到读者特别是"88 万韩元族"的青睐。放眼 2007 年的韩国出版行业，"自我启发类图书"出得最多，而且这种出版趋势还在被强化。其中，得到公众好评的"自我启发类图书"，还陆续被国外购买版权。

其次是"财经类图书"吃香。在韩国的那些大型书店里，有关不动产经营的书、股票投资的书、基金投资的书、风险企业创业的书、个人商务开业的书等，像小山一样摆在书架上。在韩国的企业里，雇佣状况不透明，职场随时隐藏着风险，即使"跳槽"到经营状况良好的企业，工资也未必很高，年终奖也未必拿得到。因此，有必要通过阅读图书，学会处世之术，学会积累财富之术，提前预测自己的未来。特别是 30～40 岁的中年人和壮年人，争相购买"财经类图书"。

"人文、社会科学类图书"销售不畅。2007 年，在综合类畅销书排行榜上，几乎见不到"人文、社会科学类图书"的影子。出版的品种也有相当减少。有专家指出，这个领域似乎是知识教养的图书过时，朝着技术化、标准化、工艺化的方向发展。人们阅读"人文、社会科学类图书"，是在寻找"思考的道具"，培养自我的"思维技巧"。从品种上看，有关高句丽时代、朝鲜朝时代的历史书出版了很多。

在"小说书"领域，一改过去两三年国外翻译作品占据排行榜前几位的状况，韩国国内的实力派作家的好作品不断涌现，销售行情也一涨再涨。例如，金勋的《南汉山城》、黄哲英的《哈利得克》、朴婉绪的《亲切的博金》、申京淑的《赖氨酸》等。就连在过去几年有点沉寂的孔枝泳,也推出了《我们的幸福时间》,销售行情一路看涨。

日文书的翻译,依然火爆。品种很多,数量很大。给人的感觉是,日本出版一本书,韩国就翻译一本书。比如漫画图书,和过去几年一样,2007 年至少从日本又引进了四五千种。好莱坞大片席卷法国,法国文化部长无奈地说:"法国成了美国电影市场的一部分。"日本漫画图书简直就要覆盖韩国,但韩国人好像不在乎日本人说"韩国快要成为日本出版市场的一部分"。再如,在日本很有人气的《东京塔》,在韩国也聚集了人气,读者主要是 10～20 岁的女性。韩国读者尤其偏爱日本作品,这一点很特殊,说不清原因。2007 年值得大书特书的是,过去在韩国一直"保持低调"的中国(大陆)作品,也开始获得相当的韩国读者。

"儿童、青少年书"受韩国孩子出生数量减少的影响,销售一直不景气。加上学习参考书的多样化、图像化以及信息集约化的发展,这个领域的竞争越来越激烈,那些中小出版社快要撑不下去了。

2007 年韩国出版界的六件大事

①韩国与美国的 FTA 交涉尘埃落定,著作权保护期限延长至 70 年。②出版知识产业培养法案公布,酝酿成立出版振兴机构。③围绕灵活使用文本检索系统展开讨论。④著作权法修正案公布。⑤"文化接待费"制度开始实行。⑥根据出版文化产业振兴法,完全实行图书定价制度。

(雪 莲 编译)

朝鲜版《黄真伊》在韩国经久不衰

　　过去，有关朝鲜王朝中期的女诗人黄真伊的小说、论文，在韩国、朝鲜发表了不少。其中的一部小说，还获得了"万海文学奖"。这个"万海文学奖"，是为了赞颂出生于韩国万海地区的诗人、僧侣、独立运动活动家的韩龙云的丰功伟绩，继承他的文学精神，由韩国的创作与批评（出版）社设立的。

　　2005年的"万海文学奖"，因为授予了作家洪锡中而倍受关注，且作为热门话题一直延续至今。63岁的洪锡中，现住在朝鲜。朝鲜平壤的文学艺术出版社在2002年出版了由他创作的长篇历史小说《黄真伊》，正是这部小说使他获奖。洪锡中是著名大河历史小说《林巨正》的作者洪命熹的直系嫡孙，出生在汉城，1948年到了朝鲜北部，作为北部"重量级"作家活跃于朝鲜的文坛。据说，当初准备在汉城（首尔）举行颁奖仪式，由于洪锡中本人不能出席，颁奖仪式又改在平壤的金刚山举行。朝鲜作者接受韩国出版社的颁奖，这在当时多少象征着南北对立的缓和。

　　然而，围绕朝鲜版的《黄真伊》能否在韩国市场上销售，在2005年前后却出现过不小的风波。

　　在韩国，阅读或携带朝鲜的出版物，曾经是被禁止的。而销售朝鲜的出版物，也同朝鲜禁止销售韩国出版物一样，也一直是被禁止的。在过去那些岁月里，就发生过韩国出版社的社长因为复制、出版朝鲜的出版物而被拘押的事件。最近，韩国推行亲近朝鲜的政策，但由于韩国的"国家保安法"还存在，由于该法把朝鲜指定为"敌对国家"，朝鲜版的《黄真伊》要在韩国发行销售，实际上还有诸多暂时难以逾越的障碍。

　　第一个把朝鲜版的《黄真伊》介绍给韩国的，是韩国园光大学的金在湧教授。

在 2003 年 5 月的韩国杂志《民族 21》上,金在湧教授发表了一篇文章,极力向"万海文学奖"评选委员会推荐《黄真伊》。他在文中强调指出:"这部作品与朝鲜以前的作品明显不同,其时代背景可以说是近现代的。我预感到,如果把这部小说介绍给韩国读者,等于是架起了一座民族文学交流的桥梁。"

金在湧的这篇文章,被一直从事朝鲜出版物进口、销售的大训书籍公司的职员看到了。于是,他们设法把从朝鲜邮寄来的《黄真伊》让韩国读者阅读,选择小说中的部分内容刊登在本社出版的杂志《统一文学》(2003 年 12 月)上。然而,这样就出问题了,因为《黄真伊》还不属于进口许可的作品,韩国的统一部为此提出异议。接下来,大训书籍公司只好收回到市场上的杂志,重新正式提出进口、销售申请。统一部对作品的内容进行了审读,尤其对有无"容共性"部分进行了分析判断,在申请提出的一个月之后,统一部正式批准了进口许可。

当时的这一张进口许可证,可说是划时代的。隔绝了 50 年,南边的韩国以政府同意的形式,使北边朝鲜的作品首次在韩国正式发行销售。作为朝鲜版《黄真伊》的发行销售商,大训书籍公司所属的大训 dot. com,按照从朝鲜进口的样书,除了换上新的封面以外,主体部分的用纸、印刷、装订都和在朝鲜销售的一模一样。

好事多磨。《黄真伊》在韩国发行销售尽管开头受到挫折,但终于还是顺畅起来。《黄真伊》一旦摆上书店的店堂,行情便直线上涨,读者热烈追捧。各种媒体纷纷刊登介绍该书的文章以及读者的读后感。读者普遍反映,这部小说对男女之间的爱情描写得细致入微,让人耳目一新,回味无穷。

不过,万海文学奖评选委员会的评价却不仅仅限于爱情描写。评委们指出,《黄真伊》"把卓越的历史想象力和创造力,贯穿于小说的叙事之中";作者"把正史、野史、掌故巧妙地结合在一起,驾驭大众的俗语和俚语、上流社会的诗化语言炉火纯青,使得南北语言非常自然地融合为一,提升了民族文化遗产的水准",等等。这些才是深受韩国读者欢迎的真正原因。

朝鲜版的《黄真伊》在韩国人气高涨,使真正策划进口、销售朝鲜文学作品的出版社、图书进口业者应运而生。在过去,朝鲜的出版物进入韩国,仅限于少量的专业书和学术研究书。朝鲜制作出版的这些出版物,以同样的条件,与韩国的出版物一块在韩国的一般书店竞相销售,但取得意料之外好效益的,《黄真伊》无疑是第一本。到现在,朝鲜版的文学作品开始成批出现在韩国的书店里。

2004～2008 年,在韩国,一轮又一轮以黄真伊为女主角的新电影、新电视剧都在紧张地制作之中。韩国早在 1986 年拍摄的同名电影《黄真伊》,由襄昶浩任导演,张美姬、金茂松、安圣基担任领衔主演,公映后反响不错。这部电影后来也在日本上映。

在日本的图书中，也有部分涉及黄真伊的。比如田中明的《韩国的"民族"与"反日"》(该书收入"岩波现代文库")、尹学准的《朝鲜的诗心》(该书收入"讲谈社学术文库")、川村凑的《妓生》(作品社出版)等。此外，短篇小说有朴花城、崔贞熙的《黄真伊、柳宽顺》(牧濑晓子翻译，高丽书林出版)等。

（孟斯咏　编译）

朝鲜人了解世界的窗口
——音像电子产品

　　据美国媒体报道，如今朝鲜的普通人了解世界，多了一个窗口，那就是国外的音像和电子制品。

　　据朝鲜问题专家和一些从朝鲜"出走"的人们说，来自邻国的廉价电视机和影碟机，加上走私进来的录像带及 DVD 光盘正在丰富朝鲜人接触到的信息。这个解封过程已经持续了将近十年，并在近几年得到新的发展。自 20 世纪 90 年代以来，随着朝鲜中央集权经济的不景气和街头市场的兴起，从邻国走私进口廉价商品的活动便多了起来。

　　这些活动几乎在朝鲜每个地方都有。市场上有打折出售的电子产品、翻录的录像带和盗版 DVD 光盘。这些东西让很多朝鲜人了解到外面世界的富有、繁华和精彩。

　　那些从朝鲜"出走"的人们说，在朝鲜偷偷看韩国的肥皂剧和美国好莱坞电影大片，是既兴奋又沮丧的事情。

　　两年前和丈夫儿子一起坐船从朝鲜"出走"的一名朝鲜妇女说："每次我们看007 电影的时候，都会拉上窗帘，把声音开得很低。这些电影让我开始了解外面的世界是什么样的。"

　　这位 40 岁的朝鲜妇女现在住在韩国首尔的郊区，她不愿意透露自己的真实姓名，因为她的双亲还在朝鲜生活。她说，20 世纪 90 年代中期，邻国的电子消费产品开始流入她所在的沿海地区，当时庄稼收成很不好，到处是饥荒，饿得死去活来还不敢外出要饭，走私交易红火起来，政府对此睁一只眼、闭一只眼。

到了 2002 年,朝鲜的金正日首相正式宣布进行经济改革,这位妇女和邻居们可以靠卖鱼来挣钱了。她用卖鱼换来的钱买了一些邻国制造的东西,包括一台彩电和一台录像机。

接下来,这位妇女和邻居们感到不满足了,就悄悄要求当地的商人从邻国走私一些录像带进来。除了 007 以外,这位妇女还从香港的黑帮电影和韩国的电视连续剧中了解到外面的世界。

在现在的朝鲜,看外国电影和电视节目、收听外国电台是非法的。

韩国东国大学的朝鲜问题专家高宇焕教授说:"现在中国和韩国的录像片在朝鲜很普及,朝鲜官方认为这个问题已经非常严重,已经到了不治理'国将不国'的程度。"朝鲜政府试图阻止这些东西流入境内,但现在街头市场普遍存在,使其成为不可能完成的任务。

高宇焕教授说:"这种事情是无法阻止的。朝鲜人现在获取信息的途径有很多,他们懂的东西远比外人想像的要多。他们的思想远比他们的行动要开放得多。"

当然,信息的获取还是有差别的。一些朝鲜人说,西南部地区的人常常能收到韩国的电台和电视台,还能买到来自中国的电子产品,而内陆地区的人获得的信息就要少得多。

(方象磐 编译)

阿联酋启动"卡利马"计划

据英国媒体报道，一项有着政府政策和资金支持的名为"卡利马"的计划，在中东阿联酋的阿布扎比揭开面纱，高扬的旗帜是要"复兴阿拉伯世界翻译艺术"。讲述过《一千零一夜》动人故事的土地，向世界文学张开了自己浪漫的怀抱。

《杜甫诗选》被收入一份由 100 部著作组成的书目，挑选这些名著正是为了启动这项旨在向阿拉伯语读者推介外国名著的长期计划。

《艾萨克·巴什维斯·辛格故事集》将与索福克勒斯、乔叟、斯蒂芬·霍金和村上春树等众多作家的著作一道被编入"卡利马"（"卡利马"在阿拉伯语中的意思是"词语"）翻译计划所推出的第一批选集。

"卡利马"计划的目的是在整个阿拉伯世界复兴翻译艺术，并扭转长期形成的阿拉伯语读者所能阅读的全球文史哲及科学名著不断减少的趋势。

"卡利马"计划于 2007 年 11 月 21 日在阿布扎比启动。项目创始人兼负责人卡里姆·纳吉说："我们认为，经选择确定的书目反映出阿拉伯国家在藏书方面存在的缺口。我们尽量不去选择畅销书。"

第一批书目收录了卡勒德·胡赛尼描写塔利班时代的阿富汗畅销书《追风筝的人》。但在选择范围和侧重点方面更具代表意义的书应属权威古典名著和现代力作。此外，选集还收录了爱因斯坦和理查德·费曼等著名科学家的代表作。书目所收录的近作包括劳伦斯·赖特的《海市蜃楼："基地"组织和通往"9·11"之路》和前美联储主席格林斯潘的回忆录。

酷爱文学的卡里姆·纳吉是一名埃及企业家，他曾在麦肯锡公司任管理顾问，而今在阿布扎比生活。在卡里姆·纳吉的感召下，"卡利马"计划已经成为阿布扎比政府的官方投资项目。联合国在 2003 年发表了一份有关阿拉伯世界人文发展的报告,报告给出的一个现已家喻户晓的数据成为促使阿布扎比政府创立这个官方项目的原因之一。该报告当时估计,每年出版的西班牙语译著(约一万部)比过去 1 000 年里出版的阿拉伯语译著还要多。

"卡利马"计划得到了皇储穆罕默德·本·扎耶德·阿勒纳哈扬的支持,同时还获得了阿联酋负责文化传统的政府部门的资助。该部门负责人穆罕默德·哈拉夫·阿勒马兹鲁伊说,皇储曾看到这一数据,并"委托我们努力恢复翻译工作,尽快把局面打开"。

卡里姆·纳吉计划逐年加大译作的整理和配发量。他说:"我们最不必担心的就是资金。重要的是翻译质量。"

卡里姆·纳吉预测,2008～2010 年,"卡利马"计划的第一批翻译成果将和读者见面。

(古隆中　编译)

"卡利马"计划与
迪拜国际电影节共舞

    在如今的阿拉伯联合酋长国，"复兴阿拉伯世界翻译艺术"的"卡利马"计划开展得顺顺利利的同时，迪拜国际电影节也一届比一届举办得红火。雄心勃勃的阿联酋，既想成为中东的出版之都，又想成为中东的制片之都。使图书和电影作为当代阿拉伯世界的艺术代表，从而成为能够向全球展示的文化品牌。换句话说，阿联酋要在石油之都的基础上，建立属于自己的同时也属于阿拉伯世界的文化之都。

    在过去，埃及一直被誉为阿拉伯世界的"好莱坞"，而现在，情况发生了变化，阿联酋正在成为这个地区的制片之都。美国电影《染血王国》中有一部分就是在阿布扎比拍摄的。《染血王国》讲述了一队美国特工被派往中东地区调查美国设施爆炸案的故事。

    阿联酋对新机会进行投资的速度从来不慢。这个石油丰富的国家已经与华纳兄弟、环球、派拉蒙等美国主要电影工作室（公司）签订利润可观的协议，联合制作好莱坞大片和阿拉伯电影。考虑到今后要自力更生，阿联酋还修建了自己的达到最新技术水平的工作室（公司）。

    迪拜国际电影节是于2004年创办的，宗旨是"通过电影领域的创造性成就带头增进文化了解"。几十年来，阿拉伯人在电影里被描绘成恐怖分子、宗教狂热分子和留胡子的看不见面庞的坏人。迪拜国际电影节旨在促使人们了解阿拉伯人在日常生活中作为拥有日常问题的正常人形象，使全世界电影观众觉得这"看上去是真的"——阿拉伯人也是真正的人。

　　非营利性组织试图本着合作而非竞争的精神使这个地区的电影节联合起来，从而有助于进一步促进跨文化理解。阿拉伯电影业今后可能会出现振奋人心的时期。迪拜国际电影节正在努力使电影业领袖达成一致，从而使他们为充分利用今后出现的机会做好准备。

　　人们希望，与西方电影制片人和明星合作帮助每部电影筹集更多资金并提高影片的价值。目前，阿拉伯影片筹集的资金与好莱坞影片相比非常少。不过，迪拜国际电影节并没有拜倒在西方电影制片人脚下，而是希望推广阿拉伯人为自己人制作的阿拉伯电影，展示阿拉伯人如何处理关系、他们在工作中遇到的问题以及他们破灭或实现的梦想，这会在改善阿拉伯与世界其它地方的关系方面发挥重大作用。

（岳　月　编译）

网络与数字出版

互联网的母体诞辰 50 年

据美国媒体报道,一直披着神秘面纱的互联网的母体——高科技"创意工厂"——美国国防部高级研究计划局(DARPA),迎来了成立 50 周年的大喜日子。

在庆祝会上,"山姆大叔"们开怀畅饮,追根溯源,无不特别"感谢"当年作为另一个超级大国的"俄国佬"的"强刺激"。这就如同中国的乒乓球一直技压全球,特别要感谢瑞典人一样。

2008 年 4 月 3 日,DARPA 在首都华盛顿庆祝该局成立 50 周年。DARPA 从建立之初便在全球寻求能为美国军方所用的重要科技发现。在这一过程中,又不断把"军用科技"转为"民用科技",给美国市场乃至世界市场带来巨大商机。比如今天的微软、谷歌、雅虎等。

过去 50 年,这个秘密的"小部门"取得了一系列重大成就。该局为互联网勾画了蓝图,为计算机鼠标的发明家提供了赞助。

此外,该局的"土星"火箭发动机研发项目使美国得以登上月球,同样也是该局提供的一些技术使隐形战斗机、隐形轰炸机以及"食肉动物"无人驾驶飞机成为可能。

二战期间,罗斯福会晤斯大林,前者告诉后者,美国原子弹试验成功。斯大林表面上不动声色,过后随即命令有关部门开展原子弹的研制。不独有偶,DARPA 也是在一场危机中诞生的。1957 年,苏联成功发射了世界上第一枚人造地球卫星。在当时的美国总统艾森豪威尔指示下,DARPA 于次年、也就是 1958 年正式成立,主要负责提防其他国家的科技创新。自那以来,DARPA 的任务不断发展变化。如今,DARPA 本身努力进行科技创新,使美国军方能够在这方面压倒敌手。

目前约有 240 人在 DARPA 工作，其中有 120 人是项目管理员和办公室主管。该局没有自己的实验室，主要资助企业和大学开展研究。

劳伦斯·罗伯茨是回来参加庆祝晚宴的短期管理员之一。他曾经领导该局一个研究小组设计出一种网络，今天风靡世界的互联网就是起源于这种网络。

DARPA 当前的一些项目也颇具潜力。

该局研究人员正在研发一种双向语言翻译系统，这种技术可以让美国士兵到世界各地都能听懂当地人的语言。

另一个项目的研究人员正在努力研发一种能够直接受大脑控制的义肢。项目管理员特瑟说，这项技术将使伤残士兵有望留在军队继续服役，而不是被迫退伍。

DARPA 在几乎所有领域都开展研究，包括生物、微电子、卫星、无人驾驶汽车和飞机等等。

当然，许多研究项目是机密的，因为这些项目可能具有很好的军事用途，DARPA 可不想让整个世界知道它所做的一切。

【相关链接】

"网格"将拉开超高速互联网时代序幕

据英国媒体报道，美国可以第一个奠定互联网的雏形，欧洲也可以第一个开辟超高速互联网时代，让后者超越并取代前者。

不是在说梦话，不是在发神经，真的，互联网有可能很快就要过时。开创互联网的科学家现在已经建成一个超高速的替代性网络，这种网络可以在几秒钟内下载整部电影。

这种"网格"（the grid）比一般宽带网的速度快大约一万倍，能够在不到两秒钟的时间内将滚石的所有过往作品从英国传到日本。

作为欧洲核子研究中心的最新副产品，网格还具备传输全息图像的能力，可以让成千上万人同时玩在线游戏，并以本地电话的价格提供高清晰度的视频电话服务。

格拉斯哥大学物理学教授、网格项目的领军人物戴维·布里顿认为，网格技术可以让社会发生"彻底的变革"。他说:"拥有这种处理能力后,未来的人们将能够以我们这代人无法想像的方式进行合作和交流。"

2008年夏天,网格的威力就将显露无遗,届时,欧洲核子研究中心的科学家将迎来他们所说的"红色按钮日"——接通"大型强子对撞机",这是一种用来探索宇宙起源的新型粒子加速器。网格将在同一时间被启动以捕捉对撞机产生的数据。

差不多在七年前,坐落在日内瓦的欧洲核子研究中心开始了网格处理项目,当时研究人员意识到,大型强子对撞机将产生相当于5 600万张光盘的年度数据。

这意味着,欧洲核子研究中心的科学家将不能再使用该中心的蒂姆·伯纳斯—李爵士1989年发明的互联网,因为这可能导致全球网络崩溃。

这是因为互联网是通过把各种各样的电缆和路由设备连接在一起发展起来的,而这些线路和设备最初是为了电话设计的,因此缺少高速数据传输的能力。

与之形成鲜明对比的是,网格都是用专门的光纤电缆和现代路由建成的,这意味着没有过时的元件放慢大量数据传输的速度。未来两年,现在已经安装完毕的5.5万个服务器预计将增加到20万个。欧洲核子研究中心的高速处理项目负责人伊恩·伯德说,网络技术将让互联网变得速度非常快,人们将不再利用台式电脑储存信息,并把所有工作交给互联网来处理。

尽管网格本身还不太可能直接为英国国内互联网用户所用,但许多电信供应商和企业已经在引入网格的初始阶段技术。其中一项技术就是为打算下载大量数据的互联网用户开辟一条专门的路线。从理论上来说,这将让一台标准的台式电脑可以在五秒钟内下载一部电影,而现在下载一部电影需要三个小时。

此外,许多其他领域的研究人员,如天文学家和分子生物学家现在也可以利用网格技术。

(郝新仁　方象磐　编译)

每秒运算千万亿次计算机
在美国问世

　　据美国媒体报道,全世界排前 40 位的大学,有 3/4 在美国；全世界的诺贝尔奖获得者,有 70％在美国工作；每年在美国获得博士学位的外国人,有 70％选择留在美国发展。因为有如此的人才和"大脑"优势,美国的科学技术一直处在全球领先地位。

　　2008 年 6 月,美国科学家揭开了世界上运算速度最快的超级计算机的面纱。这台造价一亿美元的计算机在一次持续性测试中的运算速度首次达到每秒 1 000 万亿次。

　　这项技术突破是由洛斯阿拉莫斯国家实验室和国际商用机器公司(IBM)的工程师们完成的。实现此次技术突破的计算机将主要用于与核武器有关的工作,其中包括模拟核爆炸。

　　这台超级计算机取名叫"走鹃",其运算速度比 IBM 此前在劳伦斯－利弗莫尔国家实验室研制的"蓝色基因"系统快两倍。

　　美国国家核安全管理局——负责监督核武器研究工作并对核武库进行保养——局长托马斯·达戈斯蒂诺说:"这台计算机是个速度魔鬼。它将使我们得以解决极难的问题。"

　　但一些官员说,这台计算机还可在民用工程、医药、科学等其他领域得到广泛应用,从研制生物燃料和设计更为节能的汽车,到寻找新型药物以及金融业提供服务,这台计算机无所不能。

　　就"走鹃"的运算速度而言,它在一天里的运算量相当于全球 60 人一齐用掌上电脑以每天工作 24 小时的状态连续进行 46 年运算的运算量。人脑制造电脑,电脑远远超过人脑。

IBM 和洛斯阿拉莫斯国家实验室的工程师们共花完了六年时间研发这种计算机技术。

IBM 负责超级计算机项目的副总裁戴维·图雷克说,"走鹃"的一些基本要素源于一些大众化计算机游戏。图雷克说:"我们采用了普通的芯片设计,随后提升了这种芯片的运行能力。"

超级计算机"走鹃"的互接系统的占地面积为 6 000 平方英尺(约 557 平方米),连接光纤长 57 英里(约 91.71 公里),重 50 万磅(约 22.6 万千克)。"走鹃"由 6 948 个双核计算机芯片和 12 960 个 cell engine 处理器组成,其内存为 80 兆兆字节。

相关链接

2020 年人与计算机合一?

据阿根廷媒体报道,即使收购雅虎公司未果,微软公司依然吸引着全世界的目光。最近,微软公司宣布,再过十几年,到了 2020 年前后,人与计算机之间的生理界限将会消失。

美国微软公司的一项报告称,人与计算机之间的生理界限将在十年之后彻底消失,与此同时,技术依赖将有所增强。此报告涉及了 2020 年可能在人机交互(HCI)领域产生的一些发展情况。

这份题为《人类的本质:2020 年的人机交互》的分析报告指出,将人类与鼠标、键盘和显示器等机器联系起来的常规媒介将发生变化,变成更为直观的媒介,例如声音识别系统和可触屏幕。有了这些工具,我们用手指点击就可以直接在显示屏上控制光标和使用各项功能。

此外,微软公司认为,2020 年我们将继续使用纸张,但是也会拥有更灵活的新型显示器。我们可以利用它们来制造新的信息。例如,我们可以使用"电子纸张"制作实时更新的网络杂志,或者能诊断健康状况,甚至能在其内部网络中传播信息服装。

我们用以思索和确定自身与计算机之间的关系的方式正在发生彻底的改变。同样，我们使用计算机和依赖它们的方式也在发生变化。

第一，计算机和人类之间的生理界限将变得模糊，直至完全消失。报告指出，目前存在于人机界面之间的牢固的界限正在消失。这种界面会离我们越来越近，数码设备将进入我们的衣服甚至身体。另一方面，计算机将悄悄融入我们的生活环境，例如，进入日用品之中。

第二，联系性，甚至超级联系性将不断加强。一个互相联系的数码媒介意味着我们可以从所处的任何地方和全世界取得联系。过去身处工作场所和在家之间的区别不复存在，私人时间和工作时间之间的区别也将因此消失。

第三，这些变化也使"转瞬即逝"的概念彻底消失。因为任何过去我们认为不重要且不会带来后果的活动现在都可以通过数码形式被记录和保存。

最后，计算机提供越来越多的用途和工具，每个用户都能以独创的方式加以利用，这使发明创造不断增多。这种情况在科学研究领域具有巨大的影响力，使诸多学科在应用发展的过程中得以融合贯通，例如计算机科学、生物学、化学等。

（雪　莲　编译）

Cuil 搜索引擎
令 Google 搜索引擎不安

据美国媒体报道,IT 业最大的特点就是新技术层出不穷,变幻莫测,长江后浪推前浪,一不小心就会"沉舟侧畔千帆过"。比尔·盖茨的微软公司拿雅虎公司没有办法。但一位弱女子——她的一双纤纤细手和一个超天才大脑,却足以让谷歌公司坐立不安了。

曾记得,在 2004 年,安娜·帕特拉开发了一个互联网搜索引擎,IT 行业的领袖谷歌公司购买了她的这一技术。

然而,现在她相信自己最新的发明更具价值,不过这一次不是为了卖钱。安娜·帕特拉打算自己当老板,抢谷歌公司的生意,为了独立开发一个更强大更有效的互联网搜索引擎,她于 2006 年离开了谷歌公司。尽管谷歌公司开出天价年薪挽留。

结果,她用 3 300 万美元风险资本开发出了"Cuil",这一新的搜索引擎今天(2008 年 7 月 28 日)首次上线接受搜索请求。

在寻找更好的搜索方法时,安娜·帕特拉与丈夫汤姆·科斯特洛和也是从谷歌公司退出的拉塞尔·鲍尔、路易斯·莫尼尔四人一直对"Cuil"保持低调。而现在,是牛皮轰轰的时候了。"Cuil"的网页索引数量扩展到 1 200 亿。

帕特拉相信,这至少是谷歌网页索引数量的三倍,虽然没有确切的方式获得具体的结果。约三年前当谷歌的网页索引数量扩展到 82 亿个时,谷歌便不再公开其网页索引数量。

"Cuil"不肯泄露其用比谷歌少得多的计算机覆盖更多网页的方法。谷歌公司则坚持说,谷歌相信自己的网页索引数量仍然是最多的。

在被问及"Cuil"的事情后,谷歌公司星期五在其博客中说,谷歌公司定期浏览一万亿个独立网址,之所以没有把它们都放进索引,是因为它们中有的内容相似,有的可能会以其他方式降低搜索结果的质量。谷歌公司博客上的这个帖子没有提供谷歌网页索引的具体数量。

网页索引的数量之所以重要是因为只有当存储在数据库中时,信息、图片和内容才能被找到。不过,"Cuil"相信,自己还在另外好几个方面超过了谷歌,其中包括识别和显示相关结果的方法。

安娜·帕特拉说,与谷歌不同,"Cuil"技术是对网页的实际内容进行甄别。"Cuil"搜索结果的排列方式也与谷歌的竖直排列不同,其格式更像杂志,图片在页面上水平排列。

"Cuil"还承诺不会保留用户的搜索记录。周一访问"Cuil"的用户数量巨大。到周一晚上,即使是最简单的搜索请求得到的也是这样的答案:"由于流量巨大没有结果。"

"Cuil"是谷歌遭遇的最新竞争对手。而对于安娜·帕特拉们来说,与前东家叫板,太富有刺激性了。

(韦锦官　编译)

"显巨镜":投射出
纸介质百科全书的末路?

自从价廉物美的电子百科全书诞生以来,纸介质百科全书就开始惶惶不可终日。如今,互联网上又出现五花八门的"百科全书",而且其中许多登台亮相,就是"免费的",就是"唾手可得的",这似乎更让纸介质百科全书看到进入"历史博物馆"的时间表。

据英国媒体报道,美国的科学家们宣布,大约有 3 万个动植物物种列入了一个"生命百科全书"的草案中。这个"百科全书"或许能有助于人们理解从人类变老到疾病的各类问题。

这个免费的互联网百科全书的目标是,最终将所有已知的 180 万个物种包括到这个耗资一亿美元、将历时十年的项目中。

第一个草案有着包括文本、图片和视频在内的 25 个完整条目。它于 3 月初在加利福尼亚蒙特雷举行的一个网站(其网站是 www. eol. org)开通仪式上发布了。另外 3 万个条目也有各种各样的信息。

该项目的经理詹姆斯·爱德华兹说:"我们对世界发布的主要信息是'这是我们的第一个尝试,请给予我们反馈意见,你的批评、评论以及建议。"

哈佛大学生物学家爱德华·威尔逊曾在 2003 年的一次演讲中呼吁对生命形式进行描述。他也帮助促进了该百科全书的创立。他说:"这东西像一个巨大的助推火箭一样发射升空……它已经对研究工作起到了促进作用。"

这个百科全书被称为"显巨镜"——帮助在具体领域工作的科学家识别他们常常忽视的生物类型。

例如,研究人类年老问题的科学家经常在实验室里研究诸如果蝇或蠕虫等范围较狭窄的一系列生物,以便解开器官老化之谜。

爱德华兹说:"我们希望看更多,比如一族家蝇,以找到极端的情况。"

生命周期长或短的家蝇可以用来同实验室常用的果蝇进行比较,以便找到有关老化问题的分子或遗传线索。有关各同类物种的这类信息现在可供使用了。

发展中国家如果遇到暴发新的蚊虫传播疾病或吃庄稼的昆虫入侵,可以利用该百科全书来找到这些昆虫繁育和进食习性的资料,进而寻找阻止它们的途径。

该项目的董事长杰西·奥苏贝尔说:"我希望在一年之内就开始能看到没有生命百科全书就无法写成的论文。"

杰西·奥苏贝尔把目前缺少一个百科全书的情况比作试图学习一门外语而没有字典。他说:"把所有这些物种的信息集中到一起是一种革命,应当是史无前例的壮举。"

该项目由美国的菲尔德自然历史博物馆、哈佛大学、海洋生物实验室等多个机构合作进行。

出版行业的专家指出,科学家们通过互联网使"生命百科全书"的成果人类共享,但同时也把纸介质百科全书的出版社进一步推向生死存亡的边缘。这难道是不可逃避的宿命?

相关链接

《剑桥英语语言百科全书》作者看好印度英语

据印度媒体报道,一位世界顶级的英语语言专家称,英语会演变分化成"世界性方言"。讲英语的人未来不得不学习英语的两种变体,一种是在本国内讲的英语,还有一种是发音带有印度英语特色的标准英语。

世界知名的英语语言学家、《剑桥英语语言百科全书》的作者戴维·克里斯特尔教授指出,全世界数量日益庞大的英语使用者要能互相理解,那么就需要一种在世界范围内都能听懂的新标准英语。

戴维·克里斯特尔教授说,可能带有印度英语特色的新标准英语会结束英式英语、美式英语共同称霸的局面。未来的世界标准英语使用者可能会更习惯用正在进行时态表达一般现在时。比如他们会习惯说:"I am thinking it's going to rain"(我看要下雨),而不是英国人现在说的:"I think it's going to rain"。

戴维·克里斯特尔教授解释说:"在语言上人数决定一切。在印度越来越多的人说英语,数量要超过以英语为母语的人数总和。现在如果你给一个客服中心打电话,你经常听到的是印度口音。印度的文化源远流长,随着印度经济的增长,印度英语的影响也会越来越大。"

戴维·克里斯特尔教授说,因为印度人喜欢用现在进行时而不是一般现在时,所以这种用法很可能成为全球英语的标准。

（岳　月　编译）

50 万"网络小学生":出版利润增长点

据美国媒体报道,近几年,网络学校在美国犹如雨后春笋般发展起来,在深受孩子和家长欢迎的同时,也受到出版商们的关注,因为出版与网络学校相适应的教科书、教学辅导书以及课外读物,将成为出版利润的另一个增长点。

每个星期的周一至周五,特蕾西·韦尔迪的三个孩子叠完被子、吃完早餐以后就赶紧去上学了。不过他们的教室是自家楼下的地下室。妈妈根据网络学校布置的大纲给他们指导数字和其他课程。

像韦尔迪一家这样的人越来越多。现在有近 50 万美国小孩在网络公立学校上学。网络学校的迅速增加引发了法学界和立法机构的争议。

其中最激烈的争议莫过于威斯康辛州韦尔迪家孩子所上的那所网络学校。上周,包括一些出版商在内的网络教育的支持者,说服州议员保留了包括这所学校在内的 12 所网络学校,抵制法院要求关闭学校的裁决和教师联盟的反对。科罗拉多负责年度网络教育调查的咨询家约翰·沃森说,威斯康辛事件和其他网络学校猛增的州面临的情况如出一辙。

沃森说:"有人会问'这是怎么回事?这正常吗?'然后,经过调查后,很多州都会说,'是的,我们喜欢网络教学这种方式。这是教育孩子的新方法,但我们需要改变一下规章制度,加大监管力度。'"

网络学校通常有两种模式。如佛罗里达和伊利诺伊州,网络学校通常由州政府领导、州政府拨款,不发文凭,但为传统学校提供辅助教程。通常这些学校只招收初中生和高中生。

另一种模式是像威斯康辛的网络学校一样,提供全日制网络教学课程。这些学校的资金来源于民间筹措。大多数只招收小学生和初中生。

很多青睐网络教学的家庭在此之前已经选择了家庭教学的形式。像韦尔迪一家一样,三个孩子——伊莎贝尔、哈里和埃莉诺——从网上下载有合格资质老师布置的作业,与老师通过网络进行交流。他们也读故事书,做课外练习题。从法律上来讲,他们应该算公立学校学生,而不是在家自学出来的学生,因为他们的网络学校是拿纳税人的钱建立的,而且符合联邦测试要求。

尽管有很多家长的热心支持,不过这些网络学校还是受到了一些教育学家的反对。他们认为对于网络学习来说,小学生年龄过小。很多老师和学校管理者也不赞同,因为网络学校夺走了部分生源和教育收入。

堪萨斯州的专家芭芭拉·J.欣顿在一份报告中说:"网络教育已经成为除传统学校教育以外的另一选择,且越来越受欢迎。"欣顿说,网络教学拥有很大的潜力,因为学生不需要非得坐在教室里。"他们可以在任何地方、任何时间上课。"

边远地区的美国人很喜欢网络学校,因为这么一来,即使他们身处偏僻的大农场,也可以学到他们感兴趣的课程。

这些网络学校完全符合联邦测试要求。包括韦尔迪太太在内的很多家长都表示对网络课程十分满意。在传统(实体)学校,老师的教学进度通常要迁就进度慢的学生,而网络教程则能令学生按照自己的进度上课。5岁的伊莎贝尔·韦尔迪说:"我的数学能力已经有一年级的水平。"

既当妈妈又当"老师"的韦尔迪太太说:"我最喜欢网络教学的就是这一点。如果伊莎贝尔已经懂加法,就没有必要再学数数了。"

近50万美国小学生就读网络小学,既给出版商带来商机,也给出版商提出了新的课题。教科书出版尽管属于政府招标,但只要中标,就有利可图。从目前的情况看,在教材出版上,至少是网络(虚拟)教科书与纸介质(实体)教科书并行出版。

32万"网络战士":美国出版商梦想中标

据美国媒体报道,2008年,美国空军对网络、计算机和电子通信方面的教材大增，出版商们跃跃欲试，都想在招投标中拔得头筹，拿到出版订单。

从2007年以来，美国空军逐步改进训练计划，让32万空军人员接受保护网络前线的训练。空军准将马克·斯基西耶说，空军的网络战场包括互联网、手机电话，以及引发路边炸弹的电子信号。

负责空军网络战的斯基西耶将军说："在虚拟世界里，你的武器就是你桌上的电脑。"他介绍道，每名现役空军士兵和军官都要在空军学院或者士官学校接受网络战的基本训练。每年会有100名学生到佛罗里达的赫伯特空军基地进修更高级的网络战训练课程。经过半年培训的毕业生能像操纵武器系统一样使用计算机作战。而带有试验性质的第一批"网络战士"已在2007年底毕业。

空军部长迈克尔·温在2007年指出，恐怖分子正在利用网络实施恐怖活动，美国需要在网络进行战斗。他在一次空军会议上发言指出："这些恐怖分子能和遍布全球的下属通信，在全世界散布恐怖宣传，动员支持力量，指挥训练，引爆即时爆炸装置，并且随意调动资金。"

斯基西耶说，伊斯兰恐怖组织用于招募的网站就多达600个。网络战士可以监督恐怖分子使用的电脑，洞悉即将发动的袭击，并且挫败这些袭击。他强调指出，没有天生的网络战士，"必须快速学习，这是惟一的实际要求。"

为了拿到教材订单，出版商们正在开展对政府及军方的游说。

（金点子　编译）

第一份多语种电子版杂志
在欧洲诞生

2001年，按照伊拉斯谟(荷兰文艺复兴时期的人文主义者)欧洲国家学生互换教学大纲，两位意大利年轻人安德里亚·法拉洛和尼古拉·德拉尔奇普雷特在法国斯特拉斯堡政治学院学习期间，决定创办一份多语种电子版杂志。安德里亚·法拉洛出任编辑部主任。

欧洲国家20年前就启动了伊拉斯谟教学大纲。截至2007年第一季度，已经有150万欧洲青年参加了伊拉斯谟教学大纲的各项活动。安德里亚·法拉洛高兴地讲："参加活动的新一代欧洲青年人已经不再按国籍关注政治问题了，而是关心整个欧洲的政治了。"

起初，欧洲多语种电子版杂志仅用四种语言，即法语、英语、意大利语和西班牙语。来自12个国家的50多名学生是欧洲多语种电子版杂志的志愿编辑。随着时间的流逝，欧洲多语种电子版杂志逐步成熟和专业化。目前，欧洲电子版杂志已用七种语言出版，即法语、英语、德语、西班牙语、意大利语、葡萄牙语和卡塔卢尼亚语，并组成了一个专业编辑部，八个国家的十几名记者和翻译为杂志忙碌着。编辑部还在巴黎领导活跃在欧洲各个国家上千名志愿者的工作。杂志的网址为：Cafe-babel. com，意思是"欧洲的杂志"。安德里亚·法拉洛说："欧洲不是欧洲的政体、欧洲的指令和欧洲的法令，对我们来说，欧洲首先是人类历史意义上的欧洲。我们的任务是用欧洲的视角来观察社会和政治。"点击欧洲多语种杂志的网址，在目录中就会发现欧洲的全貌特点。在首页上点击一面旗子便可按动词查阅全部内容。目前，杂志有以下栏目：卷首语、社会调查、访谈录和资料等。

　　最近,欧洲多语种电子版杂志编辑部决定重新设计封面,调整栏目,还计划设立一个博客平台。这将是第一个多语种的博客网站。

　　今天,欧洲多语种电子版杂志已得到官方和私立机构的资助,特别是欧盟、巴黎市政府和巴黎大区的资助。

（于平安　编译）

法国奋起直追出版电子图书

自 2007 年以来,法国出版界人士开始认识到在图书出版方面特别是出版电子图书远远落后于其他发达的国家。虽然法国是世界上出版大国之一,每年都要出版和再版 4.4 万多种图书,但是电子图书在法国仅占全国图书销售量的 1%。

到目前为止,法国只有若干家小出版社如口述出版社(De Vive Voix)或专业出版社如弗雷莫·泰莱梅(Frémeaux Thélème)专门出版古典文学类电子图书。2004 年法国只有一家大型的老字号出版社加利玛尔(Gallimard)推出了一套名为《倾听与阅读》(Ecoutez lire)电子丛书。而法国图书休闲俱乐部则在同一年开始自行录制电子图书并成立了一个名为欧迪伯的公司(Audible),该公司可以在网上销售图书。在此之后,在法国别无其他出版社采取行动出版电子图书,因为法国人片面地认为,电子图书只适合那些眼疾患者。

然而,在 2007 年夏季,法国几家大的出版社就筹备出版电子图书事宜召开了一次会议。参加此次会议的有法国几家驰名出版社的代表:阿歇特图书出版社总经理、阿尔班·米歇尔出版社总经理和隶属于德国贝塔斯曼出版集团法国图书休闲俱乐部分公司总经理。会议作出两项决定:一是成立一个专门出版电子图书的集团,电子图书将以 CD 发行;二是在 2007 年圣诞节前首先推出一批电子图书,并计划到 2008 年末出版 30～50 种电子图书。

目前,出版电子图书计划已经成为法国多家出版社的行动纲领。格拉塞出版社(Grasset)、法亚尔出版社(Fayard)、拉戴斯出版社(Lattès)、斯多克出版社(Stock)决定向新成立的电子图书出版集团提供各自出版社的书目。

(于平安　编译)

法国中年妇女的新网站

2008 年 5 月，法国新建成了两个妇女网站。然而，不同其他时尚与美容的杂志或网站，这两个新网站专门为 40 岁以上的女士提供信息与服务。

一个多媒体技术的妇女网站 Terrafemina. com 网站称其为"Web TV"，利用多媒体技术向中年妇女介绍新技术、经济和房地产法等。这些内容通过几分钟的视屏短片向用户介绍。为方便夜间查寻资料的用户，Terrafemina. com 网站还专门开辟了一个夜间栏目。该网站自开通以来，尽管有些栏目点击率不高，但是总体运作良好。法国妇女联合会创始人韦罗妮克·莫拉丽女士特别支持该网站的工作，她鼓励 45 岁以上无职业的妇女谋求工作自食其力。Terrafemina. com 尽管是一个女性网站，也欢迎男性用户查寻，这是因为该网站有若干名男工作人员参加维护。

一个促进信息交流的妇女网站 Toutpourlesfemmes. com 网站是由法国原《论坛报》记者、编辑埃莉莎·梅南托创建的。不同于上面的多媒体技术网站，该网站提倡促进妇女之间的信息交流，因此栏目涉及的内容宽泛：新闻、文化、文学、职业、旅游、保健和家庭等。

上述两个妇女网站的负责人讲，建立专门的妇女网站旨在组织妇女、网友和专家之间的对话，以此互通有关财经和劳动法等信息。网站的开通已经告知法国公民，妇女不仅要关注时尚和美容，其他许多领域也都可以发挥才干。目前，两个妇女网站运作良好，已经拥有不少网友和博客。

（于平安　编译）

年过半百的法国人爱上网

"50～69 岁的法国人会使用计算机吗?""他们会上网吗?""如果上网,他们对什么感兴趣呢?"2007 年夏季,法国 CSA 学院对 50～69 岁的法国人进行了使用计算机和上网的调查。调查结果于 2007 年 12 月 17 日公布在法国《充满活力》(Pleine vie)杂志上。正如预料,年过半百的法国人依然精力充沛。57%的 50～69 岁的法国人拥有计算机;46%的人与互联网链接,其中 80%的人安装了宽带。

互联网的快速发展确实方便了人们的工作与生活。根据《充满活力》杂志公布的结果表明,50～69 岁的法国人使用计算机并且上网主要有以下用途:75%的人使用互联网是为了查收和发送电子邮件,他们把互联网存储的各种信息当做"资料库";70%的人是为了查阅实用的资料;58%的人是为了购物前比较价格。互联网另一个重要用途是加强了人们的联系。42%的人是为了和自己的孩子或孙子联系,以便解决他们的实际问题。《充满活力》主编让娜·蒂里耶女士在总结互联网的用途时讲,"50～69 岁的法国人查阅互联网的信息就像查看百科全书;68%的人感到使用互联网使他们变得年轻了,兴趣颇浓。"

为了满足用户的需求,2007 年 12 月 18 日《充满活力》杂志决定完善网站,使其网站的内容趣味性更强,每年的营业额将增长 5%～10%。为促进交流与互动,新网站决定建成一个"点子库",其中将设一个栏目"讲讲我的故事",另外还将设立一个栏目"创新"。网站将邀请网友参加上述栏目的活动。

《充满活力》是一份月刊,在法国拥有 300 万读者,其中 72%是女性读者;35%是网友。读者的平均年龄为 62 岁。根据法国广告报刊发行量检查所(OJD)的统计,截至 2007 年 5 月,该杂志每月销售 912 918 份。上《充满活力》网站(Pleinevie. fr)的人都在 50 岁左右。网站负责人希望到 2008 年末每月访问其网站的人次能达到 50 万。

（于平安　编译）

法国开始发展网络连环画

法国是出版连环画的大国之一，法国人把连环画称为第九艺术。

连环画已经成为法国图书出版业中最活跃的部门。现在，法国人不仅可以阅读纸介质的连环画，还可以看连环画的光盘和连环画的电影。近年来，数字技术的广泛应用对连环画的制作也产生了很大影响。自从 2007 年 9 月起，法国一个年轻的名为 Foolstrip 的出版社开始在网上策划一套连环画，这将是在法国网络上第一次展示第九艺术。

然而，对比日本和美国，法国在出版电子图书方面其中包括电子版连环画有较大的差距。重要原因是法国仅有少数插图家从事网上连环画的制作。面对创作初期的困难，Foolstrip 出版社社长安东尼·马雷夏尔充满信心地说："我们现在的目的是吸引创作者，培养他们并且像其他传统的出版社一样支付他们报酬。发展网络连环画如同网上音乐、网上电影一样前景广阔。"

为了创作出一套网友喜欢的连环画，Foolstrip 出版社把自己的网站定名为 Webcomics，意思是网络连环画。除本国语言法语外，Foolstrip 出版社决定使用多种语言，第一步首先使用英语和德语，第二步将使用西班牙语、汉语和日语。不久前，Foolstrip 出版社宣布已经开始和比利时联合制作网络连环画。

（于平安　编译）

法国传统媒体网站全力抗衡竞争

　　在信息高度发达的今天,要想在新闻网站斗争中占有一席之地或者赢得胜利决非易事。在法国众多的新闻网站中,有 15 家网站声称,它们每月的访问量超过100 万人次。据法国 Nielsen-NetRatings 调查公司 2008 年 6 月 16 日公布的 5 月份排行榜,法国《世界报》的 Lemonde. fr 网站居首位,《费加罗报》的 Lefigaro. fr 网站占第二位,谷歌搜索引擎的 Google News 网站占第三位。

　　由于网民们并不专注某一个网站,所以网站之间的斗争更为激烈。法国国家电视一台(TF1)集团新闻部主任让－克洛德·达西耶称,排行榜也好,访问量也好,每月都在变化。其主要原因,一是信息资源在变化;二是每个网站吸引网民的方式方法也在变化。例如,今年法国市镇选举时,在两轮选举中,法国《世界报》Lemonde. fr 网站的访问量双双超过 400 万人次,创下历史新高。同期,法国《巴黎人报》、法国电视三台和法国电视一台的网站也有相当高的访问量。

　　在这场争取读者的斗争中,报刊、电视等传统媒体的网站处在竞争的风头浪尖。但是它们都认为,传统媒体同雅虎(Yahoo)、谷歌(Google)、橙色(Orange)等网站一样,都与产生于互联网时代的读者有着密切关系。

　　然而,传统媒体与网络之间的性质有着天壤之别。雅虎、谷歌、橙色等网站没有自己的记者队伍,它们无法补充和丰富自己的新闻专栏。它们的工作方式是集中他人提供的内容,首先是法新社向其出售的每日新闻,其次是合作伙伴向其提供的新闻。法国橙色新闻网站(Orange News)则与 Mondadori 和 Radio Classique 签有协议,最近又与法国《费加罗报》签订了协议。

　　雅虎新闻网站声称它与 30 家合作伙伴一起工作。MSN 新闻网站与法国《队报》建立了伙伴关系。至于搜索引擎谷歌,它则尽最大可能实现其新闻自主的逻辑,竭尽全力搜索其他网站的信息,而且经常没有征求对方的意见。因而,这样的工作方法经常会引起侵权争议。

法国国家电视一台集团新闻部主任让－克洛德·达西耶说,"我们与这些技术网站不同的是新闻的合法性。"法国国家电视一台的新闻网站源自 LCI 编辑部,由一个 20 来人的团队在管理运行。Lemonde. fr 网站除了由《世界报》提供新闻外,还有一个 60 人的团队。《新观察》杂志的网站也有 20 来人的工作小组,Lefigaro. fr 网站则有 80 人。

因此,这些网站的内容都要花费很大的财力才能制作出来,至少要比互联网运营商花更多的费用。法国橙色新闻网站负责人达维·拉孔布勒说,"起初创建橙色新闻网站仅作为一种投资方式,而今天橙色新闻网站已为橙色网站的营业额做出了重大贡献,至少从 2004 年起已经开始赢利。"雅虎网站从不谈及其雅虎新闻网站(Yahoo News)的营业额,但声称雅虎新闻网站"显然赢利"。谷歌也是如此。

然而,传统媒体新闻网站的形势都不太好。法国国家电视一台集团新闻部主任让－克洛德·达西耶称,"法国国家电视一台的新闻网站要到 2008 年年底才能达到收支平衡。"《新观察》杂志网站的情况也如此,预见到 2009 年才能做到收支平衡。至于法国电视台(France Télévision)新闻网站三四年内还不会赢利。法国《新观察》杂志前主编路易·德雷富斯说,"这是一项全新的产业,经济运行模式还在摸索。"

法国《世界报》Lemonde. fr 网站负责人埃洛迪·比龙福斯说,"互动世界报已经连续两年赢利",但它的情况有点特殊,《世界报》的 Lemonde. fr 网站现有 4.5 万名付费订户,还有 13 万报纸订户中的五万名订户也免费使用网站。

然而至今,广告依然是新闻网站主要财政来源,而这又与读者的工作性质密切相关。访问量、页面数量以及读者的质量都会影响商业成果。一些网站还专门买下了一些关键字,如萨科齐、市镇选举、2008 欧洲杯足球锦标赛等,以便搜索引擎引导网民上其网站。但竞争的结果有利于如谷歌这样的大型门户网站,其他网站则难于跟随其后。法国电视台新闻网站主编说,"我们不可能购买所有的关键字,我们没有这么多的预算。"

在此情况下,有些网站打算调整自己的战略。法国《新观察》杂志前主编路易·德雷富斯说,"从 2007 年 9 月起,《新观察》杂志网站已经减少了购买关键字的费用,将采用更加自然、花费更少和更加持久的方法,从而使读者健康增长。"

但是,互联网营销的成功秘诀是要扩大读者群。为此,《费加罗报》网站和《24小时报》网站等请了 LSF 这样的专业公司为其出谋划策。但是广告公司越来越注重读者的质量和访问者访问的时间。所以,新闻网站应该各有侧重,发挥各自的优势。

法国 15 家主要新闻网站月访问量排行榜

名次	网站名	月访问量(万人)	平均访问时间
1	《世界报》网站(Lemonde. fr)	312.5	17 分 39 秒
2	《费加罗报》网站(Lefigaro. fr)	311.5	12 分 03 秒
3	谷歌新闻网站(Google News)	299.9	12 分 24 秒
4	雅虎新闻网站(Yahoo! News)	291.5	20 分 21 秒
5	橙色新闻网站(Orange News)	284.4	12 分 20 秒
6	法国国家电视一台网站(TF1 News)	231.2	10 分 37 秒
7	《新观察》杂志网站(Nouvelobs. com)	204.8	8 分 53 秒
8	《20 分钟报》网站(20minutes. fr)	195.5	11 分 17 秒
9	《解放报》网站(Liberation. fr)	159.6	13 分 39 秒
10	MSN 新闻网站(MSN News)	158.0	5 分 01 秒
11	《每日行动报》网站(Dailymotion News)	156.5	4 分 42 秒
12	《巴黎人报》网站(Leparisien. fr)	147.8	4 分 27 秒
13	法国电视台网站 France Television News	135.3	5 分 59 秒
14	《快报》杂志网站(L'express. fr)	133.5	6 分 31 秒
15	《法国西部报》网站(Ouestfrance. fr)	124.5	8 分 51 秒

(张林初 编译)

法国人看电视越来越少

法国人看电视的时间越来越少，每个电视台都受到影响。据法国多媒体研究所(Médiamétrie)提供的数据，法国人平均每天看电视的时间已经从 2007 年第一季度的 3 小时 32 分钟减少到 2008 年第一季度的 3 小时 27 分钟，而 2006 年第一季度为 3 小时 31 分钟。2007 年第一季度比 2006 年第一季度略有增加，其主要原因是 2007 年上半年法国进行了总统大选。一般来说，法国人比较关心总统大选、议会选举、市镇选举等重大政治活动。

Aegis Media Expert 研究所研究室主任伊莎贝尔・维尼翁－朗博指出，"在总统选举时期，人们或兼顾收看所有电视台，或只收看诸如法国电视一台或电视六台等大型电视台。所以，就总体而言，人们收看电视的时间要减少 2%～9%。"

但是，法国大型电视台也陷入了观众减少的境地。从 2008 年 1～6 月，电视观众观看大型电视台节目的时间已经从 2 小时 58 分钟减少到 2 小时 40 分钟，也就是说减少了 18 分钟。如果说 50 岁以上的人还是电视台忠实观众的话，那么其他年龄段的人都越来越远离电视。15～24 岁的年青人看电视的时间减少了 21%，不满 50 岁的家庭主妇一族看电视的时间也减少了 14%。然而，人们收看新型地面电视的时间却在增加，已经从 2007 年上半年的每天 10 分钟增加到 2008 年上半年的 21 分钟。

无疑，新型的消费形式可以解释传统电视观众减少的原因。尽管多媒体研究所还不能提供最终的数据，但是专家们指出凡是家里安装 ADSL 的人收看传统电视的时间减少得更多，现在法国已有 14% 的家庭安装了 ADSL。ADSL 可使人们在互联网上按照自己的需要看节目，不再受电视台播出节目时间的限制。安装

ADSL 的人都是些大量消费多媒体的人。当他们不同时使用多种媒体时,他们将从电视转到互联网上,有时还不忘记收听广播电台。

人们收看电视时间的减少还伴随着这些传统电视台观众的减少。从 2008 年 1～6 月,传统电视台的观众已经从占观众总数 83.8% 减少到占 77.4%,而其他类型电视台的观众已经从占总数 16.2% 增加到占 22.6%,其中地面电视观众增加的速度则更快,同期已经从占观众总数 4.8% 增加到占 10.2%。

然而,兴趣依然可以吸引大量观众,尽管大型电视台分割了人们对媒体的消费。当然只有大型电视台才有能力进行必要的投资,真正制造一些联合性的事件。2008 年欧洲杯足球锦标赛是今年上半年法国十大收视率最高的节目之一,法国总理菲永的访谈录也是收视率最高的节目之一。2008 年上半年法国十大收视率最高节目中的八项是由法国电视一台制作的。尽管法国电视一台有些过于传统,但它依然是法国无可争辩的第一大电视台。

（张林初　编译）

英国专家点评互联网几大趋势

据英国媒体报道,一些专家认为,从 2008 年以来,可以说已经遍布全球的互联网,正在发生着几个大的变化,而这些变化又是不以人的意志为转移的。

首先是上网速度正在变慢

展望未来,我们至少可以很有把握地预测一件事,即 2008 年我们不能再认为上网是理所当然的事情。网络的发展不会减速,但随着越来越多的用户上网下载音乐、视频和游戏,同时不停地用电子邮件、即时信息和聊天软件交流,信息高速公路有时也会堵车。

互联网服务供应商(ISP)所用的大型缆线是对称的,也就是说,上传和下载使用的带宽是相同的。但终端用户总是从网上下载数兆的信息,却仅仅敲几下键盘或点几下鼠标,上传几 K 的内容。因此,尽管有人向网上倾倒了数十亿计的垃圾邮件,但它们使用的却是电话公司相对空旷的上传通道。

这种情况不会一直持续下去。首先,数百万种小玩意儿进入了人类的生活。如今,一切装有芯片的小发明都可以上网,通过连接其他数码设备进行自动更新,预先考虑并满足使用者的每一种需求。

不久以后,如果不能上网,便携式媒体播放器、个人导航装置、数码相机、DVD机、平板电视乃至手机就全都无法正常使用。就连数码像框也必须通过 Wi-Fi 无线上网,这样它们才能从 Flickr 网站上下载最新照片。

与此同时,用户们将改变他们使用网络的方式:随着 Facebook、YouTube、

MySpace 等社区交友网站的流行，在下载的同时，他们也将上传数千兆的信息。

在业界所谓的"未来浪潮"中，"用户生成内容"将像海啸一样，以排山倒海之势占据前所未有的份额。突然之间，似乎每个人都成了崭露头角的马丁·西科塞斯，热衷于与 YouTube 网友分享自己拍摄的录像。

曾几何时，通过 Napster 等 P2P 网络分享的最大文件莫过于占据几兆字节的MP3 音乐。如今，几百兆字节的音乐视频和电视片断正通过 BitTorrent、Gnutella等文件共享网站在互联网上进行交换。

这全都是双向的。P2P 的理念在于每个人在下载文件的同时也把文件上传给其他人。

这只是个开始。不管是否合法，数千兆字节高清视频和电影的交换正变得越来越普遍。

事实上，它很快就会变成司空见惯的事情。电视制作公司发现，与播出电视节目相比，把节目免费放到网上能够带来更多广告收入。如今，电影制片公司也在如法炮制。

结果就是交通堵塞。从设备订单上就可以看出电话公司的带宽已经不够用——虽然美国电话电报公司（AT&T）、韦里孙通信公司（Verizon）、科姆卡斯特公司（Comcast）等几大互联网服务供应商都计划升级主要设备，但至少要一两年才能看到情况的改善。到那时，网络电视将蓬勃发展，垃圾邮件的数量将增加十倍，便携设备全都装有 Wi—Fi，用户们强烈要求更大的容量。

同时我们得接受的是，上网更像是在节假日走高速公路。我们最终会到达目的地，但旅途可能不那么顺利。

其次是上网方式正在分化

2007 年底，Google（谷歌）出价竞购美国联邦电信委员会（FCC）在 2008 年 1 月底拍卖的 700 兆赫无线频段。52 频道至 69 频道用来传送模拟电视信号的 700 兆赫频段将于 2009 年 2 月变成数字电视信号频段。

这是世界上最值钱的频段之一。它曾经被用来传送超高频（UHF）电视信号，因为它不会被大气层吸收，能够传送数英里，渗透到建筑物的每一个角落和缝隙。

手机运营商对 700 兆赫频段垂涎已久。它们认为，为客户提供移动电视等宽带服务将带来巨大的利润。

但 700 兆赫频段也是在美国建立"第三条上网通道"的最后希望。这样一个无线网络将为客户提供一个绝佳的选择，取代 AT&T、韦里孙公司昂贵而糟糕的

DSL 服务，以及科姆卡斯特公司比它们好不了多少的有线宽带服务。

近几个月来，业内一直充斥着一种传言，说谷歌即将进军手机行业，用 G-Phone击败 iPhone。这种可能性不大。

上述传言源自谷歌最新公布的 Android 手机操作系统。但 Android 不是为了让谷歌做出花哨的手机，而是为了让手机更便于使用。

当然，谷歌的目的是让大量"开放式"手机进入市场。这种手机不用受到几大运营商强加的限制——例如不能下载其他公司制作的软件和游戏、不能在网上自由搜索、不能在无线上网区域内拨打免费的网络电话（VoIP）。

不管能否成为竞购 700 兆赫频段的赢家（目前韦里孙公司是最大的夺标热门），都不得不向符合基本规格的手机开放网络，而手机本身也不得不向其他供应商的软件和设备开放。

简而言之，不管最后胜负如何，Google（谷歌）都已经达到了自己的目的。互联网搜索引擎肯定会像在台式电脑上一样受到手机上网用户的欢迎。拥有移动上网市场至少 60％的份额是 Google（谷歌）一直以来追求的目标。

第三是上网以及与电脑

有关的一切都将开放

令人高兴的是，在 2008 年，我们将看到越来越多依靠专利技术发家的公司接受"开放性"。被迫认输并不情愿地接受这一必然趋势的绝不止韦里孙一家公司。

就连一直捍卫封闭系统模式的苹果公司也不得不让步，开始接受开放理念。它严加防护的 iPhone 才上市没几天就被破解了：顾客决定在 iPhone 上运行 Skype 等第三方软件。

苹果公司最初的反应是企图严厉镇压，但后来德国一家法院作出裁决，迫使它在当地的运营伙伴给境内出售的所有 iPhone 解锁。对世界各地购买 iPhone 的人来说，好消息是大量第三方软件正在开发中。

软件开发商 SCO 公司不久前在版权大战中败诉，进　步推动了这一开放潮流。

法院的裁决永远消除了 Linux 为更多人所接受的阻障。

长期以来，由红帽公司和诺韦尔公司独家发售的 Linux 一直被用在后台服务器上。自从 SCO 公司败诉以来，Linux 在小企业和家用电脑领域迅速蹿红。

正因为免费，Linux 成为低端个人电脑首选的操作系统。尼古拉斯·尼葛洛庞帝成为第一个受益人。他发起的"每个孩子一台笔记本电脑"计划旨在为发展中世界的儿童提供计算机教育。他在计划中使用的 XO 笔记本电脑售价不到 200 美元。如果没有 Linux 操作系统，这种电脑将永远难见天日。

企业习惯于购买 1 000 美元的办公电脑，运行 Vista 企业版操作系统，安装 200 美元一套的微软办公系统。在这种情况下，使用 Linux 这样的免费操作系统、售价不到 500 美元的电脑拥有无法抗拒的吸引力。

这还没算上至少要卖两万美元的微软 Exchange 和 Sharepoint 的服务器软件。同样，Linux 也免费提供此类服务器软件。

行家们承认，不管是微软还是苹果，在新的价位上都没有竞争力。随着开放源代码的软件迅速走向成熟，Linux、OpenOffice、火狐（FireFox）、MySQL、Evolution、Pidgin 和大约 2.3 万种 Linux 免费软件似乎随时准备填补它们留下的空缺。有人估计，Linux 的拥趸数量很快就会超过苹果公司 Macintosh 系统。利努斯·托尔瓦兹（Linux 操作系统的发明者。——本刊注）理应感到骄傲。

（李文清　编译）

德国网络书店"发展简史"

据美国媒体报道,在美国,通过因特网的商品销售出现疲软,无论是商品的数量还是商品的销售额,都呈现减少的趋势。然而,在德国,从2000年前后出现的网络销售,方兴未艾,生机勃勃,不仅像大牌的德国·亚马逊网络书店、韦尔特希尔托·联机书店的销售大幅度增长,而且中小业者也在因特网中寻找发展的机会。

德国·亚马逊网络书店在2007年上半年的销售额增长35％,可以说是破纪录的。亚马逊网络书店在美国的总部,处理的商品种类上升到40种以上。而在德国,加上手表和体育用品,德国·亚马逊网络书店处理商品的种类也增加到18种。在德国·亚马逊网络书店的全部销售额中,70％来自媒体商品的销售,也就是图书、音像制品、DVD、游戏软件、影像资料等的销售。2007年春天,《哈利·波特》的第七卷本(终卷本)出版以后,德国·亚马逊网络书店销售220万册,这种销售业绩是创纪录的。不仅如此,而且整个媒体商品的销售额也大大提升了。

另一个大牌网络书店韦尔特希尔托·联机书店,由Weltbild.de、Jokers.de、荷兰的网站bol.com、属于博尔兹布林库公司和阿克塞尔·施普林格公司的共用网站的buecher.de等组成。截止2007年6月,销售总额达到3.33亿欧元,比上午度增长32％。尽管韦尔特希尔托·联机书店现在也销售DVD唱机、装饰品、运动健康器材等,但主打商品还是图书和媒体商品。

排德国网络书店行业第三的buch.de,由12家联机书店组成,其中巨型书店塔利亚出资35.2％;被德国人称为"媒体联合大企业"的贝塔斯曼出资26.7％。buch.de除了销售图书等媒体商品以外,还销售玩具和鲜花。与2005年相比,2006年销售额增长20％。2007年上半年,销售额增长差不多6％,预计2007年全年将增长 10%。

据德国图书通讯销售业者联合会统计,从 2006 年起,通过网络的图书销售额超过了传统的依靠商品目录(批发商把出版社的图书品种汇集在一起,发给零售商,零售商向批发商预订,批发商再向出版商进货)的销售额。在网络上的图书销售额为 5.61 亿欧元,与 2005 年相比增加 10.5%。依靠商品目录的图书销售额为 4.82 亿欧元,与 2005 年相比减少 7.8%。

此外,在全部通讯销售的商品销售额中,通过联机网络系统的销售额也是最高的。据德国全国通讯销售业者团体的调查,联机网络的销售,2006 年为 109 亿欧元,与 2005 年相比增长 9%。通信销售的销售总额为 276 亿欧元,联机网络的销售占其中的 1/3 以上。

由店堂门脸构成的现实(实体)书店,感到了(虚拟)网络书店的威胁,因为后者销售额提升越高,前者销售额下降就越快。据德国图书业者协会的统计(从过去的情况看,该统计比以上的德国图书通讯销售业者联合会和德国全国通讯销售业者团体的统计更全面和更准确。——编者注),2006 年通过网络的图书销售额约为七亿欧元,与 2005 年相比增长 11%。而 2006 年德国的图书销售总额约为 93 亿欧元,网络的图书销售额在其中仅占 7.5%。一般现实书店的销售额超过 50 亿欧元,尽管市场份额逐年减少,但仍然还占有 54.3% 的市场。主要原因在于,无论巨型或大型的现实书店,还是中型或小型的现实书店,一边在店堂卖书,一边也在经营网络书店。从 2006～2007 年的情况来看,巨型或大型的现实书店有 1%～2% 的销售额来自于网络销售;中型或小型的现实书店有 0.5% 的销售额来自于网络销售。

在德国的网络书店上,不仅新出版的图书好卖,而且"历史并不久远"的古旧图书也热销。特别是 2007 年以来,网络书店居然出现了古旧书销售的繁荣。其实,在网络书店说的"古旧图书",在现实书店指的就是"二手图书"。比如,德国·亚马逊网络书店根据读者需求,即使是同一个品种的同一个版本、同一个印次,也分出"新书"和"古旧书"。马尔丁·沃尔森的畅销小说《不安的花朵》的精装本——新书售价为 22.90 欧元,古旧书售价为 12.39 欧元。与古旧书销售相适应,韦尔特希尔托·联机书店还设立了古旧书销售的专门平台,在这个平台上,绝版书占 70%～80%,平均每天能够收到 1 000 册书的预订。buch.de 也是一样,进入古旧书销售的领域,设立了古旧书销售的专门平台,使得古旧书销售的繁荣一波接着一波。

古旧图书——二手图书的销售火爆,触动了出版社的敏感神经。出版商们纷纷指出,这会影响新书的销售行情,因为古旧书往往只是某个读者刚刚看过的书——即昨天买的书,今天看完,明天就卖给网络书店的古旧书收购部门。而联机网络书店的业者却振振有词,顺应读者的需求,使选择的范围更加广泛,让富读者和穷读者都买得起书,是网络书店的职责。

德国的网络书店不仅销售新书、古旧书有板有眼,而且还有能力帮助出版社处理仓库的积压书。比如,2005 年进入网络书店行业的 Aha-buch,以"顾客需求第一"为宗旨,专门设计了方便读者"进入出版社的仓库淘好书"的软件程序,平均每天可以收到 500 册以上的预订。Aha-buch 网络书店 2006 年的销售额为 100 万欧元,2007 年一月至九月,销售额已经达到 185 万欧元,2007 年全年达到并超过 200 万欧元几成定局。在德国,像 Aha-buch 网络书店这样以处理库存书迅速兴旺发达的网络书店,已不在少数。

（岳　月　编译）

就剩下出版环节?

各种新媒体问世以来,出版业面临的冲击一个接一个:一会儿"印刷环节"要被省略,一会儿"发行环节"要被省略,现在似乎又冒出省略"作家环节"的话题。

据俄罗斯媒体报道,有着深厚文化底蕴的俄罗斯将隆重推出"电脑作家"的处女作。2008年伊始,第一部由电脑创作的小说——《真正的爱情》将在俄罗斯与读者见面。

这部小说以托尔斯泰经典作品《安娜·卡列尼娜》主人公的经历为情节主线,只是出现了时空大挪移:沙皇时代的红尘男女一脚迈入21世纪,荒无人烟的岛屿替代了繁华的圣彼得堡……

出版商还来不及估算此书可能带来的利润,不少知名作家已经开始泼冷水了。

但此书的出版商、阿斯特列利出版社总编辑普罗科波维奇对此不以为然。他介绍说,此书并非急就成篇,它酝酿了近一年半的时间,分为若干阶段。

先是圣彼得堡的程序专家在语言学家的配合下,推出了名为PC Writer2008的小说创作程序。

随后,大家开始挑选人物。在电脑专家的帮助下,为每个主人公建了一份详尽的档案,包括其外貌、语言习惯、心理特征、性格特点等。程序借助这些资料,能够衍生出各个人物对外界不同刺激的反应。连作品的修辞风格也是事先设定好的。

在最后阶段,电脑发挥的是模拟器的作用:它通过各类场面的设置,诱发主人公的喜怒哀乐,从而推动情节的发展。

小说虽然以情节取胜,但电脑作家的语言功底也不可小觑,该程序收录了19~21世纪13位俄罗斯乃至世界文坛知名作家的词汇和表达手法,为小说提供完美的语言支撑。

据说出版社对电脑创作的初稿不甚满意,于是对初始材料进行了改动,随后,电脑经过三天的"不辍笔耕",创作出了第二稿。

草稿出炉后,其文字还要经过编辑进行常规的润色。此书首印数量为一万册。

普罗科波维奇认为,电脑作家并不会对真正的作家构成竞争,但却可以将滥竽充数者挤出良莠不齐的图书市场。

凭借小说《打工仔》而声誉鹊起的作家巴吉罗夫并不同意这一说法。他指出:"我认为,天赋欠佳的作家以及工作忙碌的写作狂最需要这样的程序,它非常方便,你设定情节,它便代你完成创作。"但他又说:"电脑并不能完全表达我心中所想,它没有经历过我的人生,我认为,真正的文学家甚至会对它不屑一顾。这更像是桩成败难料的买卖。"

出版商选择托尔斯泰作品的主人公,绝非偶然。因为托翁的作品不仅在俄罗斯脍炙人口,在国外也拥趸无数。

2004 年,《安娜·卡列尼娜》的全新译本曾一度占据美国畅销书排行榜首位,售出了 90 万册,而其它欧洲经典小说通常卖不过两万册。当然,帮助此书创下销售佳绩的并非托尔斯泰的天才,也不是译者的妙笔生花,而是归功于美国脱口秀女王奥普拉·温弗里,她将此书列为个人推荐书目,一时间,其销量陡然上升。

无论如何,虽然"电脑作家"还不可能淘汰真人作家,但当大批的"电脑作家"出现时,真人作家的竞争对手多了却是无法回避的现实。再说了,出版商操纵"电脑作家"总比和真人作家打交道容易得多,成本也低。

（金点子　编译）

网络经济冲击出版经济，
取代电视经济？

据美国媒体报道，当网络业对出版业形成巨大冲击，陶醉于"第一大媒体"的电视业似乎在隔岸观火的时候，网络业也在向电视业"发难"了。

比如，低廉的宽带服务大大促进了网络视频的发展。它把人们从电视机前解放出来，创造了一代以网络媒体为立足点的电视节目制作人。

正当这些制作人把目光从电视屏幕转移到电脑、手机、iPod 等其他许多产品的屏幕上时，传统电视的经济模式正迅速被自由开放、混乱无序的数字网络市场打破。

据从事网络视频技术业务的美国移动网络公司（Move Networks）统计，每天都有超过十万名观众上网收看该公司客户制作的视频节目或电视剧。如此规模的市场提供了一块广阔的实验田。人们正在尝试各类技术和节目制作方法，而传统的盈利模式也有了变化。

例如，Vuze 和 Joost 网站开发了拥有自主知识产权的软件，网民下载后就可以收看网站提供的视频节目。这些新兴网站不仅提供英国广播公司（BBC）、美国公共广播社（PBS）等老牌媒体的节目，而且鼓励新兴制作人与其签订协议，为网站提供新节目。

Onnetworks 网站并不播出传统电视节目，而是与专业创作队伍联手制作高清晰度的原创节目。到目前为止，网站已经为 25 个栏目制作了数百期节目，所有节目都能在线收看。

Blip 网站也是一家正在创立自主媒体品牌的公司，它会拿自己的节目与 Yahoo（雅虎）、Google（谷歌）、iTunes 等大型网站共享。无论节目通过何种渠道播出，Vuze、Joost、Blip 和 Onnetworks 都会与创作团体平分利润。Onnetworks 首席执行官基普·麦克拉纳汉说："如果早就实行这种模式，好莱坞编剧就不会罢工了。"

导演勒内·平内尔表示，网络环境在很多方面有长处，有特点。他说："最大的好处是网络为创作活动提供了许多自由，这与传统媒体环境是不同的。"

在过去，电视台播出一档节目后，会精心安排节目在其他媒体上的后续播出——从重播到发行 DVD。而现在，新上映的网络电视剧《1/4 的生命》（Quarterlife）正在采取一种新的模式。电视剧首先在 MySpace 网站公映，第二天会登录 Quarterlife.com，一周后在 YouTube、Facebook 和 Imeem 网站播出。据说这档节目甚至可能登陆电视荧屏——但电视成了最后的媒体，而不是第一个。

电视业的困境反过来也给出版业以启示，出版业以内容提供商的身份与网络业结合，前景未必不乐观。

相关链接

美国好莱坞编剧酝酿建立网络公司

据美国媒体报道，与美国的作者经营网络公司意在绕过出版社直接同读者打交道一样，前一段参加罢工的好莱坞编剧们，运筹帷幄，准备建立网络公司。数十名罢工的影视编剧正在同一些风险资本家谈判，准备绕过好莱坞的影视制作公司，建立自己的网络娱乐公司，直接同消费者打交道。

硅谷投资者先前一直不愿支持娱乐公司的创建，他们认为这种努力不大可能像技术公司那样带来巨大的收益。不过，在 2006 年 Google（谷歌）公司以 16.5 亿美元收购网络视频公司 YouTube 后，他们已经开始考虑对更广泛的娱乐产业进行投资。

目前尚不清楚此举会给罢工造成什么样的影响。到目前为止，正在同风险资本家商谈的编剧，在罢工编剧总人数中所占比例看起来还很小。不过，如果编剧与风险资本家达成这样的协议,那将给好莱坞的影视制作公司造成压力。正在同风险资本家谈判的编剧告诉记者,如果有名的编剧能从外界获得资金,不再对影视制作公司承担义务,那么影视制作公司将因人才流失而遭受损失。

(雪 莲 编译)

从"基本地图"到"灾情地图"

据英国媒体报道,无论在哪个洲,无论在哪个国家或地区,无论在世界的哪个角落,一旦发生大规模的自然灾害,对救援人员来说,首先最需要的可能是一张准确反映灾区情况的地图。

对于地球人来说,这是再熟悉不过的一幕。一场自然灾害降临世界的某个偏远地区,造成破坏和伤亡。村庄被夷为平地,人们被迫住进帐篷,混乱接踵而至。

如今,这一幕正在中国上演。一场以四川省汶川县为震中的八级大地震令整个国家为之震颤。

在这样的危急关头,救援人员急需迅速、准确、详细地了解灾区的新情况。换句话说,他们需要一幅新的地图。

"选题"要靠众人"发现"

可以认为,多亏一系列技术革新,绘制灾区地图的工作效率比原来提高了许多,也使绘图人员在救援工作中发挥了越来越重要的作用。动态绘图软件的问世、全球定位装置的普及加上可用的高分辨率卫星图片越来越多,已经改变了绘制、出版灾区地图的过程。

在灾难发生后的几分钟之内,一套国际工作系统就能启动,对紧急状况进行定位和评估,并开始勘测灾难造成的影响。首先,一场大灾难将引起美国地质勘探局(USGS)等机构的反应。美国地质勘探局将向可能参与救援工作的机构发出书面通知,并在网站上提供一幅标明震中的简要地图。很快全球灾难预警与协调系统等快速反应中心将启动，提供相关的人口情况。救援机构将对灾区的自然和人口状况有一个了解。

一旦救援人员抵达受灾地区，为灾区绘制准确地图的工作就将正式启动。"地图行动"是一个专门从事灾区绘图工作的非政府组织。该组织的运作负责人奈杰尔·伍夫说："人们希望了解灾难中心的基本情况，但他们也想了解受灾的范围。例如，缅甸的大面积地区受到不同程度的破坏。人们一开始无从得知这一情况，但查明情况是至关重要的，因为它将对救援工作的展开方式产生重要影响。"

虽然"地图行动"组织可能拿出成品，但绘图仍是一项集体工作。联合国组织、非政府组织和大型慈善组织通常会建立名为"现场行动协调中心"的联合营地，以便共享它们搜集到的大量资料。这些资料从各种源头蜂拥而至，包括电子邮件、文字、图片和口述。关键在于如何把它们变成一个完整的数据库和一幅有用的地图。

一旦大规模救援行动全面展开，就需要每天重新绘制和更新地图。伍夫说："在救援工作的高峰期，会有数百家机构吵着要不同的地图。通常它们会告诉我们特定的要求，而且需要在短短一个小时之内拿到成品地图。我们会尽力完成任务。"从最基本的自然数据和人口数据到灾害的分布情况，救援机构对地图的要求各不相同。还有一些地图要求标出"3W"信息，即"谁在哪里做什么"。

这些绘制完成的地图，经过编辑加工，利用网络和计算机，可以是电子灾情图；利用按需印刷设备，也可以是纸介质灾情图。

"基本图"出自出版社

这一切也许看上去已经十分成熟，但绘图工作的发展历程却很短。仅在几年之前，在伊朗的巴姆市发生地震后，搜救小组还不得不依靠一幅从旅游手册上撕下来的地图展开工作。粗略的地图意味着搜救工作的效率很低，部分受灾地区在一开始就被漏掉了。

现在，一系列新技术给绘图工作带来了巨变。迄今为止最重要的一项变化莫过于地理信息系统（GIS）技术快速发展，使绘图人员得以记录、储存和处理地理数据，把它们变成人们可以使用的信息。1999 年的奥地利大雪崩是最早成熟运用地理信息系统的事件之一。即便那时，绘图人员仍在使用台式电脑运行程序，而这并不利于现场工作。笔记本电脑的使用给他们带来了重大突破。全球定位装置的普及是另一个有利条件。越来越多的救援人员开始携带全球定位装置，在报告新驻地名称的同时，他们也能够提供当地的精确坐标。

最后，可用的卫星图片越来越多，使绘图人员的工作变得更加容易。根据一项国际协议,美国地质勘探局与美国航天局(NASA)将免费提供二者联合掌管的陆地资源卫星拍摄的图片。在自然灾害发生后,有了它们提供的免费图片,跟踪勘测海岸线的变化就不再是个大难题。

各机构很快就开始利用Google(谷歌)公司推出的软件Google Earth("谷歌地球")。首次发现该软件协助人道主义事业潜质的机构之一是美国华盛顿的大屠杀纪念博物馆。该博物馆利用这一软件引发人们对达尔富尔灾难的关注。通过汇总目击者的证词、联合国各机构和美国国务院提供的信息,它在"谷歌地球"的图像上标出了被烧毁的村庄和难民营的位置。

现在,一些大型出版企业加入了这一行动。柯林斯—时代世界地图出版商柯林斯·巴塞洛缪同意向"地图行动"提供基本的地理数据,按绘画界的行话说就是"基本图",从而使它可以立即着手,绘制紧急情况下所需的更为详细的地图。

动态的"创作"总在第一线

更多的革新还在进行之中,特别是关注的重点转向了绘图技术的趋同上。地理定位开始与摄影相结合,使人们可以立即查明已拍下地点的精确位置。新的网络应用程序将帮助各机构共享数据,其速度比以往任何时候都快。这一前景令奈杰尔·伍夫激动不已。他说:"突然我们将拥有对等的制图人社区。"

但是仍然存在问题。尽管拥有了这些高科技的东西,但收集人文地理的数据仍然有赖于现场人员。这一技术可能会非常昂贵:通过便携式卫星调制解调器传输的数据每兆字节的花费是十美元,而卫星图像文件可能需要好几百兆字节。

另外,现场还可能断电,还要与资金不足展开长期斗争,难怪那些努力绘制自然灾害地图的工作小组不得不中断他们的工作。对那些可能成为灾害地图绘制员的人,伍夫告诫说:"你们必须有适应能力。你们总是会忙到令人难以置信的程度,工作组经常会不分昼夜地工作。这么说吧,肯定没有上下班时间之分。"

灾情地图绘制得越详细、越准确,就意味着越有可能拯救出更多的生还者,把灾害造成的破坏降到最低限度。

（岳　月　编译）

纸介质图书将被取而代之？

　　2001 年，美国苹果电脑公司制造出数字音乐唱机"iPod"，面世以后行情呈爆炸式上升，在很短时间内就累计销售 200 万台。2004 年 2 月，苹果电脑公司又推出数字音乐唱机"小型 iPod"。在"小型 iPod"上市之前，就收到几十万台的预约求购单，当时的状态等于就是生产赶不上需求，供不应求。实际上，可以说是"iPod"心脏的硬盘，是日本制造的。在日本开发出来的超小型硬盘，使得全新的音乐媒体诞生成为可能，然而，追随"iPod"的日本产品却没有风光起来，这让日本人很是郁闷。日本人自己说，日本让人最头疼的就是，一边拥有非常先进的技术，一边却不擅长把在技术中增加附加值并商品化的意识诉诸人心。制造具有各种功能的东西，制造各种用起来很方便的东西，日本在行；可把这些东西作为文化"定格"在消费者的生活中，日本显得很笨拙。

　　日本人大概已经意识到，"iPod"数码多媒体播放器的诞生，是文化转变的开端以及对文化产业的历史性意义。2007 年 11 月，类似于"iPod"的故事再度上演，但这一次是地地道道发生在文化产业中。全球第一大网络书店亚马逊公司推出了名为"燃烧"的新一代数码阅读器。

　　这款售价 399 美元的白色小盒子，在很多人看来将是使人类最伟大发明之一——纸介质图书被抛弃的第一步。

　　然而，虽然过去数码阅读器的销售量与"iPod"无法相比，但"燃烧"似乎更为特殊。它仅重 290 克左右，支持无线上网功能。强大的储存功能可容纳 200 本书籍（内容），电池可以提供 30 个小时持续阅读的用电量。显示屏为 6 英寸，是目前市场上同类产品中最大的，但与大部分产品不同的是，在使用的同时它不会发光，因为它使用的是电子墨水技术,这让使用者的观感如同真正的印刷书籍。此外,使用者还可以在一篇文章中搜索词汇,标记页数和重点段落。

但是,"燃烧"阅读器最吸引人的地方在于它无需与电脑连接就可以下载书籍,这完全仰仗于亚马逊使用"CDMAEvdo"网络的"Whispernet",使阅读器可以像手机一样与网络保持实时连接。

目前,"燃烧"网络书店为用户提供九万本(种)书籍的下载,根据图书是经典书籍,还是畅销书籍的分类,价格在 1.99~9.99 美元之间不等,但无论如何价格都低于真正的纸介质书籍。用户还可以通过它阅读报纸杂志。但是,这种做法也存在风险,因为出版商都拒绝降价,亚马逊公司因此要承担这部分费用。可是按照该公司网上图书的销售量,弥补损失的能力绰绰有余。

问题在于,电子阅读方式会不会像"iPod"那样如此流行? 年纪大的人在接受这一技术的时候恐怕要更加费力,说服他们放弃传统书籍也不是一件容易的事情。在很多人看来,单单是闻不到新书的墨香这一点足以让他们对电子阅读器望而却步。然而,新生代却越来越适应了新的阅读方式,因为他们早已习惯了对着一个小屏幕的生活方式。

包括"燃烧"在内的一切电子阅读器要想"风光"就要研制出更加人性化的新产品。例如,可以散发香味的显示屏,更大容量的存储功能,使用时间更长的电池,更好的网络服务以及更低廉的价格。

电子阅读器的推出不仅是阅读方式的转变,整个文学产业也将发生根本性变化。人们再也看不到大量的纸介质书籍,出版流程变得短小精悍,因为新技术缩短了材料收集、印刷、装订和运输的过程,一本书从出版社到读者手中的时间只在一瞬。

但是,这一切也并非像说的那样简单,新技术首先就要克服盗版问题,还要说服那部分坚信书籍永远是人类不可超越的伟大发明的人接受新技术。唯有如此,才能宣告"后古腾贝格时代"的到来。现在,手捧纸介质书籍阅读与通过电子阅读器阅读还要并行下去。这就是说,传统而现代的印刷技术与现代而时髦的电子技术还要并存 N 个时代。

(雪 莲 编译)

电子连环漫画和
便携式小说争当"弄潮儿"

电子图书在日本登台亮相，大约始于1997年前后。电子图书市场在日本形成规模，大约在2000年前后。从1997年至今，有十年以上的历史；从2000年算起，也有七八年的历史。

在论述分析之前，需要明确一下概念。本文论述分析的"电子图书"，主要指面向PC阅读器的电子图书和面向便携式阅读器的电子图书。这两者也是日本数字出版的重要组成部分。

日本电子图书市场平稳快速发展

日本从2002年开始对电子图书市场进行一年一度的调查统计。据估算，2000年电子图书市场规模约为三亿日元，2001年电子图书市场规模约为五亿日元。据《电子图书商务调查报告书2003》显示，2002年的电子图书市场规模为十亿日元。与2000年、2001年相比，2002年的增长是非常明显的。

到了2003年，据《电子图书商务调查报告书2004》显示，2003年电子图书市场的规模为18亿日元，与2002年相比增长1.8倍。2003年是面向PDA阅读器的电子图书市场最兴旺时期。然而，随着面向便携式阅读器的电子图书市场的发展，面向PDA阅读器的电子图书市场从此开始衰落。特别大的变化，是KDDI/au于2003年11月开始提供的使高速数据通讯成为可能的CDMA1X WIN服务，以及信息包付费定额制的服务。出乎人们意料的是，因为使用便携式阅读器，付费简便,使得高速下载电子图书的时代在此刻拉开了序幕。与此同时,世界上首次面向便携式阅读器的电子连环漫画的信息配送服务,也始于这个时候。

进入 2004 年,据《电子图书商务调查报告书 2005》显示,这一年电子图书市场规模为 45 亿日元,与 2003 年相比,增长 2.5 倍。其中,面向 PC 阅读器的电子图书市场规模为 33 亿日元,面向便携式阅读器的电子图书市场规模为 12 亿日元。松下电器公司的 ΣBook、索尼的 LIBRIé 的读书专用终端虽然成为热门话题,但实际上对电子图书市场贡献最大的,还是 3G 便携式阅读器。2004 年 7 月,KDDI/au 推出了与 EZ BREW 相适应的 WIN 终端,面向 PC 阅读器的电子图书使用便携式阅读器也能分册下载。

到了 2005 年,据《电子图书商务调查报告书 2006》显示,电子图书市场规模为 94 亿日元,与 2004 年相比增长两倍。其中,面向 PC 阅读器的电子图书市场规模为 48 亿日元,面向便携式阅读器的电子图书市场规模为 46 亿日元,两个市场的规模几乎旗鼓相当。在这一年,最大的热点是健全完善联机程序和信息控制系统,加快了电子连环漫画的发展,从而促进了面向便携式阅读器的电子连环漫画的销售行情不断上涨。由于面向便携式阅读器的电子连环漫画的跳跃式发展,已然成为整个电子图书市场的发展动力。

到了 2006 年,据《电子图书商务调查报告书 2007》显示,电子图书市场规模为 182 亿日元,与 2005 年相比增长两倍。如果与开始对电子图书市场进行调查统计的 2002 年的十亿日元相比,实际增长 18 倍。2006 年的 182 亿日元,其中面向 PC 阅读器的电子图书市场为 70 亿日元,面向便携式阅读器的电子图书市场为 112 亿日元。对面向便携式阅读器电子图书市场起到拉动作用的,是电子连环漫画。

《电子图书商务调查报告书 2008》虽然还没有出来,但 2007 年 1~6 月,电子图书市场规模为 160 亿日元,预计全年接近 300 亿日元是可能的。

面向便携式阅读器的电子连环漫画市场生机勃勃

日本的面向便携式阅读器的电子连环漫画市场,在成长过程中,新的公司企业不断加入,使得竞争十分激烈。其中,长期保持霸主地位的,是 NTT 索尔马累公司运营的面向 I 方式阅读器的"连环漫画 i"、面向 Ezweb 和 Yahoo! 一类便携式阅读器的"连环漫画席梦思"。从早期开始,由于具备强有力的内容支持,所以"连环漫画 i"和"连环漫画席梦思"的销售行情直线上涨。从 2004 年 8 月开始提供服务到 2007 年 4 月,累积下载的数量突破一亿件(次)。

紧跟"连环漫画 i"和"连环漫画席梦思"之后的,是 Bbmf 公司运营的"便携式

★漫画王国"。"便携式★漫画王国"在 2006 年 4 月犹如彗星一般闪亮登场,在其后不到一年的时间里,坐上了电子图书销售的第二把交椅。

"便携式★漫画王国"突飞猛进的原因,首先在于广告宣传的手法不同。Bbmf公司运营的平台技术先进,容量巨大,广告宣传的内容多种多样。

"便携式★漫画王国"突飞猛进的第二个原因,是具有压倒性的品种(内容)。截至 2007 年 8 月,Bbmf 公司的品种已经达到 3 000 种,且新书品种以每个月平均400 种的速度在进行电子化。Bbmf 公司之所以有如此多的品种,有如此快的速度,是因为该公司在中国的南京设立了分公司,分公司现有 400 多名电子化工作人员。Bbmf 公司以比在日本进行电子化低得多的成本,在中国大陆大量加工电子图书。今后,Bbmf 公司还打算在其他国家建立分公司。

"便携式★漫画王国"实施全球化战略,犹如一匹黑马,对日本电子连环漫画行业产生了冲击。

受到冲击的第一个反应,就是其他电子连环漫画平台不愿意认输,纷纷以前所未有的速度进行连环漫画的电子化。这样做的结果,就是电子连环漫画的品种爆炸式的增加。

受到冲击的第二个反应,就是电子连环漫画平台开始绕过出版社,积极主动同漫画家签订直接合同。从某种意义上讲,这是在挑战传统规则,确立新的(出版)商务模式。电子连环漫画平台与漫画家"亲密接触",其现实背景就是在出版流通领域已经"绝版"或"脱销并不准备重印"的在实际上又存在的庞大的作品之山。也就是说,那些庞大的内容资产,作为作品尽管优秀,但凭借纸介质出版却不能到达更多的读者的手中。对属于著作权人的漫画家而言,自己的连环漫画作品被电子化,可以重新与读者见面,读者饱眼福,作者得实惠,这是天大的好事情。

"便携式★漫画王国"及 Bbmf 公司的特立独行,使整个电子图书行业受到极大刺激,大家既感到危机,又看到机遇,从而促进了电子连环漫画市场的不断扩大。

除了日本的网络公司、电子企业你追我赶以外,日本的传统出版社终于坐不住了,也积极加入出版电子连环漫画的行列。比如出版纸介质连环漫画的"三巨头",也跻身出版电子连环漫画的行列。

2005 年 12 月,**小学馆**以电子化的"连环漫小学馆书<u>丛</u>"起步,开始展开连环漫画电子化业务。

同样是在 2005 年 12 月,**讲谈社**也开始了连环漫画的电子化业务。一是无偿配送凭借 PC 阅读器能够阅读的蓝领工人描绘的连环漫画信息;二是有偿配送凭借便携式阅读器能够阅读的连环漫画"MiChao"信息。蓝领工人描绘的连环漫画朴素自然,贴近生活,凝聚了人气,拉动了该社其它电子连环漫画的销售。

2006 年 5 月，**集英社**推出了"集英社漫画小宇宙"，启动了该社连环漫画电子化业务。先后推出的矢泽爱的《NANA——北美报业联盟》、胡马野史雏子的《HIYOKO BRAND 母亲是女子高中学生》、河原和音的《高中初出茅庐者》、仙道益实的《H》、神尾叶子的《比花好看的男子》等，相继成为超级畅销的电子图书。

在日本电子图书市场蓬勃发展的过程中，日本电子连环漫画向海外"走出去"的梦想也在变成现实。2006 年 9 月，运营"eBookJapan"的"eBook·主动权·日本"公司在新加坡设立分公司，面向东南亚销售汉语版的电子连环漫画。截至 2007 年 7 月，销售品种上升到 300 种。现在，每个月以十种的速度推出新的电子连环漫画。继出版汉语版电子连环漫画之后，英语版、韩语版的电子连环漫画的出版也在酝酿之中。

"便携式小说"引领日本小说创作潮流

属于教科书系列的电子图书，传统出版程序是以出版社出版的纸介质图书为"作品"，进行电子图书化。最近出现的引领时尚潮流的"便携式小说"，完全不同于传统出版程序。

所谓"便携式小说"，就是凭借便携式阅读器创作、投稿，凭借便携式阅读器阅读的小说。"便携式小说"在便携式阅读器上"火"起来以后，往往又出版成纸介质图书，甚至还成为超级畅销的图书。从一定意义上讲，创作"便携式小说"演变成新人作家——"鲤鱼"争相跨越的"龙门"。

"便携式小说"的作者，是以女子高中生为中心的业余作家群体。她们用便携式阅读器创作出自己的作品，然后用便携式阅读器投稿。投稿的作品可以无偿阅读，但其中如果产生下载几百万次的作品，出版社就出版纸介质图书在书店销售，由此而来，行情火爆的"百万册畅销书"也不断涌现。

在目前的日本，接受"便携式小说"投稿的有代表性的网络平台，是"魔法 i 兰德"。截至 2007 年 4 月，"魔法 i 兰德"已有会员 522 万人。"便携式小说"的作者向其设立的综合平台"魔法图书馆"投稿，目前馆内已经收藏"便携式小说"作品 75 万种。2006 年 10 月，其中的"便携式小说"作者美嘉创作的《恋空——不太诚恳的爱情物语（上下）》，在便携式阅读器上受到"粉丝"们疯狂追捧，出版社就出版纸介质图书，在 1 个月之内，发行突破 100 万册。紧接着，东宝系列的电影公司把这部作品拍成电影，2007 年的秋天在日本全国的街头放映。另外，"便携式小说"作者五月创作的《红色的丝线》，在 2007 年 1 月出版了纸介质图书，正式发行后，在 1 周之内，就卖出 100 万册。在日本 2007 年上半年的畅销书排行榜上，《红色的丝线》独占鳌头；在排名前五的畅销书中，除了一部作品以外，其余四部作品均诞生于"便携式小说"。说"便携式小说"引领当今日本小说的创作方向，似乎也不过分。

亟待开发的"数字内容产业"处女地

日本的有关专家指出，一方面，日本电子图书市场不断扩大，增长率喜人，另一方面，日本(传统)出版市场不断萎缩，持续负增长。1996 年日本出版行业的销售总额为 2.69 万亿日元，2006 年日本出版行业的销售总额为 2.16 万亿日元，2007 年日本出版行业的销售总额初步统计为 2.08 万亿日元，作为日本出版行业的两大支柱图书、杂志的销售额都在持续下滑。众所周知，其主要原因是"IT 革命"的蓬勃发展。从历史来看，15 世纪的"古登堡印刷技术革命"，造就了信息(情报)技术的主体"印刷和出版"。从 15 世纪到 20 世纪，可以认为"印刷和出版"作为信息技术主体的时代正在结束。然而，站在"数字内容产业"的角度看，仍然有广阔的"处女地"亟待开发。而电子图书市场的快速成长就是佐证之一。

旧的"主体"走向没落的时候，网络和数字技术会不会造就新的"主体"呢？日本的有识之士认为，这应当是可以期待的。

（李文清　编译）

"网络图书馆"等于
新的电子出版商务模式？

2007 年 9 月，日本第一大书店纪伊国屋书店开通了"网络图书馆"，旨在吸引以出版专业书、教养书为主的各出版社参与进来。

"纸介质图书"还卖得动吗？

把纸介质图书的内容数字化，第一个疑问就是"电子图书"出来了，"纸介质图书"还卖得动吗？从日本的情况来看，航海者·日本（出版社）等少数出版社在电子出版领域取得成功，但其内容主要限于小说书、连环漫画书和休闲娱乐书。对于出版专业书、教养书的出版社来说，身边还没有成功的例子。

"网络图书馆"为出版社找到利益增长点

"网络图书馆"在世界最大的图书馆网站 OCLC（Online Computer Library Center, Inc.）的旗下。OCLC 创立于 1967 年，以促进信息（情报）的存取（选取）为目的，既研究图书馆服务，又提供图书馆服务，属于非营利的机构。OCLC 除了提供目录服务、ILL 服务以外，还面向产品的最终用户提供标准（论据、参考）服务。OCLC 利用了世界 110 个国家的 5.5 万多家图书馆，纪伊国屋书店独家代理其在日本的业务。

"网络图书馆"创立于 1998 年，在 2002 年成为 OCLC 的一个部门。目前，在欧美的主要出版社中，有450家参加OCLC。OCLC可以提供14万种电子图书，还可以提供电子杂志、电子报纸和音频图书，成为向世界50个国家的1.5万家图书馆提供数字内容的内容提供商。OCLC虽然在日本国之外取得不俗的业绩，但对日本的出版社来说，还是第一次真正面对图书馆的"电子图书"销售系统。

"网络图书馆"的销售方式，限在图书馆，把通过因特网配送的内容，让登录网站的图书馆使用者凭借自动检索达到使用的目的。内容可以全文检索，但每种书的每一页（内容）必须得到许可，方能（购买）存取。这种模式使图书馆不需要年度维持费，与购买并管理"纸介质图书"的形式在实质上是一样的。而且，把图书馆从传统的保管图书、修复破损图书、补齐散失图书、准备书架书柜等繁杂的事务中解放出来，能够24小时为使用者（读者）服务。另一方面，从著作权管理的角度来看，内容以页为单位进行管理，也可以有效防止不正当的下载或复制。

OCLC因为掌握了大量内容，既可以提供权威性的图书杂志信息，又可以整理图书馆数据并构建数据库，还可以即时为出版社反馈图书馆的需求。

对"纸介质图书"起到促销的作用

据统计，使用者阅读搭载在"网络图书馆"上的内容时，在欧美国家平均一种书用时八分钟。从这个数据可以知道，使用者通过自动检索并不是通读，检索的结果往往是所需要的内容再去阅读"纸介质图书"。与其说是阅读"电子图书"，不如说检索"电子图书"知道"纸介质图书"的存在，从而对"纸介质图书"起到促销作用。"网络图书馆"的功能很多，比如"电子通讯"、"新书指南"等面向使用者的宣传栏目。欧美的许多出版社，在"纸介质图书"出版以前，往往先给"网络图书馆"提供"电子图书"，对读者起到了预先告知的作用。

根据销售业绩，"网络图书馆"每月向出版社支付著作权使用费；而出版社向"网络图书馆"追加网络费用，"网络图书馆"向出版社提供销售业绩数据、使用者使用业绩数据，使出版社对内容的市场分析也成为可能。

"网络图书馆"以全世界的图书馆为目标，因此可以预测今后在亚洲也将越来越活跃。日本的出版社特别出版专业书、教养书的出版社，应当视野开阔，瞄准国外那些研究日本的大学或科研机构，以期待新的市场的出现。

积极跟进数字化进程

日本的出版社应当如何跟进数字化进程呢？

首先,开展作为"电子图书"内容的选择作业。为出版社所有的内容,进行数字化的经费自然也要由出版社负担,因此,"电子图书"能否销售出去,投资能否收回并盈利,就成了第一重要的事情。选择适合销售渠道的内容,就如同选择什么书店什么书架展开"纸介质图书"销售是一样的。

其次,要处理好著作权。著作权管理是出版社责无旁贷的重要任务。现在一般使用的"出版合同书",不能覆盖有关数字内容的使用,在多数场合,需要有著作权许可的再处理。今后,在签订"纸介质图书"合同时,也应当得到"电子图书"出版的许可。此外,翻译书原书的著作权合同的修改,也成为一个课题,这些也是出版界应当步调一致解决的。

第三,确立数字内容制作的工程。传统的"纸介质图书"依赖印刷公司制作,所以,得到印刷公司的大力支持是十分重要的。已经出版的图书,其制作过程不能进行数字化处理,就要以"纸介质图书"为基础,扫描,做 OCR 处理,然后数字化。由于原文的精确度问题、日本语特有的外国字问题等,进行数字化的经费投入就比较大,这样需要设立与市场行情相符合的价格。像全集书、资料书、史料书等"纸介质图书",定价本身就高,其"电子图书"的定价高不会是问题。在最近三四年间,在"纸介质图书"的制作工艺中,引进了 DTP 等技术,在这一流程中制作的数字数据可以灵活运用,使经费大幅度削减成为可能。提供的"电子图书"数据,版面表示用的"PDF 文件夹"、全文检索用的"HTML 文件夹"、目录数据用的"XML 文件夹"等,都是广泛适用的结构与方式,不存在困难问题。

如果是"电子图书",没有库存问题,也不需要流通费用。版面的数字化数据,与联机实时出版紧密相连,无论已出版图书还是新出版图书,都不会出现"缺货、绝版"的情况。这对希望长期提供内容的专业书、教养书出版社而言是大大的福音。

文部科学省推波助澜

在以日本大学图书馆为中心的学术市场,通过因特网的联机实时报纸、联机实时杂志、数据库服务正在普及,认可并使用"纸介质图书"的休制正在完备。最近,日本文部科学省也制定了推进图书馆电子化的方针。对日本语"电子图书"的需求日渐高涨,政府预算也将不断增加。

文部科学省的方针指出,像"网络图书馆",既要有中长期规划,又要立足现实,构筑"第一阶段"的市场。要围绕大学图书馆,以支持教育为最大需求,从面向学生的基本图书、参考图书的"电子图书"做起,同时与"纸介质图书"的销售并行。其后,再扩大到支持研究需求的学术专业内容、电子报纸、电子杂志以及联机实时图书等。

另一方面，作为销售方面的课题，需要教科书把复本许可作为基本的商务计划，与使用公共图书馆的人们签订一揽子合同，从而形成各自的商务计划。这些如果变成现实，出版社凭借"内容销售"的经营模式就成立了。

参加"网络图书馆"，对进入日本《出版者名录》的4 000多家出版社特别对其中那些出版专业书、教养书的出版社来说，无疑是新鲜的经历。

据日本电子行业的"大腕"卡西欧计算机公司的统计，日本电子出版市场的规模，2002年为390亿日元，2003年为440亿日元，2004年为500亿日元，2005年为540亿日元，2006年为610亿日元，有关专家预测2007年将达到700亿日元。这对出版社的诱惑力无疑也在增大。

目前，纪伊国屋书店每月在"网络图书馆"上举办一次"网络图书馆与出版社研讨会"，与提供内容的各出版社交换意见。纪伊国屋书店希望同各出版社一块理论与实践相结合，摸索出成功的互惠双赢的电子出版商务模式。

（古隆中　编译）

手机小说：“天之骄子”

日本出现手机小说已有几年时间，现在的发展趋势可以用“天之骄子”来形容。有关专家指出，日本的手机小说正在成为带动电影、音乐、出版等多媒体联动的一大产业，也可能成为重新振兴出版业的突破口。

那些名不经传的业余作家们，通过短信连载形式发表的“手机小说”正在日本蓬勃兴起。这些小说不仅以图书的形式出版发行，还被编辑成丛书或改编成漫画、电影和音乐作品。由于市场预计作为手机小说最大受众的十几岁的女孩子们对这类产品的需求旺盛，出版社和网络公司无不加大了对这一产业的投入力度。

在某手机小说投稿网站发起的票选活动中，一部名为《屋顶上的天使》的原创作品，以最高票数当选网友们最想改编为电影的小说。该网站已经组织起了一个创作团队，并计划于明年春天把这部小说搬上银幕。此外主题歌歌词和演员也准备通过网络海选产生。

在网络投票中排名第一的小说《片翼之瞳》全三卷的首次印刷数量就达到罕见的45万册(套)。为了方便中学生购买，一部分图书还发到小型无人管理商店销售。这是手机小说拉动纸介质图书出版的典型例子。

手机小说正在改变出版发行业界的旧有模式。发表手机小说的门槛很低，许多年轻作者的作品唤起了与他们年龄相仿的女性读者们的共鸣，因此在青年人渐渐远离文字的时代，却不断涌现源自手机小说的畅销书。此外由于影视和音乐等衍生产品的开发，一个巨大的潜在消费市场正在形成。

只要通过专门的小说网站投稿，谁都可以发表作品。与过去由出版社发现并培养作者的方式不同，在日本最大的手机小说网站上，大约刊登了110多万部作品。其新鲜的文风和语感吸引了众多的女中学生,许多畅销作品就诞生于此。

在 2007 年上半年的十部最畅销手机小说中,已经有五部出版发行了单行本(纸介质)图书。2006 年日本的图书市场规模为一万亿日元,比高峰时期的 1996 年下降了 15%。而据有关部门估算,从 2006 年开始渐成气候的手机小说市场,仅仅依靠出版单行本图书就达到了几十亿日元的规模。

而手机小说对其他产业也起到了巨大的带动效应。上个月刚刚在日本上映的电影《恋空》正是改编自手机小说,其票房收入已经超过了 20 亿日元,主题歌也成为流行单曲。而其小说单行本的发行量也达到了 195 万册。

如果只发行单行本图书,手机小说的销量很难有大的突破,但影像和音乐等其它衍生产品的出现,则会激起消费者更大的购买欲望。正是由于手机小说的阅读人群主要是女中学生,起用在年轻人中间极具人气的演员或者乐队势必产生更大影响。而且由于在进行网络连载的过程中就能够预测出该小说的受欢迎程度,这使得衍生产品的开发变得相对轻松。

凭借手机读大学

有人说,日本人的大脑任何时候都在活动,一个东西总是上上下下、里里外外、昨天今天明天地琢磨,新奇的发明一个接一下,应接不暇。比如,日本人除了使用手机读小说以外,还可以购物、发送电子邮件、搜索餐馆和观看视频。现在日本人还能通过手机读大学课程。这使日本的出版商很兴奋,按照已有的规律推测,"网络大学"火起来,也之相适应的"网络教材"就会应运而生,"网络教材"最终也会刺激纸介质教材的出版。

在日本,只通过互联网提供全部课程的日本唯一的网络大学,在 2007 年开设手机课堂,第一堂课的主题是"金字塔的奥秘"。对使用个人电脑听课的人来说,他们播放下载课程文件时,文本和图像显示在电脑屏幕中央,屏幕一角显示带有声音的讲课者的视频。在手机版本的网络课堂中,小小的手机屏幕上以幻灯片的形式显示图文。

网络大学最近在东京的一家宾馆进行了演示。金字塔的图像出现在手机屏幕上,随后又出现了一个文本图像,教授的声音则通过手机扬声器传出。

网络大学成立于2007年4月,它通过政府批准向合格毕业生颁发学士学位,目前拥有1850名学生。网络大学可以通过手机课堂教授其他课程,它将提供大约100门课程,包括中国古代文化、英国文学、网络新闻等。

与其他课程不同,手机课堂免费向公众开放,但观看者必须支付手机话费。官员表示,目前的困难是手机课程只能在运营商软件库公司推出的一些手机上观看。网络大学校长吉村作慈(音)是金字塔课程的授课者。他说,网络大学为那些无法到校园听课的人提供了受教育的机会,尤其是上班族、残疾人和病患者。

目前,一些出版社已开始和这家网络大学建立联系,从提供内容做起。出版商相信,"网络课堂"总是需要与之相适应的"网络教材"的。

(郝新仁 方象磐 编译)

谁能从手机短信中掘金？

地球人都知道，手机短信已经形成"手机文化"。那么，谁又能从海量的手机短信中挖出"金子"，比如把手机短信作为内容之源，用来丰富出版的内容？

据美国媒体报道，短信从问世以来，已经走过了 15 年，应当回顾一下。15 年前，英国的尼尔·帕普沃思给朋友发出了一条"圣诞快乐"的短信。回忆起来并不感到得意的帕普沃思现在承认，这或许算不上世界上最有创意的节日问候，但却是全球第一条手机短信。帕普沃思认为，它至少比世界上第一句电话通话内容——"沃森先生，过来一下"更富有节日气氛。

此外，这条短信的接收者理查德·贾维斯当时正在英格兰纽伯里沃丰公司总部参加一个预祝圣诞节的晚会。全球第一条短信就这样在 15 年前的这一周诞生了。

由于当时手机的设计还没有输入和发送英文字母的功能，当年 22 岁的 Airwide 公司信息技术工程人员帕普沃思便只能用电脑键盘向贾维斯的手机上发送了他的节日祝福。

又过了几年，用手机发短信才变得很方便，之后不久，世界各地的青少年开始运用各种语言，广泛使用这种联系方式。人与人之间交流，用手机发短信，可以说是革命性的。

到如今，全球每天有数十亿条短信通过电波传递，手机短信成为电信公司收入和赢利的基本来源，有关行业比如出版行业在"内容"上也觉得有利可图，而且还催生了全球传播的精炼手机短信语言。手指轻弹间，很多关系由此开始或终结。

现在手机短信仍具有传递节日问候的功能，譬如，新年是手机短信业务最繁忙的一天。但除此之外，人们还利用手机短信给政客或名人投票、玩游戏、参加问答节目、购买球赛或音乐会门票及接收交通延误通知、天气预报、产品和服务广告、银行账户明细通知等等。

英国移动数据协会主席迈克·肖特说："现在，手机短信已成为一种文化现象，渗透到人们生活的方方面面。"

没有专家能够准确估计一年时间里全球手机用户共发了多少条短信。肖特估计这个数字在两万亿到三万亿之间。但是，这些通讯专家怀疑手机短信是否能再"活"过 15 年。

目前已经有多种新型传递信息的形式对手机短信构成挑战，譬如 MSN 互联网即时通讯、视频信息和电子邮件等。不过这些形式对技术的要求更高，成本也高。

15 年前，即 1992 年 12 月，即使只是向手机发送"圣诞快乐"这条短信，也是一项复杂的工程。那时候，手机本身还是新玩意儿，肖特说，给沃达丰公司技术工程人员的手机发那条短信可谓是"一大创举"。

当时 BP 机很流行，而帕普沃思和贾维斯等想找到一种超越 BP 机的信息传递方式。

20 世纪 90 年代曾在爱尔兰一家无线公司当技术工程师的布伦南·海登说，当时电信业里没人会想到手机短信会成为一种通讯媒介。他回忆说，当时业界很多人认为人们不会使用手机短信这种联系方式，因为用手机打短信很麻烦。

海登说："我始终认为手机短信会成为改变世界的一个因素。"1993 年 6 月，海登在洛杉矶发出了第一条商业短信，内容是"Burp"（打嗝的声音）。

Airwide 公司营销主管杰伊·西顿认为，各种通讯形式并不"相互排斥"，人们可以选择自己喜欢的方式。譬如在西方，年轻人更偏爱发手机短信。

手机短信形成"手机文化"，出版内容可以丰富"手机文化"，手机短信反过来是否也可以丰富出版内容呢？

40%的日语博客帖子是在手机上完成

全世界说英语的人口比说汉语的人口少多少不知道，但说英语的人口多于说日语的人口却是肯定的。

然而，无论是 2006 年还是 2007 年，据互联网博客搜索引擎 Technorati 统计，尽管讲英语的人比讲日语的人多四倍以上，但全球网上的日语博客帖子还是稍稍多于英语博客帖子。

有专家估算，高达 40% 的日语博客是在手机上完成的，写手往往会在乘地铁或公交车上下班时一连几个小时目不转睛盯着小小的手机屏。

但是在日本，写博客远比在美国和其他英语国家要平实淡雅。日本人崇尚顺从，他们接受了美国人往往用来大肆宣扬自我的博客技术，把它变成了一种打发时间的寻常手段。日本的博客写手不谈政治，不使用尖刻的语言，有什么说什么。他们极少炫耀自己的技能。

美国人写博客是为了引人注目，日本人则是为了融入环境，他们写的都是鸡毛蒜皮的琐事：小猫和鲜花，自行车和早餐，少男和少女，先生和太太，新鲜玩意儿和电视明星。与美国人相比，他们写的比较短，从来不留姓名，不显山不露水，更新频繁得多。

据互联网博客搜索引擎 Technorati 统计，在 2007 年第四季度的全球所有博客帖子中，有 37% 是用日语写的，有 36% 是用英语写的，只有 8% 是用汉语写的。

（岳　月　编译）

朝鲜也有电子图书馆

在韩国，互联网已经遍布全国各个角落，任何韩国人在韩国的任何地方，都能十分方便地上网。像"电子图书馆"，对于普通韩国人来说，早就不是什么新生事物。不过，对于普通朝鲜人而言，却还是非常稀罕、甚至闻所未闻的事情。

可能朝鲜的大学生们都知道，在朝鲜著名的金策工业综合大学里，有一座闻名遐迩的电子图书馆。朝鲜最高领导人金正日称之为"国家的宝贵财富"。

体现朝鲜人民向往理想社会

这个金策工业综合大学，是朝鲜唯一的理工科综合大学，被称为朝鲜工程技术人员和科学家的摇篮。电子图书馆便位于该大学校内。

电子图书馆大楼是一幢带玻璃幕墙的五层建筑。在图书馆门口找不到任何标牌，大楼正门上方高悬着一面圆形牌匾，图案是展开的书本和"2001年9月19日"的字样，这是朝鲜领导人金正日视察金策工业综合大学的日子。就是在那天，金正日提出了建立这座电子图书馆的任务。

电子图书馆历时五年最终建成。2006年1月4日，金正日同志视察了建成的电子图书馆，称赞这座电子图书馆是"在新世纪可以夸耀的纪念碑意义的建筑"，他还说，"这座图书馆体现了我国人民向往的理想社会"。

电子图书馆总建筑面积达1.6万多平方米，共有15间电子阅览室和15间图书阅览室，还有40多间其他教室，可以同时容纳2 000多名读者。它于2006年4月正式对外开放。

电子工程系的博士生曹国哲每天都到电子图书馆学习。他说这里的资料很丰富，尤其是外文资料非常多，给他的学习带来了很大方便。

"未来网"与"理想网"

电子图书馆主要通过两个网站为读者提供服务。一个网站是"未来网"，主要提供图书检索和电子图书浏览服务。网站共收藏了1 150万册电子图书，其中有很多是朝鲜国内外最新的科技资料。此外，该网站还有2 000多部科教片供读者观看学习。

另一个网站叫"理想网"，主要进行远程教育。它不仅提供电子课件，还可以进行实时的网络教学。笔者进行采访的时候，正赶上该校聘请的一位加拿大教师为金策工业大学的老师进行英语培训。工作人员介绍说，其他大学的老师和同学可以通过"理想网"实时听到这位外教的讲课，有问题还可以通过网络及时提出来，从而达到教和学的远程互动。

据工作人员介绍，这两个网站都是由金策工业大学自己开发和维护。服务器和客户端使用的电脑操作系统是金策工业大学自己开发的朝鲜文的"红星"操作系统。"红星"操作系统基于 Linux，兼容性好，制作的网页使用 windows 操作系统的电脑同样可以浏览。工作人员介绍说，目前这里使用的是"红星"1.0 版本，2009 年将要升级到 2.0 版。今后还会持续升级。

惠普、戴尔、康柏的电脑遍布平壤

朝鲜最高领导人金正日曾经指示要"加强科技信息工作，及时了解世界科技发展趋势，以便尽快发展国家的科学技术"。旅日朝鲜人总联合会出版的《朝鲜新报》曾经评价说，朝鲜信息产业的特点用一句话概括，就是"用自己的方式"进行。在互联网的建设上，朝鲜主要是建设自成体系的国内网，目前已经有 20 多个网站。

金策工业大学信息科技学院院长柳顺烈介绍说，朝鲜国内的网站主要有人民大学习堂办的"南山网"，中央科技通报社办的"光明网"，朝鲜电脑中心办的"我的祖国"网站，很多地方大学也都建有自己的网站。此外，每个道（朝鲜的地方行政单位，级别相当于中国的省）也都有自己的网站，网站的内容主要是介绍当地的风土人情、历史沿革等等。

除了"我的祖国"等个别网站外，大多数网站和国际互联网并不连通。据柳顺烈介绍，在朝鲜上这些网站，一般要事先到网站的主管单位注册登记，获得用户

ID、设置密码。他笑着说："只要家里有电脑，使用调制解调器通过电话线就可以连接到这里的网站。"

据了解，朝鲜不收上网费，但电脑一般要自己购买。笔者在平壤市凯旋门附近的一家商店看到正在销售的电脑，有新的也有二手的，价格从 125～920 美元不等，品牌有惠普、戴尔、康柏等。

朝鲜党和政府 2008 年初提出要在 2012 年金日成主席诞辰 100 周年之际"打开强盛大国之门"，金策工业大学的这座电子图书馆或许将在朝鲜的科技发展和经济建设中发挥重要作用。

（雪　莲　编译）

互联网在印度经受考验

据美国媒体报道，凭借前车之鉴，因有各种预案，积极采取应对措施，印度防止了互联网崩溃。

当（2008年）1月31日的新闻说，印度信实通信公司的一条海底光缆在埃及被一艘船的锚意外切了一下，人们不由担心2006年的情况又会重演。当时中国台湾的一场地震令东亚地区的互联网中断两周之久。由于互联网是印度外包行业的生命线，外界认为印度面对这种打击时尤其脆弱。

信实、塔塔、印孚瑟斯、维普罗和萨特亚姆等公司都使用这种海底光缆，对它们来说幸运的是这次没有出现严重问题。像IBM这样的跨国科技公司的全球业务也没有受到丝毫干扰。确实，某些印度网吧的网络连接速度大幅下降，连接谷歌所需的时间增加了近60倍——从两秒钟增加到了两分钟。但这一事件对印度的整体经济影响是极为微小的。

外包商有备无患

情况本来可能会糟得多。根据印度网络服务提供商协会的资料，印度使用的25千兆比特的带宽有近一半是靠光缆，其中60%的光缆分布于大西洋底，其余的经过太平洋。

但是相反，这次干扰给了印度外包服务提供商们一个机会，让他们向客户证明自己对这种紧急情况的准备多么充分。人们刚一得知信实公司的光缆出现了问题，网络流量就转而取道太平洋底的后备光缆网络。塔塔咨询服务公司的发言人普拉迪普塔·巴格奇说:"我们的系统留出了余量。我们有多条光缆,因此如果一条光缆中断,还有其他的可以工作。"

巴格奇解释了互联网通信优先权的先后次序。最优先的是音频——因此无论是打电话给密苏里州的阿姨还是给班加罗尔的堂兄弟都不会受到影响。其次是国际私人租用线路——摩根等银行或 IBM 等技术服务提供商用来同客户和世界各地其他分公司联系的通信网络。巴格奇说:"这些线路拥有较高的优先权,因此会自动转换到其他线路。"

这些大公司要为这种优先权而向信实、AT&T 等电信供应商支付双倍或三倍的费用。它们还会同多家供应商签订合约,因此如果某家供应商出现中断,会有其他家顶上。在 1 月 31 日,当信实公司宣布出现问题之后,它的竞争者就承担了通信工作。然而,较小的外包供应商对网络中断很可能不会应付得这么好。由于这些公司比拼价格,因此它们不太可能付得起这种应急方案的费用。但即便如此,它们的问题也相当轻微。

另据英国媒体报道,一艘老笨船切断了 7 500 万人的网络连接。

海底光缆断裂导致中东和印度的互联网被切断,为修复光缆出动了大批的船只。然而,导致数千万人网络中断的罪魁祸首却只是区区一艘船。据报道,导致 7 500 万人上网受限的这次互联网中断是因为一艘轮船(2008 年 1 月)30 日因天气原因试图停靠在埃及沿岸。

除了直接影响数千万人上网之外,这次事故还波及了更广的范围,整个亚洲和中东地区都在勉强维持经济活动的正常进行。政府也被牵连进来,像埃及通信部门就呼吁网民暂时下线以保证商业活动优先进行。

事故凸显通信网络脆弱性

在全球的商业交易人员拼命开辟新路线或打开后备卫星系统的同时,专家们警告说,这次的事故实际上凸显了全球通信网络的脆弱性。

电信地理调研公司负责人艾伦·莫尔丁说:"人们都没有意识到,所有这些都是要经过海底光缆的——这是经济活动互相联系的主要通道。即使你用的是无线网络,也只有到基站的那一部分是真正无线的,其余部分都是通过实实在在的线路连接的。"

这些昂贵的光缆是花费了巨大的代价在全球各条线路间铺设起来的,它们负责各个大陆之间的往来联络,从一个国家向另一个国家同步传送着无数的对话交流。一位专家指出，这次的事故为各国政府敲响了警钟，提醒他们应把这样的通信安全放到更重要的地位。海湾研究中心负责安全与反恐的穆斯塔法·阿拉尼说，官员们必须花更多的时间和精力，保证移动通信和互联网这样的关键通信方式能得到必要的保护——不受意外灾害或恐怖袭击的影响。他说："这次的事故就说明了它是多么容易被攻击。现在对先进技术的要求不是如何建立这样的线路，而是如何保护它。"

在受到影响的国家，一切要恢复正常至少还需要几周的时间。

莫尔丁说："这要看损坏的严重程度，他们会先找到出问题的部分，把它们打捞到船上进行修复，然后重新放入海底，这需要一周至两周的时间。"

出现问题的两条光缆分别是 Flag Europe-Asia 和 Sea-Me-we 4，它们都是连接欧洲和东方之间最关键的信息通道。其中 Sea-Me-We 4 直接连接西欧和新加坡，它是耗费了五亿英镑并历时三年的建设，最近才刚刚开通的。这两条线路承担了中东和南亚 75% 的连通任务。

（雪　莲　编译）

2100 年的图书是什么形象?

图书的形象,在近500年没有变化。有许多人认为,今后也不会有什么变化。然而,真的是这样吗? 其实,即使图书的基本形象没有变化,但随着时代的发展,变化的可能性还是很大的。那么,到了那个时候,将把图书变成什么样子呢? 带着各种各样的不安、期待和幻想,下面是日本四位专家描绘的100年以后"纸介质图书"的新形象。

从现在起到今后100年的"图书发展史"

漫画家西岛大介如是说——

从现在起到十年后,作为预防偷盗图书和抑制新旧书店(即二手书书店)打折售书的对策,大牌出版社将行使租借权,在图书中放置IC磁条等。不过,对于通过IC磁条进行跟踪的做法,读者十分反感。

在20年后,通过IC磁条,既可以完全把握读者的读书倾向,又可以抓住那些"第二只手"。被认为是"偷盗书销赃场所"的新旧书店,只能靠着以前没有放置IC磁条图书的再循环和再利用,苟延残喘。由于IC磁条的信息量远远超过一本书的信息量,图书的主体性开始丧失。

在30年后,有良好修养、丰富知识的读者,几乎都倾向于阅读自费出版的图书。另一方面,由于以前达到巅峰的出版物市场行情已经过去,失去读者的出版行业处在崩溃的边缘。

在40年后,通过著作权法的修改,认定自费出版行为属于违法行为,自费出版的大门被关闭。读者们在精神上似乎变成了无可归依的"难民"。

在 50 年后,夹着 IC 磁条的图书传播病毒,潜藏于地下、被病毒侵染的读者奋起反抗,拥有书店和图书馆的主要城市发生恐慌。出现了不知道图书为何物的一代人。

在 60 年后,大型或超大型企业收购即将崩溃的出版社、书店和印刷厂。IC 标识的广告问世,图书成为有效的广告媒体。从这个时候开始,新旧书店消失,没有 IC 磁条的图书全部被销毁。

在 70 年后,大型或超大型企业掌握了整个出版行业。所有图书因为变成企业广告而完全无偿赠送。

在 80 年后,随着 IC 磁条跟踪系统的强化和空中飞行图书的发明,从自动化装订工场飞向读者处的新的配书形态诞生。书店也全部消失,读者不能选择图书。

在 90 年后,拒绝完全被广告化图书的读者,与那些大型或超大型企业的争斗白热化,争斗的结果是图书从地球上消失,出版的黑暗时代降临。

在 100 年后,手写的传阅书复活。图书重新书写自己的历史。制作图书依然采用以前的方法!

从硬件看"2100 年的图书"

美术印刷设计师永原康夫如是说——

这个话题又很古老又很现代,这是一个需要前人提出、后人作答的话题。

A

为了了解明治的印刷文字,我去了庆应义塾大学三田校区的图书馆。这个图书馆于明治 23 年(1890 年)大学建系时开馆,我从那时收藏的图书看起。我发现,凡是明治后期的图书,"状态"都不错。如果不是贵重的图书,均贴着允许借阅的标识保存着。令人吃惊的是,多数图书完好无损地"矗立"在书架上。当然,被频繁借阅的图书都有不同程度的磨损,但纸张发黄的少,完全打不开的也没有。

去了美术大学图书馆,这个图书馆的图书与三田校区图书馆的图书形成鲜明对照。想看一下昭和战前杂志的版面设计,书页就是翻不开。图书管理员尝试着进行复印,几乎是把杂志"割"开,但复印不成。

在古旧图书市场上,买了一大堆二战结束后不久出版的少年杂志,背着回家想好好欣赏一下。翻开书页,纸张像碎片一样纷纷脱落,无法阅读。放在复印机上复印,什么也复印不出来。让人哭笑不得。

B

从太平洋战争前后到 1980 年的日本图书,据说大多使用酸性纸印刷,这些图书大多不能长期保存。关于图书的用纸问题,美国装订修复家威廉·巴勒专门研究过。他在 1959 年发表的《图书的劣质化——原因与对策关于图书用纸耐久性的两个调查》的研究报告中指出,在 20 世纪前半期出版的图书中,由于这些图书所使用的纸张寿命有限,可以保存到 21 世纪的图书仅占 3%。

现在已经进入 21 世纪,那些 97% 的图书"命运"如何虽然不得而知,但威廉·巴勒的研究犹如激起千层浪的石头,不仅对图书的保存问题,而且对制作图书也产生了巨大影响。现状如何呢?

对作为产业的出版来说,环境问题是其重要的课题。整个(20 世纪)90 年代,市场上大量销售再生纸和非木材纸,印刷用油墨也多使用对环境负面影响小的大豆油记录仪油墨。此外,既符合自然特性,又符合印刷特性的"微涂工纸"也开发出来。

近几年,我把各种纸张样品摆在书架上,观察纸张"变色的情况"。使用放了五年的纸张和使用没有经过五年的纸张,情形的确不同。

样式可以、油墨好上、价格适宜、常用于正文(内文)印刷的很有人气的"微涂工再生纸",两年过后就开始变色。我去向造纸公司请教,才知道这种再生纸的制作流程,没有防止变色的工艺。即便进行了涂染,变色依然来得很快。再生纸的纤维短,耐折性也较差。酸性纸的原材料要过多少年才发生变化不得而知,但已经清楚的是,二等的酸性纸如果作为再生纸印书,影响图书保存的可能越来越大。

C

在这里,讨论的主题是"未来的书"。所谓"未来的书",应当指"硬件",而不是指其中的论文啦、小说啦、漫画啦这些创作形式,比如唱片、CD 这样的"硬件"。有趣的是,随着硬件的变迁,软件也在发生变化。软件硬件在未来如何变化不好说,但回顾过去,也可以大致了解这种变化的趋向。

唱片和 CD 是以记录声音为主的媒体;图书是以记载文字为主的媒体。影像媒体虽然既有声音,又有文字,还能负载写真和插图,但无论怎样发展,也不能代替图书。然而,能够处理文字的电子媒体一出现,马上就把这种现状改变了，因为电子媒体属于文字媒体是再清楚不过的事实。比如既能处理文字、又有图像、还附有盒子的"电子教科书"等。

话说到这里，我们不妨提一个问题：20世纪前半期印刷（出版）的97％的图书向何处去？难道用再生纸印刷的图书只能等着腐朽吗？

在1980年前后零零星星出现的电子媒体，要使以前所有的图书复活是非常困难的。因为许多书连翻都翻不开。20世纪90年代前半期，即使是出版CD-ROM最兴盛的时期，包括被称为"名作"的作品在内，情形也与前面的相同——过去制作的用于图书印刷的数据，由于操作系统的更新，由于铅印版式的变更，几乎都不能再现（重新使用）。内容即软件全部是信息（情报），而电子媒体这种硬件不是信息（情报），只是实体。是否可以认为，电子媒体似乎蕴藏着"未来的书"的某些要素？

100年以后的图书，应当在对信息处理的作业上，有一个天翻地覆的变化。要实现这种变化，就需要可以长久保存的版式，需要稳定的硬件和值得信赖的耗材。和装本（书）和卷子本（书）要以修复为前提。比如和纸做的书，就连封面都能保存下来，无论翻多少次都翻得开，无论放多少年都拿得起。江户初期用于卷子本（书）的纸张，至今还是和当初一样白净，令人叹为观止。这种纸仿佛具有今天硬件的功能：永不磨损。大致的方法是清楚的，就看今后怎么做了。

连环漫画将成为奢侈品？

漫画家左边彼真如是说——

"想象100年以后的图书是什么样子？"以前我也想过，就是想不出来。现在想，还是不会有什么结果。作为我自己，十分喜欢用纸张这种物质印刷出来的图书，就是过上100年，也不会改变这种喜好。我认为，所谓图书，就是平时最能够娱悦人的五官的"记录媒体"。

尽管这样，在实际工作中，我也在发生变化。我的工作是画漫画和连环漫画，在最近一两年完全转到数字化运用方面。我主要是复制自己原先的旧作，因为复制很困难，所以在做这一工作的过程中，就非常畏惧那些陈旧的如化石一般的纸介质草稿，甚至在心里产生过这样的疑问：当年的草稿是画在纸上的吗？比起用手可以触摸的纸介质草稿来，自己还是觉得仅用眼睛看看就行的数字草稿好。然而，作品的最终形式还是纸介质图书。这不是很矛盾？我们是不是非要拘泥于图书这种形式？

100年以后，如果纸介质图书还存在，那么，作为纸张本身将是什么情形呢？到那个时候，纸张大概成为相当贵重的资源。因此，如果是以文字为主的"文库"，大约依赖数字化就可以了。连环漫画将怎么样呢？也许，硬纸壳装订、印得五颜六色、手感视觉俱佳、完全是纸介质做出来的连环漫画，变成了奢侈品，以高价格的珍藏版形式，成为收藏家们收藏的珍品。也许，时下流行的连环漫画将消失，凭手工制作连环漫画的职业人将消失，数字化的作品以其价格便宜行销于市，面向孩子们的普及版连环漫画不是纸介质的了。这种连环漫画有声音、有音乐、有立体影像，能自动读给孩子们听……连环漫画的"优美形象"难以言表。

虽然是在想象100年以后的图书，但也免不了心跳加速。我以为，人与书本的关系，如同人与空气的关系，要有适当的距离，要给接受方（人）以充分的自由。比如看书，这个书是站着也能看，坐着也能看，躺着也能看；睁着眼睛也能看，闭上眼睛也能看；翻开也能看，不翻开也能看；喜欢哪章就出现哪章，喜欢哪节就出现哪节……不过，仅仅以这种休闲享受的心情去想像100年以后的图书，那图书会不会从人类后代的手中消失呢？

从"实体性媒体"发展成"象征性媒体"

媒体评论家水越伸如是说——

"到了2100年，图书会变成什么样子？"这个问题其实隐含着对图书这一媒体本质意义的探索。在说明为什么这样认识以前，不妨列举一下我的想象。

首先，我认为，2100年图书这种媒体的样子与现在相比不会有什么变化。

我武断地觉得，从根本上决定所有媒体变化的，是媒体的隐喻体系。我们通过隐喻体系理解图书、电视、电话等媒体，以这些媒体的隐喻体系的不同"大纲"和不同"细目"与他人进行交流，从而认识世界。图书的隐喻体系经过几个世纪的变迁，可以说达到了最高阶段、终极阶段。今后的社会无论怎样安逸舒适，抑或是发生可怕的战争，图书的这种隐喻体系不会发生变化。

当然，围绕图书的媒体状况将发生很大变化。我再一次武断地认为，图书之所以成为图书，不是历史发展的结果。从形式上看，要有纸张、要编成册子、要有印刷这三个要素；从内容上看，要结合文化、思想、宗教等，形式和内容的融合为一，才成为图书这个样子。图书的隐喻体系是在与其他媒体隐喻体系的既相联系又相区别的关系中确立的。因此,要探索图书的过去与未来,最好以图书现在的隐喻体系为前提。在"2100年的图书是什么样子"的设问中,已经有了"图书不会消失"的前提,所以,也只有依靠图书的隐喻体系来回答问题。这就是开头为什么要提出"本质意义"这个概念的缘由。

不言而喻,在现实中,构成图书的三个要素——纸张、编成册子、印刷分别以其独立的隐喻力,不断发挥着作用。也就是说,"纸张这个物质"、"编成册子这个手法"和"印刷这个活计",一旦与网络、数字相结合将更加枝繁叶茂。与其他媒体相比较,图书与其说更古老一些,不如说正在从"实体性媒体"朝着"象征性媒体"的方向转化。

当然,要想图书不发生变化,需要具备两大基本条件:第一个,是要看能否确保丰富的纸张资源。造纸需要木材,但由于地球的"温室效应",砍伐森林越来越不可能。对那些生长着针叶树林的北方国家来说,随时都有一个"再也不能砍伐"的临界点。第二个,是要看人类在整个地球生态系统的地位如何。否则,就会像电影《子宫》所描写的那样,人类被机器人所控制,即便有人还梦见图书,但图书已经不存在了。

(古隆中　编译)

动漫游戏

奥运吉祥物　动漫摇钱树

据英国媒体报道，每届奥运会都会带动诸多产业。比如，奥运会的吉祥物，往往成为动漫产业的摇钱树。

中国的北京，挑选五个格式化的娃娃作为奥运吉祥物，即福娃，受到了全中国和全世界儿童的喜爱。福娃正在或将为中国乃至世界的动漫产业带来无限商机。

自 1968 年法国格勒诺布尔冬奥会以来，奥运会就有了吉祥物的传统，多数国家都会挑选一种本土动物作为吉祥物的形象。这些吉祥物在奥运商业方面起着关键作用，带动相关产业兴旺发达。

下面归纳从 40 年前的第一个奥运吉祥物到北京奥运吉祥物的名称：

1968 年格勒诺布尔冬奥会，非正式（但属于第一个）奥运吉祥物是站在滑雪板上的男子"舒斯"。

1972 年慕尼黑奥运会，吉祥物是彩色条纹达克斯猎狗"瓦尔迪"。

1976 年蒙特利尔奥运会，吉祥物是海狸"阿米克"。

1976 年因斯布鲁克冬奥会，吉祥物是雪人。

1980 年莫斯科奥运会，吉祥物是漂亮的小熊"米沙"和海豹 vigri.

1980 年普莱西德湖城冬奥会，吉祥物是浣熊"罗尼"。

1984 年洛杉矶奥运会，吉祥物是老鹰"山姆"。这是"山姆大叔"的动物化。

1984 年萨拉热窝冬奥会，吉祥物是"武奇科"狼。

1988 年汉城奥运会，吉祥物是小老虎"虎多里"。

1988 年卡尔加里冬奥会，吉祥物是身穿牛仔装的两只北极熊"海迪"和"豪迪"，一男一女。

1992 年巴塞罗那奥运会,吉祥物是小狗"科比"。

1992 年阿尔贝维尔冬奥会,吉祥物是半人半星的"冰上精灵"。

1994 年利勒哈默尔冬奥会,吉祥物是两个身穿挪威民族服装的孩子"哈康"和"克丽斯廷"。

1996 年亚特兰大奥运会的吉祥物是由电脑设计出的卡通人物"伊奇"。

1998 年长野冬奥会,吉祥物是四只雪鸮。

2000 年悉尼奥运会,吉祥物是鸭嘴兽"西德"、食蚁针安"米利埃"和笑翠鸟"奥利"。

2002 年盐湖城冬奥会,吉祥物是草原狼"科珀"、雪靴兔"鲍德"和黑熊"科尔"。

2004 年雅典奥运会,吉祥物是智慧女神"雅典娜"和光明与音乐之神"费沃斯"兄妹。

2006 年都灵冬奥会,吉祥物是雪球"内韦"和冰块"格利兹"。

2008 年北京奥运会,吉祥物是福娃"贝贝""京京""欢欢""迎迎"和"妮妮"。自有奥运吉祥物以来,北京奥运会吉祥物的数量是最多的。

英国的动漫专家指出,如果把这些奥运吉祥物整合在一起,用于漫画、动画、游戏、玩具以及相关产业,完全有可能推动全球动漫产业达到新的高峰。艺术价值不可估量,经济效益应是天文数字。

(郝斯咏　编译)

《机器人总动员》
可能"总动员"美国影迷

　　次贷危机的阴影挥之不去,引起美元不断贬值,经济持续衰退,美国人的腰包大大缩水。但是,一年一度的夏季假日又将来临,要想让这度假如同"罗马假日"一样浪漫,离开大把大把的美元是不能想象的。

　　据美国媒体分析,对于大批由"富山姆大叔"变成"穷山姆大叔"的美国人而言,好莱坞可能是他们的最佳去处。经济上的"失"很可能却是好莱坞的"得"。历史证明,电影业更能经受经济衰退的打击——在以往的四次经济衰退中,电影院的上座率有三次不降反升。而在今年(2008 年),好莱坞希望经济衰退能刺激 5~9 月的上座率接近破纪录的水平。

　　正如此前国内生产总值的下降所证明的,通俗文化在困难时期可能走向繁荣。如果你手头拮据,为什么不让安吉丽娜·朱莉带走你的烦恼呢?

　　"动画是醒脑剂"、"电影是万能药"的规律似乎更青睐斥巨资拍摄的大片。在过去几十年里,风靡一时的著名影片《E. T.》、《大白鲨》、《指环王》都是在经济正陷入或刚刚走出衰退时首映的。据美国电影协会统计,虽然 2001 年 3~11 月出现了经济衰退,但当年影院的票房收入从 2000 年的 77 亿美元增长到了 84 亿美元。

　　索尼影像娱乐公司的全球营销和发行董事长杰夫·布莱克说:"如果说有什么能经得起经济衰退,那么非大片莫属。"

　　要超过 2007 年夏季创下的纪录,必须有几部叫座的动画片、故事片。去年(2007 年)的辉煌很大程度上是由反响不错的系列片续集创造的。今年(2008 年),好莱坞计划推出七部系列片续集(包括《木乃伊》和《牛仔裤的夏天》系列),以及由史蒂夫·卡雷利、亚当·桑德勒、迈克·迈尔斯、本·施蒂勒等观众熟悉的演员主演的几部喜剧。

今年(2008年)夏天,好莱坞将推出几部新的系列片,而不是再制作十几部电影续集。在北美经营着近4 500家影院的AMC娱乐公司董事长兼执行总裁彼得·布朗说:"我认为,上映扣人心弦,有可能成为系列片的新电影是件好事。"他说,太多续集会让观众生厌。"期望值过高,人们就会失望。"

尽管今年(2008年)夏天不会推出很多影片续集,但好莱坞已将越来越多的精力投入到《纳尼亚传奇2》这类大片的制作中。派拉蒙影片公司副董事长罗布·穆尔说:"毫无疑问,现在让人们走出家门更难了。然而,如果真有引人入胜的、能和孩子一起观看的影片,其优势反而会愈发凸显。去年(2007年)大人和孩子能一起观看的电影都非常叫座。特别是那些动画电影。"

美元疲软是美国经济灾难的表现之一,消费者信心的减少是另一表现。尽管一些家庭决定通过取消往常的暑期旅游来省钱,但他们可能仍会定期去影院。这意味着,尽管人们可能会挤出十美元买电影票,看迪士尼和皮克斯(Pixar)动画影片厂出品的《机器人总动员》,然而,决定花1 000美元去迪士尼乐园度假会难得多。也就是说,《机器人总动员》凭借区区十美元,或将对美国影迷实施"总动员"。

(金点子　编译)

美国游戏产业
在"闯遍校园"中拓展市场

　　游戏产业的基础是"游戏内容"和"玩家玩耍",越"玩"越有"戏",越有"戏"越好"玩",越好"玩"参与的"玩家"就越多,由此游戏不断增值,市场不断扩大,利润滚滚而来。

　　据美国媒体报道,可以说在韩国达到巅峰状态的网络游戏正在向全世界蔓延,现在,美国各大学也卷入网络游戏的"征战"中,这使那些网络游戏公司似乎大有被美元"淹没"的感觉。例如,在"闯遍校园"的网络游戏中,耶鲁大学的军队入侵麻省理工学院,攻占哈佛大学。康奈尔大学的军队把达特茅斯大学的民兵组织收编过来。哥伦比亚大学与耶鲁大学结盟,占领长岛大学,然后又被普林斯顿大学-康奈尔大学联盟击退。

　　美国常青藤联合会这几个长久以来的竞争对手已经把战场转移到互联网上。常青藤联合会的1.1万名学生和校友参加了名为"闯遍校园"(GoCrossCampus)的网上游戏。这种游戏的玩法与其他一些攻城略池的经典棋盘游戏差不多,如今正在风靡美国各大学校园。

　　比起典型的网上视频游戏,"闯遍校园"更像是一种校内或者校际间体育运动,参加这项运动的个人或者小集团进行角逐。"闯遍校园"小组由数百名、有时数千名玩家组成,他们代表现实世界的寝室或者学校——有时候甚至是校长候选人——出战,在校园或者场所地图上争夺霸权,尽可能多地把现实世界的竞争在网上展示出来。

　　这一网络游戏是四名耶鲁大学本科生和一名哥伦比亚大学本科生2007年9

月开发的,如今已经风靡其他许多学校。这几名学生还在耶鲁大学所在地康涅狄格州的黑文组建了一家公司,把这种游戏推广给其它公司。

"闯遍校园"代表了一种能够把现实世界里社区活动的参与者团结到共同的网络事业的新型游戏。这一游戏的规则相对简单。"闯遍校园"每天给每位玩家分配一定数额的军队,而这位玩家必须与队友协调攻击行动、调兵遣将和进行防御。玩家们每天可以调动军队一次,而游戏软件用运算法则计算冲突结果,并给防御者些许"优惠"。

一些最重要的行动并非在网上进行。玩家们聚集在一起制订作战计划,选出指挥官,雇佣其他的玩家,讨论战略以及如何刺探敌情。

前不久,赖斯大学的几所住宿学院之间爆发了"战斗",一小组玩家在游戏中一个极度"危险"的时刻在一家咖啡馆里聚会。负责为这个小组制订战略的一名三年级学生说:"一名指挥官引用了电影《黑客帝国3》中墨菲斯的话,于是我们就打开我们的便携式电脑,招募了更多的人。"

2008年初夏,在新罕布什尔州一所寄宿学校里,200多名学生在一幅地图上争战,地图上包括学校寝室、餐厅、曲棍球场和小教堂等场所。

"闯遍校园"创始人强调,这一游戏的理念是玩家们每天只需要花几分钟时间,与他们的指挥官在网上碰上一面,然后分配一下他们的军队。

创始人之一、耶鲁大学四年级学生布拉德·哈格里夫斯说:"我们设法控制不同竞争群体的情绪,以便打造真正狂热的网络游戏玩家群体,而那些以前从未玩过网络游戏的人基本上无法加入进来。"

这几位创始人说,他们正在考虑把公司搬到硅谷。他们希望避免在网站上发布乱七八糟的广告,而是倾向于靠出售游戏和游戏赞助权来赚钱。

他们的公司将无可避免地面临挑战。如果这一游戏继续显现发展的势头,那些财雄势大的视频游戏公司就可能用自己的版本来抢占"闯遍校园"的地盘。

微软从一个车库起步;雅虎从一台电脑开始;谷歌从搜索一个关键词入手,最后都成就了今天的大业。几个乳臭未干的学生从"闯遍校园"小试牛刀,焉知他日不会"闯遍美国"?不会"闯遍世界"?

相关链接

中国互联网用户量跃居世界第一

据英国媒体报道,超过美国,中国互联网用户量跃居世界第一。

据总部设在北京的 BDA 咨询公司的研究人员称,中国互联网用户的数量已超过美国,跃居世界首位。

有关方面提供的数据显示,2007 年年底,中国的互联网用户达到 2.1 亿,只比美国少几百万。据 BDA 公司称,增长率表明,中国现在已跃居首位。

该公司分析师刘斌(音)说:"根据这些数据,我们可以得出,到目前为止,中国互联网用户已经超过美国,现在,中国拥有世界上最多的网民。"

中国的互联网用户每天增加 20 万左右,电子商务正在蓬勃发展。

但是,北京的限制做法引起了人们的关注。北京利用所谓的"防火长城"来封锁认为会带来政治危害的网站。

网络"真"戏彰显中国留学生爱国心

据美国媒体报道,洋装穿在身,依然中国心。西藏的"不平静",让无数中国留学生不愿意坐视。朝气蓬勃的海外华人在民族主义的感召下,以网络为武器,捍卫自己的话语权,把游戏变"真"戏,展开了一场抨击西方媒体对西藏骚乱进行偏见报道的运动,并替北京的行动进行辩解。

这场情感的宣泄无论从规模上还是从力度上讲都是史无前例的。专家说,中国不断上升的国际地位,以及北京成功地将这场暴乱说成是受西藏分裂主义分子的驱动所为,令这些学生和其他华人深受鼓舞,使他们大肆发表在当地不受欢迎的观点。

无论是 YouTube 的视频节目还是"脸谱"(Facebook)交友等网站,所突出表明的一点都是:西方媒体是不负责任的,决不允许西藏独立。

YouTube 的一段视频节目的开场白是这样的:"对你们这些不了解中国历史、人云亦云的人;对所有像你们一样抨击中国的人,我要提供一些有力事实,证明为什么西藏过去、现在,并仍将一如既往是中国一部分的理由。"该网站说,这段视频(2008 年 3 月)29 日前就已经被点击近 200 万次。

芝加哥大学生物学系刘洋(音译)在电子邮件中说:"设想一下,每天打开电脑浏览新闻时,看到都是抨击你祖国并带有偏见的报道:镇压、烧、杀。"她写道:"我不理解,它们一直为争取新闻自由和公正而奋斗,但是为什么现在就丧失良知了。媒体难道不是独立的吗? 难道是传话筒吗?"

大学教授和几名学生一直认为,这种情绪不仅局限于少数狂热的爱国者中。加利福尼亚大学洛杉矶分校中国学生和学者联合会主席凯文·何说:"我在这里的大部分朋友都持有类似看法。我一直在同全北美的其他组织的人讨论这个问题。我们的观点相当一致。"

克里斯·姚领导着一个名为"西藏过去,现在,将来,永远都是中国的领土"的组织,YouTube 网站发布了他的一段视频。他说:"我的确认为,无论什么时候我都应该代表中国,而且捍卫我的国家的利益……但是有时我感到很沮丧,因为许多人根本不理会我在说什么。"页面上的一条留言说:"对 CNN 关于西藏的报道感到愤怒吗? 好吧,我来告诉你,有这种想法的不只你一个人!"

22 岁的姚出生在中国,目前就读于加拿大西蒙·弗雷泽大学,学的是计算机工程专业。他从 10 岁起就居住在美国和加拿大,不过他说自己还是忠于中国。他打算毕业后回中国。

虽然西藏激进分子长期以来一直借助互联网来推进自己的事业,但是香港科技大学社会学教授沙伯力说,这是中国老百姓首次作出反击,强调中国不可分割并指责西文媒体的偏见。他说:"他们提出了这样的异议,他们以前没做过这种事情。而且他们如此强烈地表达这一观点,实在让我感到惊讶。"

(岳 月 编译)

美国动漫业之一环:玩具业遭遇困境

据美国媒体报道,美国动漫业的发展一直风风火火,可现在作为其中一环的玩具业,却遇到麻烦。据市场研究机构 NPD Funworld 称,现在美国儿童在咿呀学语的时候就看动画,从 3 岁开始看漫画,从 5 岁半开始使用电脑,6 岁就懂得用 CD 和 DVD,8 岁左右开始接触音乐播放器,年纪都比两年前调查时略小。而且对于消费者来说购买这些电子产品也有一样好处,那就是家长们往往也可以使用或分享它们。鉴于电子产品的价格通常要远远超出传统玩具,因此它们在假日预算中占据了很大一部分。

玩具行业也不会坐以待毙。他们推出了富有时尚气息的新一代电子产品,不但比成人版的便宜,而且外观更可爱,更适合儿童使用。其中包括面向学龄前儿童的电视游戏,以及数码相机等品牌消费电子产品。2008 年玩具厂商还推出了大批的社交网站,目的是在这些“小大人”们成为 MySpacet 和 Facebook 的用户之前将他们争取过来。

美泰公司负责产品设计的副总裁伊芙林·维奥尔表示,公司已经调整策略来适应儿童消费者捉摸不定的喜好,特别是那些最难把握的 8~12 岁的上网儿童。维奥尔谈到她的设计室时称,如今的情况与四年前已经大不相同,当前的问题不在于如何抵抗高科技产品的入侵,而在于将不同的玩具形式与电子产品融为一体。这意味着今后要更多地倚重工程师和“对游戏满怀热情的设计师”,来针对那些可谓“科技通”的小孩子们开发出符合他们口味的新产品。而这一转变的成果已体现在互联网上。美泰公司还结合一款售价 60 美元的芭比娃娃 MP3 播放器推出了面向少女的社交网站 Barbiegirls.com。小女孩们通过网站将进入一个围绕该品牌而建的虚拟世界。

旧金山顾问理查德·吉尔伯特表示,这些网站看上去有足够的吸引力将青少年从游戏机那里争取回来。他10岁的女儿就被华特—迪士尼公司的网站 Club-penguin. com 深深吸引住。这个网站创造了一个冰雪覆盖的虚拟世界。吉尔伯特又称，这种网站又并非传统玩具。你可以把孩子们所有的玩具拿开，只给他们一台电脑、Xbox游戏机，以及其他电子小玩艺，他们就会很高兴。

相关链接

"大屠杀漫画"做德国学校教材

据英国媒体报道，从2008年春季起，德国的中小学校将启用关于纳粹时期和种族大屠杀的漫画书作为教材（课本、教科书），教育那些特别不爱学习的孩子。

虽然德国中小学已经努力对中小学生进行关于纳粹时期历史知识的教育，但种族暴力依然是个问题，而且德国犹太人的复兴引发了反犹主义的抬头。

在德国，一本有着"丁丁画风"的漫画书名叫《探索》，十分畅销，《探索》讲述了一个名叫埃丝特的大屠杀犹太幸存者的故事。

这本61页的漫画书已经被译成多种欧洲国家的文字，并将成为柏林的中小学历史课课程内容。根据计划，《探索》将在德国全国范围内推广。

该书根据真实历史故事改编，讲述了犹太人在荷兰被纳粹占领时发生的种族灭绝大屠杀中的经历。二战期间，在欧洲的大屠杀中，有600万犹太人被夺去了生命。该书通过画面和对话的形式，描述了犹太人被剥夺生计、被排斥，最后被关进集中营后劳累至死或被毒气杀害的故事。

动漫专业将出现在日本国立大学研究生院

据日本媒体报道，截止到2007年底，日本已有近百所专科学校、近30所大学或短期大学设立了（专、本科）动漫专业，但大学的研究生院还是空缺。2008年伊始，日本东京艺术大学研究生院宣布，在4月份开启动漫专业。这是日本国立大学研究生院开设的首个动漫专业。

日本横滨市都市经营局介绍,设立动漫研究生专业的理念是"通过把与以动漫为主体的动画相关的表现和研究应用于通信、广播等内容制作,使这种表现和研究得到广泛推进"。动漫研究生专业设置了立体动漫、平面动漫、企划构成和故事构成四个研究方向,旨在通过动漫作品的制作,培养出集创作、制片和研究能力于一身的人才。

凭借短篇动漫作品《头山》在国内外电影节受到高度评价的导演山村浩二、著名电影评论家出口丈人等四人将在新设立的动漫研究生专业执教。之后,还有一批著名的动漫专家走上讲坛。

东京艺术大学研究生院映像研究科介绍,首个动漫研究生专业计划招收 16 名学生,目前有 35 名学生提交了志愿,其中包括五名外国留学生。

"长矛动画"威胁"先知漫画"

据英国媒体报道,"基地"组织头目乌萨马·本·拉登最近因几幅关于伊斯兰教先知穆罕默德的漫画,威胁要对欧盟进行严厉惩罚。

在纪念伊斯兰教先知诞辰之际,本·拉登在网上公布的一段录音中称,这些令穆斯林感到不快的漫画是教皇本笃 16 世参与的"新神圣战争"的一部分。

这位出生于沙特的激进分子领导人对"那些欧盟中的放肆家伙"说,"你们发表这些漫画是一场新神圣战争的一部分,梵蒂冈教皇也在其中发挥了重要作用,这证明这场战争仍在继续"。

你们在"试探穆斯林……你们将亲眼见证,而非耳闻对此事的回应。如果我们不能挺身保护真主的使者,我们的母亲都不容我们生存……"

这是自 2007 年 11 月 29 日敦促欧洲停止追随美军驻守阿富汗以来,本·拉登首次发表声明。

该录音是"基地"组织负责媒体事务的分支机构"萨哈卜"组织制作的。录音还配有一段长矛刺穿红色欧洲地图的动画。矛头穿过地图表面的瞬间,鲜血四溅。

美国的一名反恐官员称,这段录音的真实性有待考证,但又称这与"基地"组织正在进行的宣传是一致的。

（佥点子　编译）

美国问世用脑波控制游戏的装置

据阿根廷媒体报道，美国诞生了第一台通过人脑控制游戏的装置。

2008年2月，在美国旧金山举办的2008游戏开发者大会上展出了第一台通过大脑控制游戏的装置。这一装置的问世花费了美国Emotiv电子系统游戏公司四年的时间和心血，其中包含了许多重大发现和科技创新。

这一新装置售价约为200欧元，目前已经可以在该公司的网站上预订。游戏玩家戴上这款形同头盔的装置后可以通过大脑想法来控制游戏，因为其中装有可以读取大脑信号的传感器，这些信号经由一个无线连接装置变成指令被传送到一个电脑程序中。

Emotiv公司在2007年就推出过这款名为"Epoc"装置的原型，装置内布满了传感器，通过接收大脑传递的信号检测出玩家的想法、情绪和面部表情。

这款装置将面向娱乐业，尤其是那些视频游戏行业。玩家的大脑信号通过无线装置传递到游戏机或电脑等任何游戏载体上，而玩家尽可依靠自己的心念一转在游戏世界里大展身手。

这款装置的核心技术集中在可以读取大脑电子信号的传感器上。Emotiv公司介绍说，人的大脑中分布着上千亿个神经细胞或神经元，因此脑组织会持续发出大量变化万千的信号。根据这一原理，该公司利用其"人脑—计算机接口"技术发明了一种可以探测到人的有意识思考和下意识情绪并将其分类的系统。从此，我们将仅依靠思维就能控制并操作游戏机了。

该装置中分布的这些传感器可以通过类似脑电波仪的流程记录下脑电波，此后能将接收到的脑信号与储存下的信号进行比较。

在初学阶段,使用者会看到由系统程序提供的一系列动作,并针对每一个动作进行天马行空的思维活动,在这一过程中不需要刻意考虑这些思维是否与该动作有关。而此时传感系统就能瞬间撷取使用者大脑对特定动作产生的意念。

有杂志披露了亲身体验该装置的感受,认为目前该装置操作起来还不太容易,因为在游戏过程中需要玩家注意力高度集中。

(古隆中　编译)

连环漫画滋润好莱坞

日本动漫产业的超级巨星铁臂阿童木,在成为电视动画的宠儿之前,尽管在连环漫画上纵横驰骋,但民间只是把他看作"野小子"、"草莽英雄"。也可以看作美国动漫产业的超级巨星之一的超人,在 1978 年被首次搬上银幕之前,他已经在连环漫画上的高楼间跳跃了 40 年。

纸质成功或意味着银幕火爆

在美国,连环漫画包括主要是孩子们阅读的单本或分集的漫画图书和主要是成年人阅读的长篇绘本(后者也叫做绘本小说)。长期以来,连环漫画一直有着大批狂热的追随者。苏格兰作家马克·米勒说,连环漫画的主要特点是违反常理。他说:"这是读者能随心所欲的最后一个介质。"

但米勒在画桌上创作的古怪独居者形象也成为了电影产业依赖最为严重的开发工具。像蜘蛛侠、X 战警这样的超级英雄在票房收入上获得的成功使好莱坞对连环漫画作品素材贪得无厌。包括马克·米勒的《被通辑》、艾伦·穆尔的《巡夜人》在内的连环漫画作品现在都在进行电影改编。原来仅有几十万读者的连环漫画故事和人物在被搬上银幕、做成 DVD 和有线电视节目后,便拥有了几千万观众。长篇绘本《罪城》和《300》的作者弗兰克·米勒说:"好莱坞与连环漫画之间的调情正在走向婚姻。处于不利地位的是那些做连环漫画书的人。大家都想获得金钱和名声。"

原先不是这样。马克·米勒说,1997 年,"乔治·克卢尼终结了连环漫画影片"。在乔尔·舒马赫无聊的《蝙蝠侠与知更鸟》中,克卢尼传奇性地穿着有橡皮奶头的蝙蝠侠服装让爱好者感受到了侮辱。但当《蜘蛛侠》于 2002 年在票房收入上超过《哈利·波特》和《指环王》两部魔力影片、2003 年《X 战警 2》在美国的票房收入突破两亿美元以后,连环漫画上的英雄们重新受到了人们的青睐。好莱坞现在处于一个不愿意冒风险的时代,改编自连环漫画的作品有一个天生的优势:那些绘画故事意味着电影公司的管理人员在影片没有拍摄前就可以预知影片会是什么样子。

漫画图书读者即是漫画电影观众

在日本,最初是那些家喻户晓的超级英雄被搬上银幕。慢慢地,一些不太有名的连环漫画也被拍成了电影和电视剧。这种规律也出现在今天的美国。比如,像《罪城》、《地狱男孩》等由于忠实于原创者的独特风格在票房上获得了一定的成功。另外一些影片,像《毁灭之路》、《暴力史》等因其复杂的故事情节深深地吸引了观众,殊不知,这些故事都是从连环漫画改编而来。

接下来,《300》面世,这是刺破连环漫画产业、电影产业和录像产业的一支尖矛。导演扎克·施奈德在谈及自己的这部作品时说:"我当时十分确信这是一部精品影片。"《300》仅在美国就获得了两亿多票房收入。

由于连环漫画作者的工作要比电影制片人的工作简单得多,因此连环漫画作者以及绘画家们的创作机会要比电影导演更多。弗兰克·米勒说:"你不会被无休无止的会议纠缠得脑子变成一团浆糊。"

影片《300》向好莱坞证实了另一个连环漫画产业已经知道了几十年的真理,恰如连环漫画书店老板、导演、体重超重的 30 多岁的凯文·史密斯所说的:"连环漫画影片的观众都是些 30 多岁的超重人士。"实际上,连环漫画图书购买者的平均年龄是 23 岁,不过凯文·史密斯的意思是,有足够多的连环漫画图书爱好者来支持连环漫画影片。

为有源头活水来

2008 年,被大多数美国人预计于明年(2009 年)上演的连环漫画电影《巡夜人》的原作是已经出版 20 多年的绘画小说。好莱坞想要的是另一部巨制。如果电影公司的管理人员在出版商的目录中找不到这样的作品的话,他们将自己来创作这样的作品。迪斯尼新的出版公司"王国连环漫画出版公司"明确要为电影公司开发绘画小说影片项目。弗兰克·米勒警告说,连环漫画应该对快餐式的作品小心谨慎,不能牺牲了作品的品质。

与此同时,马克·米勒认为,绘画小说制作成电影的趋势可能会激发创造力,而不是扼制创造力。他说:"好莱坞吸收点子很快,但连环漫画一个月可能产生出300个新点子。""问渠哪得清如许,为有源头活水来",连环漫画滋润好莱坞已是不争的事实。

（孟斯咏　编译）

美国联邦调查局让文学艺术界倾倒

据法国媒体报道,有一个十分奇怪的现象:前苏联的"克格勃"大名鼎鼎,但在艺术世界里却好像倍受冷落,大概是因为"克格勃"的名声不佳,可能还由于本身属于"克格勃"出身的前俄罗斯总统、现俄罗斯总理普京有什么忌讳吧!与此相反,FBI(美国联邦调查局的字母缩写)不仅在现实世界里长盛不衰,而且也给小说、漫画、动画、电影、电视剧带来了取之不尽、用之不竭的创作源泉,在一定程度上成为文学艺术界的"衣食父母"。

即使是在值得欢庆的今天,美国联邦调查局还是显得比较低调,但美国的文学艺术界却津津乐道起来:从 1908 年 7 月 26 日到 2008 年 7 月 26 日,从几十名侦探发展到一支三万余人的队伍,美国联邦调查局已走过百年历程。

美国联邦调查局之所以提升至世界传奇的水平,部分要归功于像埃德加·胡佛和特工埃利奥特·内斯这些赫赫有名的人物:前者在二战和骚乱迭起的民权运动期间领导美国联邦调查局近 50 年之久,而后者则抓获了臭名昭著的匪徒阿尔·卡彭。

美国联邦调查局也为大批好莱坞电影提供素材,包括 1935 年由詹姆斯·卡格尼主演的影片《执法铁汉》、1991 年由安东尼·霍普金斯和朱迪·福斯特主演的影片《沉默的羔羊》。

不过,美国联邦调查局还因"长命百岁"、与时俱进的能力和成功侦破案件而享有盛名。美国联邦调查局历史学家约翰·福克斯说,美国联邦调查局的创始人是时任美国司法部长的查尔斯·波拿巴,他是拿破仑·波拿巴家族在马里兰州巴尔的摩市旁支的一员。波拿巴认为有必要派侦探协助司法部调查联邦刑事案件。

约翰·福克斯说:"联邦调查局在早期担负着 20 多种职责——从调查联邦刑事案件、侦破白领阶层犯罪案件,到维护国家安全等方方面面。随着时间的推移,由于国会将越来越多的行为视作违反联邦刑法,我们的权限有所扩大。另外,随着一战和二战等国家安全危机的出现,该机构的权限也扩展了。"

自 20 世纪 30 年代起,美国联邦调查局就一直让人们心驰神往。那时,一轮由艰难的大萧条年代所引发的犯罪浪潮席卷美国。约翰·迪林杰和"机枪手凯利"之类臭名昭著的恶徒在其中扮演领头的角色。

福克斯说:"由于抓捕了迪林杰之流,该机构声名大噪。"

在迪林杰和"机枪手凯利"时代,美国联邦调查局特工有了一个别名——"执法铁汉",此标签沿用至今。

在迪林杰时代,美国联邦调查局被神化为一个富有传奇色彩的打击犯罪机构,而第二次世界大战见证了该机构最为迅猛的发展过程:从仅有几百名特工和辅助人员增至近 1.3 万人。

美国联邦调查局还破解了最有纪念意义的案件之一,即摧毁了八名潜入美国的德国纳粹分子在美国本土进行破坏活动的阴谋。这在二战历史上留下浓重的一笔。

从那时起,人员增长的速度有所放慢,但因为美国联邦调查局给许多电影、电视剧以及小说、漫画、动画、游戏的创作带来灵感,又有骄人的业绩,所以美国联邦调查局的形象还是一如往昔的高大。就连自命不凡的美国文学艺术界,都觉得看美国联邦调查局,有"须仰视才见"的感觉。

(方象磐　编译)

"小姐小"布拉茨娃娃
挑战"大姐大"芭比娃娃

在动漫产业领域一向高枕无忧、超群脱俗、优越感极强、几乎红遍整个地球的芭比娃娃,如今也不得不面对后起的新的形象符号的挑战了。作为"小姐小"的布拉茨娃娃,竟敢觊觎"大姐大"芭比娃娃的宝座。

据英国媒体报道,(2008年5月)27日,在美国加利福尼亚州的一家法庭,有着诱人长腿的"大家闺秀"般的芭比娃娃的制造商,与涂着红色嘴唇的"小家碧玉"似的布拉茨娃娃的生产商对簿公堂。这场官司关系到动漫市场之一环的玩具市场数百万甚至上千万美元的市场份额。

法庭的一边是设计和制造芭比娃娃的美泰玩具公司,它制造的芭比娃娃在美国和全世界流行了近50年。法庭的另一边是制造布拉茨娃娃的MGA公司。小小年纪的布拉茨来势凶猛,可能抢走芭比娃娃已经拥有几十年的耀眼皇冠。

美泰公司的律师2008年5月26日提出理由说,布拉茨娃娃的最初设计实际上出自美泰公司的设计室。

陪审团将听取美泰公司关于布拉茨娃娃最早诞生于它的设计室的法学鉴定分析。

这一案件的核心是39岁的设计师卡特·布赖恩特。这位能干的想象力丰富的卡特·布赖恩特,在20世纪90年代中期曾效力于美泰公司,后来离开该公司移居密苏里州。之后他再次进入美泰公司,直至跳槽到MGA公司。

就在卡特·布赖恩特跳槽到MGA公司前夕,他萌生出设计布拉茨娃娃的想法。他当时觉得芭比娃娃步入中年,应当叫"芭比女士",不太适合当今的女孩。于是他构想出嘴唇性感、发型更酷的露脐娃娃布拉茨。

2000 年，卡特·布赖恩特离开美泰公司到 MGA 公司。2003 年 MGA 公司开始大批量生产布拉茨娃娃，它们很快便成为小女孩们的"新宠"，芭比娃娃的优势地位受到威胁。

（雪 莲 编译）

《迪士尼动画中的自然理念》
畅销英伦

据英国媒体报道，一本研究迪士尼动画的学术书，出版发行后受到读者热情追捧，居然成为了畅销书，这也让名不见经传的作者，尤其在动漫产业领域里一夜成名。

回归自然是为了逃避现实

英国剑桥大学的英语讲师戴维·惠特利推出新书《迪士尼动画中的自然理念》。他在书中指出，《小鹿斑比》、《森林王子》和《风中奇缘》等迪士尼影片在教育公众保护环境方面发挥了重要作用。

惠特利博士认为，从 1937 年的《白雪公主》到 2003 年的《海底总动员》，迪士尼动画形象的故事使人们"清醒地意识到了备受争议的环境问题"。

他说，尽管迪士尼电影常常被视为不过是在逃避现实，甚至被批评是温和的民粹主义，但其中蕴涵的关于保护环境和人与自然关系的寓意被证明非常具有影响力。

他认为，影片中的可爱动物鼓励了几代儿童融入自然世界并保护自然。

惠特利博士特别提到了 1942 年公映的《小鹿斑比》，认为这部影片非常具有影响力。他说，许多环保行动分子认为，正是这部影片使他们对环保问题产生了最初的兴趣。

他说："迪士尼影片常常被批评为不真实，只是为了迎合大众口味，没有以更加引人深思的方式制作动画。"

"事实上,这些影片以不同的方式教育我们要对自然怀有基本的尊重。《小鹿斑比》等一些影片激发了人们的保护意识,并为环境行动主义打下了感情基础。"

"几十年来,迪士尼影片为儿童提供了有影响力的幻想,促使他们探究自己与自然界之间的关系。"

人与自然和谐相处才是上上策

这本书重点关注迪士尼公司历史上的两个时期——1937年至1967年沃尔特·迪士尼掌管的时期,以及1984年至2005年迈克尔·艾斯纳担任首席执行官的时期。惠特利博士说,这两大巨头都"认为自己对大自然和环境负有不变和重大的责任",但两人略有不同。

沃尔特·迪士尼提倡与自然保持"友好朴素"的关系,从《白雪公主和七个小矮人》、《灰姑娘》、《小鹿斑比》和《睡美人》中可以看出这种影响。这些都是表现田园生活的影片,当中自然界被描绘得简单而美好,但却不堪文明世界的威胁,倾向于逃避。

迈克尔·艾斯纳在位时,迪士尼影片变得更加复杂,暗示说如果人们尊重野生动物并意识到它们在自然界中的地位的话,人与自然可以和谐共存。惠特利博士说:"如果你能够接受多愁善感,那么你可以把这些影片看作为年轻观众提供的一个文化舞台,在那里可以预演重大的环境问题并对其进行探究。"

"在影响我们对特定主题的感觉和想法方面,通俗艺术所发挥的作用常常比我们认为的要大。与我们通常接受的相比,迪士尼也许正在告诉我们更多的环境知识以及我们与环境的关系。"

这些影片甚至可以反映出关于如何最好地保护自然的争论。惠特利博士说,1967年公映的《森林王子》中角色的争论恰好反映了当年嬉皮士和主流保护团体之间的分歧。

内容与寓意

《白雪公主与七个小矮人》(1937年) 嫉妒的王后想杀死白雪公主,白雪公主逃到森林里,与小矮人和动物成为朋友。

寓意:"森林中无忧无虑的环境使观众感受到一个远离人类世界、没有受到破坏的大自然。片中体现的人类世界混乱得令人感到压抑。白雪公主也是一个榜样，表明人类可以如何保护自然，甚至可以把自然管理得井井有条。"

《小鹿斑比》(1942年) 故事讲的是小鹿斑比与小白兔和臭鼬之间的友谊，斑比妈妈被猎人杀死，斑比最后成为森林王子的故事。

寓意："利用动画故事体现恬静的自然世界在人类入侵面前不堪一击的经典作品。这部影片被认为影响了整整一代环保主义者。"

《灰姑娘》(1950年) 在冷酷的继母和她女儿的压迫下，灰姑娘只有和动物交朋友。参加了王室舞会后，老鼠帮助王子找到了她。

寓意："灰姑娘与友好的小动物之间的关系表明她身心健康并且心地善良。这些动物帮她推进了丑陋姐姐所代表的、与自然隔绝的、压抑自私的人类文化。"

《风中奇缘》(1995年) 美国土著女孩子波卡红塔丝与英国定居者约翰·史密斯相爱。她向他展示了土著人民与自然之间亲密、神圣的关系。

寓意："波卡红塔丝决定留在她的部落告诉人们，自然世界之所以存在并不是为了让人类去开化的。与殖民者和解这段与历史不符的情节设计意味着我们与自然之间的裂痕也可以愈合。"

《人猿泰山》(1999年) 泰山是由大猩猩养大的。一群人来到森林，其中包括珍妮，泰山搭救了她，后来她与泰山相恋。泰山从一名猎人的手中救出了大猩猩。

寓意："猎人利用自然世界获得商业利益的行为表明，人类对环境的影响是最具破坏性的。"

相关链接

迪士尼成立"迪士尼自然"

据美国媒体报道，美国沃尔特·迪士尼制版公司推出的《帝企鹅日记》非常卖座，该公司在2008年4月21日宣布，将创立一个新的电影制作组，叫作"迪士尼自然"，专门制作和发行关于保护自然的纪录片。

与迪士尼合作拍摄了《帝企鹅日记》的让-弗朗索瓦·卡米莱里说，2005年制作的这部关于企鹅家族在南极地区生存繁衍的影片，全球票房高达1.27亿美元，而成本仅为300万美元。让-弗朗索瓦·卡米莱里将担任新制作组的负责人。

"迪士尼自然"制作组将在美国发行的首部影片是《地球》，预计上映时间是2009年4月22日，即"地球日"的当天。

迪士尼的电影《地球》将以北极熊、大象和座头鲸带着它们的后代迁徙为主题。

该公司将用"迪士尼自然"品牌发行的第一部影片是《火烈鸟绯红的羽翼》，该影片将于2007年12月在法国首映。

迪士尼公司首席执行官罗伯特·伊热说，创立这个制作品牌标志着公司回归传统做法。从1948年开始迪士尼公司制作了系列纪录片《真实世界历险记》。

罗伯特·伊热预计，这部电影发行后将产生许多派生（衍生、延伸）产品，譬如在互联网上、书店和主题公司里可能出现迪士尼公司的相关产品。

（岳 月 编译）

"我当总统"电子游戏风行西班牙

据西班牙媒体报道,西班牙电子游戏商真可谓挖空心思,为了开发新产品,为了吸引更多的玩家,把文章做到了"总统"头上。

在西班牙进入全面大选活动前后,西班牙的一家游戏发行商在该国市场上推出了一款名为"我当总统"的电子游戏。这是西班牙唯一模拟地缘政治概念的游戏,每位玩家都能够以一国总统的身份制定战略计划,目标是保住自己的权力。

这款 3D 游戏最初在法国大选前成功地在该国市场推广,在引进西班牙后,不仅整套游戏被翻译成了西班牙语,而且游戏任务设置上也遵循了西班牙的具体国情。

在模拟西班牙大选时,游戏玩家必须努力执行一套完善的政治计划,以便赢得"连任",继续执掌国家权力。

"这款游戏高度强调了现实和各种细节,让游戏玩家有一种身临其境之感。就像这款游戏在法国推出时一样,我们相信将有不只一位政治家会利用这一游戏来实践他们的战略计划。"游戏发明者路易-马里·罗克说。

玩家可以任意选择一个自己想要治理的国家,并担任最高领导人,其主要任务就是把自己的领土变为地球上最具影响力的一个地方。为了达成目标,"总统"可以在决策之前咨询媒体意见,或者与其他国家领导者磋商并达成协议。此外,还可以与包括联合国在内的各个国际机构交换看法,与宗教界或经济界人士举行会晤、还可以下达秘密指令和派遣间谍。

游戏中有一张世界地图,清晰地标明了国界、河流和城市等内容。此外,一个庞大而详实的数据库可以给游戏玩家提供各种必要信息,告知一些重要事件,例如奥运会的举行时间,以及各国大选的日期等。

这款游戏推出以后,果然玩家成倍增加,男女老少都在过"总统"瘾。

游戏开发商认为,即使大选结束,这款游戏还会火爆下去。因为各国的大选年份和时间不太一样,只要根据各国总统(首相)的具体情况变化游戏内容,就可以继续玩下去。比如美国的希拉里与奥巴马以及麦凯恩之争,就是这款游戏可以更新的最好内容。

(古隆中　编译)

电子游戏市场日益火爆

对电子游戏机和电子游戏软件来说,2007 年无疑是具有历史意义的一年。自 20 世纪 70 年代初诞生电子游戏机以来,从来没有像 2007 年那样销售那么多的电子游戏机和电子游戏软件。2007 年圣诞节时,父母不仅满足了孩子要买一部电子游戏机的要求,而且有些父母还为自己买一部电子游戏机来玩。

据 Idate 研究所提供的数据,2007 年全球总共销售了 8 000 万台电子游戏机,仅美国、欧洲和日本三大主要市场电子游戏机的营业额达 98 亿欧元,比 2006 年增加了 42%,其中 56 亿欧元为游戏厅电子游戏机。2007 年美国、欧洲和日本三大主要市场电子游戏软件的营业额达 207 亿欧元,比 2006 年增加 17%,其中 51.7% 为游戏厅电子游戏机的软件,18.8% 为手提电子游戏机的软件,17.8% 为个人电脑电子游戏机的软件,5.8% 为在线电子游戏机的软件,5.3% 为手机的软件。预计到 2010 年,电子游戏机软件的销售额将达 273 亿欧元。

电子游戏机、电子游戏软件及其附件的总收入已经相当于音乐产业的总收入,美国、欧洲和日本三大主要市场的营业额已超过 300 亿欧元,其中法国 24 亿欧元,比 2006 年增加 65%。

电子游戏机的领军产品无疑是 Wii 牌电子游戏机,这是日本任天堂(Nintendo)公司生产的一种新式游戏厅电子游戏机。任天堂(Nintendo)公司称,2007 年总共销售了 1 850 万台 Wii 牌电子游戏机,其中在法国销售了 120 万台。Wii 牌电子游戏机零售价为 249 欧元。该型电子游戏机采用一种全新的游戏方法,操作简单方便,趣味性和刺激性更大。

如同其竞争对手索尼(Sony)公司和微软(Microsoft)公司一样,任天堂公司也有自己的研发部门。多年来，该公司已经推出了多种型号的电子游戏机，如著名的 Mario 牌电子游戏机，另外还设计生产了一些能吸引女性和上年纪人的电子游戏机。

Wii 牌电子游戏机销售情况如此之好，以至于 2007 年年底时库存无货。任天堂公司法国区经理斯特凡娜·博勒说，"Wii 牌电子游戏机销售量如此大增令我们感到意外。2007 年我们对产量进行了三次调整，要求中国分包商把月产量从 100 万台增加到 180 万台。我们还不顾成本的增加，将该型电子游戏机空运到法国。"

索尼（Sony）公司和微软（Microsoft）公司称，2007 年它们公司生产的新式电子游戏机的销售情况也很好。2007～2008 财年，索尼（Sony）公司总共销售了 1 100 万台 PlayStation3（PS3）型电子游戏机。自 2005 年底推出 Xbox360 型电子游戏机以来，微软公司也已销售了 1 400 万台该型电子游戏机。为能与任天堂公司的 Wii 牌电子游戏机进行竞争，索尼公司和微软公司被迫降低其产品的销售价格。Xbox360 型电子游戏机已从 2007 年夏末起将零售价降至 279 欧元，PS3 型电子游戏机也已从 2007 年 10 月中旬起将零售价降至 399 欧元。

（张沪生　编译）

故事漫画拉动日本动漫产业

现在，日本的漫画从大量生产、大量消费的全盛时代，进入了大转折时期。日本出版界的有识之士认为，重新把握现代漫画特别是现代故事漫画的历史脉络，有利于预测漫画今后发展的趋势，为再次振兴动漫产业创造条件。

"漫画 2007 年危机说"

日本的漫画、动画称雄世界，漫画（读音为"まんが"、"マンガ"、"MANGA"）在代表日本独特文化的同时，正在成为世界的共同语言。作为 IT 产业的内容，漫画、动画亦越来越受到关注。在日本学术界，围绕漫画、动画的研究，不仅有了作品论、作家论这样的"文化论"，而且还有了"产业论"。

在"产业论"中，最引人注目的是中野晴行撰写的《动漫创意产业论》（筑摩书房出版）。该书 2004 年下半年出版，2005 年上半年即荣获日本出版学会大奖。该书分析归纳了日本战后漫画兴旺发达的历史，设想了漫画在衰落期到来时应当采取的对策。由于专擅讨去日本漫画、动画市场的"团块世代"（也叫"硬块世代"。泛指出生于 1945 年至 1955 年的日本人，他们多是漫画迷——编译者注）大量退休，"漫画 2007 年危机说"在漫画、动画界甚嚣尘上。如果说漫画的问题是市场规模问题，当年采用《周刊少年跳跃》、《周刊少年星期日》、《周刊少年杂志》这些面向青少年的综合类周刊杂志形式，为扩大漫画、动画市场而创刊，开始了现代漫画大量生产、大量消费的历史，那么，可以说今天就是在迎接这段历史的终结。把这个话题进一步延伸，假如认为市场规模出了问题，"漫画 2007 年危机说"理所当然就与现在日本人口结构的"危机"没有关系。本文以为，漫画潜在的危机，应当从漫画自身去寻找原因。所以，总结回顾漫画产业的根本支柱——现代故事漫画的发展历史，此时此刻显得尤为重要。

本文认为，日本现代故事漫画是在日本文化专制时期、军国主义的日本不可一世之际，诞生于一个漫画家的三部漫画作品之中。所谓三部漫画作品，就是大城上流的《火星探险》（中村书店在昭和 15 年出版。昭和元年为 1926 年）、《愉快的铁工所》（中村书店在昭和 15 年出版）、《汽车旅行》（二叶书房在昭和 16 年出版）。而大城上流向世界推出的首部长篇故事漫画，是那本全文 160 页的《愉快的探险队》（中村书店在昭和 8 年出版）。

在这里，不妨以今天重新复制大城上流的三部漫画作品为契机，鸟瞰一下现代漫画在世界漫画史中的演变踪迹。

欧美国家的报刊为故事漫画搭建平台

从自身来看，现代故事漫画的形成需要两个条件：一个是用拐弯线条构成画面展开故事；另一个是用台词进行讲解。从外部来看，需要载体使之传播。

19 世纪后半期，在那些世界先进国家，印刷文化开始实现大众化。比如法国的《勒·夏尔瓦里》，这是一张查理·菲力浦 1832 年在巴黎创刊的报纸。为了增加发行份数以扩大市场占有份额，这张报纸天天都要刊登"每日新漫画"。这里所谓的"漫画"，其实就是一幅讽刺画。用拐弯线条构成画面展开故事的手法，肇始于瑞士画家劳德鲁普·德布费尔。他在 1820 年尝试着以这种手法绘画，于 1833 年画出了《夏勃先生》。这种绘画的特点是，一张纸的上半部分用拐弯线条构成画面，下半部分跟着几行说明文字。当时，这种绘画故事还没有市场需求。

那张《勒·夏尔瓦里》报纸，人气很旺，甚至跨越英吉利海峡，影响到了英国。这张报纸 1841 年在英国变成了讽刺杂志《笨拙》。在美国，像《法官》《生活》《小精灵》等定期刊物，为了增加期发行量，从 1880 年也开始关注讽刺漫画。用拐弯线条构成画面展开故事、用台词讲解的连环漫画样式，定型于"黄色少年"。这种成熟的连环漫画，拐弯线条与其他漫画的拐弯线条大致相同，1896 年在普利策经营的纽约《世界报纸》上登台亮相，最初也只是一个单张的画。即便这样，对报纸本身也起到了很好的促销作用。作为连环漫画样式的形成，差不多是在 1900 年。这种连环漫画的主要对象是少男少女，一般是星期日版的"增刊"，虽四色印刷但主人公以黄色为主，因此被称为"黄色少年"。

总之，漫画、连环漫画聚集人气，得力于报刊扩大发行量的竞争。

中村书店为日本故事漫画造势

日本朝日新闻社的员工织田信恒长驻国外时,耳濡目染了英美国家面向孩子们的报刊漫画如何凝聚人气。返回日本以后,开始涉足漫画创作。织田信恒提出名为"小星"的策划,桦岛胜一负责绘画,在大正 12 年 1 月 25 日创刊的日式小型报纸《アサヒグラフ》上,开始连载最后取名为《正昌的经历》的漫画。同年 10 月 20 日,转到《朝日新闻》的晨刊上连载,之后改为《小和尚正昌的冒险》。拐弯线条同样粗大,拐弯线条构成的画面旁边附加了叙述故事情节的文字。在连载之后,《小和尚正昌的冒险》还出了单行本。日本漫画专家指出,这是日本第一本有台词讲解的漫画单行本。这本在当时可以说是新媒体的漫画,得到无数少男少女的狂热追捧,主人公少年正昌头上戴的"正昌帽"风行国中。这部漫画在大正 13 年出版单行本,总共六卷本。大正 14 年,日本的宝塚歌剧团把这部漫画搬上舞台;大正 15 年,日本的东亚电影公司把这部漫画拍成黑白的无声电影。

这一时期,大众社会在日本也逐渐形成。社会学专家指出,大众社会形成的要件之一,就是报纸的发行份数超过百万份。大正 13 年 1 月 1 日,《大阪每日新闻》在社内宣布发行份数达到 100 万份;1 月 2 日,《大阪朝日新闻》也在社内宣布发行份数达到 100 万份。

以此为背景,讲谈社出版的《少年俱乐部》也开始刊登漫画。昭和 6 年,这本杂志开始连载田河水泡的《野地》。这部漫画顺应时代潮流,获得了压倒性的人气,连载一直持续到昭和 13 年。《野地》的单行本从昭和 7 年一直出到昭和 14 年,共出版了 10 卷本。比起漫画家田河水泡的《野地》来,以前的漫画都应当算是稚嫩的"短篇"了。这是因为,在深受俄罗斯芭蕾舞蹈影响的"田河水泡式拐弯线条"中,有着崭新的表现。此前,经过《少年俱乐部》或《幼年俱乐部》连载之后出版的单行本漫画,基本上是各种漫画短篇的汇集。

与此同时,战前故事漫画的兴盛与衰落,在位于东京浅草桥的赤本(日本江户时代红皮带插图的小说。——编译者注)出版社的中村书店那里表现得淋漓尽致。所谓"赤本出版社",就是以女性和孩子们为对象,不走正规的图书流通渠道,而是通过玩具、粗点心流通渠道配送图书的出版社。中村书店的情况比较特殊,同时拥有正规和非正规的两种渠道。

在大阪以漫画家身份初出茅庐、然后返回东京的大城上流,经熟人介绍造访了中村书店,提出漫画书出版的策划。中村书店目睹了《野地》的繁荣,接受了大城上流的策划。由此而来,就诞生了前面介绍的《愉快的探险队》。这是一本绘画全文

160 页、凭借一气呵成的故事情节展开的漫画。这可以说是世界上第一部长篇故事漫画。为了展开天衣无缝的故事情节，作者倾尽全力。大城上流的技法，在这部作品中得到充分体现。而且装帧和《野地》一样，四六判（开本），布料精制本，函装，这些也是在大城上流的强烈要求下才实现的。接下来，中村书店决定和同样具有赤本出版社权威和品格的讲谈社"叫板"。在中村书店的支持下，大城上流把在《愉快的探险队》里担任配角的黑猩猩猩太郎作为主人公，在昭和 8 年 5 月出版了《猩太郎二等兵》；8 月又出版了《小个子水兵》。大城上流为了摆脱田河水泡的影响走独自发展的路线，创作了《小个子水兵》，这与中村书店的意志发生了冲突。所以，《小个子水兵》后面的几十页，由新关青花（健之助）代笔。后来在评价《小个子水兵》的时候，漫画家手塚治虫指出了这一点，大城上流表示认可。少年时代的手塚治虫，就是讲谈社、中村书店的热心读者。大城上流在这一年还出版了另外两本漫画书，为后年推出 65 种的《ナカムラ漫画文库》打下了基础。

在《ナカムラ漫画文库》的 65 种漫画书中，大城上流描绘 9 种，谢花凡太郎描绘 26 种，新关青花描绘 10 种。这三个人都是中村书店的主力漫画家，其中新关青花也为讲谈社绘画。昭和 13 年 7 月 27 日，《ナカムラ漫画文库》在谢花凡太郎画完《北支战线天平亲善部队》之后宣布结束。虽然没能继续增加种类和册数，但把已经出版的 65 种摆放在一起，也蔚为壮观。事实上，即使 1930 年前后已经属于漫画先进国家的美国，其漫画单行本也以汇总报纸连载的内容为主，装订多用骑马钉。由此可以得知，《ナカムラ漫画文库》每种全文 160 页，四色页面，函装，布料精制本，这种漫画系列书在当时的世界上也是绝无仅有的。

大城上流开辟现代故事漫画新天地

中村书店再次出版发行漫画书，是以那本把芳贺先生作为主角的《动物学校》为开端的，时间在昭和 14 年 6 月 15 日。从昭和 8 年 3 月至昭和 13 年 7 月，中村书店出版漫画书的速度快到每月可以出版一种，为什么会出现近一年的空白？

昭和 12 年 7 月 7 日，发生卢沟桥事件，爆发了日中战争。当年底，日军占领南京，实施了南京大屠杀。昭和 13 年 4 月 1 日，日本公布国家总动员法，该法从 5 月 5 日正式实行。日本商工省 8 月 12 日下达从 9 月 1 日起限制新闻用纸的命令；9 月 3 日又下发节约杂志用纸的通知。在这期间，日本内务省警保局分别对综合类、妇女类、大众类、少男少女类杂志制定了编辑方针。针对少男少女类杂志，在 10 月底出台了《关于改善儿童读物的指示纲要》。11 月 1 日的《大阪朝日新闻》刊登了迎合文章。文章呼吁，"为了净化孩子们的杂志，在孩子们的心灵深处播撒优良种子,请母亲们同心协力,抵制并扫除低俗的漫画读物。"《指示纲要》分为五个部分,第一部分就是"国体的本义是要致力于弘扬敬神、忠孝的精神"。把这些精神具体化在编辑上,有12个注意事项。关于漫画,是"要减少漫画的数量","插图、漫画要署负责人的姓名"。大城上流等漫画家被称为内务省的官员,所以,他们在绘画上画面的变形、色彩的使用、噱头的表现等都受到了严格限制。中村书店为了生存,聘请了小熊秀雄(旭太郎)为编辑顾问。小熊秀雄作为无产者诗人名气很大,但还得依靠出售油画、漫画的草图糊口。大城上流对小熊秀雄的印象是:"初次见面,令人吃惊。他是一个有思想的人。"不过,"我对他也很恼火,因为他目中无人,态度傲慢"。

小熊秀雄写有一本未曾发表的《孩子漫画论》,因此在漫画界颇有名气。

当时,内务省的一名官员到关西地方视察,在书店听说内容粗俗的赤本漫画竟能在全国卖出几十万册,然后就着手净化和取缔。据内务省官员宫本大人在其回忆录中称,经在落实《关于改善儿童读物的指示纲要》中起举足轻重作用的内务官僚佐伯郁郎的斡旋,中村书店才得到小熊秀雄这样的顾问。

因为以上缘故,小熊秀雄构思故事、大城上流作画的《火星探险》诞生了。有关这部作品的时代背景和结构分析,在附于2005年复制本后面的"读本"中写得很清楚。这里需要指出的是,《火星探险》主人公的父亲在天文台从事天文研究。这个天文台是德国表现派建筑家门德尔松为论证爱因斯坦相对论设计建造的,外形类似于爱因斯坦塔。这些除了参考照片没有别的途径。此外,火星都市米其鲁斯的建筑物也与德国表现派建筑家的建筑草图相似。可以推测的是,大城上流是参考这些资料塑造自己的表现的。更令人吃惊的是,主人公们从火星上乘坐球形火箭脱离"沙底海滨火星"的时候,作者惟妙惟肖地描绘了作为背景的火星表面的景象。这种场景今天通过计算机图形能够轻而易举地获得,可在65年前还不存在火箭之类的高级玩意。大城上流是如何描绘出这些景象的呢?在由三色印刷构成的美丽世界中,这些最初的真正的科学幻想漫画,对少年时代就钟情于漫画的手塚治虫、小松左京、筒井康隆们产生了多么大的影响!

宫本大人指出,中村书店曾考虑把《火星探险》作为文部省的推荐图书,但文部省却选中了中村书店在昭和15年出版的芳贺高岛描绘的《愉快的小熊》。这本漫画与芳贺高岛的另一本漫画《小男孩的密林征服》(中村书店在昭和14年出版)合成一本书,于2005年3月复制出版。为了使现在的幼童也能阅读,这本"合成书"把旧式假名注音改成了新式假名注音。如果与《火星探险》比较起来阅读,就可以窥测到当时文部省有趣的思维方式。

第二次世界大战结束以后,除了中村书店以双色版再版过《火星探险》之外,

2005 年 3 月的复制出版要算是第三次了。首次的复制出版，是 1980 年晶文社推出的"完全复制版"；第二次的复制出版，是 2002 年以单色版为中心的"丸善版"。

参照小熊秀雄把原作改编成漫画的经验，大城上流描绘了《愉快的铁工所》。这部作品凝聚了大城上流作为漫画的职业经验，以比《火星探险》复杂得多的结构展开故事情节，而读者阅读起来也十分顺畅。在二战之前，日本的漫画已经达到如此水平，这种漫画表现力在当时可以说是独步世界。那个铁工所制造的巨大机器人，在战后为横井福次郎的《奇怪之国的推进式飞机》所继承；为手塚治虫的《铁臂阿童木》所继承；为横山光辉的《铁人 28 号》所继承。2005 年的再版是第二次复制出版；第一次复制出版是 1981 年由著刊行会操作的。

《汽车旅行》应当是主人公和父亲从东京到京都旅行的公共汽车漫画，不知何故，故事到名古屋就结束了。本文以为，大概是由于出版用纸不足，从设计的 160 页缩减到 128 页。《汽车旅行》中的一段插话，涉及到动画的制作方法，这应当是参考了迪斯尼的资料。据称，手塚治虫和小松左京就是从这里学习动画制作方法的。这部漫画的单行本在 2005 年首次复制出版。

在以上三部作品中，让大城上流最得意的就是使用破坏性的噱头、变形的表面和千变万化的色彩，而这些在当时为国家所禁止。具有讽刺意味的是，大城上流独自在这些"禁区"开辟出现代故事漫画的新结构和新境界，从而成为日本战后现代故事漫画的鼻祖。

一些启示

本文对"漫画 2007 年危机说"不以为然。本文认为，从历史看现在，进入转折期的日本漫画，更多的是在重新蓄积能量，为再次腾飞做铺垫。日本出版界应当考虑的事情：一是如何挖掘新的"大城上流们"为今天的漫画创造更新的结构和境界，以吸引新的读者；二是像中野晴行在《动漫创意产业论》中所提示的那样，运用数字技术，进一步丰富和完善漫画的表现手段，促进漫画产业向更高层次发展，永葆日本漫画在世界上的领先地位。

（李文清　编译）

日本政府与出版社联手，
促漫画"走出去"

当今，日本漫画产业的规模为 6 000 亿日元，而围绕漫画产业，形成了触角伸向亚欧美的 12 万亿日元的动漫产业，比漫画产业的规模大 20 倍。现在，日本政府进一步明确提出，要以日本现有的漫画（动画）为核心内容，在未来的十几年里，建成覆盖全球的规模为 25 万亿日元的内容产业。

日本漫画产业之所以能够迎来今天的辉煌、迎接明天的更大辉煌，主要得力于日本政府和日本出版行业长期不懈的努力，即政府与民间的紧密配合。

比如，对于漫画走出国门，日本政府始终注重政策扶持，法律法规保护。

20 世纪 50 年代，在制定"邮政法"的时候，把包括报纸、杂志、图书在内的出版物认定为"第三种邮件"。按照"第三种邮件"的定义及其规定，出版物无论是在国内邮寄或向国外邮寄，收费上都有优惠。受"邮政法"的启发，为了加快漫画的流通，后来日本的超级图书交易（批发）公司日贩、东贩在批发漫画杂志的同时，也以批发杂志的形式批发漫画图书。按照"第三种邮件"的定义及其规定，遭遇天灾人祸等意外情况时，出版物的邮寄还要优先。

同样是在 20 世纪 50 年代，在制定"反垄断法"的时候，把报纸、杂志、图书在内的出版物认定为"非竞争商品"，在价格上给予保护。在出版物"非竞争商品"属性的贯彻过程中，宏观监督者是日本公平交易委员会；微观监督者是图书交易（批发）公司——出版社"指定"出版物的零售价，通过图书交易（批发）公司"监督"书店"执行"。这种图书在国内的零售价既影响到图书向国外的出口价，也影响到关联产品的零售价及出口价。日本出版界认为，日本的书价虽然至少高于中国（大陆）的书价五倍以上，但欧美的书价也至少高于日本的书价五倍以上。所以，德国、美国之所以能成为日本漫画的进口大国，除了其他因素以外，书价无疑是重要因素之一。

在 20 世纪 60 年代初，在漫画产业还没有形成的时候，日本政府有关部门就做出决定，把作为漫画产业源头的漫画杂志独立出来，单独统计。按"杂志名称"划分，把漫画杂志分为"少年漫画杂志"、"少女漫画杂志"和"成年人漫画杂志"。按"杂志类型"划分，把漫画杂志分为"少年漫画"、"少女漫画"、"青年漫画"、"成人女性漫画"、"四格漫画"、"手枪漫画"、"汽车越野漫画"、"高尔夫球漫画"以及"其他成人漫画"。统计内容既有"品种数"，又有"发行册数"；既有"当年与上年相比的增减百分比"，又有"每种杂志发行册数在总发行册数中所占比例"等。在漫画产业形成以后，漫画图书的统计也独立出来。后来的事实证明，单独统计漫画出版，对漫画产业规模的不断扩大及漫画向国外的出口，都产生了深远影响。

有政府做后盾，对于漫画走出国门，日本出版行业始终乐此不疲。

日本出版界认为，日本漫画的历史有 1 000 多年，日本现代漫画的历史有 60 多年，日本虽然其他资源匮乏，但漫画资源却是独有的和丰富的。漫画出口，一直就是日本出版行业盈利的支柱之一。

日本漫画的出口，首先要追溯到日本漫画产业的奠基者、漫画大师手治虫那里。在 20 世纪五六十年代，手治虫因为自己的工作室急于筹措资金，他设计了把漫画出版、动画制作、符号形象（衍生、延伸、关联）商品开发以及海外出口捆绑在一起的操作方案。按照方案实施，当年即获益匪浅，仅海外出口一项就得到一亿几千万日元的回报。手治虫的成功尝试，使日本出版界茅塞顿开，从此开始了漫画出版与漫画出口同时进行的大行动。

日本漫画产业的两大支柱，一个是漫画杂志，另一个是漫画图书。而在日本漫画出口的几大支柱中，当然也有漫画杂志和漫画图书。

在 20 世纪 50～70 年代，日本漫画出口的国家和地区，主要是欧洲、北美和中国的台港澳地区，出口的方式往往是漫画杂志"先行"，漫画图书"断后"。比如集英社的《周刊少年跳跃》、讲谈社的《周刊少年杂志》、小学馆的《周刊少年星期日》等都有"缩写本"、"变形本"在国外发行。国外的出版物进口商根据本国、本地区读者的反应，再从日本进口（买版权）由这些杂志连载的漫画故事集结而成的系列漫画图书。由于在杂志上连载的漫画故事几乎都是长篇，系列漫画图书动辄一种几十卷本、上百卷本。

20 世纪 80 年代以来，日本漫画出口的主要国家和地区，除了欧洲、北美和中国的台港澳地区以外，又增加了韩国和中国的大陆地区。出口的方式也有很大变化：以动画出口带动漫画出口。随着漫画品种的增加，不要说国外读者，就是日本国内的读者,也很难从成千上万的品种中辨别优劣。于是,出版社会同动画公司、电视台和电影公司,先把已经在日本聚集起人气的电视动画和电影动画推向国外,动画被外国观众认可,再出口相关的漫画杂志和漫画图书。《铁臂阿童木》的漫画图书在欧洲卖得火,是因为《铁臂阿童木》的电视动画先行赢得了欧洲的人气。《蒸汽男孩》的漫画图书在美国卖得火,是因为《蒸汽男孩》的电影动画提前登上美国影院票房排行榜。

近十年来,在所有从日本进口漫画的国家中,韩国要算是最"疯狂"的。在 20 世纪 90 年代下半期,那场金融风暴把韩国的经济吹到了崩溃的边缘。韩国上下一心,全力打造新的朝阳产业。在借助美国 IT 技术的基础上,每年从日本进口 4 000～5 000 种漫画出版物,从日本漫画中寻找灵感,不仅重建了自己的动漫产业,而且还建成了属于韩国自己的、同时又独步世界的网络游戏产业。

(李文清　编译)

东京漫画"主题咖啡馆"
吸引"御宅族"

日本人酷爱漫画、动画,其中那些漫画书和动画片的极度痴迷者,被称为"御宅族"。

漫画、动画的元素,可以说渗透到日本人生活的各个角落。比如近年来,日本各地出现不少以漫画为主题的餐厅、酒吧和咖啡馆。为了追求新奇,标榜特异,有的是"男性、女性御宅族"都可以光临,有的则只允许"男性御宅族"进出,有的却规定"女性御宅族"才是其服务对象。

东京的埃德尔斯坦寄宿学校,办起了自己的以漫画为主题的咖啡馆。咖啡馆规定,在每天的营业时间里,无论是经营者还是消费者,都要装扮成某个漫画或某个动画中的形象。例如,埃德尔斯坦寄宿学校是一所男校,为了突出这一特点,男服务生假扮成十几岁的学生,指甲修剪得十分整齐,说话轻声细语,与扮成学校捐助人的女顾客聊天。

27岁的经理坂卷惠美子穿着宽松的超短连衣裙、紧身仔裤和及膝长靴。她说:"我们的顾客大多是20~30岁的女白领。她们时髦但并不古怪。"

埃德尔斯坦这个名字源自坂卷惠美子最喜欢的漫画书。那是书中的一所德国学校的名称。

埃德尔斯坦咖啡馆摆满了女性读者喜爱的漫画书。这些书中的主人公多为气质阴柔的美男子。坂卷惠美子在挑选服务生时遵循了同样的标准,还要求他们在为客人服务时谈论想像中在埃德尔斯坦的学习情况。

一位长相酷似"机动战士高达"的服务生对顾客说,"我参加了跆拳道俱乐部,还参加了花道俱乐部。"

长期以来,针对男性顾客的扮演角色咖啡馆在东京大受欢迎。这些咖啡馆大多把装扮成法国少女的女服务生作为卖点,目的是吸引"御宅族"。

人类学家指出,扮演角色的现象之所以在日本盛行,原因之一是人们可以藉此摆脱极端的社会控制和刻板的生活常规。

从漫画书、动画片、电脑游戏到装饰品,"御宅族"2007年的市场总价值高达17.3亿美元。

现在,日本企业发现了另一类疯狂花钱的消费者:"女性御宅族。"与"男性御宅族"相比,这些"女性御宅族"比较漂亮、时髦和友善。

"女性御宅族"的标志性特征之一是迷恋漫画书,尤其是讲述以男性英雄为主角的漫画书。

坂卷惠美子说:"我们的咖啡馆人气很旺有两个原因。首先,这种女性专享的咖啡馆在东京并不多见。其次,喜欢动画片和漫画书的女孩子很多。"

日本每个月出版的以男性为主题的漫画书和杂志约150种,在距离埃德尔斯坦咖啡馆不远的青山书店的女性读物区,此类出版物就与"明星八卦周刊"摆放在一起。

书店老板说,相互促销在日本有传统。过去,"贷本漫画屋"以公共澡堂子为邻,来洗澡的人多,来书屋租借漫画书的人就多。现在,书店靠近咖啡屋,来咖啡屋消费的人多,来书店买漫画书的人也多。

坂卷惠美子认为这种漫画流派体现了逃避现实的态度。

与"女性御宅族"的健谈相比,"男性御宅族"则显得沉默寡言。30岁的久藤良解释说:"'男性御宅族'形成了一个巨大的市场。这个市场逐渐达到饱和。企业于是开始考虑下一步的举措。他们发现可以从'女性御宅族'身上大赚一笔,且这个市场才刚刚开始发展,空间大得很。"

相关链接

迪士尼将以上海为家

据英国媒体报道,迪士尼在中国香港安家以后,与香港人融为一体。现在,迪士尼又瞄准了中国上海。

在中国香港迪士尼乐园,米老鼠穿着中式服装,还大口大口地吃起年糕。现在中国上海的市长韩正邀请这个举世闻名的卡通形象来到这个繁华都市,落户于规划中的迪士尼乐园。

韩正市长结束了人们六年来的猜测。他表示,上海迪士尼主题公园的规划方案已上报国家有关部门,但尚未收到审批文件。这将成为继香港迪士尼乐园于2005年开园后,中国的第二个迪士尼乐园。

从2002年沃尔特·迪士尼公司公布在中国大陆修建迪士尼乐园的意向声明后,有关建设地点可能在上海的传闻便不绝于耳。

迪士尼公司随后与中国上海陆家嘴集团建立了一家合资公司,准备建设一个面积为中国香港迪士尼乐园4.7倍大的主题公园。

最近,香港迪士尼乐园就第二家迪士尼乐园将对其客源造成影响表示忧虑。香港迪士尼乐园在落成次年的参观人次就降至400万,比头一年减少20%以上。

香港迪士尼乐园融入了一些本地特色。米老鼠身着定居纽约的设计师谭燕玉设计的红色的中式时装,游客在园中能吃到锅贴和萝卜糕。迪士尼乐园靠的是新一代的中国年轻人,他们打心眼里喜欢米奇和米妮老鼠。许多年轻的中国人是看着迪士尼动画长大的。

东京迪士尼乐园于1983年开园,但运营状况不佳使其不得不想法吸引老年游客,向60岁以上的老人提供半价票。而位于法国首都以东30公里的巴黎迪士尼乐园也饱受游客稀少之苦。

2007年第四季度,迪士尼主题公园和度假区的总收入为27.7亿美元,比2006年同期增加11%。

机器猫走马上任当大使

据法国媒体报道,算得上世界第一动漫强国的日本,最新任命的大使或许是外交使团中最为人耳熟能详的人物之一,而他自己却没有耳朵。

日本外务省最近宣布,任命卡通人物哆啦A梦——机器猫为日本首位"卡通大使",此举为日本旨在通过卡通产业宣传其软实力所进行的最新努力。

根据安排,哆啦A梦——即由工作人员装扮成没有耳朵、一身蓝白打扮的机器猫——在(2008年)3月中旬的一个专门仪式上接受了外务大臣高村正彦颁发的正式任命书。

日本将在海外活动中放映多部有关哆啦A梦的影片。哆啦A梦将讲述日本的生活方式和习俗。

外务省一名官员说："通过任命哆啦A梦（为大使），我们希望其他国家的民众能够更好地了解日本的卡通文化，并对日本文化更加感兴趣。"

日本政府一直试图通过主题为"酷日本"的宣传活动将世界各国对该国卡通片、连环漫画和日本料理产生的越发浓厚的兴趣转化为政治资本。

凯蒂猫（Kitty）引领"可爱文化"

阿童木从漫画故事中诞生，机动战士高达从漫画故事中诞生，机器猫也是从漫画故事中诞生。但是，日本的辻信太郎一直偏要学欧洲的芭比娃娃，从形象符号（衍生、延伸）商品做起，让凯蒂猫也成为动漫产业的品牌，"逆流而上"变成动画、漫画的主角，"顺水而下"作为文具、服装的卖点。

三丽鸥公司的创始人兼总裁辻信太郎，指着东京新宿三丽鸥专卖店门口摆着的那个2.5米高的凯蒂猫对记者说，我要让它超过机器猫。

他说："法国和美国的公司为顾客创造了多种品牌，可是，来日本的外国顾客能选择的品牌却不多。我们有时接到外国人的电话，说他们想买凯蒂猫商品，因为他们来到了凯蒂猫的家乡。所以我们装修了新宿的商店，主要针对中国和欧洲客人。"

新宿三丽鸥专卖店门口那个举世闻名的没有嘴巴的猫科动物是陶瓷做的，辻信太郎说，"这样参观者摸它的时候就不会弄脏"。他骄傲地说，现在参观者可以在凯蒂猫旁边拍照，作为日本之行的纪念。

这个巨大的凯蒂猫似乎象征着辻信太郎花半个世纪宣传的一种日本文化：通过赠送礼物培养、维系友谊的文化。

但是，并非所有礼物都能达到这种效果。这样的礼物必须要传达热情、可爱、优雅或酷的感觉。因此，三丽鸥公司设计的形象现在装饰着从文具到电子词典到拖鞋等各种东西。

辻信太郎出生在一个经营餐馆和酒店的显赫家庭。他说，自己的童年孤独而不幸。他13岁时母亲就去世了，照顾他的亲戚常常欺侮他。因此，自20世纪60年代成立三丽鸥公司前身以来，他一直努力把"沟通"作为生意的部分内容。

今天，他相信赠送礼物和通过物品表示友好这种文化已经跨越国家界线，成为世界的标准。最近，三丽鸥不仅被看作商品进口者，而且逐渐成为"可爱文化"的出口者。

辻信太郎的精明和冒险体现在公司大胆行动，把客户扩大到年轻女性这个核心市场以外。2008 年以来，三丽鸥首次推出一系列针对男性的产品，包括黑白凯蒂猫内衣和 T 恤。

除了做这个超级明星猫的教父，80 岁的辻信太郎也是日本上市公司中任职时间最长的总裁之一。他还是多产的童话作家。在他 2006 年出版的作品里，一个男孩青梅竹马的恋人因病去世，但男孩在一只海龟的指引下最终和她团聚。

思维敏捷、精力充沛的辻信太郎有一个儿子、两个孙子。在回答如何创造凯蒂猫这个富于创意的形象时，他说，1972 年或 1973 年，我们开始创造自己独特的形象。我们雇用了大约 20 个设计师，在全世界范围内做调查，看看哪些动物受欢迎。调查结果显示，人们最喜欢的是狗，接着是猫和熊。

在谈到在 60 多个国家有 2 000 雇员的上市公司，是怎样实践"友善生活"的，辻信太郎讲了一件事：建造以凯蒂猫为主题的彩虹乐园时，我们在天花板上装了近 2 000 个照明装置，每个至少五公斤重。万一哪个掉下来就可能砸死人。于是我们在灯的螺钉周围绑了两层金属丝。彩虹乐园的经理每三个月就要做一次检查，因为我们担心出事故，伤到现场的雇员。我们首先就要考虑雇员。

谈到公司的管理风格，辻信太郎说，这家公司我已经营了近 50 年。我是公司的创始人、老板。对我而言，无论销售额和利润如何，让大家生活愉快、彼此友好比赚钱更重要。我们的目标与其说是赚钱，不如说是树立良好的声誉。我希望能努力保持自己的信誉。作为人类，体谅和友善要宝贵得多。

辻信太郎满怀信心地说，我们的凯蒂猫终将成为爱玛仕或古奇一样的品牌。

（金点子　编译）

印刷与纸张

印刷——彩色打印技术
又有新突破

印刷自从告别铅与火，走进光与电时代以来，其技术发展与更新的速度可以用"日新月异"来形容。比如，作为轻印刷的一种，打印技术又有新的突破。2008 年 1 月，据美国媒体报道，美国的施乐公司宣布，该公司开发出一种新的彩色打印技术，以占领高速打印市场的更大份额。

这种被称为"非接触式闪光定影"的技术使彩色打印机的打印速度达到每分钟近 500 页。打印机每秒闪烁高强光 2 000 多次，把色彩"熔"在纸上。相比之下，传统色带打印机每分钟最多只能打印 110 页。

美国的施乐公司称，这项技术还可以高速打印塑料身份证、标签、价签和邮票。该公司总部设在诺沃克，是一家办公设备制造商。

施乐生产系统集团总裁昆西·艾伦昨天说，这种新产品可以增强施乐公司在彩色打印市场上的力量：这个市场价值 260 亿美元，包括直接邮寄广告、用户手册、商品目录、书籍、报纸和与客户账单一同邮寄的广告等。

克罗斯研究公司的分析家香农·克罗斯说，施乐公司在市场上"占有很高的一位数份额"，这项新技术可以更进一步提高施乐公司的市场份额。

国际数据公司的研究负责人赖利·麦克纳尔蒂说，在这个市场上，施乐与柯达、奥西、理光、IBM 合资建立的普驰信息技术有限公司等使用喷墨或其他技术的公司并驾齐驱。他说："这个领域去年（2007 年）已经饱和。"

普驰信息技术有限公司全球技术负责人克里斯·里德说，与施乐公司使用的技术不同，他们使用喷墨技术，因为"这更有希望带来速度更快、质量更好的打印效果"。

有关专家预测,轻印刷技术催生按需印刷,按需印刷又反过来促进轻印刷技术的发展。作为轻印刷组成部分的彩色打印在技术上的新突破,必将为按需印刷掀开新的一页。

(古隆中 编译)

印刷业问：
纸介质喜帖还能存在多久？

在出版、印刷、发行三大环节中，最早得到 IT 业实惠的是印刷环节。而当发行环节特别是出版环节也受益于 IT 业时，给印刷环节带来的并非都是好消息。比如，电子书、电子报、电子杂志的问世，使纸介质书、纸介质报、纸介质杂志的印刷数量逐渐减少。近些年，保护"绿色地球"、"绿色家园"的意识成为地球人的共识，保护森林、减少木材砍伐的运动在许多国家和地区开展。以木材为主要原料的纸介质喜帖，不得不面临印刷品种减少、印刷数量减少的命运。而电子喜帖的铺天盖地，更让纸介质喜帖几无存身之地。

请看，它是长方形的，有白边装饰，背景图案是一大束鲜艳的红玫瑰。当凯莉·克劳福德的母亲看到女儿一生中最重要的这份文件——结婚请柬时，不由得赞叹说："实在太漂亮了！"

如果说现在的白婚纱点缀了颜色，数字音乐播放器有可能让婚礼歌手失业，那么结婚请柬是标志着结婚传统发生重大改变的最新迹象。在这个科技飞速发展、人们环保意识日渐增强的时代，厚厚的纸介质结婚请柬如果说还没有被彻底抛弃，至少也是变得越来越薄。

如今有各种形式的喜帖：电子邮件、PDF 文档、幻灯展示、DVD 光盘，甚至还有手机短信以及在 Facebook 和 MySpace 网站上开设的网页。情侣们说，这样的请柬节约了树林、时间、金钱和冰箱的空间。不必浪费纸张，不必花几个小时在信封上写姓名地址，也不必给回复的卡片归类。

在一家发送电子请柬的网站，近 12 个月来用户发送的电子喜帖数量达 120 万张，比一年前增加了60％。

对于喜帖出现的这种新趋势，婚礼策划人员和礼仪专家观点不一。有人说，只要想得周到，设计得有品味，那么虚拟的卡片一样可以发出真诚的邀请。在一家婚庆网站工作的阿尼娅·维尼卡说："这是以后的新娘可以选择的一种很好的方式。"

不过也有人对此感到难以接受。夏洛特·海斯半开玩笑地说，数字喜帖是文明的终结。她和别人合写过关于如何筹办完美婚礼的书，海斯说："突然，一种做法，一种文明的做法，实际上也是一种彼此尊重的做法消失了。"

今年（2008年）3月，卡莉·莱恩收到 Facebook 发来的一封邮件，告诉她有人给她发了信息。她点开 Facebook 上的一个网页，上面显示的是某人结婚的日期、时间和地点，不过她和这个人三年都没有联系了，网页上还有一句留言："真心邀请你和家人。迫不及待地想见到你。"

25岁的莱恩说："感觉实在太糟糕了。我喜欢通过 Facebook 发出邀请，不过只限于一些非正式的聚会。"

莱恩本人将在明年（2009年）1月8日结婚，她正在忙着制作185份结婚请柬，用深蓝色的墨水在米白色的纸张上一笔一划地写成。

美国《现代新娘》杂志的总编安东尼娅·范德米尔说："邮递员送来的传统信件仍然能够反映出结婚这个日子的重要性，给婚礼带来电子邮件不能带来的神圣意味。"

（孟斯咏　编译）

歧视盲人的美元纸币
会不会重新印制？

被视为全球"第一钞票"的美元，在为次贷危机折磨得不断"掉价"，作为世界经济"晴雨表"的优越感渐行渐远的时候，现在有关美元纸币歧视盲人的嫌疑重又提起。而印刷大鳄们更愿意支持这种说法，希望在重新印制时参与招投标，分得印制美元纸币的"一杯羹"，尽管他们的想法很不切实际——在任何国家或地区，货币的印制都是官方绝对垄断的。

美元纸币的外观和触感也许不得不进行改变，因为有美国上诉法院认定，盲人和其他视觉障碍者受到了美国货币的歧视。

有法官表示，加拿大的钞票上有"隆起的圆点"，并且随面值不同而有所不同；而欧元钞票也含有金属箔，人能用手摸出来。美国几乎是世界上唯一的把所有面值纸币的大小与颜色都统一起来的国家。

法庭 2008 年 5 月 20 日通过了裁决。法官朱迪丝·罗杰斯认为，这种"妨"盲人"有效使用美国货币"的做法违反了 1973 年的一项法案，该法案禁止政府歧视残疾人。

美国盲人协会公共政策主任马克·里克特说："这对盲人和其他视觉障碍者来说是一次重大胜利。"

法庭援引美国国家科学院的数据说，美国有 370 万视觉障碍者，其中 20 万人完全丧失视力。

六年前，美国盲人协会代表两名有严重视觉障碍的男子状告美国财政部，希望法院能勒令政府照顾残疾人的需要，对一美元以上面值纸币的大小、颜色和触感进行改动。

两年前，一位联邦法官判决盲人原告胜诉，但财政部提出上诉，认为这种改动花费甚巨。有工业团体表示，全美国有700万台自动售货机，把它们改装或更换成能接受不同大小纸币的机器将耗费35亿美元。

印刷界人士不以为然，他们表示，隐形飞机耗资更巨，但由于设计上的缺陷，一架隐形飞机被南联盟打下来，致使第一代隐形飞机全部退役。美元纸币歧视盲人，侵犯人权，更应当纠正，无论投入多少。

相关链接

歧视孕妇的罪名落到彭博新闻社头上

从2007年下半年至今，大名鼎鼎的彭博新闻社一直开心不起来。有近60名彭博新闻社的女职员正在提起诉讼，称她们怀孕后遭到公司的性别歧视。这些女职员还要求公司给她们以巨额赔偿。

一些女职员称，她们在休完产假后薪水下降，而另一些女职员说她们被降职，甚至职位干脆被年轻的男职员取代。

彭博新闻社的创始人是纽约市长迈克尔·布隆伯格。这些女职员的律师说，她们希望更多的受害者能够站出来，加入这次集体诉讼行动，2007年9月首次提起诉讼的有三名原告。

代表这些女性提起诉讼的美国就业机会均等委员会向478名彭博新闻社女职员发放了问卷调查，这些女性在1992年后都向公司请过产假。她们的律师蕾切尔·亚当斯说，这起诉讼是一次"全球行动"，彭博新闻社驻世界各地分社的员工都接受了调查。

塔妮斯·兰开斯特、吉尔·帕特里科和珍妮特·洛雷斯三人在2007年9月对彭博新闻社提起诉讼后，美国就业均等委员会随即采取了行动。

这三名女职员每人索赔金额在4800万美元以上，她们要求公司补偿少付她们的薪水，并对未来的经济损失作出赔偿。

还有一名原告指控公司高管亚历克修斯·费尼克指使另一名高管解雇两名怀

孕的女职员,这个亚历克修斯·费尼克甚至还说:"我不要任何怀孕的贱货为我工作。"

这些女职员说,包括迈克尔·布隆伯格在内的公司高管助长了彭博新闻社内的性别歧视风气。

(雪 莲 编译)

法国印刷商活源多
——烟盒印警示图片

据法国媒体报道，"吸烟有害身体"尽人皆知，可还是挡不住人们追求"吞云吐雾"的感觉。为了提醒人们少抽烟或不抽烟，法国准备在烟盒上印刷触目惊心的图片。这可能在无意中给印刷商们带来天大的活源，要知道，法国7 000万人口，至少有1 000万烟民。如果再加上每年来法国旅游的相当于法国人口总数的外国游客中的烟民，至少达到2 000万烟民。

法国出售的香烟盒上今后将可能印上毛骨悚然的图片。不管怎样，这是最近呈交法国全国癌症研究所的一份报告所提出的主张。

现在将等待法国卫生、青年与体育部长巴舍洛－纳尔坎作出决定，她将在2008年的世界无烟日之际宣布一系列新措施。

欧盟2003年向各成员国提供了一套共42张可在烟盒上印刷的图片，图上展现的要么是张开的伤口或缺牙的口腔，要么是暖箱中的早产儿，并配有下述警示说明："继续吸烟，您的寿命将会减少14年"、"吸烟造成皮肤衰老"和"70％以上的吸烟者可能患肺癌"。

在对部分法国人试用这些警示图片后，研究者选出了最有效的14张图片。呈交癌症研究所的报告说，口腔牙齿脱落的图片被认为"令人印象最深"，犹如恐怖片。某人脖子被恶性肿瘤腐蚀的图片则最令人恐惧。健康肺和坏肺对比的图片被认为"最有说服力"。

卡琳娜·加罗佩尔－莫尔万说："要取得效果，就得根据烟民的年龄和性别选出十张图片。女性更容易被有关怀孕和生育力的信息所打动，男性则对性功能障碍和严重疾病更敏感。"年轻人似乎害怕一切有损容颜的东西。

报告称，为了醒目，图片要彩色的，而且要覆盖烟盒一半的面积。报告最后指出，法国所售烟盒上现有的警示话语已经过时。烟民们对这些警示语熟视无睹，似有若无。

现在，法国的印刷商们正摩拳擦掌、翘首以待政府的决定出台。

（李文清　编译）

"红太阳"照耀台湾岛

据境外媒体报道,随着海峡两岸同胞越走越近,经贸往来越来越红火,印制精美的人民币在台湾岛也越来越受欢迎。特别是主色调为红色的印有毛泽东主席头像的面值为100元的人民币,风靡岛内岛外。一些台湾民众甚至感叹到,这真像是"红太阳"照耀台湾岛,照到哪里,哪里亮;照到哪里,哪里生意好。

现在,台湾民间人民币换汇市场十分热络,都靠台商、旅行社"带货"返台,台商会把钞票折角,使其不被岛内海关X光扫到,也会把人民币分装在行李箱、裤子口袋、皮夹以及婴儿的襁褓等处,一次带回数十万元不成问题。

由于台商在大陆做生意,收到的都是人民币,但人民币汇出不易,且还有上限,明目张胆从大陆汇回来,公司的营收被掌握,还要被课税,许多台商都透过黑市交易,把收到的人民币换成新台币。

除了台商的大额汇兑外,包括接待大陆游客的旅行社、日月潭等观光点的商铺,则有小额人民币交易。许多台商干部的人民币薪水也是黑市的兑换来源,台北内湖科技园区就有知名的人民币兑换据点,因为这些电子厂员工,薪水会有一部分以新台币支付,一部分则是人民币,常有换汇需求。

在台湾,人民币地下汇兑目前一年金额约有多大? 提案修法开放人民币兑换的立委李纪珠和卢秀燕都表示,金额多少实在很难估算,台湾的"中央银行"也表示没有统计,但一般民间黑市预估,最少有近千亿元,而且兑换量已经远远超过港币。

以台湾一年到大陆的人次是400万人,一个人可能携入最多人民币两万元来看,大约是人民币800亿元。但这只是台面上的数字,因为除了旅游,还有到大陆做生意,接济亲友等,都有人民币的需求。

至于目前仍属非法的人民币兑换管道,李纪珠说,银楼和一些以前有做美元生意的布庄等,都可能有提供人民币兑换。而大陆客常去的旅游景点如日月潭、阿里山等地的艺术品商店也收人民币,其他如台北市贵阳街部分的集邮社、台北市八德路附近的古董、玉器店,以及外省籍退役老兵常去的台北荣民总医院门外贩卖"探亲用品"的小摊档,也可以进行人民币交易。

而正当台湾"中央银行"与各大银行紧锣密鼓地准备换钞作业时,台商早就走遍两岸三地各大地下换汇市场(黑市)了,黑市便利、汇兑金额无上限、可议价,相较之下,银行每人限换人民币两万元,台商认为"根本不够用"。

从 20 世纪 80 年代前后,第一批台商"登陆"以来,就开始有人民币的黑市了从澳门、香港的旅社饭店,到台湾的各大银楼、布庄,都可以发现黑市的踪影。

经常在黑市换人民币的许先生说,黑市每日会根据当天的人民币兑美元、美元对台币的价格,订出一个转换后的中心汇率,向外报价。其实黑市的报价和银行差不多,但好处在于,黑市的汇款作业不用上台面,不会被银行纪录,所汇数量够大时,还能议价,也不收手续费,相较之下划算又方便。

台湾银行金门分行 1996 年开始承办小三通兑币业务,台湾银行说,目前只有金(门)马(祖)本地人、往返台商,以及荣民及其眷属才能进行货币兑换,每人每次凭出入境证明,限换人民币两万元。

(雪 莲 编译)

ISBN 在日本的风风雨雨

2008 年之前的 2007 年,日本的 ISBN(国际标准书号)随着国际标准的变更由十位数上升为 13 位数。

日本引进 ISBN,始于 1981 年,到 2008 年,已过去了 27 年。回顾 ISBN 在日本经历的风风雨雨,总结经验,将有利于进一步增强 ISBN 对日本出版业的推动作用。

围绕 ISBN 发生的重大变化

2005 年,围绕 ISBN,日本出版行业发生了两个重大变化。

第一个变化是,随着把过去的十位数上升为 13 位数的国际标准的变更,日本也确定了从 2007 年起上升为 13 位数的方针。

另一个变化是,为了负担 ISBN 国际分担费用,决定出版者记号位数两位数征收 8.4 万日元;三位数征收 4.2 万日元;四位数征收 2.1 万日元;五位数征收 1.05 万日元;六位数征收 4 200 日元;七位数征收 2 100 日元。此外,作为由日本出版基础设施中心(后来称为 JPO·日本图书代码管理中心)运作的商品基本情报中心收集、配送信息事业的开发运营费用,对所有 ISBN 登录者平均每个征收 500 日元。

在这里,简要追溯一下促成以上两大变化的经过。

2005 年 2 月,JPO·日本图书代码管理中心出台了《ISBN 规格改定对应方案》。5 月,JPO·日本图书代码管理中心给 ISBN 登录者发出了《关于 ISBN(国际标准书号)的通告》。6 月,JPO·日本图书代码管理中心把《负担 ISBN 国际分担费用的希望》的文件与《负担 ISBN 国际分担费用的请求书》同装在一个信封里,寄给了 ISBN 登录者。

出版流通对策协议会发出公开质问信

2005 年 6 月 30 日,对于这份《负担 ISBN 国际分担费用的希望》的文件,日本出版流通对策协议会(中小出版社组成的社团组织。——编译者注)给 JPO·日本图书代码管理中心寄去了涉及五个方面问题的公开质问信。这封信指出:

"1. 1981 年,引进 ISBN 代码的时候,贵中心对各出版者发出的是加上 ISBN 代码的合作请求。同样的合作,如果今天需要负担'分担费用',不能与贵中心合作的出版者就会很多。"

"2. 如果需要负担国际分担费用,就必须对缘由做出说明和解释。"

"3. 引进时出版者记号的位数,按照'已出版品种和出版频率'分配。这个标准大概是贵中心独撰的吧! 对在标准上的恣意妄为,从当初到现在都有持疑问的出版者。"

"4.《希望》的出版者记号位数负担金额之合理计算根据,为什么没有显示? 平均每个 ISBN 的金额,因出版者记号位数的不同而计算结果不同,差别最大的竟达到 500 倍。请问究竟是怎样计算的?"

"5. 与《希望》装在同一个信封里的请求书,是基于怎样的债权发行的? 通常送请求书的行为,必须是与递送一方确认债权,同样,被递送一方要确认债务。所以,贵中心送请求书的行为,可以认定是不正当请求行为。"

针对这封公开质问信,JPO·日本图书代码管理中心在 2005 年 7 月 27 日给出版流通对策协议会送去了两页 A4 开本大小的回答书。答复的内容如下:

关于公开质问信的第 1 点,回答书指出,"在 1981 年要设想现在的国际分担费用等问题,那是非常困难的"。关于公开质问信的第 2 点,回答书认为在 JPO·日本图书代码管理中心自家的网站上已经对缘由做了说明。关于第 3 点,回答书答复说,"出版者记号位数的分配,根据系统能够最大限度识别的出版发行品种数进行,这是国际通行的标准"。关于第 4 点,回答书指出,"从国际本部到加盟国的会费分担比例计算方法,一是根据国别的出版销售额/IPA 的统计;二是根据国民所得/世界银行统计的数据。涉及会费管理运营的诸多经费,与位数没有必然联系,以位数作为基本尺度,有利于显示、判断和决定"。关于第 5 点,回答书表示了歉意,"性急的方法会招来误解。对《请求书》的说明不充分敬请原谅和理解"。

ISBN 引进日本的经过

从以上情况不难看到,日本图书代码管理委员会在 1980 年 1 月启动的时候,就出现了相当激烈的争论。

所谓日本图书代码,就是十位数的国际标准书号(ISBN),显示"销售对象"、"发行形态"、"内容"的 C 代码的四位数图书分类代码,以及由本体价格构成的代码体系。也就是说,日本图书代码＝ISBN＋图书分类代码＋价格代码;ISBN＝国别记号＋出版者记号＋书名记号＋检验数。

在引进 ISBN 的过程中,由于海外、特别是日本图书馆界的强烈要求,日本书籍出版协会曾出面大力推进。比如,顺应海外要求日本引进 ISBN 的呼声,日本书籍出版协会开发特别委员会 1978 年 3 月向理事会提交了"关于出版情报的一元化和设立出版资料情报中心"的报告。6 月,由出版行业四个团体代表组成的"出版资料情报问题政策委员会"启动。接下来,1979 年 12 月,日本图书代码管理委员会筹备会启动。1980 年 1 月,日本代码管理委员会启动。

从日本图书馆界来说,20 世纪 70 年代初就已经开始关注 ISBN 在一些国家的普及。1977 年 9 月,在与国际图书馆联盟举办的"全国图书杂志国际会议"(UNESCO、IFLA)上,图书馆界呼吁采用 ISBN 和 ISSN(国际标准连续刊物号)这样的国际番号制度。日本国立国会图书馆总务部司书监宫坂逸郎参加了这次会议。作为对日本全国图书、杂志登记造册机构的国立国会图书馆顺应图书馆界的愿望,拉开了推动日本出版界采用 ISBN 工作的序幕。在图书馆界,小田泰正和服部金太郎从 20 世纪 70 年代就开始介绍 ISBN 在海外采用的情况,论证日本引进 ISBN 的可行性。根据海外及日本图书馆研究会关于引进 ISBN 的希望,国立国会图书馆进一步加快了推动日本出版界采用 ISBN 的步伐。

引进 ISBN 的意义

对日本书籍出版协会、日本图书交易公司协会、日本书店组合联合会(从 1987 年改名为日本书店商业组合联合会)这三者来说,引进日本图书代码,是使出版流通更加顺畅的手段;对出版社、图书交易公司、书店而言,引进日本图书代码,是为了扩大销售手段、增加利润、削减用于流通的成本。在引进之前,日本书籍出版协会从 1976 年 5 月开始出版《今后出版的书本》,从 1977 年开始出版《日本书籍总目录》。这两份刊物向读者提供即将出书的信息和已经出书的信息,对日本出版行业来说是重要的基础工作,但仅有这些还不充分。1971 年,日本出书两万多种;1980 年,日本出书 27 891 种,接近三万种。因此,建立凭借日本图书代码可以检索、订购任何一种图书的订购登记系统,实现出版情报一元化的构想,是日本出版行业亟待解决的课题。

从图书馆界来说,谋求的是提高单馆水平,能够迅速获得出版信息,迅速调剂图书资料,利用印刷卡片的预订和借出记录的登记造册,进而由各馆馆藏目录制作综合目录,以此为前提促进图书馆之间相互借贷的顺畅。这样,对图书馆界来说,重要的不是日本图书代码,而是其中的 ISBN。像被称为 C 代码的图书分类代码和价格代码,图书馆界几乎无人关心。在日本出版行业,引起日本书籍出版协会与出版流通对策协议会之间激烈倾轧的,是日本图书代码的引进问题。而在广大图书馆工作人员看来,反对引进 ISBN 作为图书的识别标志,那倒是不可理解的。

对引进 ISBN 的批判

然而,对于日本图书代码的引进,曾经有过以出版流通对策协议会为中心的反对运动。反对运动的根据如下:

第一,日本图书代码管理委员会成立的背景不透明。占全部出版者不足 10％ 的日本书籍出版协会参与策划设立日本图书代码管理委员会,反对一方对此存有疑问。

第二,对中小出版社的差别待遇(歧视)问题再次凸显。因为分配给中小出版社的 ISBN 的出版社记号,不是一位数、两位数,而是四位数、五位数、六位数。为了解决日本图书代码位数分配对中小"零碎"出版社的差别待遇问题,1991 年,出版流通对策协议会主动宣布《对日本图书代码保留态度的解除》;1992 年,提出了把日本图书代码的出版者记号一律用 4 位数统一的方针。不过,位数问题真正得到解决,却花费了 12 年的时间。

第三,出现了图书交易公司支配权扩大的危机和书店成本负担增加的问题。在日本图书代码使用之前,因为差别交易问题,中小"零碎"出版社对图书交易公司的不满一直就存在。在图书交易公司接受的出版社当中,批发价格之于老出版社和新出版社总是有差别,也就是说,图书交易公司形成了不利于新兴的中小"零碎"出版社的交易结构。

另一方面,出版社依靠图书交易公司向全国的书店配送图书,这样,图书交易公司因为拥有数据,所以自身就拥有主导权。只有销售额不断提升、退货不断减少、支付(回款)及时的书店,才是有实际业绩的书店,而新出版的好销的文学书中小"零碎"出版社往往在第一时间拿不到，业绩上不去，利润赚不到，他们对大牌图书交易公司的不满就可想而知了。说的是零售书店要想新书进货快，就得安装电脑，图书交易公司凭借 ISBN 发货。但当所有书店引进了 ISBN，图书交易公司却几乎没有按照 ISBN 发过货。大型书店真正开始使用 POS 出纳机，是在 1993 年 11 月准瓜堂书店引进"J－POS"以后了。

第四，对通商产业省的出版管理和国立国会图书馆的出版统领的批判。

以上反对运动发端于对日本图书代码管理委员会的构成及其活动的存疑。日本书籍出版协会给会员以外的出版社发出的"另类"出版者记号的通知，以及为中小"零碎"出版社设定的不利的出版者记号位数等，也是中小"零碎"出版社不能忍受的。更重要的背景，是出版行业长期存在着中小"零碎"出版社对大牌出版社和大牌图书交易公司的不满。

从 20 世纪 80 年代围绕日本图书代码引进问题所掀起的反对运动来看，其形式、内容与后来的条型码引进问题、电子标签（IC 磁条）引进问题都有共同之处。比如显而易见的是，包括对引进推动由谁决定、推动机构是否正统在内的政治问题；其合理化构想对整个行业是否妥当、是否划算的经济问题；以及出版社、图书交易公司、书店对构想提出各自的诉求等，都具有相似的特征。

如何考虑今后的 ISBN 问题

无论如何，引进 ISBN，的确是图书杂志信息、物流信息实现数字化的转折点。

例如，1990 年文库本开始采用条型码表示，1991 年构建出版行业的 VAN（Value Added Network——即有附加值的通讯网）；1993 年以大型书店为中心开始真正引进 POS（Point Of Sales——即销售时点信息管理）系统；受亚马逊网络书店的影响，日本从 1995 年开始出现提供出版物销售服务的联机书店；1997 年日本书籍出版协会开始启动的图书数据库"books"；1998 年前后开始运转的大型书店与出版社连接的 EDI（Electronic Data Interchange——即电子数据交换）系统；1999 年拉开序幕的出版 SCM 国际财团的实证事业；以及从 20 世纪 90 年代以来出版流通系统的新发展等，都是得力于把被称为日本图书代码的 ISBN 作为关键代码的代码体系的建立。

那么，从 2005 年又开始、延续到 2008 年的 ISBN 问题又呈现什么样的特征呢？

第一，随着国际 ISBN 总部机构的转移，各国对支付分担费用这种形式再次提出质疑，从而使 ISBN 问题重新成为焦点问题。无论从"名"来看，还是从"实"来看，出版行业也在经历经济全球化大潮的冲击。

第二,提出为数字内容加上代码的问题,提出增加位数的问题,这等于是提出了数字出版的问题。把一直附着在作为实物的纸介质书本上的 ISBN,也附着在数字内容上,与过去的图书杂志信息、物流信息的数字化不同,这是数字出版即将到来的象征。

这次 ISBN 问题"重燃战火",可以认为日本出版行业开始直面经济全球化和数字化问题了。尽管如此,有关这些问题的争论方式,与 20 世纪 80 年代相比还是没有太大变化。比如,以对由 JPO·日本图书代码管理中心做出的国际分担费用决定及其开展的活动存疑为开端,JPO·日本图书代码管理中心向 JPO 会员以外的出版社发送请求书,不透明的"商品基本情报中心"发出分担费用的通知等,这些对中小"零碎"出版社而言,似乎还是处在与 20 世纪 80 年代相同的状态中。

当然,这次再向 JPO·日本图书代码管理中心提交公开质问信的出版流通对策协议会,终于表现出了不同:与 1980 年不赞成参加当时的"出版资料情报中心"不同,这次呼吁中小"零碎"出版社参加"商品基本情报中心"。这种变化,是因为认识到把 ISBN 作为关键代码的图书杂志信息系统、库存信息系统完备起来,非常方便读者、研究者使用。为读者提供有关出版物的基本信息,是出版社责无旁贷的义务。仅仅是达成这样的共识,朝着共同的方向努力,从 ISBN 引进至今,也经历了四分之一个世纪。

具有讽刺意味的是,时代正在从图书杂志信息、物流信息的数字化转向出版内容的数字化。在这个意义上讲,从 21 世纪头一个十年再次成为焦点的 ISBN 问题,可以说是与从 1980 年开始提出的 ISBN 问题不同的问题。对于日本出版行业来说,思维方式不能仅仅停留在铅字文化与读者的关系的阶段,而迫切需要的是从文字信息与使用者的关系出发,重新把握 ISBN 问题。

（岳　月　编译）

英国废旧报纸要卖给中国

据英国媒体报道,把自己国家的废旧报纸和塑料瓶卖给其他国家,既能赚钱,又能减少碳排放,还能给别国带来资源,可谓一举多得。

最近,英国一家负责减少垃圾量的政府机构发表研究报告称,与就地掩埋相比,如果把英国的废旧报纸和塑料瓶运到中国去回收利用,就能更大程度地减少碳排放量,并且可以生产出新产品。

最近十年来,英国每年的废纸出口量(主要运往印度、中国和印度尼西亚)从47万吨增加到470万吨,废旧塑料瓶的出口量从不到4万吨增加到50万吨。

这个名为"废物与资源行动项目"的政府机构在研究报告中得出了与人们的直觉相违背的结论。报告称,回收再利用的好处比就地掩埋要多得多,所以把垃圾运往世界各地进行循环利用具有环保意义。

垃圾所经历的旅程包括从当地到英国港口的几百英里路程,搭乘世界数一数二的大船前往中国的几千英里水路,以及到垃圾回收厂之前的最后一段陆路。

但报告认为,对废纸而言,这段漫长旅途所产生的温室气体排放量只有垃圾回收利用减少的排放量的1/3。至于废旧塑料瓶,出口再利用的优势更加明显。

出口垃圾还有一个有利条件。中英贸易的不平衡性意味着返回中国的大部分集装箱船只处于空驶状态。无论是否装载了货物,货轮都会产生二氧化碳排放量。报告写道:"如果考虑到这一因素,运送(垃圾)的排放量就更小了——不到垃圾回收利用减排量的十分之一。"

研究人员估算了把垃圾出口到中国的运输排放量,然后把估值与垃圾回收利用的标准减排量进行对比。他们发现,每吨垃圾能减少排放1 300～1 600公斤二氧化碳。

"废物与资源行动项目"的负责人莉兹·古德温说："把我们不需要的纸张和塑料瓶运到那么远的地方其实对环境是有好处的，这就是此次研究所证明的事实。"

英国的独立团体"垃圾检测"组织的发言人说："(英国)这里没有(垃圾回收)工业基础。从理想的角度讲，垃圾应该在本地处理。但我们更希望看到垃圾在中国得到循环利用——因为垃圾在那里是一种资源——而不是掩埋在英国。"

（孟斯咏　编译）

石墨烯可以造纸

　　据阿根廷媒体报道，不会是"逗你玩"，新兴材料的确可以帮助人类解决共同面临的难题，可以帮助人类持续实现"树更多"、"天更蓝"、"水更清"、"气更爽"的梦想。石墨烯自从 2004 年被发现以来，有关石墨烯的研究和新闻就未曾间断过。众所周知，已经制造出以石墨烯为材料的第一个纳米晶体管，石墨烯的衍生品氧化石墨烯的研发也取得了进展。

　　石墨烯的应用范围很广，从造纸到防弹衣和电子产品，甚至未来的太空电梯都能够以石墨烯为原料。实验表明，石墨烯造出来的纸张，分量轻，耐磨损，耐寒冷，耐高温，还可以反复回收利用，对环境几乎是零污染。

　　现在科学家首次证实了人们怀疑已久的问题，石墨烯是目前已知世界上强度最高的材料。

　　美国哥伦比亚大学的专家为了测试石墨烯的强度，先在一块硅晶体板上钻出一些直径一微米的小孔，每个小孔上放置一个完好的石墨烯样本，然后用一个带有金刚石探头的工具对样本施加压力。

　　结果显示，在石墨烯样品微粒开始断裂前，每 100 纳米距离上可以承受的最大压力为 2.9 微牛左右。按这个结果测算，要使一米长的石墨烯断裂，需要施加相当于 55 牛顿的压力，也就是说，用石墨烯制成的包装袋应该可以承受大约两吨的重量。

　　为了让我们对石墨烯的强度有个更清楚的概念，该实验的负责人、哥伦比亚大学机械工程学教授詹姆斯·霍恩作了一个形象的比喻。他说，他与同事进行的实验就好比在一个茶杯上覆一层塑料薄膜，然后用铅笔扎薄膜来测量塑料薄膜的强度。

霍恩说,如果用石墨烯片代替塑料薄膜盖在茶杯上,将铅笔放在薄片之上,然后再将一辆汽车放在铅笔上并保持平衡,那么结果是,石墨烯薄片纹丝不动。

当然这很难做到,不仅是因为很难将汽车放在铅笔之上,更是因为很难找到一个完好的石墨烯样板能够达到铅笔和茶杯这样肉眼可观察到的体积。但这样的比较是很恰当的,因为这就是我们可以用肉眼感受到的石墨烯的强度。

半导体工业有意利用石墨烯晶体管制造微型处理器,进而生产出比现有计算机更快的计算机,对于有关石墨烯强度的新实验结果更是兴奋不已。

加州理工大学教授朱莉娅·格里尔说,压力恰恰是微型处理器制造过程中遇到的主要阻力之一,而生产晶体管使用的材料不仅要有出色的电子特性,"还要能够承受住生产过程中的压力和反复使用过程中产生的热量"。

她强调,在证实了石墨烯的强度之后,可以相信石墨烯能够受住这种压力。

石墨烯是从石墨材料中剥离出来的由碳原子组成的二维晶体,石墨烯薄片只有1原子厚,自2004年被曼彻斯特大学的科学家发现之后,作为目前世界上最薄的材料,石墨烯就成为科学界和工业界关注的焦点。

研究人员和工业界将石墨烯看作硅的替代品,用以生产未来的超级计算机。随着石墨烯的各种特性被陆续发现,相信很快就可以投入大批量低成本的工业化生产。

（郝新仁　编译）

发行

美国 2007 年十本最佳图书

美国每年都会评出当年的十本最佳图书。2007 年 11 月末,美国《纽约时报》书评周刊评出 2007 年十本最佳图书。这十本书由小说类五本和非小说类五本组成。

小说类五本

《潦倒的男人》 迈克尔·托马斯

小说以第一人称叙述了一位黑人作家四天的拼命生活。实际上,这是一个关于美国梦的故事:在波士顿长大的黑人,到纽约布鲁克林谋生,靠努力写作供养血统高贵的白人妻子和三个孩子。这是作者迈克尔·托马斯的第一部小说。

《出门窃马》 佩尔·彼得松

小说主人公特龙·桑德尔是奥斯陆的一位专业人士,由于新近丧妻,他来到乡下,希望以独处治愈孤独。这本小说是挪威作家佩尔·彼得松 2003 年的作品,由安妮·博恩译成英语,2005 年在英国出版,2007 年在美国出版,2007 年获得都柏林 IMPAC 文学奖。

《野人侦探》 罗伯托·博拉尼奥

小说带有自传性质,以作者本人与其诗人朋友为原型,叙述两个自命为"粗俗现实主义者"的文学青年在 20 世纪 70 年代中期开始的堂吉诃德式狂想之旅。这是作者 1998 年的作品,曾获罗慕洛·加列戈斯国际小说奖。智利流亡作家罗伯托·博拉尼奥曾参与智利革命,在皮诺切特政变中遭到关押。他是近十几年西班牙语世界的热门小说家，2003 年 50 岁时去世。这部小说的英译本 2007 年由美国法勒·施特劳斯·吉鲁出版社出版。

《那时我们到头了》 乔舒亚·费里斯

小说叙述了本世纪初网络泡沫破灭时期白领的办公室故事。

《烟树》 丹尼斯·约翰逊

小说交错叙述了在越南战争时期美国士兵、越南士兵以及情报人员的故事。该小说获 2007 年美国国家图书奖。

非小说类五本

《翡翠城里的帝国生活：伊拉克绿区内幕》 拉吉夫·钱德拉塞克兰

本书是美国《华盛顿邮报》驻巴格达首席特派员、印度裔的拉吉夫·钱德拉塞克兰 2006 年出版的作品，专门报道 2003 年 4 月到 2004 年 6 月联军临时政府在绿区内的活动。绿区指巴格达市区底格里斯河畔原萨达姆的共和宫所在地。美国占领巴格达后，绿区即成为美国控制伊拉克的联军临时政府所在地，也被称作"翡翠城"。

《小野孩：美国大萧条时期艾奥瓦农庄的艰难与快乐》 米尔德丽德·阿姆斯特朗·卡利什

这是一本童年的回忆录。作者米尔德丽德生长在 20 世纪 30 年代美国艾奥瓦州基督教卫理公会教派家庭。生逢大萧条时期，一个没有父亲的孩子，祖父母专制，母亲忧郁，全家靠被经济破坏得千疮百孔的农场生活。没有电器，没有闲暇，没有取暖设备。小孩子得不到溺爱，从小要学会种土豆，放牲畜，割牧草，犯了错误还要挨打。但是在艾奥瓦高而蓝的天空下，作者拥有"自己的天地"。作者对童年充满热爱。

《九人：最高法院揭秘》 杰弗里·图宾

美国最高法院由九名终身法官组成，这本书讲述了美国最高法院鲜为外人所知的工作。

《伊丽莎白·马什的考验：一个参与世界历史的女人》 琳达科利

一部关于伊丽莎白·马什的传记。伊丽莎白·马什是 18 世纪的女性旅行作家。她的父亲是一名英国造船工，母亲是牙买加人。她一生从英国伦敦到印度马德拉斯，主要在六个不同的地方度过，先是跟随父母，后来跟随丈夫，后来是自己随性而行。美国争取脱离英殖民统治的独立战争之际，她在东印度和南印度游历了一年半。该书作者沿着传主的足迹向读者再现了 18 世纪的历史和世界。

《剩下的是噪音:聆听 20 世纪》　亚历克斯·罗斯

一部概述 20 世纪音乐的著作。作者是美国《纽约人》杂志音乐评论家。该书不仅纵览了 20 世纪的经典音乐作品,还透过音乐折射出这一世纪的历史。

相关链接

英《泰晤士报》评出 2007 年十佳时事类图书

1. 埃德·侯赛因的《伊斯兰主义者》
2. 安德鲁·安东尼的《副作用:一个有罪的自由派如何失掉清白》
3. 尼克·科恩的《还剩什么? 自由派是怎么迷路的》
4. 杰里米·斯卡希尔的《黑水》
5. 约翰·米尔斯海默和斯蒂芬·沃尔特的《以色列游说集团与美国外交政策》
6. 阿拉斯泰尔·坎贝尔的《布莱尔岁月》
7. 克里斯琴·沃尔马克的《火与汽》
8. 阿图尔·加万德的《手术室里的深思》
9. 安娜·波利特科夫斯卡娅的《俄罗斯日记》
10. 伊什梅尔·比赫的《漫漫长路》

（李文清　编译）

美国平面媒体
销售量和广告收入双双下降

金融危机严重影响美国的平面媒体,广告收入和销售量双双下降。广告收入下降可以理解,因为美国经济已总体放缓。但是销售量下降则令许多专家感到困惑,因为一般来说美国总统选举年有利于报刊的销售。

据世界报刊协会提供的数字,2007 年美国日报的销售量比 2006 年减少了3.03%,比 2002 年减少了 8.05%。销售量的下降很大程度归咎于晚报销售量的大幅度下降。2007 年美国晚报的销售量比 2006 年减少了 10.08%,比 2002 年减少 25%。

美国是世界最大的广告市场,但 2007 年美国的广告收入比 2006 年下降了3%,其中报刊的广告收入下降了 7.9%,预测 2008 年的广告收入可能比 2007 年还要下降许多。

2008 年 6 月,美国 Agence Stantard & Poor's 对美国两家最大的报业集团打了很差的评分,一家是卡内特报业集团(Cannett),另一家是纽约时报集团(New York Times)。卡内特报业集团是美国最大的报业集团,出版《美国今日报》等 80多种报纸和 20 多种专业期刊,并在英国、盎格鲁——撒克逊国家和东欧国家出版许多报刊。纽约时报集团则出版著名的《先驱论坛报》(Herald Tribune)和《波士顿环球报》(Boston Globe)等。

6 月 9 日,卡内特报业集团宣称今年第一季度亏空 30 亿美元,尽管 2007 年已经转让了几家亏损的报纸。8 月 13 日,该集团又宣布裁减了 1 000 名员工,占其员工总数的 3%。卡内特报业集团总裁里克·詹森解释说,这些措施迫于报刊"经济环境的持续衰落"。《纽约时报》第一季度也亏损,今年 2 月已裁减了约 100 名员工。

美国重要报业集团论坛报业集团(Tribune Co)计划出售其在芝加哥的总部和《洛杉矶时报》的大楼。论坛报业集团总裁萨姆泽尔说,美国的日报主要在本地区发行,历史注定这些日报只能"孤立垄断"地存在。当然,随着互联网的发展情况已经发生了变化。华盛顿邮报集团 8 月初说,今年第二季度亏损 260 万美元,这是 37 年来第一次出现亏损。

今年 6 月美国几个主要州的诸如《巴尔的摩太阳报》(Baltimore Sun)和《自由海峡报》(Detroit Free Press)等六种报纸已宣布裁员。《波士顿先驱报》(Boston Herald)决定停止印刷工作,裁员 160 人。在美国拥有 30 种报纸杂志的 Mc-Clatchy 报业集团也已宣称裁减 10％的员工。

据美国报刊主编协会年会提供的数据,自 2008 年 1 月 1 日以来,美国报刊界已总共裁减了 3 000 名员工。2007 年美国日报的记者减少了 4.4％,即减少了 2 400 人,这是 30 年来裁减人数最多的一年。诚然,美国日报的全日记者已从 1978 年的 4.3 万人增加到 2007 年的 5.26 万人,但自 2001 以来已经裁减了 3 800 人。

美国的报纸和记者缺乏一种精神。这是美国报刊主编协会年会发出的信息。年会主席的主旨演讲用了"霍乱时期的新闻业"的题目。不过报纸网站的读者和网站的广告收入双双增加,但报纸网站广告收入的增加抵销不了纸介质报纸收入的减少。

(张林初 编译)

加拿大魁北克省建立图书销售网

　　2007 年加拿大魁北克省的独立书店组建成一个集团。时隔一年,2008 年 3 月 10 日,魁北克省 83 家独立书店为了扩大销售联合建立了一个图书销售网站:LivresQuébécois.com,该网站成为加拿大第一个大型书店对外的视屏窗口,目前网站运行良好。

　　魁北克独立书店网站总经理德尼斯·勒庞讲:"建立魁北克独立书店网站的目的是促进魁北克省内以及与国外图书的交流与销售。前不久,我们已经把书店近两年来的 7 000 册图书目录上网。我们现在的任务是筹备资金。"据德尼斯·勒庞总经理讲,每年独立书店网站的预算为 32.5 万加元(约合 22 万欧元)。目前,用户可以通过独立书店网站查寻书目购书。据统计,独立书店网站自成立以来,魁北克省图书的销售量提高了 4%,比两年前增加了两倍。

　　英语和法语为加拿大官方语言,魁北克省为法语区。为积累管理网站的经验和加强与法国书店的联系,魁北克独立书店集团于 2008 年初派了一个五人代表团前往法国进行工作考察。

(于平安　编译)

图书"浪迹天涯"

据阿根廷媒体报道,翻山越岭,跨海渡洋,月移星转,带着世界各国读者的问候,带着不同肤色不同语言的"漂友们"的气息,"图书漂流"的"海啸"在阿根廷登陆——都是陌生人,甚至还是不同国度的陌生人。他们从未谋面,也未曾通过电话联系,他们只透过网上的昵称彼此熟识。他们有着共同的猎奇心理,因此走到一起。他们"狩猎"的目的不是鸭子、鸽子、鲸鱼或其他猛兽,而是图书。

环球 60 万人通过"图书漂流"活动形成了一个团体,参与者人人好像最棒的猎手一样。2001 年 4 月,一位名叫罗恩·霍恩贝克的美国人在堪萨斯市附近的一个小村庄开设了一个"图书漂流"网站,从此这项活动在世界各地生根发芽,在德国、法国、英国和阿根廷,以及泰国等一些亚洲国家也能找到"漂友们"的身影。参加者像特工一样"捕获"各种图书,再将它们"解放"——让其"漂流"给更多的读者。

想要参加这个活动吗?先给自己取一个网名,然后把自己喜欢的图书登记在"图书漂流"网站上,写上你的阅读心得,再选择一处公共场所把图书"丢"在那里,留下一个字条。接下来的事情就是等待"猎手"把书取走,阅读,然后循环这个过程。广场、自动取款机、酒吧或者公园长椅,在任何一处公共场所,路人都可以找到被你"解放"的图书。目前全世界共有大约 400 万本图书处在"漂流"当中。

现在,为了庆祝西班牙图书文学奖 50 周年,"图书漂流"来到了阿根廷。西班牙人塞莎·巴拉尔向"图书漂流"活动捐赠的 1 200 万册图书即将进入阿根廷。

"我们希望通过这样的活动以一种更为原始的方式接近读者。"西班牙行星出版集团发言人安娜·卡马隆加说。参加"图书漂流"活动的图书全部是图书文学奖获奖者的作品,它们将被分散到首都布宜诺斯艾利斯、科尔多瓦和罗萨里奥等地。

"在一开始，我只选择那些非常普通的场所'解放'我的图书，后来我更愿意挑选一些我自己喜欢的地方，尽管这样做会给整个活动的连贯性带来一定困难，但是一想到你正在为构建一个全球图书馆而努力着，一切就都是值得的。"一名"图书漂流"活动的参与者说。

如何认出那些有着特殊身份的图书呢？实际上，那再简单不过了。一本被"丢弃的"图书本身就很惹眼，如果你还认为这不足以证明它的身份，那么还可以在它身上找找标签，一般是"你好"，"我是一本特殊的书"，"阅读我，并放了我"。通常一本图书的前一位阅读者都会在书中留下一些阅读过的痕迹。

谁拿到了这本图书，就可以到网站上按照标签上唯一的"漂流号码"检索该书，获取这本图书的阅读心得，撰写你的获取笔记或趣闻，并与所有阅读过它的人分享你的看法。

"我曾阅读过的一本图书目前在泰国，另一本图书在智利。""漂友"拉奎尔（RaquelC）说。

对于那些爱书的人来说，如果想与世界各地的人分享阅读的快乐，同时又不会遗失了心爱的图书，你可以选择制作"图书标环"，这样就可以保证图书会回到主人的手中，尽管也许它会在路上耽搁一段时间，更有可能游历多个国家，但是最终它还是会回到出发地的。

（金点子　编译）

佳节送书蔚然成风

法国人喜欢看书,也喜欢把书作为礼品馈赠亲朋好友。每逢佳节特别是岁末年初的圣诞节和元旦,法国人已不再把圣诞树和鹅肝作为必选的礼品,亲朋好友之间互赠图书在法国逐渐成为时尚。在品种繁多的图书中,精装书成为人们的首选。精装书销售量的40%是在节日期间售出的。人们挑选精装书的首选当属艺术类图书,比如画册。除北欧艺术家和现代艺术家的绘画之外,意大利文艺复兴时期的画册永远受人青睐。近年来,各类题材的图书也越作越精美,比如历史书、旅游书、体育书、美食书、动物书和花卉书。

想方设法出版高质量的精装书

何为精装书? 人们的看法各不相同。因此,统计精装书的种类略有难度。2006年,法国出版了3 251种精装书,比2005年提高了10%。面对当前图书市场的困境,法国一些出版社缩减出版新的精装书并减少印数。精装书的价格也趋下跌。法国 些大的出版社计划少花钱多出书,准备出版实用类精装书。然而,某些精装书仍属豪华版,价位昂贵,比如由比丰(Buffon)编写由西塔代勒和马泽诺(Cit-adelles et Mazenod)出版社出版的《鸟的自然史》(*L'Histoire naturelle des oiseaux*)就是精装书中的豪华版,每本定价350欧元。尽管昂贵,该书仍然抢手,已经售出了3 000册。法国一些出版商对精装书豪华版价位高坚持已见,这是因为他们认为编辑一木高质量的精装书需要多年积累图片和撰写文稿,有些图书甚至还需要翻译出版。面对图书市场,出版商必须考虑制作成本和版权费,况且近年来这些费用大幅度上涨。尽管如此,法国出版商想方设法出版高质量的图书。有些出版社开始与银行或私企联合争取得到资助或先期付款;有些出版社则加强与行政部门联系争取得到帮助。出版社与博物馆的联合在法国已经成为一种常见的合作方式。出版社为博物馆出版展台目录;为书展出版书目;为某一活动出版宣传册等。出版社通过上述参与方式,扩大了宣传,使越来越多的读者喜欢图书,促进了图书的销售量。

艺术图书出版社合作方式多种多样

现在法国没有一家出版精装书的出版社不与博物馆合作的,特别是艺术图书出版社的合作方式多种多样。有些出版社如索莫吉出版社(Somogy)已成为与博物馆打交道的行家里手。法国于1985年创办了一个"艺术图书五月"活动,从此年年举办。在参加"艺术图书五月"书展的名单中,已有六家公共出版社,约占参展出版社总数的1/5。例如美术学院、罗丹博物馆等一些单位,以前根本不从事出版工作,如今它们也已经有了自己的出版机构。为此,塔姆·于松出版社出版了一本关于博物馆在现代艺术中如何发挥作用的书。出版商埃莱娜·博拉说,"博物馆现在越来越要求艺术家参与展览会的策划和组织。作者从中可以了解到当代造型艺术作品是怎样受博物馆学影响的,然后创作博物馆需要的作品,并把这些作品交给博物馆去展览。"

书展目录现在越来越受到重视。图书展览会目录已成为一种完整的书,甚至胜似一种书。在书展上,一位读者告诉记者,"书展目录给人们的印象是,在一本书中什么都有了,而且印刷得很醒目。"参加"艺术图书五月"书展的出版商米歇尔·帕斯图罗在其名为《理想的图书馆》(*Bibliothèque idéale*)图书目录的前言中写道,"……信息可靠,并对科学界和一般公众都有用,就是几十年后仍是一部好的工具书。"前言继续写道,"其中许多书以后还可以再版。"

国际图书市场竞争激烈

除法国外,德国、英国和美国也是出版精装书较多的国家,特别是出版精美的摄影图书。这三个国家在法国设立了办事处,不仅出书多,而且价格适中,网上售书颇有成效。美国在国际图书市场上销售的70%的精装书是在中国制作的。面对国际图书市场的激烈竞争,法国出版商意识到一个国家单打独斗力量有限,必须和其他国家合作。于是法国南方行动出版社与欧洲七家出版社成立了一个集团,用四种语言出版一套名为《摄影口袋丛书》。法国马尔蒂尼埃出版社（Martinière）在美国和德国也进行了类似的合作。

面对新媒体的挑战

高新技术的发展给出版传统精装书带来两个新的挑战。第一个挑战是数字产品，如手机、定位仪等。岁末年初，人们在挑选节日礼物时这些数字产品很受欢迎，似乎可以与传统精装书比高低。第二个挑战是互联网。由于网上工作快捷便利，许多绘画、电影和园艺的爱好者更喜欢上网，轻轻点击一下鼠标，马上就可以免费得到所需的资料和答案。尽管如此，只要精装书质量高价格合理仍会受到广大读者的青睐。

（于平安　编译）

法国 2007 年图书出版
营业额 29 亿欧元

2008 年 6 月 26 日,法国全国出版协会(Syndicat National de l'Edition)举行年会。据年会提供的数字,2007 年法国图书出版业的营业额为 28.93 亿欧元,比 2006 年增加 3.5%。图书出版总量达 4.866 亿册,比 2006 年增加 3.6%,图书零售额比 2006 年增加 3%。总体来看,2007 年是法国图书出版业的一个好年头。2007 年图书版权贸易增长较快,达 10.3%,营业额为 1.31 亿欧元,占整个图书营业额的 4%。各种各样数字化产品的销售也有较大增长,营业额达 3 690 万欧元。

法国全国出版协会称,2007 年法国图书出版数量的增长明显快于营业额和图书出版总量的增长。2007 年法国出版的图书增加 7.5%,其中新版和再版图书增长 6.3%,重新印刷图书增长 8.7%。2007 年法国图书出版总量增加 10.4%,其中新版图书增长 5.3%,重新印刷图书增长 19.6%。2007 年法国总共出版和再版了 60 376 种图书,其中 295 家出版社出版和再版了 37 352 种图书。

法国全国出版协会的统计表明,口袋书的销售额和销售量都基本"保持平稳",销售额仅增加 1%,销售册数只增加 0.5%,然而口袋书的营业额却占整个图书营业额的 13.4%,占图书销售总量的 25.3%。据法国全国出版工会提供的数据,2007 年法国青少年图书的营业额增长最快,达 18.8%,科技和医学图书的营业额增长 13.1%,宗教图书增长 7.2%,精装图书增长 5.7%,文学图书增长 4.3%,连环画增长 2.9%,人文和社会科学图书增长 1.5%。但是,教材的营业额下降了 2.3%,词典和百科全书下降 2.8%,地图则下降了 20.4%。

(张林初 编译)

法国努力振兴报刊杂志销售网

近几年,随着互联网等新兴传媒手段的迅速发展,法国报刊杂志的零售量日益减少,报刊杂志的销售网点也越来越少,报刊杂志的销售体系遇到了前所未有的困难。为了报刊杂志有一个美好的未来,法国各个部门都在努力改变这种颓势,并提出了一个振兴计划。

法国是一个报刊出版大国和销售大国

据法国巴黎报刊运输新公司(NMPP)统计,该公司 2005 年运销 30 种法国日报、80 种外国日报、2 700 种法国杂志、800 种外国杂志、4 000 种其他出版物,总共向各销售网点运送了 25 亿份法国报刊和 2 340 万份外国报刊,向法国本土以外地区运送了 180 家报刊杂志社的 3 475 种报刊杂志。2006 年法国巴黎报刊运输新公司的年营业额达 30 亿欧元。除此之外,里昂报刊运输公司(MLP)还负责发送了 2 400 种报纸杂志。

报刊杂志销售网点越来越少

第二次世界大战后,法国的报刊杂志有了很大发展,报刊杂志的销售网点也随处可见。1952 年法国全国有 40 000 个报刊杂志销售网点。然而,近 20 多年来报刊杂志销售网点逐年减少。1980 年减少到 3.6 万个,1995 年减少到 3.3 万个,2006 年减少到 27 838 个(其中酒吧报刊亭 9 320 个,烟草报刊亭 8 421 个,图书纸张店 7 073 个,超市报刊亭 1 719 个,设在火车站和医院的"驿站"报刊亭 738 个,街头报刊亭 567 个)。也就是说,2006 年的报刊杂志销售网点比 1980 年减少了 22%。所以,读者经常需要走 10~15 分钟的路程找到一个报刊亭,买到一份报刊杂志。法国雷恩政治科学研究所平面媒体管理部主任巴特里克·勒弗洛斯说,"法国在报刊杂志销售网点的密度方面,比欧洲其他国家还要落后许多。"

报刊杂志的发行越来越难

巴黎报刊运输新公司总经理雷米·弗林姆兰说,"近十年来,巴黎报刊运输新公司所运销报刊杂志的种类增加了 48%,但是数量却减少了 22%,营业额也略有下降,报刊的退回率达 40%左右。"巴黎报刊运输新公司每年运送 3 600 种杂志和报纸,以及大量的多媒体产品和 DVD 光盘。

2006 年,巴黎报刊运输新公司报纸的销售量减少了 3.1%,比 2000 年减少了 15%。尽管采用新版本和改进编辑,法国地方日报也逐年失去读者。法国地方日报工会主席布吕诺·德图尔托说,"地方日报的销售量以每年 1%~1.5%的速度减少,读者也在减少。"

非报刊杂志产品,特别是多媒体产品的销售量过去一直上升。然而,近年来销售量也开始下降,2005 年下降了 20%,2006 年下降了 13%。法国桦榭菲力柏契发行公司总经理让—路易·纳许里称,"就总体而言,瑞士、比利时、西班牙等许多国家的报刊特别是杂志的发行量都在下降,"法国全国报刊发行联盟主席热拉尔·普鲁斯特说,"虽然报刊的发行量在下降,但是法国和德国依然是报纸零售量最多的国家。"法国报刊杂志的零售量占报刊杂志销售总量的 56.6%,其余为订阅或邮寄。看来,报刊杂志仍需要零售,因为零售依然是衡量报刊活力的最好办法。

法国有两家大的报刊运输公司

法国有两家大的报刊运输公司,即法国巴黎报刊运输新公司和里昂报刊运输公司。据统计,法国巴黎报刊运输新公司承担 80%报刊杂志的运送,里昂报刊运输公司负责 20%报刊杂志的运送。法国地方日报有自己的发行网(通过卡车、火车……),但也在巴黎报刊运输新公司的销售网和 1.5 万个补充零售摊点(面包店、商店、车站……)里销售。《巴黎人报》2001 年前由巴黎报刊运输新公司负责发行,2001 年建立了自己的发行系统——《巴黎人报》销售发行公司。

巴黎报刊运输新公司的发行流程很简单:即报刊一旦印刷完毕后,由运输车运到 180 个代理处的仓库,代理处分门别类地把报刊发送到 2.8 万个报刊亭。清晨,卖报人打开报刊亭,便发现一捆捆报刊放在了报刊亭里。卖报人不知道里面是些什么报刊,但是他们必须接受。一切由报刊杂志编辑部决定。

法国报亭的类型很多,从巴黎街头的报亭到超市大卖场,还有专卖店、被称为"驿站"的报刊亭,以及只卖几种报刊杂志的烟草店和小报刊亭。与欧洲其他国家不同的是,在法国报刊零售中超市大卖场占有重要位置,特别对期刊更为重要。

在众多的报刊零售商中,7 000 家报刊专卖店虽然只占报刊亭总数的 25%,但是其销售额却占报刊零售总额的 41.6%。因此,一些报刊出版社要关掉他们自己的零售点。法国《尼斯日报》集团总裁米歇尔·孔布勒说,"关闭一个传统的报刊零售点对我们来说意味着少销售 120～130 份报纸。"法国《尼斯日报》的零售约占总销售量的 75%。法国全国日报工会主席、法国《费加罗报》集团总裁弗朗西·莫雷尔说,对日报来说,"重要的是要重新夺回市中心的零售点。如果在市中心关掉一个零售点,我们就损失 70%的营业额。"

卖报人很辛苦

在此背景下,卖报人是很难胜任的。法国 1/3 的卖报人报刊卖得不错,但大部分卖报人的生活条件每况愈下。法国全国报刊杂志发行联盟主席热拉尔·普鲁斯特指出,"卖报人本应是一些商人,可现在都变成了搬运工。他们的工作时间太长,所提供的报刊杂志也太混杂,以至于顾客和卖报人都很难弄清楚。"

巴黎报刊运输新公司总经理雷米·弗林姆兰说,"卖报人这个职业并不吃香,他们早起晚睡,挣得又少。"卖报人每周要工作 80 小时,工资略高于法国的最低工资。同时,一些重要的报亭还要共同养活一个管理人员。所以,现在卖报人越来越少。

正如法国全国报刊发行联盟主席热拉尔·普鲁斯特分析的那样,更为重要的问题是,"现在形势已经发生了变化,我们不仅需要面对发行量的减少,我们还要应对诸如互联网一类新媒体的竞争。"里昂报刊运输公司经理帕特里克·安德烈说,"重要的是要使报刊具有吸引力。这是报社和杂志社的任务。"

巴黎报刊运输新公司的振兴计划

为了挽救报刊发行下降的颓势,巴黎报刊运输新公司提出了一个雄心勃勃的振兴计划,该计划得到了报刊发行网所有运营商的赞同。按照计划,一方面将提高卖报人的经济收入,现在法国卖报人的收入低于其欧洲同行;另一方面增加报亭的数量,并使分布更加合理。

巴黎报刊运输新公司总经理雷米·弗林姆兰说,"我希望从今年秋天开始就能改善专业卖报人的生活条件,以便他们的生活水平能达到欧洲同行的平均水平。"法国全国报刊发行联盟主席热拉尔·普鲁斯特则指出,他希望"卖报人的报酬应该在报刊售价的10%~25%之间,报刊种类比较少的报刊亭为10%,专业报刊亭为25%,特别专业报刊亭的报酬还要更高些"。

卖报人经济待遇问题解决后,巴黎报刊运输新公司将投资增加法国报刊发行网点的数量。从现在到2010年,将增加5 000个零售网点。2007年在巴黎新开报刊亭的数量要多于关闭报刊亭的数量,这在20年来尚属首次。

报刊返回率极高

另一个急需解决的问题是,减少报刊的退回率。据统计,法国每年有10亿份报纸没有销售掉,重约20万吨。也就是说,由巴黎报刊运输新公司发行的3 500种报纸的40%没有卖掉,返回到报社,而由里昂报刊运输公司负责发行的某些杂志的退回率高达60%。报刊杂志返回到报社和杂志社后,只能送到造纸厂当废纸化纸浆。这是一个很大的浪费。因此,巴黎报刊运输新公司将更好地把握数量,以便减少报刊的退回数量,协调好出版社提供的数量与读者和卖报人的需求。报刊销售工作是一项没有规律的工件。一般来说,早晨是卖日报的高峰,星期一是卖女性杂志和电视周报的高峰,星期三和星期四是卖新闻周刊的高峰。报刊销售工作不是一项十分精细的科学,它经常取决于当时的突发事件,甚至刊物的封面、刊物的标题都影响销售情况。

振兴计划任重而道远

巴黎报刊运输新公司的振兴计划五年内需要1~1.5亿欧元的资金。2006年巴黎报刊运输新公司营业额为30亿欧元,利润达6亿欧元,然而2007年亏损300万欧元。因此,巴黎报刊运输新公司只能实行紧缩政策和裁减人员。法国Prisma Presse集团总裁法布里斯·博埃谨慎地说,"我们支持巴黎报刊运输新公司的振兴计划,但资金问题依然没有得到解决。"为此,政府应该出面进行干预。

然而,事情没有那么简单。只要出版商之间的利益还有分歧,资金问题一时就很难解决。媒体社会学专家让—玛里·沙龙说,"很久以来日报和期刊一直团结一致,但今天两者之间出现了一些不和谐。报纸希望有更多的零售点,而且报刊亭的开门时间要早,期刊则并不希望有那么多零售点,但要求报刊亭整齐有序。如果没有巴黎报刊运输新公司的改革计划,巴黎报刊运输新公司和整个法国报纸杂志的发展将越来越困难。巴黎报刊运输新公司总经理雷米·弗林姆兰则乐观地说,"销售报刊,是销售能提高身份的产品。销售文化产品,销售新闻产品,这是一项社会责任。"

（张林初　编译）

法国报刊数字销售网逐步发展

报刊销售在当前数字时代正经历着翻天覆地的变化。法国出版商正在采用一种新的体制。隶属于法国拉加代尔集团的桦榭图书公司于 2006 年初成立了一个数字发行部。同年夏季，数字发行平台开始运作。如今法国人可以不必前往报刊亭购买书报，也不必经过邮局预定，读者在网上便可直接办理这些业务。

创办数字发行网站

现在法国人在网上购买报刊可以通过两个网站：即 Relay 和 Viriginmega，这两个网站都是法国拉加代尔集团的驰名品牌网站。法国桦榭图书公司数字发行部首先在网上发行了 30 余种杂志，如今可以在网上发行的杂志达 220 种。目前，70位法国出版商已经加盟这一数字发行网。这些杂志都是法国主要出版集团的驰名品牌杂志，比如：玛丽·克莱尔出版集团出版的新闻类杂志《观点》、《快报》和《新观察家》。世界出版集团的《国际快讯》和《教育世界》。普列斯玛出版集团的《今日妇女》、《资本》和《咖拉》。另外，读者还可以在该网上查寻到一些专业杂志。

自 2007 年夏季以来，法国桦榭图书公司数字发行网的访问数量已达 6 万人次，其中一半为免费下载。法国桦榭图书发行公司数字发行网预计不久将有 10 万有偿下载人次。到目前为止，法国人每下载一份杂志的价格等同于在报刊亭购买一份杂志的价钱。除杂志外，报纸将在近期也通过法国桦榭图书公司数字发行网销售，网址已确定为 A lapage.com。

完善数字销售网

数字销售网体系最早创办于美国。尽管这一体系目前尚不完善,但美国出版商预测在今后五至十年,大约 5%~15% 的美国杂志都将通过数字销售网出售。到目前为止,美国出版商还较难预测报纸将来通过数字销售网发行的情况。

法国桦榭图书公司数字发行部经理塞巴斯蒂安·贝热尔认为,虽然数字销售网刚运行不久,尽管到现在尚未出现专门的发行品牌,但当前重要的是要看准、看好这一发行市场。随着时间的推移,网络运营商将会不断丰富自己的发行目录。

目前,尽管有些法国出版商对数字网络发行仍持保留态度。他们似乎也不准备适应这一发展趋势,不打算在自己的网站上介绍读者已经可以下载的报刊。然而凡事总有例外,法国 Cyber Press Publishing 出版集团则积极参与网上销售。该集团在 2007 年 9 月份创办了一个名为 Monkiosque. fr 的网站,集团将向读者介绍并推荐数字销售网,他们已经将其网站与法国桦榭图书公司数字发行部网链接起来。

（于平安　编译）

法国音乐光盘销售量急剧下降

　　据统计，2007 年上半年法国音乐光盘销售形势令人不安，同比下降了 17%（五年共下降 45%）。因此，法国全国音乐出版商和制作商工会（SNEP）要求公共部门严厉惩罚从互联网上非法下载音乐作品，法国全国音乐出版商和制作商工会认为，非法下载是造成音乐光盘销售量下降的主要原因。法国全国音乐出版商和制作商工会提供的数字得到了法国 GfK-Observatoire 研究所研究报告的证实。法国 GfK-Observatoire 研究所是法国一家从事音乐光盘销售研究的独立研究机构。GfK-Observatoire 统计，2007 年上半年音乐光盘的销售量下降了 17.1%。

　　在 2007 年 9 月 14 日出版的一份题为《音乐载体销售场所情况》的研究报告中，GfK-Observatoire 研究所还谈到了一个令人不安的问题，即超市大卖场销售音乐光盘的数量越来越少（2006 年下降了 30%）。以往超市大卖场是销售音乐光盘的主要地方。

　　据法国全国音乐出版商和制作商工会提供的数字显示，2007 年上半年法国音乐产品的销售量为 3.178 亿欧元，而 2006 年上半年的销售量则达 3.832 亿欧元。其中音乐光盘盒的销售量下降了 18.9%。

　　美国音乐光盘的销售量也不好，2007 年上半年同比下降 15%。不过，虽然美国物理载体的音乐光盘销售量（总共销售 2.298 亿张光盘）下降了 19.3%，但是数字载体音乐的销售量有明显的增加，其中从互联网上下载的音乐光盘盒达 2 350 万张，同比增加 60%，从互联网上下载的音乐作品有 4.173 亿部，同比增加 49%。

　　在法国，物理载体音乐光盘的销售量占有 93% 的市场份额。所以，以数字载体形式销售的 2 300 万欧元所得根本无法弥补物理载体形式销售的损失。专家预测,2010 年法国数字载体音乐产品的销售量将超过物理载体音乐的销售量。据统计,2005 年法国数字载体音乐产品的销售量增加了 95%,2006 年增加 79%,然而 2007 年上半年却只增加 13.7%。这是一个不好的兆头。下载曲目的数量只增加 4%。而普遍看好的彩铃更是令人不安,前几年彩铃发展迅速,现在也出现了问题,2007 年上半年的营业额只有 637 万欧元,同比下降 18%。

许多统计报告表明,法国在行为方面的表现可以称为"流氓"行为。法国 L'Exagone 公司是法国非法(或免费)下载的冠军。欧洲视听和通信研究所 2007 年初发表的一份研究报告显示,法国二分之一多的网民从互联网上下载资料,其中非法下载资料占 85%,而英国占 80%,美国只占 75%。

今天随着科技的发展,从互联网上下载音乐作品的手段越来越多。手机小巧玲珑,成了从互联网上下载音乐作品的新秀,2007 年上半年的营业额达 276 万欧元,同比增加 126%。现在又推出了许多服务,为合法下载提供了许多新的途径。

目前,一些大型和独立音乐光盘制作商一起正在积极宣传一种名曰"360 度"的观念,按此观念演员在许多活动中可起核心作用,活动包括举办音乐会、出版光盘、做广告等。

为了美好的明天,许多音像出版社仍在继续进行兼并。索尼(Sony)公司与 BMG 公司的合并事宜虽于 2006 年遭欧洲法院反对,但不久前已获得欧洲委员会的批准。英国 Terra Firma 投资基金则收购了英国百代(EMI)音像公司。

(张林初　编译)

德国：书价下降，读者减少，销量增加

据德国出版行业的媒体报道，在德国联邦统计局发表的家庭经济消费物价指数中，2006 年的图书价格指数，与 2005 年的图书价格指数相比，下降了 0.4％。2007 年的图书价格指数，与 2006 年的图书价格指数相比，下降了 0.1％，这让出版行业大感疑惑。近几年，德国经济的景气逐渐恢复，反映恢复的最好证明，就是一般物价指数在逐渐提高，而只有图书的价格指数一路走低，虽然仅仅下降百分之零点几，但与往年相比下降幅度还是不能小视的。

对德国出版行业人士来说，与其说吃惊于图书价格指数与往年相比的走低，不如说对图书价格指数的下降感到不可理解。因为他们身处出版物市场前沿，实实在在地看到了图书价格在近些年越来越低。

根据德国大牌图书批发店 KNV 计算机系统显示的销售业绩分析，德国图书的价格在四年前就拉开了持续下降的序幕。在出版物市场销售的图书的平均单价，虽然 2003 年仅仅下降 0.6％，但与 2002 年相比已经是呈下降趋势；2004 年与 2003 年相比，更是下降了 1.9％。2004 年，被称为"长期畅销书"的"普及版图书"和"特别装订版图书"，价廉物美，在给德国出版物市场带来繁荣的同时，也在总体上把图书的价格拉下来。然而，用 2004 年的原因来解释 2005 年的市场动态，又不是那么回事。2005 年，德国出版物市场上的高价书比比皆是。例如，"哈利·波特"第六卷本定价为 22.50 欧元，这种面向大众的畅销书，以如此高的定价大量销售，但在整个出版物市场上销售的图书的平均单价，与 2004 年相比还是下降了 1.4％。

客观地看，把所有图书的价格平均起来，下降的幅度并不大。按照出版行业团体的统计,在新书的价格中,学术书和专业书的价格稍稍上涨,而面向读者大量销售的文学书和实用书的价格有相当的下降。总而言之,"图书便宜了","原来买一本书的钱现在可以买两本了",已是不争的事实。

是因为卖不动,价格就便宜呢?还是因为价格便宜就卖得动呢?德国出版行业的专家认为,分析其中的因果关系,特别应当注意价格与销售额的关系。据 KNV 的统计,被销售图书的平均单价与销售总额几乎以相同的水平提升或下降。

如果把 1995 年的数字作为 100%,那么,2000 年图书的平均单价就是 106.7%,图书的销售额就是 105.7%。2001 年图书的平均单价为 108.4%,图书的销售额为 103.6%;2002 年图书的平均单价为 110.2%,图书的销售额为 100.4%。2002 年与 2001 年相比,图书的平均单价上升,图书的销售额下降。这就是说,单价虽然上升,但由于销售额下降,实际上意味着销售量在减少。事实上,德国出版物市场的图书销售册数,2001 年减少 4.3%,2002 年减少 3.8%。

2003 年图书的平均单价开始下降,下降到 109.5%;而图书的销售额减少更多,减少到 98.9%,可以说这只相当于 1995 年的水平。图书的销售册数也减少了 1%。

2004 年图书的平均单价为 107.4%,图书的销售额为 98.5%。2005 年图书的平均单价为 105.9%,图书的销售额为 99.5%。2004 年图书的平均单价降低 1.9%,但由于图书的销售额增加,与 2003 年相比,图书的销售额仅仅减少 0.4%。这就是说,销售量增加,便宜的图书比以前卖得更多了。这种倾向在 2005 年越发明显。与 2004 年相比,2005 年图书的平均单价虽然下降 1.4%,但图书的销售额上升 1%,图书的销售册数增加 2.4%。

图书价格便宜,购买图书的读者(顾客)数量就会增加。据 KNV 的统计,销售额与读者数量的增减,有着几乎相同的轨迹。

2001 年,无论是销售额还是读者数量,两者都是负增长,其中读者数量减少尤为明显。把 1994 年的统计数字作为 100%,那么,2000 年读者数量就是 102.9%,而 2001 年读者数量竟减少到 100.6%。在 2001 年这一年,图书的平均单价上升,图书的销售额减少,读者数量减少,然而,每个读者平均购书的金额却在增加。

在图书平均单价最高的 2002 年,读者数量减少到 95.7%,这种倾向越到后来越明显。2003 年的读者数量减少到 94.4%,2004 年的读者数量为 94.6%,只是微量增加。在 2004 年,因为图书价格便宜,读者数量减少的势头被止住。这一年,图书的销售额减少 0.6%,读者数量增加 0.2%,销售册数增加 1.3%。

2005 年,图书的价格更加便宜,图书的销售额增加,读者数量减少到 94.1%,读者人均购书册数增加 2.4%。2006 年,图书的价格继续下降,图书的销售额增加，读者数量减少到 92.8%，读者人均购书册数增加 2.7%。2007 年，图书的价格还是走低，图书的销售额增加，读者数量减少到 92.3%，读者人均购书册数增加 3%。

　　从读者数量的减少可以看到，尽管"远离图书"、"厌倦读书"的倾向也在德国蔓延，但由于存在稳定的读者群体，图书如果便宜，人均购书量还会继续增加。

（李文清　编译）

"多店铺书店"开始主宰
德国图书发行业

即使是在出版业十分发达的德国,那些小巧的方便读者的"街头书店"也正在消失。取而代之的是风头正劲的名为"重组书店"的书店网络。那些占据各个都市的有实力的大型书店,一方面在德国各地建立新的分店(支店),一方面收购或是没有后继者或是因资金问题难以经营的个人书店,不断增加店铺数量。现在,拥有数十家店铺的书店越来越多。在德国,把这种拥有很多分店(支店)的书店叫做"重组书店",与对传统的拥有连锁店的书店的称谓,有着细微的差别。所以,"重组书店"又叫做"多店铺书店"。

近年来,这种"多店铺书店"异常活跃,搅得德国出版行业坐立不安。例如,迈耶书店在2006~2007年,仅在诺伊斯就新办了门维也克拉巴赫书店、迪尤捷尔多勒弗书店、克拉多贝库书店和哈定肯书店。收购了位于亚琛市的亚琛书店、位于多特蒙德市的格吕卡书店、位于贝吉施格拉德巴赫市的博德包法书店、位于古马斯巴哈市的库拉乌泽·温托·奥兹百卢库书屋等各地都市的有名书店。而其他"多店铺书店"与迈耶书店大同小异,新办与收购的竞争愈演愈烈。

在这种状态下,德国书店行业的专家们认为,应当探索"多店铺书店"之间提携与合作的方式。然而,专家们的"探索"之声还没有消失,"多店铺书店"的"哥俩好"已逐渐变成现实了。

德国出现了巨大的书店网络

从2006年至2007年初,德国涌现出十大"多店铺书店",按规模大小排名,依次是：布干道贝尔、塔利亚、韦尔托皮卢托、普费与库斯托、孔多塞姆、帕贝尔、玛依亚、普斯太斯托、娃依拉托、洼托布尔。经过激烈角逐，其中有一些也快撑不住了。

2006 年 8 月，在十大"多店铺书店"中排名第一的布干道贝尔书店与排名第三的韦尔托皮卢托书店合并，成立了"DBH 图书销售有限公司"，实施统一经营战略。2007 年初，排名第六的帕贝尔书店和排名第九的娃依拉托书店也加盟其中。这样一来，"DBH 图书销售有限公司"拥有的店铺为 451 家，卖场总面积为 17.2 万平方米，从业人员为 3 456 人，年经营额为 6.72 亿欧元。可以说，德国出现了巨大的书店网络。

在十大"多店铺书店"中排名第二的塔利亚书店，于 2006 年 1 月收购了拥有 26 家店铺、年经营额为 6 000 万欧元、排名第五的孔多塞姆书店。一年以后，也就是在 2007 年 1 月，又与拥有 44 家店铺、年经营额为 6 000 万欧元、排名第四的普费与库斯托书店宣布加强合作，尽管各自保留名称，但结果是事实上的合并。由此而来，"塔利亚书店集团"的店铺达到 222 家，卖场总面积为 21 万平方米，从业人员为 3 436 人，年经营额为 6.11 亿欧元。这也形成了与"DBH 图书销售有限公司"相抗衡的局面。

加盟塔利亚书店集团的普费与库斯托书店，早在 2000 年前后，就被属于外资的拥有其 55% 股份的巴库里·普拉布埃托·埃库依苔书店所支配。在德国，有外资或外资独资的书店，日子总是不好过，而普费与库斯托书店却相反，外资注入以后，其销售额提高了三倍。这在德国书店行业中，是唯一成功的例子。

两大书店网络出现以后，其他多店铺书店受到强烈刺激，为了保持自身的独立性，扩大势力范围，也纷纷收购兼并其他的书店。

对书店企业集中化的担忧与畏惧

对于愈演愈烈的书店企业集中化，德国有关方面担心会引起恐慌。然而，眼下的事实并非如此。有专家指出，"DBH 图书销售有限公司"在德国图书市场的占有率不过 7%；"塔利亚书店集团"在德国图书市场的占有率只有 6%。不仅如此，德国有关法律规定，当一家公司的市场占有率超过 30%，联邦政府就将出面干预。话虽如此，书店企业的高度集中化，还是在出版行业内部产生了各种影响。从出版社来看，大出版社欢迎书店企业的集中化，因为有利于促进相互之间运作的规范化和效率化。中小出版社的忧虑要多一些，担心在与这些实力强大的书店打交道时，书店在交易条件方面漫天要价。

从图书批发店来看，担心和恐惧也不是没有。当初，"DBH 图书销售有限公司"成立,曾引起图书批发店一片恐慌。但当"塔利亚书店集团"问世的时候,图书批发店因为有了前次的经历,这次几乎没有什么动静。不过,潜在的爆炸因素是不能忽视的。这些巨型书店目前直接与出版社进行交易的比例为40％左右,如果继续无休止地扩大这一比例,抢夺了本属于图书批发店的买卖,图书批发店的功能就有可能渐渐失去。

从一般书店来看,极而言之,都处在要么停业关张要么"卖身"给多店铺书店的十字路口上。目前,从销售总额来看,一般书店的销售总额比多店铺书店的销售总额高,且还呈上升势头。然而,据专家们推测,这种态势在两三年之内就将发生变化。随着德国全国的以地方为根基的中等书店与多店铺书店的抗衡化为乌有,书店行业的大趋向将可能发生180度的大逆转。

在一般读者看来,不仅出版社在搞集团化,而且书店也在走向集中化,这种形势一直发展下去,会不会使出版物失去多样性和丰富性呢?

面对高度私有化的出版发行行业,德国政府能做的大概就是冷眼旁观。

（岳　月　编译）

英国书店以朝鲜招贴画促销图书

据英国媒体报道,对英国人乃至西方人来说,朝鲜是一古怪神秘的国家,金正日是一个软不吃硬不吃的领导人,让人又喜欢又不喜欢,特别值得品味。英国一些书店别出心裁,利用朝鲜自己印刷出版的宣传画,促销有关英语版的朝鲜、金正日以及韩国、李明博、联合国秘书长潘基文的各种图书。

"我们都要成为游泳高手!""我们要多种向日葵!""我们要多养高产鱼!""我们要在所有机构和工作场所普及篮球运动!"

这些都是最近在英国伦敦福伊尔斯书店展出的朝鲜宣传画上的标语,它们让人们有机会了解这个地球上最神秘国家人民的生活状况。

这是英国首次举办朝鲜招贴画展,展出了20世纪50年代以来的400幅手工绘制的招贴画。

得益于英国收藏家戴维·希瑟的艺术外交,这些画被带到英国展出。

希瑟几年前在津巴布韦见到一名来自朝鲜的艺术家后,对朝鲜文化产生了浓厚兴趣。他说:"这些招贴画的创作时间从20世纪50年代延续到2007年,可以通过它们看出这个国家的思想发展历程。"

这些画涵盖了朝鲜生活的各个方面,画上的口号教导人们应当怎样生活:"我们要营造穿民族服装的社会热情!"

朝鲜战争也是一个常见的主题:"我们不能忘记浸透着鲜血的深仇大恨!""向美帝国主义野心狼讨还血债!"

希瑟说,有些宣传画非常幽默。一些画上写着:"世界以朝鲜为轴心。"另一幅宣传画写道:"我们的导弹计划是世界和平与安全的保障。"

自从招贴画展举办以来,参观者络绎不绝。他们在流连忘返之际,同时又成为争先购买朝韩图书的读者。一些读者还对书店店主提出建议:把这些招贴画、宣传画出版成画册,好让我们也收藏。

（孟斯咏　编译）

德国"限制图书价格法"危在旦夕

如果要追溯起来,德国的出版物定价销售制度还是很有点历史的。

1887 年前后,德国的出版物市场繁荣之中有混乱,原因在于出版物销售者随意打折销售出版物。当时,担任德国出版行业协会会长的阿佛列托·柯雷拉站出来,代表出版行业为出版物定价销售制定了规则,出版物市场从此步入良性循环的轨道。从那时起到现在,已有 120 年的历史。柯雷拉制定的出版物定价销售制度,尽管随着时代的变迁而变化,但在德国政府的支持和出版行业的坚持下,其核心部分一直"完好无损",流传下来。然而到了今天,这个"与时俱进"的出版物定价销售制度,却处在危在旦夕的境地。

"限制图书价格法"晚生

1945 年以来,这个基于行业团体规则制定的出版物定价销售制度(在德国又叫"限制出版物价格制度"),得到"特殊待遇"。德国在 1957 年制定了"禁止垄断竞争法",该法从培育文化、发展文化、振兴文化的角度,把"出版物定价销售制度"排除在外,认定出版物的价格保护有其现实合理性。不过,出版物定价销售制度作为行业规则,档次显得低了一些。1966 年,这个行业规则演变成所谓的"集体合同(契约)保证书制度"。这个制度的操作过程是:各个制造者(出版社)与各个销售业者(批发书店、零售书店)自主签订限制出版物价格的合同,为了简化手续,双方通过代理人按照共同的"集体合同保证书制度"签订合同。按照这个制度,同行间的价格差别缩小,交易条件接近;按照这个制度,垂直的任意的个别的合同,在客观上得到了联邦政府和法律部门的认可。这个独具特色的"集体合同保证书制度"实行以后,逐渐使邻近的奥地利和瑞士也加入其中。1993 年,属于德语圈的这三个国家,居然建立起了共同的"跨越国境线"的出版物定价销售制度。

可惜的是,这个"跨越国境线"的出版物定价销售制度好景不长。它随着欧盟意志的变化而"东倒西歪"。1994 年,欧盟予以承认。1996 年,欧盟再次予以承认。不过,欧盟在第二次承认的前提下附加了条件:两年后这个制度不能再延续。而从1995 年以来,迫于欧盟的压力,奥地利一直在为出版物定价销售制度另寻出路。2000 年 7 月,这个制度在奥地利转变成法定的定价销售制度。也是迫于欧盟的压力,德国不得不对"集体合同保证书制度"修修补补,2001 年春天,德国文化部长宣布了将对出版物定价销售制度实现法制化的方针。

2002 年 6 月,德国文化部将《关于确定出版物价格规则的法律(草案)》递交给德国联邦议会,经过差不多一个月的审议,获得所有党派议员的赞成。该法律草案正式通过后,以《关于限制图书价格的法律》的名称,于 2002 年 10 月 1 日开始实施。这部法律被简称为"限制图书价格法"。从"出版物"变成"图书",表明这部法律的适用范围在缩小——限于图书、乐谱、地图以及三者的复合物,把报纸、杂志排除在外。而报纸、杂志仍然按照以往的"集体合同保证书制度"的价格体系运作。

《关于限制图书价格的法律》总共 11 条。第一条明确了以"保护属于文化财富的图书"为目的,以下依次是适用范围、价格设定、适用时间、例外情况等详细条款。2006 年,这部法律又做了若干修订。自从这部"限制图书价格法"诞生以后,出版社对于图书失去了是否选择价格限制的权利。

"限制图书价格法"早夭

然而,《关于限制图书价格的法律》从实施至今将近六年,不敢对这个图书定价销售制度说"不"的德国出版行业,却逐渐被巨大的危机感、惶惶不可终日感所笼罩,大有本行业随时将发生"地震"之忧,而根本原因又不是来自政治方面。

长期以来,德国的各种图书俱乐部销售、因特网销售和通讯销售争相销售廉价版图书,抓住各种机会销售特价图书,通过为读者(会员)提供会员卡、百分点卡等打折服务,尝试着突破"限制图书价格法"的束缚。做得过分了,往往要被行政监管部门警告,有的还要受到处罚。因此,以上"打"法律"擦边球"的做法,对出版行业而言,只伤肌肤,未动筋骨。

要害问题在于,整个行业特别是其中的发行环节,近几年正发生着翻天覆地的变化。在企业兼并重组的过程中,无论是出版社还是批发公司,都赶不上零售书店的变化。被称为"重组书店"的大型多店铺书店不断涌现,这些"书店大鳄"一方面收购现有书店,一方面开张新的书店,实力一天比一天强大。

现在,在德国书店行业坐第一把、第二把交椅的,是 DBH 图书销售有限公司(集团)和塔利亚书店(集团)。截止到 2007 年底,这两大"针尖对麦芒"的集团的销售收入合计为 14 亿欧元。这个数目的销售收入,是排名第三位以下的 50 家书店销售收入的总和;是被视为德国出版行业的"航空母舰"——兰登书屋出版集团和施普林格出版集团合计销售收入的三倍。

在书店与出版社的角逐中,书店的势力越来越大,这使得竞争更加激烈。图书定价的整齐划一,实际上失去了交易条件的平等性。都去争抢经济效益好的图书,不愿意问津经济效益不好但却有社会效益的图书,这直接危害着出版物的多样性。不仅如此,而且那些成为上市公司的大型多店铺书店,融到数不清的欧元,它们将怎样"折腾"出版物市场,实在难以预测。

维护多样化出版,保有广泛的图书供给,帮助大多数中小零售书店存活,把丰富多彩的出版物送达社会公众之手,这是实行"限制图书价格法"的根本目的。而现在,"限制图书价格法"却自身难保。

"小哥们"奥地利刚刚离"集体合同保证书制度"而去,另一个"小兄弟"瑞士在 2007 年夏天又正式废除出版物定价销售制度,加上欧盟频频施压,德国的"限制图书价格法"真的陷入"内忧外患"之中了。

(李文清　编译)

日本全国书店经营状况调查概要

日本书店商业组合联合会每年都要对全国零售书店的经营状况进行一次调查。

在最新一次的调查中，该联合会以作为会员单位的 1.2 万家书店为对象，展开了规模空前的调查。该联合会在下发"调查询问表"的时候，列出了九个问题，请书店按照九个问题分别提出意见。提意见最踊跃的，是规模不大的中小书店。以下是具体问题和具体意见：

关于杂志(包括杂志书、连环漫画杂志)的进货情况

主要意见：

(关键词——好卖的杂志进不到货，不好卖的杂志接二连三到来，不知道配送杂志册数的根据是什么？)

好卖的杂志、杂志书和连环漫画杂志、成为热门话题的杂志进不到货，销售行情不好的杂志书和连环漫画杂志却大量到来。

需要的杂志配送册数拿不到。只要退了一次货，就再也不给配送了。定期配送的杂志和顾客预订的杂志常常会突然减少册数。

配送杂志册数增减的根据是什么，不得而知。

不能反映 POS 数据，作为参考的时间选择往往很迟，不考虑销售行情每个月不一样之类的问题。

杂志的刊期修改往往很迟，刊期修改的情况也没有反映。

杂志书的处理方式不明了，大量送货多，而退货的期限却难以知道。

连环漫画杂志的预约征订和旧杂志的追加征订不能应对。

少量杂志的纸包和顾客预订的杂志封面多有破损。

关于新出版图书的进货情况

主要意见:

(关键词——根据书店的规模大小和位置远近,进货差别很大,因此损失了销售机会。)

大牌出版社新出版的图书几乎拿不到,销售行情不好的出版社出的新书,却大量涌来。

即使在报纸上看到新书的广告,新书的配送中小书店总是靠后。

来自顾客对新书的预订,因为不能及时拿到书,只好到其他书店帮助购买。

即使配送的图书,往往也到得很迟,这是顾客远离图书、远离书店的主要原因。

由于书店的规模不同、所处位置不同,配送图书在数量上的差别很大。有的书店一本书也拿不到;而有的书店拿到的书堆积如山,送货的平衡被打破了。

关于畅销书的进货情况

主要意见:

(关键词——小规模的书店就是预订了,多数时候也拿不到预订的册数。怎么说都没有用。)

不能期待新书的配送能够满足预订需求。即使配送的图书送到,往往时间也很晚。

大型书店优先配送图书,所以在开始顾客总是到大型书店买畅销书,久而久之,顾客就远离中小书店了。

向出版社直接订货,出版社也不发货。

围绕补充添货和顾客预订,出版社和图书交易公司如何应对?

主要意见:

(关键词——对小规模的书店,出版社和图书交易公司总是糊弄。)

不敢接受新书发行销售之前的顾客预订。书店向出版社或图书交易公司预订，得到的答复只是"脱销"。

大书店的进货堆积如山，小书店即使订了货，很多时候还是拿不到货。

关于图书交易公司在"决算月"大量送货

主要意见：

（关键词——小规模的书店在决算月得到预订之外的大量送货，造成库存多、退货多、负担重）

像过去一样，套书送货很多。在 3 月份和 9 月份，预订之外的卖不动的图书大量送来。

像辞书等高价格商品送来的也很多。

套书少了，不好卖的杂志书和连环漫画图书多起来。

送货多退货就多，增加成本，也耗费了小书店的财力和体力。

关于图书交易公司在决算月的退货入账操作

主要意见：

（关键词——退货入账操作在决算月特别多。图书交易公司对书店的与实际情况不相符的请求和事务处理过多，使书店负担过重。）

退货入账操作多，在 3 月份和 9 月份的决算月做得特别慢。

图书交易公司觉得合适就进行操作，觉得不合适就不进行操作。即使那样，对书店的请求也太多。

如果请求在月底结算，那么退货也应当在接近月底的时候结算。复核也要有大的变化。

关于图书交易公司对书店的请求

主要意见：

（关键词——对于来自图书交易公司的 100％支付的请求，处在弱势地位的小规模的书店，希望高抬贵手。）

图书交易公司提出的支付比率越来越高，竟出现了 100％支付的请求。

进了货就得支付，这是理所当然的。但支付包括积压的货、还没有到的货，那就不对了。

没有支付延期之类的温情手法,图书交易公司也太不近人情了。

连大牌出版社也倒闭、停业,说明图书交易公司的交易条件比较严酷。

为什么图书交易公司不看看书店的库存情况?为什么和书店商量的余地也没有?

关于图书款项的支付期限

主要意见:

(关键词——支付期限对小规模的书店太苛刻)

图书交易公司要求的短期支付期限与图书销售的业态不相符。

由于依靠外销人员推销图书,顾客预订的图书多,所以回款慢,这让小书店苦不堪言。

应当有与其他行业不同的长期的周转过程。

应当根据图书的种类变化支付的期限。

围绕出版行业今后的发展,围绕中小书店的持续经营,有什么意见和建议?

主要意见:

(关键词——振兴出版行业应当从振兴书店做起)

1. 应当增加赚头(折扣),加强与其他业种、其他业态的竞争,书店年经营额在1 000万日元的应当缴纳消费税。从中长期来看,对个人经营的中小书店来说,现在的赚头(折扣)太少,已经达到临界点了。

2. 中小书店几乎配送不到新出版的畅销书,事先预订也拿不到,在指定的重版重印日之前预订也被告知脱销。可是,在"日本·亚马逊"网络书店,无论预订多少都可以拿到;在新书首发式之前预订也能拿到。现行的委托配书体制,以销售为目的,却缺乏效率配书的功能,应当改进。

3. 出版社、图书交易公司、大牌书店和大型书店,应当关注中小书店特别是"零碎"书店的生存状况。在过去十年里,这些书店的处境几乎没有得到改善。至少应当创造这样的环境:通过自身努力,中小及零碎书店可以持续经营下去。这对出版行业很重要。不能只看到"上端"是出版社,"下端"是书店,就是看不到读者在哪里。为了出版行业的长治久安，必须关注小书店和读者的特殊联系。应当多提供小书店生存发展的例子。比如，在大都市中小规模书店生存的例子；在中等都市中小规模书店生存的例子；在小都市中小规模书店生存的例子；在小镇(町)中小规模书店生存的例子；以及在农山渔村中小规模书店生存的例子等。

4.图书发行行业越来越朝着大资本集中的方向发展。只有东贩、日贩两大超级图书交易公司把持全国的发行渠道，不利于有序竞争。期待第三个超级图书交易公司尽快诞生，三足鼎立，有望搞活图书发行。

5.在配书和支付上，图书交易公司只是一味地给大牌书店或大型书店优惠，使得中小书店不断关门倒闭，这既不利于大文化(全国文化)的发展，也不利于小文化(地方文化)的生存。出版行业如果在文化建设上无所作为，甚至开倒车，那就到了历史使命终结的时候。

6.作为商品，图书和杂志有着完全不同的性质，把两个不同性质的商品以相同的交易形态处理，这是出版行业产生诸多问题的根源。出版社、图书交易公司应当会同书店，研究杂志的交易形态，研究图书的交易形态。一旦确定下来，就应当马上实行。实行与实际情况相符合的交易形态，根本目的是要"充实策划的内容→尊重自主的采购→降低退货率→提高实际销售水平→提高收益率→驱逐不良出版物"。

7.数据库应当实行国有化，比如国会图书馆的数据库等。实现国有化，可以无偿下载使用。不能像目前这样，数据库让一家名叫"TRC"的民营企业垄断。

8.在传统的从出版社到图书交易公司、再从图书交易公司到书店的联系中，书店背的成本包袱最重。网络销售增加以后，从出版社到图书交易公司再到书店的循环，就有可能变成出版社到"日本·亚马逊"网络书店然后就到读者的过程。为了振兴书店，必须研究对策。日本书店商业组合联合会应当站出来，为书店、特别是为中小及零碎书店说话。

9.出版行业应当继续关注在全国中小学校开展的每日十分钟的"读书运动"。

（岳　月　编译）

日本书店设计图书封面

日本出版新闻社出版了《如何制作封面？——书店店主制作的图书封面集》。这本书浓缩了属于图书封面收藏爱好者团体"图书封面友好协会"的许多故事。在这里，不妨介绍一二。

1999 年 12 月上旬号的（日本）《出版新闻》，刊登了题为"喜欢书，喜欢书店，也喜欢书店制作的封面"的文章，着重介绍了"图书封面友好协会"。协会从 1984 年诞生以来，活动一直开展得很顺利，到 2008 年还迎来了协会成立 24 周年。1999 年的那篇文章，介绍了协会成立以来所开展的活动，传达了"认真调查、记录图书封面演变的历史，希望封面与书的内容一同传之久远"的思想。现在，出版新闻社出版了"图书封面集"，实际上是又一次回顾图书封面发展历史以及图书封面友好协会的诸多往事。

活动的"书店封面"广告塔

在日本，一直就有书店为图书制作封面（书皮）的传统。大正时期，已经有古旧书店使用独创图案的纸张作为包装纸。进入昭和时期，新书书店普遍开始自己制作图书封面。有的书店专注于独创风格的封面；有的书店则着力于促进图书销售的封面。无论属于前者，还是属于后者，只要书店看重封面，那肯定都是为了图书本身。即使那些古旧书店，也有既制作富于独创图案包装纸的，又有像新书书店那样制作封面的。日本书店的这个传统，恐怕是其他国家书店所没有的。有的书店比较小，所处位置比较偏，读者不常去，人们往往把这些书店当成"太阳晒不着的地方"。即使在这些书店,把店主们设计制作的封面收集在一起,也格外有趣。首先是图案多种多样,再就是折叠方式各异、纸张使用不同等。一张书店制作的封面,传达出各种信息。书店设计的封面,很多都拿去用于图书的制作。当几十张、几百张"书店封面"高低错落、上下左右地摆在转台上,真是令人眼花缭乱,可以说是绝妙的"活动广告塔"。不同的封面,彰显出不同书店的鲜明个性,表现了不同店主的独运匠心。

只要有种类,就会想收藏,这是人们的普遍心理。在日本,有"收藏癖"的人特别多。在昭和初期,就有了被确认的收藏 300 张图书封面的收藏家。像在《出版新闻》写文章的那位作者,本身也是收藏爱好者。据他自己介绍,在收藏爱好者中,不数第一,也排第二;每当出差,总要到处收集图书封面。这位作者说,之所以爱收藏,是因为他属于经历过"图书为贵重物品"时代的人。当然,他也认为,如果是没有经历过把图书看得很重年代的人,自个设计制作封面多了,没准也会成为后起的收藏家。唯一感到欠缺的是,在那没有保存便利的存储器的时代,收藏的图书封面只能密封在硬板纸里面。

这位作者对"书店封面"产生兴趣,要说原因也很简单:住家附近有三个大型书店,作者经常光顾,无意间发现这三家书店使用的图书封面五颜六色、千姿百态、风格各异,其中一家书店还频繁地更换封面的图案,这些似乎刺激了潜藏在作者心中的收藏癖。在静冈县,使用个性鲜明、视觉感强烈的封面的书店很多,所以仅在其县内,收藏"书店封面"的收藏爱好者就很多。这些收藏爱好者,不仅收藏本县的"书店封面",而且还利用旅游的机会,到外县(都、道、府)收集"书店封面",特别把写着当地住址的"书店封面",作为"土特产"和旅游纪念品收藏起来。

发起成立"图书封面友好协会"

当这位作者收集到十几张图书封面的时候,在平常爱读的书之杂志社主办的《书之杂志》(1983 年第 31 号)上,看到一篇题为《请收集图书封面》的文章,作者署名弥撒生玉。文中说到,"请大家多多收集图书封面,准备在某个时候在某个职场的图书室举办展示会";时机成熟,还打算成立"书店封面之友会"。这位"弥撒生玉"与这位作者素昧平生,却居然和作者"心有灵犀一点通"!

《请收集图书封面》的文章发表一年以后,被命名为"图书封面(日本语:'书皮')友好协会"的团体诞生了。"书皮"用中国语讲,就是指"书的封面"、"书的封皮",这种解释在日本出版的《广辞苑》里有记载。大修馆书店出版的《中日大辞典》是这样解释"书皮"的:1. 书籍的封面;2.(个人做的)图书封皮。虽然辞典里查不到

"书店封面"的词语,但图书封面友好协会在会上总是频繁使用。该协会开展活动积极,办有"会刊",每年集中一次,还要召开"全国性大会"。

第一次参加全国性大会的代表,几乎都是《书之杂志》的"铁杆"读者。当时,《书之杂志》经常延迟出版,在《出版新闻》上发表文章的那位作者在住家附近买不到,每每要坐上三个小时的电车去东京,在"书泉图书市场"的过期杂志中"淘金",一旦发现《书之杂志》,便喜不自禁。在这一过程中,作者也结识了不少读者朋友,彼此都是既有钱又有时间更有自由的 20 岁上下的年青人。大家交换阅读的图书,自称"铅字中毒"、"封面花眼",钻进书堆里出不来了。当时参加图书封面友好协会的会员,也是 20 岁的居多。几年以后,协会的会员超过 100 人。

在日本全国的任何地方,一种图书都是同样的内容、同样的价格。因此,人们往往觉得在任何书店买书都可以。而对图书封面友好协会的会员而言,即便在全国任何地方都是相同的商品,也要"挑挑选选"。要挑选气氛好的书店,要挑选有熟悉图书的店员的书店,要挑选"书店封面"好的书店,找到这样的书店,才肯掏钱买书。在那位作者的读者朋友中,也有不收集封面的;在协会中,就有相当多的会员没有收集封面。大概这些人是以"书店封面"为相识的桥梁,广交"天下豪杰"。

图书封面友好协会在 1984 年召开"首届全国大会"。当时,从全国各地来了 20 位代表,相互都是"熟悉的陌生人"。虽然"首届全国大会"有点像时下流行的"休闲会",但当时仅仅以"书店封面"为号召,一群素不相识的人竟不在乎路途遥远,自己掏腰包,兴冲冲赶来相会,包括那位作者在内,大家都被彼此的"痴情"深深感动。在首届全国大会上,主要内容是进行"书店封面"的人气投票。得票第一的封面获"图书封面大奖";在大会举办地的书店中最有人气的封面,获"地方奖";其他参选的封面获"特别奖"。对获得第一名的书店,大会委托推荐者带着奖状前去拜访,向店主通报其封面获奖的经过。大会还通过会刊报道评奖概况。从那时起,每年有 20 多人参加大会,白天由协会常务干事领着参观书店或旅游观光,夜晚在宴会上进行"书店封面"的人气投票。就这样,延续到今天。

中日韩制作封面有共同之处

当年,获首届"图书封面大奖"的,是位于东京祐天寺的属于古旧书店的亚尔古舟书店。店主山田紫在封面上描绘的"猫咪画"妙趣横生,让人耳目一新。

2003 年的第 20 届图书封面大奖,由坐落在京都的繁华中心、河原町大街的文祥堂书店获得。这也是一个"猫咪画"的封面。在一张白纸上,店主长新太画了一个卧在地上、憨态可掬的黑猫。据说,之所以画猫,是因为这位店主非常喜欢猫。

尽管以猫作为封面题材的很多,但长新太设计的猫还是胜人一筹。说起这个猫封面获大奖,实在太偶然。在京都召开第 20 届全国大会的当天,出席会议的 14 个代表参观河原町一带的书店,意外地发现了这个封面。大伙加入图书封面友好协会已经 20 年,作为人本身也增加了 20 岁,走路多了腿就疼,精神也不像从前那么旺盛了。但是,当在文祥堂书店发现这个封面的时候,14 个人好像吃了兴奋剂,一边嘴里喊着"买书! 快买书!"一边拿着挑好的书排队付款,同时目不转睛地欣赏着那张猫咪封面……

要说起来,"书皮"这个词源于中国,现在中国是在怎么做呢? 日本人向来自中国的留学生打听过,他们告诉日本人,除了从书店买来的图书本身就有封面以外,为了保护图书,一般是用过时的挂历纸,把经常翻阅的词典或参考书包起来。其中,有的留学生还把他(她)们的母亲教的制作封皮的方法,表演给日本人看。那种方法是按照图书的尺寸,把纸的上下对折起来,然后把图书夹在当中。以前,日本的一些书店也使用过这种方法。现在,出于节约经费的考虑,没有上下对折部分的书皮增加。上下不对折,既节省时间,又比较醒目,这种方法应当是比较理想的制作书皮的方法。

日本殖民地时代给韩国的影响,可以说是挥之不去的。因此,作为又一个近邻的韩国,其书店也有独自设计制作封面、书皮的习惯。然而,从 20 世纪 90 年代开始,韩国掀起了减少垃圾的运动,"书店封面"一下就消失了。韩国书店制作书皮的方法,都是把纸的上下对折,然后把书镶嵌其中。与日本、中国不同的是,对折部分还要用胶布或密封条粘上。总而言之,处在汉字文化圈的三个国家,就连制作封面、书皮也有共通之处。

20 张封面,20 家书店的脸面

当年,弥撒生玉号召收藏爱好者"多多收集图书封面,准备举办展示会",作为发起人,他的心愿比较快的实现了。1988 年,在东京神保町的东京堂书店,举办了为期两天的"书店店主的封面展",有 400 种封面(书皮)参展。从 1997 年以后,通过互联网,也能看到每次举办的封面展了。

这一次,出版新闻社提出以书的形式表现封面的多姿多彩。包括在《出版新闻》上发表文章的那位作者在内,从众多会员的收藏中挑选出 200 余种封面,按照封面图案的内容进行分类。在各种封面图案中,以单纯的点或线勾勒图案的最多,其次是树木图案多。图书以纸张为载体,纸张来源于树木。拿起书可以想起树,看见树可以想到书,环保意识自然就寓于其中了。动物图案都不错,给人印象深刻。以地图作为图案的也很有新意。美中不足的是，与本地关系密切的设计少了一点。即使单色印刷，即使小巧一点，如果多一些与本地有关系的"书店封面"图案，那就更好了。

在《如何制作封面？——书店店主制作的图书封面集》中，还收进了图书封面友好协会在 20 年间评出的获"图书封面大奖"的 20 张封面（书皮）。这 20 张封面，是会员们精心挑选出来的极品。20 张封面，就是 20 家书店的脸面。多彩的封面，珍贵的封面，神奇的封面，每一张都意味深长，潜藏着逸闻趣事。对那些逸闻趣事了解多了，反过来更增加收集、收藏封面（书皮）的乐趣。

比如，福冈县小仓的金荣堂书店，依靠以电影导演闻名的伊丹十三设计封面图案。其中一个封面图案是一男子坐在澡盆里读书，就是这个封面，得了"图书封面大奖"。而据说在获奖之前，由于这个封面的图案过于超越可以用于图书制作的形象，书店店主为此大半年都在生气，发誓再不与伊丹十三合作。

再如，歌手早川义夫在川崎市开了早川书店。这家书店获大奖的封面是一个女子在有火炉的教室里睡觉，这个封面后来用在了藤原真木的作品上。

再如，爱知县一宫市的文泉堂书店，获大奖的封面是让一张战前读者用来包书的书皮复活，上面的电话号码也是过去的，整个画面洋溢着浓重的忆旧氛围。

再如，东京上野的明正堂书店，获大奖的封面是店主氏原忠夫的作品。这个氏原忠夫，尤其擅长设计书签、书袋、包装纸和贺年卡等。

还有，神奈川县长津田的 Books SAGA 书店，获大奖的封面是店主栋方志功的作品，封面图案是一个风姿绰约的女士。这个图案也是从前使用过的复活版。

图书封面友好协会与"书店封面"长存

尽管是薄薄的"书店封面"，从中却能了解深奥的各种知识。让这群"书店封面迷"遗憾的是，在日本"出版大崩溃"的背景下，各种书店明显减少。没有了书店，也就没有了封面（书皮），"书店封面"就将从人们的记忆中消失。他们觉得，如果真是那样，无论如何要保住封面。只要还有一个收藏家，就得把封面当成文物保存下来。多亏有计算机，多亏有因特网的普及，使得收藏家们、收藏爱好者们的交流异常活跃，一年一度的书店观光之旅也长盛不衰。因为这些缘故，每年都能发现新的"书店封面"极品，每年都能使会员们大喜过望。在全日本，还有许多没能谋面的巧夺天工的"书店封面"，所以，"书店封面迷"们坚信，只要图书封面友好协会的活动继续开展下去，就还会邂逅能够传达书店个性的"书店封面"。

（金点子 编译）

日本 2007 年度教科书发行情况简析

　　据《日本 2007 年度教科书发行情况统计表》显示，**日本 2007 年发行的小学、初中、高中的教科书(教材、课本)总计 1. 39 亿册，与 2006 年的 1. 41 亿册相比，减少 141 万多册，减少比率为 1％。而 2006 年与 2005 年相比，减少的百分比为 2. 1％。日本 2007 年发行图书约 14 亿册，教科书在其中所占份额已不足十分之一。**

　　教科书发行册数连年下降，主要原因在于"少子化"，即孩子出生的数量不断减少。日本小学(六年)、初中(三年)、高中(三年)的学制与中国的相似，按照以前"读完高中考大学"的路子，初中和高中的教科书使用册数是差不多的，但现在越来越多的初中生厌学，急于就业，在初中毕业以后就"分流"去上有利于就业的各种职业学校，这也成为教科书发行册数下降的另一个原因(详见附表)。

日本 2007 年度教科书发行情况统计表(单位:册数)

出版社	小学	初中	高中	2007 年	2006 年	增减册数	百分比(％)
东京书籍	18545359	9385070	4566372	32496801	32708556	−211755	−0.6％
大阪书籍	3022539	927432	45921	3995892	4010803	−14911	−0.4％
大日本图书	3860468	1665203	96131	5621802	5758842	−137040	−2.4％
教育图书			375037	375037	279931	95106	34.0％
实教出版			4109125	4109125	4133021	−23896	−0.6％
开隆堂出版	3221399	2565597	339049	6126045	6181384	−55339	−0.9％
学校图书	2960703	1248802		4209505	4197227	12278	0.3％
三省堂		1488339	1390952	2879291	3251576	−372285	−11.4％
教育出版	9045685	3123084	1082688	13251457	13435402	−183945	−1.4％

续表

出版社	小学	初中	高中	2007 年	2006 年	增减册数	百分比（%）
开拓社			115737	115737	135514	−19777	−14.6%
信浓教育会出版部	192517			192517	195799	−3282	−1.7%
教育艺术社	5301665	4017990	257656	9577311	9516398	60913	0.6%
清水书院		77001	379164	456165	502671	−46506	−9.3%
光村图书出版	11439235	2898539	236526	14574300	14586627	−12327	−0.1%
帝国书院	1139366	1887398	1211251	4238015	4136792	101223	2.4%
大修馆书店			2128042	2128042	2192973	−64931	−3.0%
新兴出版社启林馆	7123339	2836528	1836959	11796826	11785060	11766	0.1%
山川出版社			1169414	1169414	1232070	−62656	−5.1%
教育图书研究会			25	25	210	−185	−88.1%
音乐之友社			280338	280338	365073	−84735	−23.2%
数研出版			3512874	3512874	3486371	26503	0.8%
文英堂			516152	516152	548517	−32365	5.9%
池田书店			171669	171669	191879	−20210	−10.5%
一桥出版			675711	675711	842296	−166585	−19.8%
日本文教出版	5004326	2765581	634336	8404243	8448514	−44271	−0.5%
明治书院			373510	373510	386947	−13437	−3.5%
二宫书店			239191	239191	253736	−14545	−5.7%
右文书院			78850	78850	105812	−26962	−25.5%
筑摩书房			250477	250477	278842	−28365	−10.2%
晓出版			24487	24487	26512	−2025	−7.6%
奥姆社			48542	48542	49660	−1118	−2.3%
旺文社			160419	160419	252056	−91637	−36.4%
科罗拉社			80147	80147	88158	−8011	−9.1%
增进堂			185706	185706	186059	−353	−0.2%
农山渔村文化协会			82108	82108	81423	685	0.8%
东京电机大学			32775	32775	33627	−852	−2.5%
第一学习社			3680942	3680942	3632939	48003	1.3%

续表

出版社	小学	初中	高中	2007 年	2006 年	增减册数	百分比(%)
东京学习出版社			30818	30818	50738	−19920	−39.3%
日荣社			25996	25996	29138	−3142	−10.8%
学习研究社	994831	866569		1861400	1833574	27826	1.5%
海文堂出版			20512	20512	20809	−297	−1.4%
三友社出版			74512	74512	65821	8691	13.2%
文教社	39824			39824	39759	65	0.2%
光文书院	247201			247201	246352	849	0.3%
知研出版			96894	96894	92247	4647	5.0%
桐原书店			920829	920829	934015	−13186	−1.4%
扶桑社		7786		7786	7250	536	7.4%
京都书房			50793	50793	43857	6936	15.8%
中央法规出版			5653	5653	18784	−13131	−69.9%
电影剧本(社)			16124	16124	19994	−3870	−19.4%
明成社			4875	4875	5423	−548	−10.1%
日本书籍新社		94299		94299	93362	937	1.0%
合计	72138457	35835218	31615289	139588964	141000400	−1411436	−1.0%

（注：据日本文部科学省调查统计）

（岳　月　编译）

日本杂志想说发行册数不容易

从1945～1996年,日本出版行业一直景气,杂志(期刊)表现尤为突出。广告客户找杂志打广告,询问"发行册数"(发行量),都是听任杂志社、出版社拍脑袋"报数"。

从1997年开始,日本出版行业持续走下坡路,杂志又是"一马当先"。广告客户纷纷转向报纸、电台、电视台以及互联网打广告,杂志广告的"蛋糕"逐年缩小。为了挽回颓势,恢复并扩大杂志广告的市场份额,有必要把真实的杂志发行册数公之于众。从2004年起,日本杂志协会大力提倡杂志每年公布一次"附有印刷证明的发行册数"——即印刷册数等同于发行册数。这个"印刷证明"由各个印刷公司(工场)提供,经过日本印刷协会公证,然后提交给日本杂志协会公布。目前公布的《杂志数据2007》,是第四次公布。

分析《杂志数据2007》,有以下值得关注的地方:

一是日本所有杂志的发行册数要做到公开透明,还有很长的路要走。据日本杂志协会的不完全统计,每年在日本出版物市场上流通的杂志有4 000多种。但是,在"男女老少都可以办杂志"的日本,是否参加日本杂志协会,是否公开"附有印刷证明的发行册数",则由杂志社、出版社自行决定。2004年自愿公开发行册数的杂志接近400种;2005年自愿公开发行册数的杂志为400种左右;2006年自愿公开发行册数的杂志为433种;2007年自愿公开发行册数的杂志也才436种。也就是说,自愿公开发行册数的杂志仅占不愿意公开发行册数的杂志的1/10。

二是日本出版行业连续11年(只有2004年出现过一次反弹)不景气,在杂志发行上反应最为明显,杂志引领出版行业的"风光"不再,在销售收入上"杂志高"的情景一去不复返。《杂志数据2007》所公布的19类436种杂志,发行册数无一增加,都在下滑。例如,讲谈社的《周刊少年杂志》,在 2007 年公布的发行册数中,虽然还属于"亚军",但早已今非昔比。《周刊少年杂志》在高峰时期周发行册数 400 万册,月发行册数 1 600 万册;2007 年周发行册数 187 万册,月发行册数仅 748 万册。后者与前者相比,发行册数减少一半以上。再如,集英社的《周刊少年跳跃》,尽管在日本杂志发行上一直坐"头把交椅",尽管还勉强保持着日本唯一一家月发行册数超过千万册的"超级杂志"派头,但同包括《周刊少年杂志》在内的其他杂志相比,只是"五十步笑百步"的关系。《周刊少年跳跃》在高峰时期周发行册数 600 万册,月发行册数 2 400 万册;2007 年周发行册数仅 277 万册,月发行册数不过 1 100 多万册。

三是日本杂志正在酝酿"脱胎换骨"。4 000 多种杂志,只有 400 多种杂志敢于公开发行册数,这充分说明日本的大多数杂志处在"两难"境地。不公开发行册数,广告客户基本不上门,来了也是拼命压价;一旦公开少得可怜的发行册数,又担心广告客户唯恐避之不及。这样一来,只好瞒一天是一天。众所周知,报纸的最长出版周期是"周报",而杂志的最短出版周期是"周刊"。假如杂志还要继续在出版周期上动脑筋,那就只好像报纸一样,出版"日刊"。然而,如果出版"日刊杂志",就不仅仅是杂志与杂志之间的竞争,而且杂志与以"日报"为主的报纸也形成竞争,这大约不是杂志的优势。从日本的情况来看,(纸介质)杂志不景气,大的原因是整个经济不景气,整个出版不景气;小的更直接的原因,是新兴的电子杂志、手机杂志以及网络杂志的冲击。(纸介质)杂志要走出困境,除了挖掘潜力,增加发行册数,为客户提供优质服务,吸引广告赞助以外,不妨借鉴(纸介质)图书与手机图书结合的经验——从"越出得多越卖不动,越卖不动越必须出"的恶性循环,朝着"越出得精越卖得好,越卖得好越出得多"的良性循环的方向转移——与新媒体结合,部分内容在电子杂志、手机杂志以及网络杂志上发表,聚集人气,吸引广告客户在(纸介质)杂志上打广告,从而促进(纸介质)杂志的发行。变一种内容为多种形式使用,变一个载体盈利为多个载体盈利。目前,讲谈社、小学馆正在做着有益的尝试。

436 种(附有印刷证明的)杂志发行册数(时间:2006 年 9 月至 2007 年 8 月)

(1)综合月刊杂志		(2)一般周刊杂志	
杂志名称	发行册数	杂志名称	发行册数
潮	433958	周刊朝日	303502
现代	85833	周刊现代	633367
正论	81991	周刊新潮	736665
中央公论	41633	周刊大众	358004
文艺春秋	626691	周刊文春	776724

续表

(3)写真周刊杂志		(4)文艺、历史杂志	
杂志名称	发行册数	杂志名称	发行册数
FRIDAY	414000	小说现代	30083
FRIDAY 黄色炸药	246000	小说新潮	31216
FLASH	390128	小说宝石	20350
FLASH EXCITING	433125	历史街道	85908
……	……	历史群像	48430
(5)读书情报杂志		(6)面向少年的连环画杂志	
杂志名称	发行册数	杂志名称	发行册数
青春与读书	36000	月刊少年杂志	969250
波	66541	月刊杂志 Z	27375
书	46000	周刊少年星期日	935729
书之话	22066	周刊少年跳跃	2778750
书之窗	28440	周刊少年杂志	1871771
(7)面向男性的连环漫画杂志		(8)男性青年、成年杂志	
杂志名称	发行册数	杂志名称	发行册数
IKKI	16000	Gainer	120683
月刊连环漫画盛宴	58750	KING	88333
周刊连环漫画集束	201989	TITLE	42500
周刊青年跳跃	967250	Tarzan	189330
青年杂志	981229	BRUTUS	88543
(9)男性中年、老年杂志		(10)女性周刊杂志	
杂志名称	发行册数	杂志名称	发行册数
成年人的周末	132500	周刊女性	352831
日经成年人的 OFF	64766	女性自身	507043
骆驼	48666	女性七日	550200
LEON	81266	……	……
UOMO	41250	……	……
(11)女性少年杂志		(12)女性青年杂志	
杂志名称	发行册数	杂志名称	发行册数
Nicola	173729	Vivi	446666
Duet	205833	CanCan	695833
POTATO	185016	JJ	298591
Myojo	389166	PINKY	210000
C0balt	41666	non, no	427391

(13)女性青年、成年杂志		(14)女性中年、老年杂志	
杂志名称	发行册数	杂志名称	发行册数
With	548333	家庭画报	166825
More	555833	妇女画报	110458
25ans	80225	和乐	27916
装苑	76291	妇女公论	205269
日经女性	160691	每日发现	89583
(15)生活实用情报杂志		(16)面向少女的连环漫画杂志	
杂志名称	发行册数	杂志名称	发行册数
家之光	643500	少女连环漫画	226826
主妇之友	161166	女子朋友	400000
今日料理	720000	花与梦	283541
夫人早安	184433	茶男	982834
花时间	56375	LaLa	170833
(17)商务、货币杂志		(18)健康杂志	
杂志名称	发行册数	杂志名称	发行册数
月刊美国信息交换	53909	安心	133708
THE21	143833	今日健康	270250
周刊钻石	160162	健康	51058
周刊东洋经济	116102	壮快	186708
日经货币	108508	……	……
(19)趣味、专业杂志			
杂志名称	发行册数		
大相扑	18166		
园艺指南	76200		
趣味园艺	459000		
季刊银花	29000		
艺术新潮	48316		

注:由于篇幅所限,每类杂志只出现三到五种。

(古隆中　编译)

韩国图书发行面面观

如果说,韩国的图书出版人人都可以从事的话,那么,韩国的图书发行也是个个都能够参与。

韩国主要的发行(流通)渠道

在出版物发行中起核心作用的,在中国一般是图书发行集团或省级新华书店,在日本一般是图书交易公司(又叫图书批发业者),而在韩国,情况就要复杂得多。像出版物,特别是其中的图书,其发行(流通)渠道多种多样、五花八门。最常见、最主要、最有效的发行渠道就有五个:

——从出版社到书店,再从书店到读者(简称"直接交易渠道")

——从出版社到图书批发业者,从图书批发业者到书店,再从书店到读者(简称"通常渠道")

——从出版社到联机(网络)书店,再从联机(网络)书店到读者(简称"联机(网络)书店渠道")

——从出版社到读者(简称"直接销售渠道")

——从出版社到廉价商店(韩国人把廉价商店简称为"DS")

1.直接交易渠道

出版社不经过图书批发业者,直接把图书(出版物)发给书店。采用这种方式,出版社的营销人员负责向书店的预订和资金回收业务。在以往,通过直接交易渠道,占韩国图书发行量的一半以上。特别是那些大型书店,几乎都通过直接交易渠道,这让作为中盘的图书批发业者总是愤愤不平。

2.通常渠道

近年来,通过直接交易渠道的比率在下降,取而代之的,是走通常渠道的比率在提高。之所以走通常渠道的多起来,是因为在图书批发业者当中,涌现出数家实力很强的图书批发公司,这些图书批发公司修建了新的物流中心,添置了现代化的物流设备,建立了高速快捷的运行体制,大大提高了图书批发(物流)的水平。而从出版社来说,把缴纳样书、配送图书、图书库存管理的业务委托给专业的图书批发业者来做,在经济上也划算。当这种认识成为越来越多的出版社的共识的时候,走直接交易渠道的比率自然就降下来了。

在目前的韩国,属于"大牌图书批发业者"的,有"BOOXEN"、"松仁图书"、"韩国出版协同组合"、"学园图书"和"图书有利"等,除此之外,还有中小规模的图书批发业者300多家。在图书批发业者当中,有一部分被称为"总贩","总贩"们既批发杂志、美术书、音乐书、儿童书、学习参考书和各种资格考试用书以外,也批发出版以上种类图书的出版社的其他出版物。在图书批发业者当中,还有一部分被叫做"地方总贩",这些批发业者的经营范围受地域限制,韩国各地的中小书店大都从"地方总贩"那里进货。

3.联机(网络)书店渠道

现在,联机(网络)书店渠道的图书(出版物)供应量在逐渐增加。原因主要在于读者的选择。一般读者在购买图书的过程中感到,通过联机(网络)书店渠道买书方便,价格便宜,而去现实书店(脱机书店)比较麻烦。在实际运行中,联机(网络)书店渠道也可以包含在直接交易渠道里面。

4.直接销售渠道

出版社直接面对读者销售图书,点多面广,工作量大,麻烦很多,赚头还小,所以,现在采用直接销售渠道的出版社在减少。

5.DS渠道

有专家指出,近几年在图书发行上最显著的特征,就是DS渠道发展很快,且异常活跃。之所以DS渠道发展快, 是因为大型廉价商店在韩国各地犹如雨后春笋般诞生出来,在这些廉价商店销售的商品中,包含了出版物;二是因为这些廉价商店采用了与传统书店不同的销售方式,对消费者(读者)很有吸引力。与叫做"通贩"的"电视自动购物"、叫做"联机书店"的"网络购物"一样,DS渠道成长迅速。出版社在辞典、成套出版物、学习参考书的销售上,比较多地利用DS渠道。

决定"折扣"(赚头)的方式

过去,比如单行本图书,出版社按照定价的 65% 发给批发业者,批发业者再按照定价的 75% 批给书店。现而今,呈现出多样化的态势,折扣一般在 60%~70% 之间,且有时还要低。根据出版物的种类、交易的形态和图书册数的多少,出版社和批发业者共同商定折扣。比如出版前夕得到很高评价的新书的发行销售、大型系列图书的长期出版,发行册数不断增加,出版社从批发业者那里得到折扣的比率就可以降低。把这种交易叫做"变通交易"。

不过,韩国的专家们对出版发行(流通)特别是对作为中盘的批发业者的批评很多。比如,"经营的透明度不够"、"至今还是传统的交易习惯"、"精通发行专业的人太少"、"经营规模小而碎"、"交易重复且有明显的偏向"、"物流体制不合理"、"提供流通信息的功能很弱",等等。其中提到的"交易重复",是说由于整个出版物发行(流通)体系不健全,其功能不完备,出版社不得不同时与 20~30 家批发业者进行交易,重复交易自然就不可避免。而重复交易的后果,一方面是造成批发业者过度竞争,另一方面是出版社在大量供给出版物的时候也有大量退货的担忧。

有代表性的图书批发(流通)公司

据近年来的统计,按照图书发行(流通)渠道划分:使用从出版社到批发业者,从批发业者到书店,再从书店到读者的通常渠道所占比率约为 30%;使用从出版社到书店,再从书店到读者的直接交易渠道所占比率约为 50%。这些批发业者以"总贩"的身份,除了批发杂志、教科书、学习参考书、辞典书和全集书以外,还批发文学书、人文书、经济书、营销书和专业书等单行本图书。

前面提到,韩国有代表性的图书批发(流通)公司有 BOOXEN、松仁书籍、韩国出版协同组合、图书有利、学园图书等。其中,历史最悠久的图书批发公司,是创建于 1958 年的韩国出版协同组合。在创建之初,参加该组合的成员单位共 46 家。松仁书籍于 1963 年以"松任书林"的名称起步,在国际货币基金组织的危机(俗称"亚洲金融风暴")影响韩国的时候,松仁书籍出现了动荡,几乎就要破产,在 1998 年进行了重新组建。学园图书于 1977 年问世。BOOXEN 最初的名称叫"韩国出版流通",成立于 1996 年,在以上有代表性的图书批发公司中,虽然"出生时间"最短,但目前规模已经是最大的了(见图表)。

韩国三家主要图书批发公司的概况

概况名称	(股份公司)BOOXEN	(股份公司)松仁书籍	韩国出版协同组合
创立年代	1996 年	1998 年(重建)	1958 年
所在地	京畿道坡州	首尔	首尔
网页(站)	www.booxen.com	www.song_in.co.kr	www.korea.org
2006 年业绩	640 亿韩元	570 亿韩元	290 亿韩元
从业人员	100 人(另有不坐班的 200 人)	109 人	80 人
与之交易的出版社、书店的数量	出版社 2100 家 书店 1870 家	出版社 1800 家 书店 6000 家	出版社 1000 家 书店 450 家
进行一元化交易的出版社数量	出版社 98 家	出版社 120 家	出版社 80 家
批发图书的品种数和册数	10 万种/170 万册	12 万种/70 万册	15 万种/80 万册
批发图书的种类	以单行本图书为主	以单行本图书为主	以专业书、大学教材为主

（资料来源：各出版社的网页(站)，韩国出版流通振兴院的《韩国出版流通实际状况调查及发展计划研究调查》)

传单·出版物·文物

据美国媒体报道，自从韩国新总统李明博上台以来，金正日领导的朝鲜一直看他不顺眼，总是把最难听的语言送给他。这让朝韩双方的百姓回忆起过去将近50年的宣传战时代。

2008年以来，朝鲜方面谩骂声接连不断，骂韩国总统李明博是"江湖骗子"、"卖国贼"和"美国的走狗"。这些谩骂的语言对秦荣顺来说太熟悉了。他的博物馆里收集了大量这样的宣传材料。这些宣传材料在以往那些岁月被统称为"传单"。

秦荣顺在离首尔大约90英里的前采矿小镇旌善建立了一个纪念博物馆，在这个博物馆中，秦先生展出从朝鲜战争开始到2000年努力促使宣传战停火为止、朝韩互相攻击的700多种传单。

秦先生博物馆里展出的一份朝鲜传单的标题是《放荡不羁的金泳三》，那是一张拼接起来的假照片，内容是这名韩国前总统在卧室里跟一名风流女演员幽会。另一张传单是一幅漫画，内容是卢泰愚跪着接受美国大使的命令。

在那个没有互联网但互相干扰对方无线电波的时代，用飞机或气球散发传单是向敌方领土投放思想炸弹的最佳途径。韩国的传单宣传其日益扩大的影响，而朝鲜的传单则谴责韩国寻求美帝国主义的军事保护。秦先生说，这些传单说明朝鲜如何利用语言作为"攻击的手段"。他还说："他们搞冷战很在行。"

韩国的传单也不含糊。有一张传单的内容是，朝鲜共产党士兵在入侵韩国时被打死。还有一些传单显示资本主义的优越性，内容是韩国人开着韩国自己生产的汽车到海滨度假，乘着飞机到世界各地观光旅游。

然而，双方的这些没有书（刊）号、没有定价、没有署名作者、没有署名出版（杂志)社、只有从内容上判断才知道"非朝必韩"的传单,今天你成百上千地撒过来,明天我成千上万地撒过去,日复一日,年复一年,撒了将近50年,夸张地说,这些数不清的既合法又非法的"出版物",足以淹没朝鲜半岛,但却没有达到预期的效果。

1995年从朝鲜"出走"韩国的朝鲜科学家李民复说,他在朝鲜时看到一张韩国传单上有一丝不挂的女人,当时曾非常吃惊。但是,反感归反感,由于饥荒和政治迫害,他还是逃到了韩国。

不管怎样,地理上虽然是整体的朝鲜半岛,如今一分为二,这就使得终结历史使命的传单,开始从不起眼的"出版物",蜕变成有价值的"文物"了。在朝韩的出版史上也留下一笔。

相关链接

比尔·盖茨未"顾倾"韩国

据韩国媒体报道,比尔·盖茨在韩国的人气直线上升,大有"一顾倾人城,再顾倾人国"的气势。2008年上半年,韩国总统李明博决定聘请十多位"国际顾问",也就是国外的老师。计划于2008年访问韩国的比尔·盖茨就是其中之一。据说,盖茨已经答应做李明博的常务顾问。青瓦台的一位官员表示:"由于外交程序目前尚未完成,因此还不能公开其余人的名单。但他们都是世界重量级人物。"

不久前,青瓦台一位秘书曾在私人场合说:"总统也想举行一次'经筵'之类的活动。"所谓"经筵"是指国王学习儒学和历史的活动。近代虽然不像以前那样有国师或王师,但李明博希望不仅在国外,在国内也有很多老师。国民也希望从总统身上看到谦逊的姿态。

历届总统都有老师。美国前总统老布什称尼克松为老师,韩国前总统李承晚把美国前总统伍德罗·威尔逊当成老师。

李明博此前曾在演讲中多次表示:"我的老师是贫穷和母亲。"继母亲之后,李明博人生中的第二位老师是已故的前现代集团总裁郑周永。

(金点子　编译)

以色列人爱买书

以色列全国仅有 715 万人，但是每年销售图书达 3 500 多万册。每年人均购买五本图书，人均购书费用为 51.23 欧元。以色列已经成为世界上人均每年购买图书最多的国家之一。2007 年，以色列图书营业额达 3.724 亿欧元，其中教科书占 37.5%，一般文学图书占 35%，宗教图书占 15%，如果把多媒体产品和期刊的营业额计算在内，2007 年的营业额高达 6.543 亿欧元。

以色列每年出版约 4 000 种新书，其中 85% 为希伯来文，8% 为英文，3% 为俄文，2% 为阿拉伯文，2% 为其他语言。俄文图书方面，19 家出版社专门出版俄文图书，45 家出版社既出版俄文图书又出版希伯来文图书。至于阿拉伯文图书，18 家出版社专门出版阿拉伯文图书，33 家出版社既出版阿拉伯文图书又出版其他文种图书。

以色列目前共有 1 452 家出版社，其中 996 家为专业出版社，其他 486 家是把出版作为第二产业的出版社。以色列主要有两大出版社，一是 Keter 出版社，成立于 1958 年，现有书目 3 000 种。二是 Kinneret 出版社，成立于 1919 年，主要出版文学图书，现有书目 6 500 种。

另外，以色列还有其他一些出版社，如 Yediot Sfarim 出版社，成立于 1958 年，是以色列著名报纸 Yediot Aharonot 的出版社，现有书目 3 000 种。Kibboutz ha-mekhourat 出版社成立于 1940 年，主要出版诗歌。Am oved 出版社成立于 1942 年，主要出版反映劳动人民心声的图书。Schocken 出版社成立于 1913 年，曾出版过三位诺贝尔文学奖得主的作品，该出版社为以色列 Haaretz 报的出版社。Matar

出版社主要出版实用图书,如语言、卫生等图书。

目前,以色列全国共有 1 500 个图书销售网点,其中书店约 800 家,700 家是设在大商场、纸张店和药店里的图书营业部。

（张林初　编译）

以色列以电影带动图书销售

　　电影的原创内容往往来源于图书,比如很多电影的片名下面总会打上"改编自某某作品"或"根据某某作品改编"的字幕。而电影公映以后,对相关的图书又起着强有力的促销作用。这种情形也出现在以色列。以色列自从在中东地区建国以来,不仅一直与周边国家相处艰难,而且就是内部也一直存在格格不入的因素。出版商、电影制作商以这种格格不入为主题,出版图书,拍摄电影,不料却成了吸引读者和观众的最大看点和最长久卖点。2008 年 4 月,在英国伦敦举办以色列电影节和在以色列特拉维夫举办以色列记录片电影节期间,出现了电影院观众爆满、书店读者络绎不绝的景象。

外乡人与过路客

　　对于以色列来说,最主要的外乡人是巴勒斯坦人。直到第二次起义爆发之前,巴勒斯坦人还可以相对自由地迁移。许多人在以色列工作。大多数人如今已经遭到驱逐。由此产生的结果是,能够进入以色列的巴勒斯坦人越发容易受到攻击。

　　乔纳森·本·埃弗拉特的《通向地狱的六层楼》讲述了一批从西岸潜入以色列的巴勒斯坦劳工的生活。他们白天打零工,晚上睡在商场的地下室里。承包商欺负他们是非法劳工,只付给他们极低的工资。警察时常围捕他们,烧掉他们的床垫和其他少得可怜的家当,然后再把他们释放。巴勒斯坦人弄不明白,为什么大批菲律宾和非洲工人能拿到签证,他们的祖先曾拥有以色列的土地,如今却只能偷偷摸摸地绕过检查站来到这里。

在伊卜提萨姆·马拉阿纳的《三度离异》中，来自加沙的女主人公希塔姆是六个孩子的母亲。她逃离了暴疟的以色列籍阿拉伯丈夫的家，与他争夺子女的监护权。即使在受西方文化很深的以色列，婚姻也还是属于宗教而不是民事范畴。希塔姆和丈夫都是穆斯林，所以要听候伊斯兰法庭的裁决。影片显示，该法庭偏袒男方。希塔姆是巴勒斯坦人，所以婚后只能持探亲签证前往以色列，无法取得居留权或公民权。她不能向国家申请法律援助，也不能寻求妇女庇护所的帮助。一位社会工作者抱怨道："她在这个国家没有立足之地，"她永远都是匆匆的过客。

身处本国心在异地

以色列社会中的巴勒斯坦人和犹太人之间微妙的等级划分是比较复杂的问题。《三度离异》凸显了被占领土上的巴勒斯坦人和拥有以色列国籍的巴勒斯坦人之间的裂痕。这些裂痕在罗卡亚·萨巴赫的记录片《等待接通》中也显而易见。她和来自海法的朋友们自认为是巴勒斯坦人。他们面临着二等公民随处都会遇到的就业歧视和种族偏见，但他们讲的阿拉伯语带有浓重的希伯来语口音。从诸多方面看，他们的道德观念和风俗习惯都具有鲜明的以色列特色。

分裂由此产生。罗卡亚·萨巴赫在影片中评论道："在阿拉伯国家，我们感觉自己是以色列人。在以色列，我们感觉自己是阿拉伯人。"她的朋友在东耶路撒冷的一家画廊工作时，一些拥有以色列居留权但没有公民权的巴勒斯坦人也以猜忌的态度对待她。她说："我觉得自己没有归属感。"

另外两部影片的主角是跨越不同文化的以色列犹太人。无所适从的感觉在他们心中挥之不去。菲马·什利克和格纳季·库丘克的影片《犹太妈妈》以一个想与埃塞俄比亚女友结婚的俄罗斯人为主角。女方的父母没有意见，但男方的母亲抱怨说，儿子要把"最低贱的人"娶进家门。还有离奇的《国王拉蒂一世》。拉蒂出生在以色列。父亲阿齐兹是塞内加尔人，以难民的身份获得了以色列公民权。母亲伊连娜是白俄罗斯的犹太人，通过常规途径获得了公民权。拉蒂和同学们一样，是不折不扣的犹太人和以色列人，但却被同学们嘲笑为"黑鬼"。伊连娜在片中说，"我有一半家人死于大屠杀。但是，在以色列，我永远是俄罗斯人。"

聚集容易认同难

还有两部影片探讨了另外一些以色列人的地位。他们不是巴勒斯坦人，也不是犹太人，陷在民族特性的夹缝中。在奥哈德·奥法兹的《黎巴嫩来的孩子们》中，主要人物是黎巴嫩基督徒。在以色列占领南黎巴嫩的 18 年中，他们与以色列军队并肩作战。以军在 2000 年迅速撤离后，允许他们和家人在以色列避难。他们的家就在边界对面几公里处，却只能滞留在以色列。犹太人看不起他们，因为他们是阿拉伯人。阿拉伯人鄙视他们，认为他们是叛徒。

少年时代来到以色列的皮埃尔想成为音乐家，但唯一能找到听众的地方是一个黎巴嫩同胞聚居的小城镇。他的弟弟马苏德组织了一支篮球队，但由于当地人满怀敌意，他们有时连训练场地都找不到。

《败家子》是一部罕见的以非洲裔希伯来以色列人为主题的影片。他们自称是一个以色列部落的后裔。尽管没有被承认为犹太人，他们还是花费 40 年时间在以色列南部建立了一个兴旺、传统、戒酒、素食的群体。他们在几年前获得了永久居留权，获得公民权大概只是时间问题。作为这个群体中的一员，卡特里尔·默瑟移居特拉维夫，追寻灯红酒绿的自由生活。然而，在周围人的眼中，他只是个黑皮肤的非犹太人，是地位低下的外国人。

戴维·布卢门菲尔德和马修·卡尔曼的影片《为我行割礼》比较轻快。主人公以色列·坎贝尔原本是信仰天主教的爱尔兰裔美国人，后来成为极端正统派的犹太教徒。

与其他人相比，他的经历苦乐参半，因为相对于巴勒斯坦人、俄罗斯犹太人或埃塞俄比亚犹太人而言，皈依犹太教的美国人比较容易被接受为完全意义上的以色列人。如果以色列真是一个大熔炉，这些差别应该是可以消除的。

《爱因斯坦与宗教》有待修订

不可否认，研究爱因斯坦与宗教的关系的最权威著作，莫过于《爱因斯坦与宗教》一书。然而，一封信的公诸于世，使得这本专著必须进行修订了。

众所周知，"没有宗教的科学是跛脚的，没有科学的宗教是盲目的"——爱因斯坦的这句名言一直是有神论和无神论者争论的焦点，人们都愿意用自己的想法解读这位 20 世纪最伟大的科学家并把他划作自己一派。

这封半个世纪以来一直作为私人收藏的信在英国伦敦拍卖。2008 年 5 月 15 日,爱因斯坦的这封亲笔信,最终以 17 万英镑被一位匿名的私人收藏家买走。

根据这封信的内容,人们可以发现,这位理论物理学家是一个无神论者,他把宗教看成是"孩子气的迷信"。

爱因斯坦 1954 年 1 月 3 日写信给哲学家葛金,因为后者曾将一本书赠送给爱因斯坦。这封信一年后就被公开拍卖并就此留在私人收藏家手中。

在信中,爱因斯坦说:"上帝这个词对我来说不过是人类弱点的一种表达,《圣经》是一系列令人骄傲的原始神话,不过看起来有点孩子气。无论如何解释都改变不了这一点。"

爱因斯坦作为一名犹太人曾拒绝了以色列提出的第二任总统的邀请,但他认为,犹太人并不像《圣经》中所说的是上帝的宠儿。

他在信中写道:"我很高兴我是犹太人,但对我来说,其他种族与犹太人无异。以我的经验来看,犹太人与其他种族相比无高人一等之处。"

爱因斯坦的这封信用德语写成,但它没有被收录进有关这一主题的最权威著作《爱因斯坦与宗教》一书中。研究爱因斯坦的著名专家之一、英国剑桥大学的约翰·布鲁克表示,他从未听说过这封信的存在。

爱因斯坦的物理理论人尽皆知,但他关于宗教的思想长期以来一直引起广泛推测。爱因斯坦的父母并不信教,但爱因斯坦本人上的是一所天主教小学并在私下接受犹太教教育。爱因斯坦在这一阶段对宗教的一些规定进行了研究。但这个阶段并不长,到 12 岁的时候,爱因斯坦已经开始对《圣经》中的一些故事提出质疑。

在爱因斯坦晚年,对宇宙的宗教性崇拜贯穿了他的科学研究。1954 年,也就是在爱因斯坦去世的前一年,他表示希望自己能够像一个星体那样环游宇宙。他在谈到物理理论时还喜欢使用宗教语言。

他对于宗教的立场被无神论者和宗教信仰者一再解释,但爱因斯坦本人拒绝在这一问题上对号入座。

约翰·布鲁克说:"像其他伟大的科学家一样,爱因斯坦不愿像外界希望的那样落入非黑即白的俗套。比如,他尊重宗教价值观,但他所理解的宗教却远比通常人们所谈论的宗教要微妙。"

(雪 莲 编译)

澳大利亚畅销"道歉词"

据美国媒体报道，2008 年 2 月，澳大利亚总理陆克文曾向土著居民道歉，结果他的这段"道歉词"被谱成歌曲，在澳大利亚畅销一时，围绕诠释这首歌曲的一大批图书也卖得红红火火。

4 月中下旬，一首关于种族和解的纯政治歌曲成为澳大利亚销量第四的单曲，颠覆了唱片业几十年来的作法。

这首名为"From Little Things，Big Things Grow"歌曲呼吁澳大利亚主流群体与处于弱势的少数土著居民和睦相处。

这首歌曲以陆克文总理的讲话录音开始，陆克文曾在 2 月份为澳大利亚虐待土著居民的历史致歉。

这首歌曲将摇滚与较传统的曲风融合在一起，很多歌词都取自土著居民领袖在总理致歉后不久所发表的言论。

这首歌是对 20 多年前的一首歌的改写，后者是为纪念澳大利亚争取种族平等的最著名运动之一（为土著农民争取平等报酬的运动）而创作的。

澳大利亚最受欢迎的音乐电台之一——青年音乐台的音乐监制理查德·金斯米尔说："这首歌是根据一首有着特殊意义的老歌改写的，但总理的致歉赋予这首老歌以全新的意义。"

从商业的角度看，音乐和政治没有什么关系，可音乐和政治巧妙结合，CD 带动图书销售，图书促进 CD 销售，引来了更多的歌迷、读者，这是音乐制作商和出版商求之不得的。

相关链接

军歌"嘹亮"　"兵书"火爆

美国西点军校两首唱了约 100 年的军歌,因为其中的歌词酝酿修改,引起了市场上军旅题材图书的热销。

现任西点军校的校长认为,现在应当修改西点军校两首最受欢迎的军歌的歌词,将其中的"men"(男子汉)、"sons"(儿子)等男性化词汇改为中性词。

西点军校是美国历史最悠久的军事院校。校长富兰克林·哈根巴克中将(2008 年 5 月)14 日对一国会监督委员会说,1976 年来,已有 3 000 多名女学员从西点军校毕业,早该对歌词进行修改了。

哈根巴克说,他想修改西点军校校歌和另外一首军歌《部队》的歌词。这两首歌曲都有约一个世纪的历史。

他建议把《部队》歌词中的"men"(男子汉)改为"the ranks"(行列),把"sons"(儿子)改为"the corps"(部队)。

哈根巴克说,两年前,在纪念允许女性入校 30 周年的仪式上,他就有了修改歌词的想法。他当时听到女学员在唱包含"我们是今日的男子汉,我们向你敬礼"等歌词的军歌。

西点军歌滋润了无数优秀的军人,如今准备修改,无不勾起"老西点"特别是"男西点"的怀旧之情。有关西点军歌诞生的故事、有关词曲作者的故事以及西点军校历史的出版物一时间成为书店的热销品种。

(方象磐　编译)

357

各国政府助推出版"走出去"

近年来，随着经济和贸易的全球化，出版业作为内容产业，其重要地位越来越得到各国政府的重视，而附着其上的版权贸易成为各国为了证明本国文化实力、向他国输出文化价值观的重要载体。越来越多的国家开始意识到版权贸易的重要性，纷纷制定优惠政策和资助项目，以扶持本国文化产品的出口。其中，图书作为最有代表性、最能体现民族文化价值观的文化产品站在了版权贸易的最前沿。

法国的"傅雷计划"

为了加强中法间的文化交流与合作，1991 年，由法国外交部和法国驻华使馆联合创立了"傅雷计划"，其宗旨是通过资助译者、出版社、书店和图书馆的方式促进法中文化交流。长期以来，法国政府一直以各种形式的出资赞助，来促进法国和其他国家的文化交流，就图书出版而言，法国外交部已在全世界的 74 个国家设立了相关的资助出版计划，如在俄罗斯设有"普希金计划"、在西班牙设有"塞万提斯计划"、在印度设有"泰戈尔计划"等，而在中国，则在资助出版计划创立之初，就以中国著名法文翻译家傅雷先生的名字命名为"傅雷计划"。

据初步统计，十几年来，"傅雷计划"大约资助出版了 600 本著作，内容包括人文社科类、文学类、艺术类、少儿类、工具书等，获得资助的出版社有 60 多家。而接下来，除了继续资助图书出版之外，"傅雷计划"另一个重要的工作就是挖掘和培训青年翻译人才。用《世界文学》主编、法国文学翻译家余中先的话来说："法国人以爱母语著称，同时一贯不惜代价保护和传播自己的文化。'傅雷计划'用资助的方式顺理成章地为文化传播开辟道路。"

德国的"歌德计划"

在德国,比较有代表性的是由歌德学院设立的"德国图书翻译"扶持项目(简称"歌德计划"),对德国图书的翻译出版活动提供扶持。该项目意在将重要的学术著作、高品位的文学作品和少儿读物以及精选出来的通俗专业书籍介绍给非德语读者。该项目服务于文化政治目的,是德国对外文化教育政策的重要调控工具。扶持方式为补贴翻译费用。

自立项以来的近 30 年,该项目共资助了以 45 种文字出版发行的约 4 000 种图书。

荷兰的文学创作与翻译基金

荷兰文学创作与翻译基金会创建于 1991 年,是一个非营利性的政府机构组织。该基金会旨在提升荷兰本土作家在国外的影响力,传播荷兰文化。基金会每年资助 150 多本荷兰著作在国外出版,包括小说、非小说、儿童文学等。基金会向外国出版商提供翻译费补贴,最高可达翻译费用的 70%,在一些情况下还会提供出版费用。

日本的文学出版计划

日本文学出版计划是由日本政府机构文化事务署发起的日语图书海外推广计划。由日本文学出版与推广中心设立,该中心是一个非营利性的旨在帮助日本文学作品在国外的翻译、出版以及版权贸易谈判的专门组织。其具体职责是,积极支持日语图书的翻译工作,为海外出版商提供资料,培养更多的优秀翻译人才,参加国际书展及推广活动,并通过其他途径帮助日本作家的作品传播到海外。

中国的图书对外推广计划

中国政府和出版界一直致力于图书"走出去"。2005 年 7 月,中国政府发出《"中国图书对外推广计划"实施办法》的通知。通知称,中国将对购买或获赠国内出版机构版权的国外出版机构进行翻译费资助,鼓励各国出版机构翻译出版中国图书。在首批"中国图书对外推广计划"推荐书目中,涵盖了中国经济、军事、政治、文化、地理、文学、医药卫生等领域的近 1 200 种图书。该计划的出台将有效地鼓励激发国际出版商出版中国图书,为中国图书走向世界做好了基础性工作。

(欧丽娜　编译)

法国 2007 年图书出口势头良好

据法国海关统计,法国 2007 年图书出口总额达 6.95 亿欧元,比 2006 年的 6.75 亿欧元增加 2.9%。然而,如此好的消息仍未能阻止 2005 年以来出现的发展趋势,即法国图书主要销往法语国家,而非法语国家的市场越来越小。法国 2007 年图书出口主要呈现以下特点。

非洲、马格里布和黎巴嫩的市场红火

对法国图书出版商来说,2007 年的好消息主要来自南方。法国向马格里布地区出口的图书增加了 18.6%(近三年年平均增加 4.9%),不仅向阿尔及利亚的出口明显增长,达 1 095 万欧元,向摩洛哥和突尼斯的出口经过 2006 年的零增长后也有了快速的增长,分别为 1 583.5 万欧元和 617 万欧元。

2007 年法国向法语非洲国家的图书出口大幅度增加,比 2006 年增加了 22.6%,其中向刚果(金)的出口奇迹般地达到了 2 602 万欧元,向喀麦隆、加蓬、几内亚、刚果(布)和卢旺达的出口也相当活跃。然而,向科特迪瓦和塞内加尔的出口 2007 年又有减少。法国向非洲出口的图书中很大一部分是教科书。

2007 年法国向黎巴嫩的图书出口重新恢复了增加的势头。因受以色列袭击黎巴嫩的影响,2006 年法国向黎巴嫩的图书出口明显减少。2007 年法国向黎巴嫩的图书出口增加了 13.7%,达到 787.8 万欧元。

比利时、瑞士和加拿大仍为重要市场

比利时一直是法国图书出口的重要市场,2007 年向比利时的出口增加了 5%,

达1.9亿欧元。比利时国内的政治分歧,有可能动摇比利时为法国图书国外第一大客户的地位。2007年法国向瑞士的图书出口虽然只增加2.6%,但仍保持良好的发展势头。向加拿大的图书出口呈停止状态,2007年只增加0.1%,但是近三年年均增加6.8%,所以加拿大的市场仍充满活力。

非法语欧洲国家的市场停滞不前

2007年法国向非法语欧洲发达国家的图书出口形势十分严峻。在欧盟内部,虽然法国向英国图书出口的下降趋势暂时得到了控制(三年年均下降18.4%,2007年增加5.4%),向西班牙和荷兰的出口仍然顽强维持,但向德国和意大利以及其他欧盟国家的出口明显下降,向德国和意大利的出口分别下降了5.7%和10%,贸易额分别为2721.5万欧元和1763.8万欧元。

与此同时,法国向非欧盟欧洲国家的图书出口全面下降,土耳其和挪威分别下降了2%和54.6%。2007年法国向东欧国家的出口全面失利,仅向俄罗斯和波兰出口的图书就分别下降了25.4%和27.6%。

美元贬值法国向美国的图书出口严重受损

近几年来,法国出版商在美国几乎无大进展,近三年年均只增加2.2%。美元的贬值对法国的图书出口明显造成负面影响,2007年法国向美国的出口减少了0.8%,金额为2568.5万欧元。法国图书在加勒比海等边远地区的图书销售量也明显下降。

法国对亚洲的图书出口反差明显

法国向亚洲和大洋洲的图书出口,在大部分国家和地区呈下降趋势,从中国台湾地区到新加坡、泰国和韩国都明显减少,2007年对这些国家和地区的出口总额只有1125万欧元,比2006年下降37.7%,其中向韩国的出口三年年均减少18.2%。

尽管2007年法国向整个亚洲和大洋洲的图书出口下降了0.8%,但是向中国的出口增加了61.3%,达到125.5万欧元,对日本出口也遏制了下降趋势。同时对澳大利亚、印度和香港的出口也取得了较好的业绩,但不能说今后发展趋势会持续。

法国图书出版商们重返拉美市场

在非法语地区,拉丁美洲是 2007 年法国图书出口取得最好成绩的地区。法国图书出版商在拉美两大主要市场有所突破,2007 年法国向墨西哥的出口增加了 21.8%,达到 355.5 万欧元,向巴西的出口增加了 20.5%,为 222 万欧元。另外,法国向哥伦比亚、阿根廷、委内瑞拉和厄瓜多尔等一些拉美小国的出口也有较大增加。2007 年,法国向拉美国家的图书出口增加了 17.9%。

法国 2007 年图书进出口总额表

单位:百万欧元

	2006 年	2007 年	2007 年增长率	近三年年均增长率
出口	674.859	694.501	2.9%	2.9%
进口	661.425	708.757	7.2%	12.9%

法国 2007 年图书出口各地区所占份额表

地区	所占份额
欧盟	45%
北美	16%
欧洲非欧盟国家	13%
法国海外省和海外领地*	9%
法语非洲	6%
马格里布	5%
亚洲和大洋洲	2%
中东	2%
拉丁美洲	1%
东欧	1%

* 法国把向其海外省和海外领地的出口计入对外出口。

法国 2007 年图书主要出口国表

单位：万欧元

序号	国别	2006 年出口额	2007 年出口额	2007 年增长率
1	比利时	18 111.1	19 011.7	5.0%
2	瑞士	8 690.1	8 912.7	2.6%
3	加拿大	8 584.6	8 591.1	0.1%
4	德国	2 721.5	2 567.1	−5.7%
5	美国	2 568.5	2 548.0	−0.8%
6	英国	2 285.6	2 409.4	5.4%
7	西班牙	2 300.4	2 330.0	1.3%
8	意大利	1 763.8	1 586.8	−10.0%
9	摩洛哥	1 440.6	1 583.5	9.9%
10	荷兰	972.2	1 190.7	22.5%
11	阿尔及利亚	820.4	1 095.0	33.5%
12	刚果（金）	29.9	807.9	2 602.0%
13	黎巴嫩	692.6	787.8	13.7%
14	突尼斯	518.6	617.0	19.0%
15	喀麦隆	562.6	577.5	2.6%
16	日本	498.3	500.7	0.5%
17	卢森堡	518.9	436.3	−15.9%
18	俄罗斯	582.5	434.4	−25.4%
19	塞内加尔	529.0	430.3	−18.7%
20	墨西哥	291.8	355.5	21.8%
21	加蓬	291.2	318.3	9.3%
22	科特迪瓦	328.5	307.2	−6.5%
23	葡萄牙	293.8	274.8	−6.5%
24	几内亚	137.7	264.4	92.0%
25	芬兰	494.5	251.3	−49.2%
26	希腊	230.1	222.5	−3.3%
27	巴西	184.2	222.0	20.5%
28	波兰	254.0	184.0	−27.6%
29	刚果（布）	145.2	169.7	16.9%
30	卢旺达	68.8	150.5	118.8%

（张林初　编译）

书香飘向黑非洲

　　非洲地域辽阔,土地面积达3 000万平方公里。由于某些国家长期处于动荡之中,贫穷和疾病随之而来。虽然非洲拥有全球总人口的13%左右(预计2025年将达18.1%),但按联合国人文发展指数(预期寿命、就学率、成年人识字率及人均国内生产总值)标准计算,非洲50多个国家中的大多数国家只能名列全球的末尾。

　　在国际范围里,其实非洲并非长期失宠。独立后,非洲还曾一度博得专业书商的青睐,其中许多人直到20世纪80年代初期还与这个深受法国影响的大陆保持着密切的关系。1988年5月,摩洛哥卡萨布兰卡首届图书沙龙举办仅半年之后,40多位法国出版商还曾参加塞内加尔首都达喀尔图书沙龙,并利用此机会举行了"法语黑非洲图书现状及未来"研讨会。多哥、几内亚、刚果、喀麦隆、加蓬、科特迪瓦、塞内加尔、比利时和加拿大魁北克共140余位专业书商参加了会议。

　　不幸的是,这段时期过后,一个时代也随之结束。面对非洲大陆图书销售无情萎缩的现实,大部分法国出版商均在考虑拂袖远离。非洲的商业条件严峻且风险不小,虽然商业保险尚能保护书刊销售,但投资已经不可能。更何况1989年11月3日柏林墙倒塌及中东欧体制崩溃后,法国文化部明确表示,国家补贴将主要用于图书出口。20世纪90年代初,阿拉伯世界学院在巴黎举办了首届欧洲—阿拉伯图书沙龙,法国外交部利用此机会安排了一系列法国与马格里布职业书商的接触活动,但非洲深受经济、金融危机的影响,这些措施并不能挽救法国图书在法语非洲国家内走出荒漠的困境,更不可能避免法国图书出口的下降。

　　1984年,阿尔及利亚曾是法国图书的第四大客户,进口了1.398亿法郎的法国图书,但1987年却退至第14大客户,只进口了3 910万法郎的法国图书。科特迪瓦和喀麦隆在 1984 年，分别进口了 8 630 万法郎和 1.002 亿法郎的法国图书，但 1994 年仅分别为 2 730 万法郎和 1 260 万法郎。20 世纪 80 年代中期，马格里布和非洲撒哈拉以南法语国家还曾占法国图书出口的 25%，但 10 年后下降至仅占 10%。

1994 年，非洲法郎贬值 50%，非洲法郎区国家工薪阶层受到较大影响。此外，国家公务员和教师等还受到大幅减薪的冲击。因此，在许多撒哈拉以南的非洲国家中，实际购买力大幅下降。为了减轻贬值对法语图书价格的影响，法国文化部和合作部曾在资助图书运输费方面采取了许多配套措施。

但事与愿违，除教科书外，图书不再成为生活的首要必需品，已列入奢侈产品的行列。然而，也正是这个时期，法国图书出口开始转暖回春。尽管非洲法郎已贬值，但如按法国法郎折算，在非洲法郎地区国家，特别是在科特迪瓦和喀麦隆等撒哈拉以南的主要非洲国家，法国图书出口总额开始重新增长。阿尔及利亚恢复进口图书，也促使法国对马格里布的图书出口形势重见光明。

然而，法国对法语非洲国家的出口很不稳定，1999 年为 2 440 万欧元，2003 年增至 3 570 万欧元，2004 年又下降至 2 810 万欧元。而法国对比利时、卢森堡和加拿大等法语国家的图书出口则从 1999 年的 2.501 亿欧元增加到 2004 年的 2.925 亿欧元。

2001～2004 年，法国向塞内加尔的图书出口增加 4.1%，马达加什加增加 6%，喀麦隆减少 3.4%，科特迪瓦减少 12.1%，加蓬减少 21%。不过，法国向非法语非洲国家的图书出口却增加了 15.5%，达到 150 万欧元。然而，2004 年法国向法语非洲的国家的图书出口减少了 21.3%，在 21 个法语非洲国家中有 14 个国家呈下降趋势，比如减少幅度，加蓬 7%，喀麦隆 16.2%，科特迪瓦 27.3%，塞内加尔 28.2%，马达加什加 56.6%。法国向马格里布地区的图书出口总体呈增长趋势。2004 年法国向摩洛哥的图书出口增加 22.8%，突尼斯增加 6.7%，然而阿尔及利亚减少 6.6%。

虽然非洲各国情况有所不同，但各国放宽对经济活动的约束，尤其是在诸如图书等许多领域中这样的倾向得到证实。因此大批新图书商也就应运而生。

在阿尔及利亚，约有 60～70 家国有书店分别被转让给书店员工所有并由员工经营管理。1998 年底，喀麦隆国有教科书出版社私有化，并由一个教师集团拥有。科特迪瓦政府以前一直控制着本国文学出版社 45% 的资金，但在 1999 年底降至 20%，现在已经降至 5%。在摩洛哥，地方负责教科书的出版工作，但不少出版社也已开始向文学出版方向发展。突尼斯的情况也基本相似。摩洛哥在新世纪初开设了许多书店，阿尔及利亚也开了新的书店，马里在首都巴马科开设了专门针对青年人的"大学书店",喀麦隆1999年则开了"青年书店"和"大众传播媒介资料馆",科特迪瓦的"十字路口书店"又新设了售书点。法国书店集团高度重视这一盛事,并已在有关国家举办了多期培训班。但更为重要的是,包括撒哈拉以南在内的非洲地区,总共只有不超过50个专业、严肃的书店,这些国家目前正经历着一个书店更新换代的关键时期。

出版企业和书店的发展,也推动了本国或泛非专业协会的迅速发展,如马里的专业书商协会,科特迪瓦的出版商协会和书店行业促进协会等。

为了联合非洲大陆英语、法语、阿拉伯语和葡萄牙语出版商协会,"非洲出版商网络"于1992年成立,该网络正致力于推动尚未成立出版商协会的国家建立相应的协会。与此同时,为了联合非洲与加勒比海法语读物协会及读者,1998年还成立了"法语图书阅读协会"。

非洲大陆的复苏也表现在创办有关图书活动方面。比如,1999年9月23日至30日,在阿尔及利亚首都阿尔及尔重新举办的图书沙龙具有很强的象征意义。同年4月,在科特迪瓦首都阿比让举办的图书沙龙意义也不可忽视,因为科特迪瓦是法语黑非洲最具活力的图书市场。其他国家则更侧重于专业图书方面,如1999年4月19~24日,在马里首都巴马科举办的首届科技图书沙龙等。1999年3月23日至25日,法国全国出版工会在巴黎图书沙龙期间举办的"非洲青少年图书专业会晤",则使各方对非洲图书世界专业化持续发展的新形势有了更好的了解。从2000~2007年,非洲许多国家都有了与图书相关的活动。

世界各国的出版、销售商捕捉了以上这些积极的信息。法国阿歇特出版社认为,与北非相比,南部非洲法语地区的支付能力有限,但因其拥有人口优势及国际投资商的支持,南部非洲有着重要的增长潜力。因此,有必要向南部非洲适当倾斜。哈瓦斯出版社重申已经开始密切关注黑非洲书市的开放,提供相关配套措施和资助。

（于平安　编译）

版权

世界图书和版权日的由来

"联合国教育、科学及文化组织"（UNESCO，以下简称联合国教科文组织）成立于1945年11月16日。该组织于1995年11月在第28次大会确定每年4月23日为"世界图书和版权日"。自1996年至今，联合国教科文组织为文化、教育和科学开展了大量的活动。时间流逝，每年的4月23日，联合国教科文组织一如继往地要求各成员国继续开展活动，为提倡阅读和保护版权作贡献。

最早为图书和版权专设纪念日的想法起源于西班牙的加泰罗尼亚地区的一种传统活动。自1923年起，这种传统活动已成为一种供奉图书的风俗。同时，4月23日又是西班牙加泰罗尼亚地区的守护神圣乔治的复活日。每年4月23日，西班牙人都要在圣乔治之日献上一本书和一枝玫瑰花。

但更重要的是，4月23日这一天对于世界文学具有象征意义。塞万提斯、莎士比亚和加尔西拉索·德·拉·维加三位享有盛誉的作家都在1616年4月23日与世长辞。

除此之外，还有许多著名的作家诞生或逝世于4月23日，比如：冰岛作家、小说家、剧作家和翻译家哈尔多·基里扬·拉克斯内斯，1953年曾获国际和平运动奖和斯大林文学奖，1955年荣获诺贝尔文学奖。

哥伦比亚作家马努埃尔·梅希亚·巴耶霍的多数作品以农村生活为题材，部分作品以反对独裁为主题。主要作品为《指定的日子》和《探戈曲》。

西班牙作家、新闻记者和法学家约瑟夫·普拉生于西班牙加泰罗尼亚地区，其文学成就在该地区占有突出地位。其作品主要反映第二次世界大战之后西班牙第二共和国时期的事件和社会生活。作品用加泰罗尼亚语和西班牙语写成，共出版全集 46 卷。西班牙政府为鼓励文学创作,专设了约瑟夫·普拉文学奖。

法国小说家、剧作家莫里斯·德吕翁的长篇小说《大家族》使这位自然主义作家荣获了法国龚古尔文学奖。其他作品如《生存的情欲》、《宙斯回忆录》、《权力》和《该死的国王》等深受广大读者的喜爱。

1996 年 4 月 23 日是庆祝世界图书和版权日的第一年。当日,联合国教科文组织总干事为此发表了一项声明,强调图书作为传播知识、信息和思想的手段所具有的不可替代的作用。总干事阐述了联合国教科文组织在支持图书发展方面所做的工作,因为这项工作是与促进版权,鼓励作家、音乐家、美术家和其他作品的创作者的劳动,保护艺术和知识产权联系在一起。重要的是鼓励创作者积极参加这种庆祝活动,使每个人发现或再发现读书的意义和版权的重要性,使这一天成为真正的图书日。总干事在庆祝第一个图书和版权日时的讲话引起了国际社会、各成员国以及非政府间组织的重视。1996 年当年,欧洲委员会、非洲统一组织和伊斯兰教科文组织就作出决定,将庆祝世界图书和版权日活动列入其活动项目中。此外,万国邮政联盟在其联盟成员国的各邮局发行了一种纪念邮票。

我国作为联合国教科文组织的成员国对开展庆祝图书和版权日予以高度的重视。多年来,各有关机构开展了形式多样的活动,新闻媒体对此活动作了详尽的报道。2008 年的 4 月 23 日,我们国家继续积极响应联合国教科文组织的号召,各种媒体予以充分的报道。

（于平安　编译）

美国电台被要求支付播放歌曲版税

2007年12月前后,为了争取上万名剧作家成员的权益,美国剧作家协会发动了大罢工,甚至抵制电影金球奖颁奖典礼,好莱坞几乎快要停摆。大约是受此影响,美国的唱片公司也不甘寂寞,站出来要求广播公司支付播放歌曲版税。

版税之争就是利益之争,就是生存之争。想象两只恐龙,它们都已受伤,同在已削弱了其竞争能力的气候变化之中苦苦挣扎。它们曾经和平共处。现在,为了生存,它们要采取一切手段——即便这意味着相互厮杀。

这基本上也正是目前美国的唱片公司与广播公司之间的版税之争的写照。

一些大唱片公司为弥补CD销售下降的损失,希望向畅通通信公司之类的公司收取新版税。提议中的版税将有史以来第一次使在电台上演唱歌曲的艺术家也能像词曲作家一样受惠。

唱片公司正在推波助澜,因为它们能从中分肥。而广播公司则激烈反对。

现在,唱片公司在国会中的盟友也开始插手此事。近几个月来,不少艺术家和歌手纷纷来到华盛顿,申诉他们的理由。在2007年12月18日,国会提出了一项两党议案,它将迫使广播公司支付版税。

民主党众议员霍华德·伯曼说:"这会有一场大战。不过这样做是应该的。"

自20世纪70年代以来,美国唱片业协会从未对广播公司支付表演版税而做出如此协调一致的努力。

那时,著名歌手弗兰克·西纳特拉一马当先。他组织起同行艺术家,对版权版税委员会进行游说,后者最终发表了一项报告,支持收取表演版权税。

但是,即便是"老蓝眼睛"西纳特拉也不是全国广播公司协会的对手。这一主张无果而终。

四分之一个世纪过去了，广播公司的力量已大不如前了。它们说，网站和卫星电台的兴起使它们的听众日趋减少，因此，对唱片公司支付更多版税是它们现在最不能接受的事。但是，网站和卫星已在支付版税。更要紧的是，政府现在似乎偏向于创作者，而不是传播者。颁发格莱美奖的唱片学院的负责人达里尔·弗里德曼说："我们认为这个问题现在应该有个了结。电台出得起这笔钱。"

然而，广播公司以退为进，拼命哭穷。电台的这帮人说，新的版税可能使它们每年最高损失70亿美元（但许多媒体分析人士认为，这个数字水分太大），而自2000年以来，它们的广告收入基本没有增加。他们认为唱片公司的做法反映了一种绝望。

经营埃米斯广播公司电台的里克·卡明斯说："他们瞄上我们，对我们说'我们就是追着你们要这笔钱'，这真是荒唐。我猜他们已经懒得再为非法下载起诉老太太和大学生了。"

未来几个月，双方都会加紧游说。唱片公司准备把歌曲的创作与表演者派往主要国会议员的票选区。而作为广播公司后盾的全国广播工作者协会也将继续游说国会。无论结果如何，上演"口水大战"已是不可避免的了。

相关链接

电视播放和网络传播的收入都要分

据2008年2月的美国媒体报道，在持续的罢工中，好莱坞制片方与罢工编剧在合同谈判中取得了突破性进展，有望在短期内达成临时协议。

双方争论的主要焦点包括：编剧从那些在电视上播放后又在网上传播的节目中可获得多少收入，以及何时获得。

制片方一直坚持认为，节目应该在网上播放一段时间作为宣传，而编剧应放弃此期间的复播追加酬金。至于支付报酬，制片公司致力于将报酬额度限制在固定的1 200美元，而作家协会则希望按发行方收入的百分比计付报酬。

美国作家协会没有立即回应有关对此发表评论的要求。代表制片方的行业组织电影电视制作人联盟也拒绝作出评论,而是引述双方在谈判中达成一致的有关封锁消息的决定。

作家协会负责人说,他们正在为分得光明前景的一杯羹而斗争,这反映了一种普遍看法,即在互联网上播放的娱乐节目必然将占到越来越多的甚至是主要的市场份额。

影视防盗版新技术在日本诞生

据法国媒体报道,日本在影视防盗版方面又有突破:日本的公共广播电视公司日本广播协会(NHK)推出了一套新系统。该系统将隐蔽的标识符植入电影,从而能够追踪发布在互联网上的盗版作品。

假如有人在电影院或是电视屏幕前复制了这种植入信号的电影,此人的摄像机也会自动录下这一信号,并保存在摄像机的存储器中。此后,自动软件能够在互联网上进行搜索,并利用这种编码信号找出非法复制的作品。

NHK和三菱电机公司在一项联合声明中说:"这种经过保存的信号能够被追踪到。即使只有部分片断出现在网上,情况也是一样。"这两家公司说:"我们希望这个系统一旦调试成功,就能更好地保护版权所有者的权益。"它们还表示打算尽快将其投入使用。该编码也能帮助当局查出盗版者是在哪家影院和哪个场次非法录制电影的。

日本娱乐业人士抱怨说,由于越来越多的人能够利用高速的互联网和先进的数码摄像机,即使是在专利、商标和版权等方面的法律法规非常健全的日本,盗版之风也愈演愈烈。

(李文清　编译)

法国从重处罚网上音乐非法下载者

据西班牙媒体报道，为了进一步维护著作权人的利益，加大管理力度，法国对网上音乐非法下载"屡教不改者"予以重罚。

法国将对非法下载网络文化产品中的"屡教不改者"予以重罚，即切断其网络服务。

由法国总统萨科齐、50多家音像及电影协会和互联网提供商共同签署的协议规定，建立一家独立机构，通过法国网络提供商向非法下载音乐和电影的人发送两封警告电子邮件。如果被警告者置之不理，网络服务商将中止或切断其网络服务，并将其列入"盗版者"记录。

萨科齐总统祝贺法国即将迎来"互联网文明时代"。但消费者组织立即回应指出，这是一项"镇压性"政策，认为切断与网络服务商之间连接的做法"违反了多项宪法原则"。

2006年8月，法国政府就已通过了一项法律，规定对未经付费非法下载网络文化产品的人予以最高3年监禁和30万欧元罚款的判罚。2007年又推出切断网络服务的处罚规定，再次表明法国政府保护知识产权的决心。

（李文清　编译）

盗版严重影响法国 DVD 光盘的销售

近三年来,因盗版猖獗,法国 DVD 光盘的销售量急剧下降,而法国的邻国则仍呈现良好的发展势头。法国 DVD 光盘销售量的下降如此之多,以至于 DVD 光盘市场在三年里失去了 1/4 的市值。2007 年法国共销售 8 870 万张 DVD 光盘,比2006 年下降 10%,营业额 14.9 亿欧元,比 2006 年下降 11%。

如此不尽人意的销售业绩,其主要原因是从互联网上非法下载,法国堪称是欧洲非法下载的"冠军",2007 年法国非法下载的电影(包括电视连续剧)超过 1 亿部,比合法销售的 810 万部要多得多。

DVD 光盘遭殃,电影也受到连累,因为 DVD 光盘产业对法国电影制作提供大量资金。一般说来,DVD 光盘相当于一部电影 1/4 的先期投资,有时甚至达到 50%。

法国数字化光盘出版社工会(Syndicat de l'édition vidéo numérique)主席菲利浦·巴斯泰尔认为,2007 年法国 DVD 光盘销售量急剧下降的原因,一是 2007 年上半年法国没有能够吸引观众的好电影上市;二是人们对电影以外的 DVD 光盘也开始不感兴趣,导致电视连续剧和音乐光盘的销售量下降。

法国 DVD 光盘销售量下降还会持续下去吗?法国数字化光盘出版社工会主席菲利浦·巴斯泰尔对此还是比较乐观的,但条件是要从源头上解决问题。也就是说,要采取更加有效的措施进行反盗版。进行反盗版已经获得各方的共识。法国福纳客(Fnac)图书销售连锁店经理德尼·奥利韦纳在其打击盗版的报告中提出了一揽子措施,2007 年 11 月 23 日法国政府在与有关各方(其中包括互联网接入服务商)签署的协议中重申了这些措施。然而,这些措施以及警告和惩罚网民的机制或了解内容的技术都需要通过一项法律来保障。

另外，面对 DVD 光盘销售的危机，法国政府已经在与德尼·奥利韦纳报告有关的协议中进行了干预，即将满足 DVD 光盘制作商先前已经提出的要求：缩短电影在电影院公开放映和制作 DVD 光盘的时间。电影发行商与 DVD 光盘制作商之间的谈判已经开始，以便 DVD 光盘制作商能在电影于电影院放映四个月后即可制作 DVD 光盘，而不是现在的六个月，有些电影甚至要更长的时间才能制作 DVD 光盘，六个月在欧洲已经是最长的。

法国数字化光盘出版社工会相信，如果把一部电影很快出 DVD 光盘，公众的利益不会被弱化。当然，这样的改革仍需要时间，因为相关的法律最早在 2009 年 6 月才能出台。

不过，可以将电影按需求上传到互联网上，对此人们寄予很大希望。但是问题也不少，2007 年的营业额仅为 3 100 万欧元，约占市场总额的 2%，比预期的 5 400 万欧元要少得多。

（张林初　编译）

第五大黑客组织在西班牙落网

少年不知愁滋味，犯罪还当是游戏。被西班牙警方视为"最危险网络黑客"的五个年轻人，在（2008年5月）17日落入警方手中。当"神兵天降"一般的警察出现在他们面前，已走火入魔的他们还真以为看到了网络游戏的现实版。

西班牙警方凭借充分证据认为，这五个年轻人所属的黑客组织是互联网上最为活跃的黑客团伙之一，曾攻击了全球超过2.1万个企业和政府网站。

令人吃惊的是，这五个黑客都是学生，他们经常未经批准入侵一些网站，更改网站内容，发布一些维权信息或网络抗议声明和无政府主义标语。其中两人16岁，其余三人都在19～20岁左右。西班牙警方称，该组织在现实世界大概默默无闻，但在互联网上却大名鼎鼎，被称为"D.O.M小组"，是世界上第五大黑客组织。

警方分别在巴塞罗那、布尔戈斯、马拉加和巴伦西亚四省开展抓捕行动，被捕的五名黑客彼此之间并没有见过面，只是通过互联网协调他们的行动，并与该团伙在其他国家的成员保持联系，这些成员主要分布在拉丁美洲地区。

根据一个专门统计网络被袭击案件的网站提供的数据，该组织在两年时间里对全球2.1万多个网站进行了攻击。调查人员表示，这些黑客自诩为研究信息安全的实验室。

其中一名黑客还在世界知名的信息安全论坛上发表了有关黑客技术的文章，甚至设计出一些可以利用网站安全系统中的漏洞进行攻击的恶意程序。

西班牙《世界报》（2008年5月）17日报道称，该黑客组织成员的智商高得惊人，在一天之内就入侵了800个网站，甚至还在（2008年）3月份潜入了美国国家航空和航天局的网站。

此外,该组织还入侵了委内瑞拉国家电话公司、电信运营商 Jazztel 等企业的网站。在 Jazztel 的网站上他们发布了一份针对美国现任总统布什的辱骂声明。

来自《世界报》的消息还指出,这五名黑客在被捕前曾与团伙中的其他成员进行过联系,这些年轻人并不认为自己是罪犯,而是电脑爱好者,他们声称自己入侵这些网站只是想向管理人员表明其网站的弱点。

西班牙警方是在今年(2008 年)3 月开始这件黑客案调查的。3 月 9 日西班牙大选投票开始后不久,西班牙"联合左翼"的官方网站就遭到入侵。黑客们放上了一张有关现任首相、目前的工人社会党候选人萨帕特罗及其对手人民党保守派候选人拉霍伊的漫画图片。这幅漫画曾使两个党派互相指责对方采用了"不正当手段",还让该网站的管理人员蒙受了不白之冤。

(李文清　编译)

出版人物

小默多克取代老默多克

据 2007 年 12 月上旬的英国媒体报道,具有全球影响的默多克新闻集团发生重大人事变动,英国天空电视台首席执行官詹姆斯·默多克将接管其父鲁珀特·默多克的新闻公司在欧洲和亚洲的广播、出版和网络业务,这是这家全球媒体公司管理层大调整的一部分。

现年 34 岁的詹姆斯·默多克是传媒大亨鲁珀特·默多克的小儿子,他将放弃英国天空电视台首席执行官一职,接替其父成为这家卫星电视台的非执行董事长。

与此同时,国际新闻公司执行董事长莱斯·欣顿将出任道—琼斯公司的首席执行官,而《华尔街日报》将由《泰晤士报》总编辑罗伯特·汤姆森负责管理。新闻公司以 50 亿美元收购道—琼斯公司的工作预计将在近日完成。

此外,詹姆斯·哈丁将被任命为《泰晤士报》新总编。英国天空电视台首席财务官杰里米·达罗克将接替詹姆斯·默多克,出任这家卫星电视台的首席执行官。

詹姆斯·默多克将承担起新的责任,不仅要监管国际新闻公司,还要监管包括意大利天空电视台和亚洲星空传媒集团在内的新闻公司资产。

相关链接

新闻集团 50 亿美元收购道—琼斯公司

据 2007 年 12 月中旬的澳大利亚媒体报道,《华尔街日报》宣布被默多克新闻

集团收购。美国道—琼斯公司投票批准默多克新闻集团对其 50 亿美元的收购计划,这使默多克获得《华尔街日报》的控制权。《华尔街日报》是世界上最有影响力的报纸之一。

道—琼斯公司拥有投票权的股东中有 60.27% 赞成这项收购协议,收购价格为每股 60 美元。

在完成这项交易后不久,默多克在福克斯新闻台的电视节目中说,免费的《华尔街日报》网站将在 2008 年使网站访问人数从现有的 100 万付费订阅用户增至 2 000 万全球访问者。他说,"广告收入会弥补并远远超过"《华尔街日报》网站订阅费的损失,"实现这个目标可能需要一年时间。但这个目标会实现的"。

为了宣传自己的胜利,新闻集团计划为市场营销活动投入 200 万美元,包括在其他报纸上投放广告。

2007 年十大最佳商业交易之首

2007 年 12 月的一期美国《时代》周刊,评出 2007 年十大最佳/最差商业交易。在十大最佳商业交易中,默多克收购道—琼斯公司排名第一。在长达三个月的收购中,道—琼斯的控股股东班克罗夫特家族对默多克的新闻价值观提出质疑,但对他提出的 67% 的股票收购溢价却没有异议。

在十大最佳商业交易中排名第三的,是 Google 以 31 亿美元的收购价格得到了美国双击公司,从而使微软收购美国双击公司的计划成为泡影。

(岳 月 编译)

美《娱乐》杂志评罗琳为年度娱乐人物

　　《哈利·波特》系列作品在给全世界的读者带来精神享受的同时，也给全世界的出版业、动漫业、娱乐业带来了巨大的经济效益。

　　据美国媒体报道，在美国十分畅销的周刊杂志《娱乐》提名作者 J. K. 罗琳为该刊年度娱乐人物，把取得惊人成就的《哈利·波特》系列作品的作者称为一个充满想象力的人。该杂志说："（她的）小说不仅永不过时，而且还设法与当今令人忧虑的世界对话。"

　　该杂志还写道："我们向世界上最著名的作家致敬。她给这个迄今最受欢迎和盈利最为丰厚的系列作品安排了一个充满感情而又不失典雅的结局。"该杂志说 J. K. 罗琳"不是一个平凡的个体，而是一个充满想像力的人"。

（郝新仁　编译）

"小J.K.罗琳"就是凯瑟琳·班纳?

据英国媒体报道,J.K.罗琳因为《哈利·波特》系列魔幻小说享誉全球。如今,正当她为是否继续创作《哈利·波特八》而犹豫不决的时候,一颗可能是"小J.K.罗琳"的新星已经在英国冉冉升起,她就是——凯瑟琳·班纳。

2008年以来,英国文学界显得十分兴奋,J.K.罗琳后继有人,此乃文学界之幸,出版界之幸,读者之幸。文学界的权威人士指出,这是一个需要关注的名字:凯瑟琳·班纳。她14岁时就在课间匆匆记下了关于第一部小说的灵感,现在,她刚刚出版了自己的第一本图书。

现年19岁的凯瑟琳·班纳即将到剑桥大学学习英语,她出版的这部奇幻小说的名字是《国王的眼睛》,美国兰多姆出版公司预测说,该书将成为畅销书。

作为三部曲的第一部,该书描绘了"魔幻世界中的年轻人和他们的冒险",现在凯瑟琳·班纳已经着手写第三部。有些评论文章夸奖凯瑟琳·班纳是J.K.罗琳的接班人。

凯瑟琳·班纳从小喜欢故事和写作,14岁开始用零散时间创作《国王的眼睛》。即使是课间休息时,如果灵感突现,凯瑟琳·班纳也会赶紧在笔记本上写上几句。

虽然是凯瑟琳·班纳的处女作,但已有电影公司对《国王的眼睛》表现出兴趣,现正与凯瑟琳·班纳洽谈授权拍摄事宜。

兰多姆出版公司编辑儿童图书的劳伦·巴克兰说:"她是个了不起的天才,绝对是值得关注的作家。她写了一本很棒的书,那种真切的冒险感受让读者读起来欲罢不能。她甚至可能赶上罗琳。"

目前,从《国王的眼睛》出版发行以来,英国各地的书店读者盈门,销售行情天天上涨。

相关链接

2.5 万英镑售出《哈利·波特》前传梗概

据美国媒体报道,J.K.罗琳的《哈利·波特》系列小说前传梗概手写稿今天(2008 年 6 月 10 日)在拍卖会上以 2.5 万英镑的价格售出。

一位未到拍卖现场的竞拍者在伦敦沃特斯通连锁书店旗舰店的慈善拍卖会上以每个字超过 30 英镑的价格拍下了这部 J.K.罗琳的"短篇小说"。

J.K.罗琳将哈利·波特前传梗概写在一张比明信片略大的 A5 纸的正反两面。哈利·波特前传的故事时间设定在哈利·波特出生三年前,主角是小天狼星布莱克和哈利·波特的爸爸詹姆斯·波特。他们招惹了一名警察,然后利用扫帚、鼓槌和魔法逃走了。

J.K.罗琳明确表示不会再写新的哈利·波特小说。她在前传结尾写道:"这是我不准备写的前传的概要,但是它会相当有趣!"

(韦锦官　编译)

快乐的法国独立出版商

这不是一个神话故事，而是一个法国独立出版商的真实故事，充满着神奇的色彩和曲折的经历。故事还得从 1978 年讲起。那年，于贝尔·尼森带着两万法郎在法国南方一个羊圈里成立了"南方行动"出版社（Actes Sud）。时间流逝，弹指 30 年。南方行动出版社从最初的一个小型手工作坊成为法国一家大型的独立出版社，拥有 6 000 多种书目，每年出版 350 种左右新书，所有图书统一版式。全社现有员工 130 多人，业务范围覆盖法国九个省，并与七个出版社合作。

实现祖母的愿望

1925 年于贝尔·尼森出生在比利时布鲁塞尔市，小时候受祖母影响很大。祖母引导他喜欢图书，培养阅读兴趣，讲解翻译作品。祖母希望于贝尔·尼森成年后离开比利时去法国开拓事业。按照祖母的教诲，于贝尔·尼森于 1968 年携妻来到法国南方阿尔勒市附近的一个小镇安家立业。经过奋斗，于贝尔·尼森逐步实现了祖母的三个愿望：在法国南方安家立业，从事写作和出版。创业初期于贝尔·尼森与一个伙伴合作在农舍的羊圈里成立了一个小型手工作坊。

为快乐而出书

1973 年，于贝尔·尼森的第一部小说《树的名称》（*Le Nom de l'arbre*）由法国老字号出版社格拉塞（Grasset）出版发行。1976 年他加入法国籍。1978 年于贝尔·尼森在自己的出版社出版了他的第一部作品《设想中的农村》(*La Campagne inventée*)。完成了上述作品后,于贝尔·尼森兴奋地说:"出版是一种快乐,如果我能撰写出版百余本著作,那我将特别幸福。"2008 年 4 月 11 日于贝尔·尼森已年满83 岁。在漫长的岁月里,于贝尔·尼森不仅负责南方行动出版社的工作,而且他"为快乐而出书",现共发表了 14 部作品。2008 年他的第 14 本作品是一部小说,名为《令人心碎》(*Les Déchirements*)。这是一部长篇小说,共 300 页,定价 20 欧元。第 14 本小说中描述的内容与第一本小说《树的名称》相互辉映,使读者激动不已。

建立自己的书目

出版社成立初期,于贝尔·尼森感到自己的无名小社远离巴黎,很难吸引知名作家。于是他决定首先建立自己的书目,重点出版外国文学图书。1980 年秋季,于贝尔·尼森如愿以偿,德国作家斯蒂格·达格曼(Stig Dagerman)将其作品委托他出版发行。在此之后,于贝尔·尼森有幸出版了一部法国的好作品《记忆中的岩石》(*Pierre pour mémoire*),作者是安娜—玛丽·鲁瓦(Anne-Marie Roy)。为了使出版社逐步扩展业务,于贝尔·尼森开始组建自己的团队,老朋友让一保罗·卡皮塔尼担任发展部经理;贝特朗·皮则任编辑部主编,女儿弗朗索瓦丝·尼森也随父亲开始从事出版工作。羊圈作为出版场所毕竟太狭小了,1983 年南方行动出版社搬迁到阿尔勒市,该市位于罗讷河畔。出版社一地多用,既是编辑部,又是书店,还将电影院、餐厅融为一体,极大地方便了读者各方面的需求。为拓展业务,出版社还买下了附近的一个老教堂,在那里组织读书会和音乐会。然而几个月之后,出版社仍感到场地紧张有碍发展。全社再次搬迁,搬到了一个老火车站。改建后的火车站,成了出版社的新址,同时在那里开了一个大书店。

文学奖激励人心

1985 年,南方行动出版社成功地出版发行了两本图书,一本是前苏联作家尼娜·贝蓓洛娃(Nina Berberova)的作品;另一本是美国作家保罗·奥斯特(Paul Auster)的作品。1986 年,南方行动出版社出版发行瑞典作家托尔尼·林德格林(Torgny Lindgren)的小说荣获法国外国妇女文学奖。如此好的业绩激励人心,全社力求更大的成绩。阿尔勒市也因为于贝尔·尼森擅长出版翻译图书而闻名四方。此时,许多法国作家纷纷表示希望在南方行动出版社出书,比如南希·休斯顿(Nancy Huston),安娜—玛丽·加拉(Anne-Marie Garat),彼埃蕾特·弗勒西厄

(Pierrette Fleutiaux)等。在南方行动出版社出过书的伊姆雷·凯尔泰斯（Imre Kertész），2002 年曾荣获诺贝尔文学奖。同样，在该社出过书的洛朗·戈德（Laurent Gaudé），以他的作品《斯科尔达的太阳》（*Le Soleil des Scorta*）曾荣获 2004 年法国龚古尔文学奖，这是法国于 1903 年设立的文学最高奖项。

一切在流动之中

一般情况下，家族出版社的创建和发展颇具传奇色彩，创始人在交班时会有难度。然而，由于贝尔·尼森创办的南方行动出版社不是这样。从 2000 年起，他逐步离开编辑工作，只负责一套丛书，每周只到办公室半天。于贝尔·尼森说："我不喜欢占有、骗取，我喜欢一切在流动之中。于是，我把我的股份给予我的孩子，我把我的文档、手稿、信函、记事本全部交存比利时列日大学。作为一个出版商，困难不可避免，但是我一直在写作，一直在阅读书稿。现在好了，我可以尽情写作和写日记，因为我从年轻时起就每天按自己预定的目标记事。"

坚持不懈忙出书

从发表第一部著作到 2008 年春天的第 14 部小说，于贝尔·尼森的作品涉及面宽泛：小说、散文和诗歌。在于贝尔·尼森的 14 部著作中，三部小说是这位年过八旬老出版商的激情之作。虽然年事已高，但他并不服老，还建立了自己的网站：hubertnyssen. com。于贝尔·尼森在日记中写道："衰老并不是缓慢的暮年，而是一系列的重新起跳……我以我个人的经验，人们可以开创一个新的更长时期。"83 岁的于贝尔·尼森，今天如同创业的第一天那样，坚持信念，继续阅读、写作、出书，幸福满怀。

（于平安　编译）

朝不保夕的伊拉克艺术家们

据英国媒体报道,伊拉克恐怖活动猖獗,文学、文艺领域不但不能幸免,而且还成为重灾区。

如今的伊拉克,艺术的"百花"逐渐凋谢,作家、歌手、演员、画家和出版家们正在纷纷逃离这个国家。因为在这之前,伊斯兰激进分子杀害了他们中间的许多人。这些伊斯兰激进分子决心清除一切与西方有关的文化。

巴士拉和巴格达的许多书店、画廊、剧院、电影院和音乐厅遭到袭击被摧毁。

伊拉克艺术家协会称,自美国入侵伊拉克以来,至少已经有 115 名歌手和 65 名演员遇害。此外还有 60 名画家和几十名作家。近几个月来,针对艺术家的恐怖活动愈演愈烈,因为什叶派极端分子越来越猖狂地对伊拉克公民实施宗教限制。

35 岁的巴格达画家海达尔·拉贝布说,他已经好几次收到死亡威胁,并且有人企图在他与家人参加完一场婚礼开车回家的途中杀死他。如今,他试图去约旦安曼,希望能在那里继续画画。他说:"极端分子认为我的作品过于现代,冒犯了伊斯兰信仰。对他们来说,每幅画都必须以伊斯兰文化为基础。但我是个现代艺术家,就如同那些现代感很强的小说家一样。"

海达尔·拉贝布说:"伊拉克艺术家的生活犹如在地狱中。我们被迫待在自己家里,不再创造。我不记得上次逛书店、看展览、听歌手在俱乐部演唱或是看演员在当地剧院演出是什么时候。"

据伊拉克文化部估计,大约 80% 的作家、歌手、演员和画家如今已经逃离伊拉克。

萨达姆政权鼓励文化发展,如今,情况不再是这样。伊斯兰军发言人阿布·努尔说:"演戏、剧场、电视和书籍都鼓励坏行为和不虔诚的态度。它们提倡的风俗影响了我们这个传统社会的道德。"

相关链接

恰似"绝命书"的萨达姆回忆录

据国外媒体报道,被处绞刑的萨达姆,生前无不充满文学细胞。如果读者阅读了他的作品,可以看到这位强权人物的"铁骨柔情"。

2008年5月上旬,萨达姆生前的律师哈利勒·杜莱米称,萨达姆的回忆录和未曾发表的诗歌可能将于今年年底面世。回忆录涵盖了他的童年和统治时期,直至生命的最后时刻。

杜莱米说:"我正在撰写有关萨达姆的回忆录,此书可能在2008年年底或者2009年年初发表。"

杜莱米曾经率20名律师在伊拉克法院审判萨达姆的过程中为其辩护。

他说,定稿将分三部分:第一部分是萨达姆自己写的回忆录,第二部分是根据他与萨达姆的谈话写成的,第三部分是萨达姆未曾发表的诗歌汇编。

杜莱米说:"此书的基本内容是他2006年在巴格达狱中撰写的回忆录,还有我们在2004～2005年间进行的谈话。"

他说,萨达姆入狱之初就想撰写回忆录,因为他很清楚自己最终很可能被处决。

杜莱米不排除美国方面修改了萨达姆原稿的可能,据他回忆,直到2006年看守还一直不允许萨达姆向外界发送消息。但2006年萨达姆被准许向杜莱米递交一部近400页的文稿,其中包括他亲手撰写的回忆录,"此前我只掌握与他面对面谈话的内容"。

(李文清　编译)

阅　读

普利策奖"最爱"《华盛顿邮报》

据美国媒体报道,第 92 届普利策奖获奖名单公布,《华盛顿邮报》社全体员工为之雀跃。

美国普利策奖委员会在纽约哥伦比亚大学公布了第 92 届普利策获奖名单。《华盛顿邮报》独揽六项普利策新闻奖,其中包括凭借揭露美国沃尔特·里德陆军医院对伤兵救治不力的报道获得"公共服务奖",以及因其对弗吉尼亚理工大学校园枪击案的报道获得"突发新闻报道奖"。

"公共服务奖"是普利策奖中最具分量的奖项。"公共服务奖"一般授予报社,奖品是一枚金质奖章,其他奖项则分别奖励一万美元。

《纽约时报》获得了"调查性报道奖"和"解释性报道奖"两项普利策奖。同时获得"调查性报道奖"的还有《芝加哥论坛报》,因为该报的报道揭露政府法规存在缺陷,导致汽车坐椅、玩具和婴儿床被召回。

本届普利策奖最大赢家是《华盛顿邮报》,其获得的另外四个奖项分别为:

——"国内新闻报道奖",表彰该报对副总统切尼影响的深入报道。

——"国际新闻报道奖",表彰该报对私营保安公司在伊拉克不按法律规定行事的系列报道。

——"新闻特写奖",表彰该报专栏作家吉恩·温加滕对世界级小提琴家乔舒亚·贝尔的报道,贝尔为了测试上班族的反应,曾在地铁站里演奏美妙的音乐。

——"新闻评论奖",表彰该报专栏作家史蒂文·珀尔斯坦围绕美国经济问题所撰写的专栏文章。

《投资者商情日报》的迈克尔·拉米雷斯获得"漫画创作奖"。

　　"突发新闻摄影奖"授予了路透社摄影记者阿德里斯·拉蒂夫，他拍摄到一名日本摄像师在缅甸街头拍摄抗议活动时中弹的瞬间。

　　本届普利策奖的"社评写作奖"空缺。尽管一些报纸的"社评"写得很精彩，但都没有入评委会专家们的"法眼"。

（李文清　编译）

美国家杂志奖"钟情"《国家地理杂志》

据美国媒体报道,美国最新一届"国家杂志奖"获奖名单公布,《国家地理杂志》最为风光。

《国家地理杂志》荣获三项国家杂志奖,其中包括杂志(期刊)行业的最高奖项综合优秀奖。《名利场》杂志也获得两项国家杂志奖。(2008 年)5 月 1 日公布的其他获奖杂志还包括:《GQ》、《背包族》、《琼斯》和《印刷》在各自的发行量类别中荣获综合优秀奖。为上述获奖杂志颁奖的是美国杂志编辑协会。美国杂志领域的常青树《纽约人》周刊,也捧回了发行量 100～200 万份类别的综合优秀奖。

《国家地理杂志》此次荣获发行量 200 万份以上类别的综合优秀奖。从过去至今,该杂志已捧得 18 项国家杂志奖。除综合优秀奖,《国家地理杂志》以一篇有关东方中国的文章赢得报道奖,评委们认为,这篇文章"是不可多得的力作"。此外,《国家地理杂志》还以一组描写非洲疟疾的照片摘得新闻摄影奖。这组照片刊登以后,影响遍及全世界。

（古隆中　编译）

美国青少年喜欢阅读《知更鸟》

据美国媒体报道，最新一项调查表明，与欧洲青少年的阅读兴趣相比，"哈利·波特"系列图书并不是美国青少年的最爱。比较出人意料的是，美国青少年更喜欢阅读《杀死一只知更鸟》。

众所周知，近些年来，"哈利·波特"系列图书在孩子们中间就像咖啡厅免费派送的冰激凌一样受欢迎，但美国 2008 年 5 月公布的一项调查结果表明，英国的 J. K. 罗琳女士所有的著作都无法撼动美国的瑟斯博士、E. B. 怀特、朱迪·布卢姆、S. E. 欣顿、哈珀·李等知名作家经典作品的地位。

美国一家名为"复兴学习网"的网站发起了这项有史以来最大规模的针对青少年阅读的调查。登陆这家网站的 300 万名青少年接受了针对他们 2007 年阅读图书的测试，并在他们提交的 7 850 万本书中统计出各年级青少年最爱读的书。以上五名美国著名作家以及其他一些作家的作品吸引了最多的小读者。"哈利·波特"系列图书中有几本书挤进前 20 名，但其他作者的作品也名列前茅，并有可能获得更多的关注。

"复兴学习网"的总部设在美国的威斯康辛州，网站的一名高级副总裁罗伊·特鲁比说："我觉得很欣慰，也感到比较意外，学生们仍在阅读我小时候看过的那些经典著作。"

总部设在纽约的儿童图书委员会市场总监米歇尔·贝尤克也同意这个观点。她说："这个排名中缺少的是杰出的纪实作品、科普著作、幽默故事，还有插图小说，孩子们无论在课内课外都很喜欢读这些书。"

"复兴学习网"的调查结果基于一款用于在线获取阅读进度的软件，这款软件是朱迪·保罗 22 年前为激励自己的孩子阅读发明的。

　　学生读完学校指定书目或自选图书后，在电脑上用这款软件测试他们是否看懂了。学生每读一本书，就能根据书的平均句子长度、平均单词长度、单词难度和总字数获得一定的积分，累计一定数量的积分就可以从学校获得奖励。

　　老师和图书编辑很高兴地看到哈珀·李创作于近半个世纪前的小说《杀死一只知更鸟》在 9～12 年级学生中排名第一，尽管有编辑认为这更多地要归功于"老师把这本书列为课内读物"。一名把这本书列入必读书目的英语教师说，他认为年纪稍长的学生会觉得这本书比"哈利·波特"系列图书更好看，因为他们逐渐意识到"生活不是童话"。

（孟斯咏　编译）

美国孩子学习汉语给出版商带来商机

美国的出版商惊喜地发现，学习汉语在美国已经不知道是第几次升温了，这无疑给他们带来了赚钱的机会。

据美国媒体报道，随着中国迅速繁荣，中国在世界上的地位日益重要，美国各地的学校再次出现了汉语热。

玛莎·里奥斯用手指为围在她身边的一年级学生描画一个汉字笔画。她作为不要报酬的义务教师，来到儿子所在的斯塔尔·金小学，教一年级学生学习汉语。孩子们正专注地在纸上练习写汉字。

妈妈走到儿子身边时，塞巴斯蒂安·里奥斯刚刚写完一个字，准备写第二个字，玛莎告诉他，"写错了"。

塞巴斯蒂安用橡皮擦掉重写，汉字的"心"有四个笔画，而不是三个笔画。"开心"就是"happy"的意思。

这种情景在美国学校越来越多见。从幼儿园开始，学生便开始学汉语，而不是西班牙语、法语或其他语言。这表明学生家长越来越认为中国正崛起为一个经济大国，家长应当让孩子们为此做好准备。

美国外语教学学会女发言人马蒂·阿博特说，现在学习汉语的美国中小学生人数是六年前的十倍。

马蒂·阿博特说，外语教学学会 2000 年对注册学习汉语课程的中小学生进行了调查，当时约有 5 000 名学生学习汉语。该学会现在又在为另一次调查搜集数据，初步调查显示，现在学汉语的人数大约有三万到五万人。

据了解，在全美，开设汉语课的中小学校有 550 多所，两年内增加了一倍。2007

年5月,大学委员会首次进行了汉语考试,结果有3 261名中学生参加了考试。

美国现代语言协会说,在大学,学汉语课程的学生人数自2002年以来增加了51%。旧金山中小学两年前才开始开设汉语课程。据斯塔尔·金小学校长克里斯·罗森堡说,从幼儿园到五年级都学习汉语课的学生将有120人,而且越来越多的学生家长想让孩子学汉语。

学生们一天中的绝大部分时间只接触汉语——读汉语、写汉字,用汉语教学,每天只讲一小时英语。升入六年级后,老师授课一半用英语一半用汉语,学生应当能具备熟练掌握英语和汉语的读、写、听、说能力。

美国国防部希望更多的美国人具备这种语言能力。它把汉语归类为一门"重要的外语",而且在2007～2008年间将为汉语课程拨款约1 000万美元。

美国汉语教师协会负责人辛西娅说,学汉语在美国越来越吃香。她认为,之所以出现汉语热,主要是因为中国经济日益繁荣,而且美中贸易日益增长。中国现在仅次于加拿大,是美国的第二大贸易伙伴。

美国外语教学学会女发言人马蒂·阿博特说,汉语热一开始在美国东部和西部沿海地区掀起,迅速向全国各地蔓延。她说:"你或许以为它主要出现在社会经济发展较快的地区,其实不然,它出现在各个地区。"

在芝加哥,汉语教室里坐着很多黑人孩子和拉美孩子。1999年开课的时候,学生不多,老师都是兼职的。现在,芝加哥有35所公立学校开汉语课,其中有22所是小学。另外,还有30所学校正在申请开设汉语课。

芝加哥公立学校汉语课程项目负责人罗伯特·戴维斯说,芝加哥很多非华裔家庭的家长都希望孩子学汉语,他们认为汉语是"世界语言"。芝加哥市长理查德·戴利一直非常支持汉语教学项目。

人们对外语的兴趣时冷时热。拉丁语、法语、德语、俄语、西班牙语甚至日语,都曾热门过。1981年,美国小学开始有了汉语课程。旧金山中美国际学校开汉语课时只有四名学生,现在从学前班到八年级,参加汉语课的学生有420人。校长安德鲁·科科伦说,近来人们对汉语的兴趣猛增。

美国汉语教师协会负责人辛西娅说,汉语课程的增加也产生了新的问题,那就是缺乏合格的教师,还有就是最新的教材。

政府大力支持,学校积极跟进,学生主动参与,孩子学习汉语带起大人学习汉语的兴趣,"汉语热"将在美国长期持续下去。美国出版商协会预测,出版适合美国人的汉语教科书和汉语教学辅导书,市场前景值得期待。

(李文清　编译)

修建私人图书馆
小布什"狮子大开口"

　　据英国媒体报道，美国总统在任或离任修建图书馆似乎已成为传统，今天的小布什总统也不例外。总统任期到 2009 年 1 月结束的小布什，开始酝酿修建私人图书馆。不过，修建的资金还是个大问题。高级幕僚们出主意，用小布什们的"脸面""招商引资"。一位与白宫关系密切的说客在一些半公开的场合说，只要捐献六位数的款项，就能帮助捐献者与小布什政府重要人物会面。

　　据称近年来为小布什的共和党筹得 100 多万美元的斯蒂芬·佩恩说，只要捐献 25 万美元用于修建小布什位于得克萨斯州的私人图书馆，就会帮助捐献者与总统布什、副总统切尼、国务卿赖斯等高级官员会面。

　　斯蒂芬·佩恩曾陪同小布什和切尼出访海外，他还说，他将设法安排捐款者与总统本人会面。这一消息证实了人们长期以来的猜测：向总统图书馆捐款的人会获得好处。

　　美国法律规定，与竞选捐款不同，图书馆可以接受外国人捐款，无需公布捐款人身份，也无金额上限。

　　这家英国媒体的一名记者对此进行了秘密调查，假装要求替一位流亡的中亚前总统安排会面，佩恩开出了价格。

　　现任国土安全部顾问的佩恩说："我会提出确切预算，但估计在 60 万到 75 万美元之间，约有 1/3 直接捐给（小）布什图书馆。"

　　他说，这笔钱可以以这位亚洲政客"家人"的名义捐赠。他还说，若钱直接汇到他公司的账户上，他可以代为转入筹建图书馆的账户，并以这位政客的名义申报，

"除非他不希望身份曝光。"

佩恩说，这些钱中的一部分会留给他自己的游说公关公司"世界战略伙伴"公司。当这家英国媒体的记者问捐这么多钱可以见到什么人时，佩恩说："切尼有可能，国家安全顾问斯蒂份·哈德利绝对没问题，见赖斯博士绝对……嗯……我认为见赖斯或者副国务卿内格罗蓬特都有可能。"佩恩在说这些话的时候，使人感觉美国政府的顶尖人物不过是他手中的几张牌，想什么时候出就什么时候出，想出哪张就出哪张。

（郝斯咏　编译）

《出乎意料》预测
七大"战略意外事件"

　　未来充满变数,未来充满神秘,未来不可知,未来将产生太多的意外,所以,未来需要预测。

　　据美国媒体报道,差不多与托夫勒齐名的美国思想家弗朗西斯·福山,主编了一部新书《出乎意料》,书中收录了各学科未来学家和政策分析家的作品。福山在序言中指出:"预测并处理我们曾经认为的低概率事件,显然已成了全球公共和私人部门的决策者所面临的重大挑战。"

　　处理意外事件的最常用手段是制定预案——想象可能发生的情况,分析它们的影响,并制定消除消极影响和促进积极影响的策略。

　　该书指出,专注于那些真正算得上"战略意外事件"的未知事件,这是一项重大挑战。"战略意外事件"指的是直接影响作为决策对象的组织或实体的事件。比如,未来学家施瓦茨和兰德尔写道:"1991 年苏联的突然解体是 20 世纪最重大的战略意外事件之一。它符合战略意外事件的定义,因为它对全球的政治和经济产生了重大影响,对苏联万世长存的普遍看法发起了挑战。"

　　施瓦茨和兰德尔称,觉察到促使战略意外事件发生的变革力量是任何人都能办到的——只要他们加以重视并采用条理分明的办法。他们认为必须富于想象力和计划性:"搜寻那些发生概率似乎很低,但一旦发生就有重大影响的事件,这一点很重要。"

　　他们建议各个领导人,不要将各类情报分门别类,而是应该创建一个数据库,以便"收集各类信息并将它们联系起来",并对社会、科技、经济和政治力量进行趋势分析。

运用这些技巧,施瓦茨和兰德尔提出了领导人需要加以考虑的、可能发生的若干战略意外事件:

——印度尼西亚的分裂:地震、禽流感暴发和其他自然灾害,将使世俗社会与伊斯兰原教旨主义派别之间日趋紧张的关系更为复杂。

——量子计算的兴起:突破穆尔定律(单块硅芯片上所集成的晶体管数目大约每 18 个月增加一倍,最初由英特尔公司创始人之一戈登·穆尔提出。——编者注)中提出的限制,将使我们得以解决全新的科学问题,创造全新的发明。

——北约组织的解体:施瓦茨和兰德尔写道,随着美国和欧洲的利益分歧日益扩大,北约"几乎肯定将在十年内消失"。

——欧洲—俄罗斯大联盟:经济困难将导致俄罗斯向欧洲邻国寻求帮助,而欧洲则急于获得俄罗斯丰富的自然资源。

——欧元和欧盟的崩溃:欧盟在政治和经济方面的凝聚力已经开始涣散。例如,意大利"急不可待地想要脱离欧元体系并重新对自己的货币估值"。

——埃及走向原教旨主义:长期的独裁统治、腐败的上层、飞速增长的人口和谋求掌权的暴力派别,使今天的埃及与 1978 年的伊朗非常相似。

——世界转向中国式社会主义,美国霸权地位结束:人们将许多不平等现象归咎于美国式的资本主义,全世界对这些不平等现象的不满,可能会将人们的注意力更多地转向像中国这样的社会主义模式,从而结束美国的霸权地位。

施瓦茨和兰德尔总结说:"这些设想中的每一种情况,都开始显示出一个战略意外事件的所有特点。如果全世界的企业和政府领导人认真思考上述情况将如何成为现实,并从今天开始就采取行动创造回旋余地,以迎接这些改变游戏规则的事件可能会带来的截然不同的世界,那么他们的境遇将大大改善。"

（雪　莲　编译）

《布什的悲剧》与《里根的门徒》

美国人说,乔治·W.布什总统(即小布什)总是向前走,从来不向左看,也不向右看,更不会向后看。我是牛仔我怕谁? 我是总统我怕谁?"吾当一日而三省"与小布什天生无缘。

虽然小布什没有玩"深沉"的习惯,但很多专家学者乐意为他代劳。

《布什的悲剧》一书作者雅各布·韦斯伯格这样说道:"总统无法控制他对父母的情感,导致他做出的决定不但给他自己,也给美国和世界带来了可怕的后果。简而言之,(小)布什的悲剧就是难以控制的父子关系统治我们大家的结果。"

坎农父子(《里根的门徒:布什寻求总统遗产的艰难历程》一书的作者)是这样说的:"乔治·H.W.布什(老布什)的儿子乔治·W.布什不是把自己的父亲,而是把罗纳德·里根当作或试图当作自己的总统标杆。"

小布什自己的话也证实了坎农父子的说法。他在 2005 年说过:"我想,假如我不得不找一位顾问,一位经常提醒我自由与民权力量的公众人物,那会是罗纳德·里根。"

更广为人知的是,小布什在 2001 年谈到自己的首次欧洲之行时说:"毫不自夸地说,我觉得里根会为我的所作所为感到骄傲。我作为一个伟大国家的谦逊领袖前往欧洲,坚持自己的立场。我听取他们的意见,但也表明我的观点。"

韦斯伯格认为,父子情结是小布什总统工作失败的根源。而本身也是父子关系的坎农父子认为,父子情结是衡量小布什失败的最佳尺度。但两本书都认为,如果我们想要了解小布什,就必须了解他与生命中的父亲式人物之间的关系。

坎农父子希望我们了解,里根要比人们想象的谨慎得多,意识形态色彩也远没有那么浓厚。里根总是谨小慎微，以中间人的身份与反对派达成协议。

坎农父子认为，事实证明小布什比里根更有雄心壮志。在开始第二届任期时，小布什详细阐述了一套构想，与当年肯尼迪的构想一样面面俱到，一样可能产生重要影响。

但与此同时，小布什却没有里根那么灵活。坎农父子引述了彼得·德鲁克对里根的评价："众所周知，他的长处不在于领袖魅力，而在于他知道并接受自己能够做什么，不能够做什么。"坎农父子还加上了他们自己的看法："乔治·W.布什对于改革型领导人的草率定论是大刀阔斧，不顾一切，勇往直前。但其中缺少一个要素：要取得实际效果，美国的行政长官必须让美国人民相信，总统对未来的理想不但是崇高的，而且是可以实现的。"

结果，对那些认为里根伟大而小布什不怎么样的人来说，这让他们感到尤为高兴。他们直言不讳地阐述了自己的结论：(小)布什之于里根，就好像米老鼠之于它所从师的魔法师。

韦斯伯格的书也许不够客观，但绝不乏味，而且经常提出尖锐的观点。他有些评价虽然苛刻，但还是符合事实："(小)布什认为，重新考虑决定或公开改变做法都是领导人软弱的表现。这种固执心理源于他之前取得的成功，而这种成功又是因为他拒绝接受父母对其能力的质疑和听取他们的意见。从性格层面上来说，布什总统几乎无法接受批评或吸取教训。不管是来自批评者还是盟友的异议，听上去都像是母亲的唠叨和父亲的叹息。异议令小布什更加确信自己一定是对的，更坚定了他拒不屈服的决心。其中存在的问题是显而易见的：如果所有批评意见都被当作牢骚，而接受批评就等同于软弱，那又怎么可能认识到自己的错误？"

虽然怀有敌意，但《布什的悲剧》读起来却自有一种低俗刊物的吸引力。韦斯伯格讲述了小布什偶尔在下属面前专横跋扈的故事，但小布什绝不是唯一有这种缺点的美国总统。

韦斯伯格在书的结尾承认，历史对小布什的评价也许没有他那么武断，但他认为"布什不能用历史评价的不可知性来掩盖自己的错误"。到目前为止，他的这种观点都是正确的，但有朝一日我们终将知道历史对小布什的评价。

（韦锦官　编译）

有了《对手》,
《下一个美国的世纪》将如何?

据英国媒体报道,亚洲正在成为西方世界的强大对手,大约已是不争的事实。欧洲将怎么办? 特别是美国将怎么办? 且看《下一个美国的世纪:美国怎样才能在其他大国崛起的同时保持繁荣》和《对手:中国、印度与日本之间的权力角斗将如何改变我们的未来十年》这两本新书提出的对策。

亚洲不输欧美

不可否认,有关亚洲是否会再次主导全球经济——就像在英国 18 世纪爆发工业革命和美国崛起之前的 2000 年里那样——的争论已经平息了。21 世纪将成为亚洲在经济上重返鹤立鸡群地位的时代。

亚洲的崛起早在几十年前就开始了,先是日本,然后是中国,现在是印度。二战后,西方投资与培训播下种子,接着由蓬勃发展的国际贸易提供营养。亚洲的发展始于东北亚,然后向西向南延伸,遍及半数的世界人口,现在已经开始依靠自身的成就朝前迈进了。

成果是令人惊叹的,尤其在中国。中国巨大的经济规模基本上每七年就会翻一番。那里每年新建的发电站足以满足全英国的电力需求。那里为满足国内工厂和 13 亿人民的需求而消耗了大量石油、木材、铁、铜和食品,结果导致商品价格上涨至空前水平,国际援助机构因此艰于救助世界上的贫民。中国已经把航天员送上太空,并证明自身能够用一枚弹道导弹击落一颗轨道卫星。太平洋对岸洛杉矶的污浊空气中多达四分之一的颗粒物都和远东有关。

亚洲正变得越来越富有，越来越强大，但它因而会构成越来越大的威胁吗？早先一批非虚构类图书连珠炮似地分析了亚洲经济复兴带来的商机。最近这股书潮的作者们则带着或多或少的担心问道，亚洲的崛起对世界其他地方将意味着什么。将会促进还是危及全球安全？亚洲可能把经济实力转变成军事实力吗？中国是否会取代前苏联，在一场新的冷战中担当西方的对手？

战略合作优于对抗

在克林顿执政时期，尼娜·哈奇吉安和莫娜·萨特芬曾在美国国家安全委员会一间从扫帚间改造来的办公室里工作过很长时间。两人以一种赤裸裸的美国式（和克林顿民主党式）观点探讨了亚洲崛起所带来的挑战。《下一个美国的世纪：美国怎样才能在其他大国崛起的同时保持繁荣》向美国读者群介绍了"轴心大国"——中国、欧洲、印度、日本和俄罗斯——的崛起，并且深情地论述说，美国应当采取"战略合作"政策，而不应与这些新的大国搞对抗。非美国人也许觉得这是个显而易见的道理，但尼娜·哈奇吉安和莫娜·萨特芬曾胆战心惊地目睹了布什总统混乱的外交政策。她们想避免在下届政府上台后出现贸易保护主义与排华活动回潮的情况。

中国、日本和印度都令人畏惧

曾在英国《经济学家》周刊担任编辑的比尔·埃莫特比其他作者显得高明一些。诚然，他写道："亚洲是个危险的地方。"然而，威胁并不在于亚洲会对抗西方，而是三个亚洲大国——日本、中国和印度——会彼此对抗。他并没有给出大量新事实，但《对手：中国、印度与日本之间的权力角斗将如何改变我们的未来十年》的精彩之处在于，本书对经济和历史分析得很透彻，论点很有力。

比尔·埃莫特认为，亚洲经济的持续发展与融合将成为"21世纪唯一最大规模、最具成效的经济发展事件"。但他指出，世界经济之所以在过去几年里增长强劲，主要是因为政治动荡的集中区域（比如中东）远离大国所在区域，远离增长、贸易和投资强劲的主要地区。如果中国、印度和日本相互争夺影响力，上述状况就可能发生变化。印度一位高官对他说："你必须清楚一点：我们两国（印度和中国）都认为未来是属于自己的。我们两国不可能都好。"（正如比尔·埃莫特所述的那样）这种观点不一定是对的，但这确实暗示了竞争的来临。

尼娜·哈奇吉安和莫娜·萨特芬同样暗示了亚洲内讧的危险，认为内讧可能被外部力量所利用；书中引述一位亚洲问题专家的话说，印度担心出现"美国为与中国作战而用尽最后一个印度人"的情形。比尔·埃莫特并没有从一个明显偏西方或偏亚洲的角度来切入这一问题，基本中立的立场为他赢得了数个优势。他深入研究了发展中的美印关系，回顾了美中两国 20 世纪 70 年代的关系缓和史，把布什总统认清印度的重要性称作是布什的"理查德·尼克松时刻"。他高度评价了常常被低估的日本（依然是世界第二大经济体）的重要性，质疑将东亚的成功归功于"亚洲价值"的想法；毕竟这一成功目前正对非儒家文化区产生深刻影响。

谨记"我中有你，你中有我"

关于亚洲崛起的书籍中充斥着谨慎乐观的思想。赞同这一思想的理由之一是，"全球化"现在成了日常的现实，不仅仅是一句口号。

全球化适用于文化和政治领域，但其根源是经济。虽然美国国内强烈声讨从中国进口的危险玩具，但经济上的相互依存却是不容回避的事实。喜欢也好，不喜欢也好，中国已经控制了制造商供应链上的许多环节。当美国人 2007 年得知美国境内因安全缺陷被召回的大部分玩具都产自中国时，美国内照常响起了针对中国安全标准的抗议之声，但如果考虑到 60％的世界玩具和近九成的美国进口玩具都是中国制造的，那么美国 2007 年的事情就显得不那么突出了；事实上，中国玩具通常比其他出口国的产品更为安全，而且事实证明许多产品缺陷是美国设计者的责任。

甚至连恐怖主义和疾病传播——尼娜·哈奇吉安和莫娜·萨特芬称之为"全球化结出的烂果子"——也迫使各大国承认相互间的共同利益，并开展合作。对于大国崛起后挑战美国的状况，两位作者给出的解决方法是让美国不要搞对抗，而是提高自身力量，因为"那是我们的新世界，我中有你，你中有我"。

（郝新仁　方象磬　编译）

拉美的智利正在普及汉语普通话

据路透社报道,拉美地区也在悄悄兴起汉语热。比如,在今天的智利,走在大街小巷,偶尔可以听到男孩女孩互致问候,所操语言是时髦的汉语普通话:"你好!"

在中国与智利 2006 年签署的自由贸易协定里,汉语普通话课程被囊括其中。对智利而言,这一协议是拉美通往亚太地区的门户。Luna 是小琼的西班牙语名字,这位地道的北京女孩用歌曲、舞蹈和中国青年的爱情故事来帮助学生学习汉语。

这个学校位于贝尔加拉地区,是一所公立学校,四周的悬崖上散布着简陋的房子,边缘是富裕的太平洋景区。

近十年来,中国在拉美的经济中立足,而美国则将重心放在其他国家。中国在这里建立了国家间的文化和商业联系,这些国家提供的商品正支持中国的成长。和在非洲一样,中国也在拉美部署以便获取修建道路、铁轨、甚至城市所需的各种原料。中国在拉美的主要贸易伙伴是巴西、阿根廷和智利。"当美国在这里的外交势力减弱时,中国迅速地拓展它的外交。"约翰斯·霍普金斯大学拉美研究中心的主任赖尔登·罗特说。

中国大力发展与智利的友好关系一点也不奇怪。智利有着世界上最高的铜矿储量,而铜被广泛运用于电线、水管、加热、空调和屋顶建材。"双方当然在为长期关系打基础。"智利政府负责督察中国贸易的阿尔贝托·卡纳斯说。

智利是拉美地区第一个支持中国进入 WTO 的国家,也是第一个与中国有自由贸易协定的拉美国家。2007 年,中国对智利的贸易量已比肩、甚至超过美国——贸易额达 150 亿美元,而 2006 年仅为 85 亿美元。美国智利在 2007 年的贸易额为 145 亿美元。

"能去中国是我的梦想，因为那里的一切东西是我想学的。"14 岁的克里斯蒂安说，他是北京女孩小琼的学生之一。"我想去中国，学习它的文化和语言，和那里的人交换想法并把知识带回来。"

智利汉语普通话课程的规模仍然很小，仅有三所公立学校 60 名学生。但是，智利政府的教育部官员表示，他们希望这一项目迅速扩大，并在 2008 年 3 月加入另外三所学校，然后继续扩大。"我们有政策有资金，出版商和我们配合得很默契。"目前，至少 20 所智利大学已经提供了汉语普通语课程，很多私立学校也开了汉语普通语课程。2008 年，巴拿马也将在公立学校采取类似的汉语普通语课程，因为中国使用巴拿马运河的时候越来越多了。盛产石油的委内瑞拉和中国计划在 2008 年签署正式的语言交流项目。"世界正在对中国开放，而我们不得不接受并加入他们。"委内瑞拉一所学校的校长马加利说。

拉丁美洲正在走近汉语，走近中国。

（郝新仁　编译）

"运河之国"巴拿马酝酿推广汉语

纵观古今中外,运河不仅有军事之利,而且更有商业之利。

2007 年下半年,以巴拿马运河闻名世界的巴拿马,其国会通过一项有关在巴拿马公立中学教授汉语的草案,这个"运河名气大"、"国家影响小"的中美洲小国,因此一方面引起各国媒体的聚焦,另一方面也引来国内外出版商的关注。

基本共识:汉语将成为世界通用语

从现在往前追溯,在 2005 年的时候,巴拿马议员阿图罗·阿劳斯就提出了将学习汉语列为巴拿马公立和私立中小学的必修课。此后,该草案又被多次修改。根据阿劳斯最初提出草案时的解释,随着中国经济的快速发展,中国在全球经济地位的日趋突出,汉语影响力也在逐步增强。他特别强调,汉语成为世界通用语将是一个不可阻挡的大趋势。

2006 年,阿劳斯议员向国会递交"将学习汉语列为巴拿马公立和私立中小学必修课"草案一读的申请。2007 年 12 月 5 日,国会下属的教育、文化和体育委员会就草案的一些内容进行了修改,最终国会一读通过了修改后的草案。

修改后获得一读通过的草案与最初草案的最根本区别在于,只将汉语学习列入了巴拿马公立中学的课程,小学及私立学校不包括在内,另外该课程也并非必修课。

根据教育、文化和体育委员会的解释,因为私立学校都有自己单独的教学计划,所以不适合强制要求调整课程。不把汉语列为必修课程,尽管委员会没有做什么解释,但从一些报章的评论文章可以看出某些端倪。

巴拿马部分媒体批评这项草案,认为巴拿马学生现在连母语——西班牙语都讲得不好,学习英语也十分困难,再让他们学习被公认为世界上最难掌握的语言——汉语,简直如同天方夜谭。因此,委员会考虑如果把汉语学习列入必修课,有可能导致众多学生难以完成该课程。修改后的草案同时提出要根据巴拿马教育部的财力和物力逐步发展汉语教育,目前更多的是进行相关的尝试工作。

大陆中文:最完美最动听的汉语

前途是光明的,但道路往往是曲折的。尽管巴拿马国会一读通过了有关汉语学习的草案,但该草案能否最终成为法案并得到落实尚存疑问。

首先,提出这个汉语学习草案的阿劳斯议员是反对党议员,虽然草案现在通过了国会一读,但想在由执政党控制的国会中通过二读和三读还需要阿劳斯与执政党议员进行沟通,如果沟通不利,随时存在草案被否决的可能。

其次,草案即使成为法案,但在落实过程中还存在很多困难,其中最大的问题就是采用哪种汉字体系。

汉语是联合国官方语言,中华人民共和国是中国在联合国的惟一合法代表,因此简体中文的使用在全球范围内占有相当大的优势,中国大陆采用的拼音体系也被绝大多数的中文学习者接受。

然而,巴拿马与中国台湾有着比较密切的联系,巴拿马比较著名的教授中文的学校,如巴拿马中巴文化中心等,均使用台湾地区的拼音体系和繁体中文作为授课教材。

那些对汉语发音有一些了解的巴拿马人,也许可以说出广东话和普通话之间的差别。那些学过一些中文书写的外国人,也许还能说出中文有简体字和繁体字之分。只有那些通过最基础的拼音开始学习汉字,并且是学过中国大陆和中国台湾两种拼音的人,才可能指出两种拼音体系的截然不同,但是如果想让对中文一无所知的巴拿马人,说出上述区别简直比登天还难。如果草案不明确指出在教学过程中采用哪种体系,将直接影响巴拿马学生学习汉语。

因此,如果这项关于汉语学习的草案最终在国会获得通过,在教学中采用何种汉字体系将成为汉语推广在巴拿马能否取得成功的关键。

另外,尽管在草案中已经包含有关引进外国的中文教师和培养本地中文教师的内容,但师资问题仍将在一定时间内成为制约汉语在巴拿马快速发展的瓶颈。目前在巴拿马的中文教师数量极少,其中的绝大部分还是教授台湾拼音和繁体中文。当汉语学习被列入公立中学的课程后,巴拿马需要培养大量的本地中文教师,否则光靠引进少数国外的中文教师将无法解决师资匮乏的问题,但本地中文教师的培养同样需要一定的时间。

中巴贸易:推广汉语前景看好

巴拿马越来越离不开中国这个贸易大伙伴,因此,尽管从现在来看在巴拿马推广汉语学习存在不少困难,但从长期来看,在巴拿马推广汉语有着广阔的前景。

巴拿马现有华人总数超过 15 万人,如果再算上有华人血统的总人数达到 30 万,占巴拿马人口总数的 10%,华人在巴拿马社会中的巨大影响力将有助于汉语学习的推广。

另外,阿劳斯议员在解释提交草案的动机时特别强调指出,中国目前是巴拿马运河的主要用户,中国通过巴拿马自由贸易区进行的贸易额每年达数亿美元。所以巴拿马与中国之间平稳发展的经贸关系也将从一定程度上促进巴拿马人学习汉语。

而巴拿马国会的教育、文化和体育委员会把草案中的汉语学习改定为公立中学课程无疑大大降低了草案执行难度,为汉语推广在巴拿马取得成功创造了更大的可能性。

某个议员提出推广汉语的议案,这在巴拿马历史上还是第一次。所以,不管有多少困难,有多大阻力,依然存在"挡不住的诱惑",一些精明的巴拿马出版商已开始做准备,首先把"核心目标读者"锁定在 30 万华人(华人后裔)身上。

（古隆中　编译）

汉文化倾倒哥斯达黎加

方块字、太极拳、大熊猫、万里长城、五个福娃……在哥斯达黎加国际艺术节风光无限，这个中美洲的岛国，尽情地享受着汉文化的博大精深。

2008 年 4 月中旬，哥斯达黎加拉开了国际艺术节的序幕。"我对中国的书法和京剧都很感兴趣，但是以前只是在书籍和电影里见到，这次我终于亲眼看到了中国文化。"哥斯达黎加文化部长玛利亚·卡巴约女士在国际艺术节中国馆开幕仪式上情不自禁地说道。

哥斯达黎加国际艺术节是中美洲最为重要的传统文化盛事之一，自 1989 年开始举办，每两年举行一次。本届国际艺术节首次设立特邀嘉宾国，邀请中国组团前来参加文化节活动。

不懂汉语懂京剧

2008 年 4 月 12～20 日，由天津市青年京剧团、中国煤矿文工团和北京民间文艺家协会等艺术团体组成的中国代表团，为哥斯达黎加人奉献了一席中国文化盛宴。

幕布缓缓拉上，坐在前排的玛尔塔女士激动地站起来，使劲鼓掌。"真是精彩！"她兴奋地说道。虽然听不懂演员们的说唱念白，但是京剧艺术特有的魅力，已经足以让玛尔塔入戏。

当孙玉姣展示着怀春少女的娇羞时，玛尔塔的脸上露出会心的笑容；当娇弱的虞姬将宝剑横在颈间，威武的霸王在一旁两手无措时，玛尔塔的眼神里也浮现出一丝哀伤。玛尔塔说："这是我第一次观看京剧演出。以前我以为,对一个外国人来说,观看京剧不过是凑热闹而已。但是没想到自己能这么入戏,我能够看懂每一个细节。可以说,我完完全全地被中国京剧的魅力征服了。"

京剧刚唱罢,杂技民乐又登场。一位名叫露丝的圣何塞观众表示,演员们精湛的技艺以及中国乐器特有的风韵,给她留下了非常深刻的印象。演出期间她还有幸得到了魔术师掷出的一枚中国结,她表示将永远珍藏。

风筝飘过太平洋

在整个艺术节期间,设在首都圣何塞萨瓦纳大都市公园中的中国馆吸引了数万名观众,其中不乏从外地甚至国外赶来观看的人。

中国与哥斯达黎加虽然相距遥远,但是早在100多年即有华人抵达哥斯达黎加谋生。如今在哥斯达黎加大约450万国民中,华裔占了1%,当地人对中国文化有一定了解。不过,由于两国一直到2007年才正式建交,所以对许多当地人来说,2008年的国际艺术节使他们首次有机会与中国文化近距离接触。

56岁的吉娜特意从远在哥斯达黎加东北部地区的家中赶来。在葫芦雕刻艺术家王晓琦的工作台前,吉娜停下了脚步:"我平常也画上几笔或者做点雕刻,但是在葫芦上进行艺术创作却是第一次看到。"

来自圣何塞技术学校的师生们则围在面塑大师张宝琳的工作台前,仔细盯着他将一根面棍变成一个栩栩如生的熊猫形象。带队的艺术老师乔吉尼亚说,她从报纸上看到有中国手工艺人来到圣何塞的报道,于是组织学生前来现场观摩中国大师的创作,希望来自异国的艺术形式能够启迪自己的学生。

穿着一身太极服的美林则是特意从尼加拉瓜赶来的。四五年前美林跟随身为外交官的丈夫在北京生活了两年,不仅学了一些汉语,而且还学会了太极拳,对中国文化了如指掌。在北京哈氏风筝第四代传人哈亦琦的工作台前,面对身边好奇的同胞,她客串起了讲解员,为他们介绍中国人与风筝的渊源。

印浓从北京带来的几方印章,早被热情的观众买走了,好在他还能写得一手好毛笔字,于是他的工作台前来求字的哥斯达黎加人络绎不绝。

50岁左右的保拉女士不仅替自己,也替另外三位亲戚朋友求了一幅写着中文译名的字。她告诉现场的中国人:"我喜欢汉字,它们给人一种很有力量的感觉,会带给我好运气的!"

学习汉语热情高

在中国馆，里卡多一家人显得特别兴奋。现年 23 岁的里卡多在哥斯达黎加大学的哲学系就读，不过他的梦想并不是一辈子研究学问，而是找个机会到中国工作。他说："做什么都可以"。

遥远的中国目前已经成为哥斯达黎加第二大贸易伙伴，在许多哥斯达黎加年轻人眼里，中国代表着个人事业发展的"机会"。在哥斯达黎加的大学里，学习汉语成为众多青年学子追赶的时髦。

里卡多说，2007 年哥斯达黎加大学开了一期汉语培训班，结果包括他在内的许多学生争相前去报名听课，学了一些基本词汇，只是可惜半年后培训班就结束了。里卡多的妻子卡米拉在哥斯达黎加银行工作，两个人已经有了一个两岁多的可爱儿子。

听说最近银行有可能会派卡米拉前往中国工作，有中国人就问里卡多："你有儿子，而且还在读书，你舍得卡米拉去中国吗？""那当然了，我肯定支持她去，因为机会在中国！"里卡多毫不犹豫地回答。

哥斯达黎加天声中文学校的冯校长说，自从 2007 年哥斯达黎加与中国建交之后，哥斯达黎加民众学习汉语的热情高涨，许多企业都为自己的员工开设了汉语培训班。她现在发愁的事情是学校的师资力量太薄弱，汉语教材的种类太少，不足以满足哥斯达黎加民众的需求。在哥斯达黎加居住多年的华侨华人走在了前头。他们中的一些人已经把自己在哥斯达黎加出生的子女送回祖国去读书，其中不少甚至已经留在大陆工作。

圣何塞市市长乔尼·阿拉亚·蒙赫已经多次表示，圣何塞市拥有数万名来自中国的移民，这是一股发展双边往来的重要力量。圣何塞市正在规划设计建造一座"中国城"，希望能够借此创造出更多的中国机遇。

（方象磐　郝新仁　编译）

布克奖属于《午夜之子》
拉什迪隐身不敢领取

据英国媒体报道，当年英国首相撒切尔夫人下令特别保护的、长年东躲西藏、惶惶不可终日的拉什迪，读者偏就对他难以忘怀。2008 年，被誉为"奖中之奖"的布克奖，由阿尔曼·拉什迪创作的《午夜之子》荣获。

阿尔曼·拉什迪的《午夜之子》在文学界享有盛名已有 30 年了，2008 年 7 月 10 日，公众也表达了他们对该作品的赞赏之情，评选它为布克奖有史以来最佳作品。

这部小说从一份列有历届获奖作品的名单中脱颖而出，并已入选包括六部作品在内的书迷最喜欢的作品名单，这些作品被提名用来庆祝布克奖设立 40 周年。

这是《午夜之子》这部小说自 1981 年获得布克奖后获得的第三个布克奖，它还曾被评为布克奖 25 年来最重要小说。

阿尔曼·拉什迪这个有关印度独立的后殖民时代的故事赢得了 36% 的选票，且至少半数的投票者年龄在 35 岁以下，7 801 张选票中超过四分之一来自美国。61 岁的阿尔曼·拉什迪出生于孟买，但是在英国接受教育。2008 年，他在芝加哥推出了新作。为此次颁奖他寄出了一份录像带，表达了他对支持者的感谢。由于众所周知的原因，他仍然不敢走上布克奖的领奖台。他的儿子，扎法尔和米兰将代替他领奖。

电视节目主持人，同时也是布克奖评审的马里利亚·福罗斯德普说，不论是作品的文学技巧还是故事本身，这部"非常伟大的作品"都具有一种"不容忽视"的品质。

阿尔曼·拉什迪最广为人知的作品是 1988 年那部饱受争议的作品《撒旦诗篇》。这部作品被穆斯林视为对其宗教的亵渎,使得伊朗的宗教领袖霍梅尼对其下达了追杀令,其结果就是,在 20 世纪 90 年代的大部分时间里,阿尔曼·拉什迪不得不四处躲藏。

有专家表示,布克奖使阿尔曼·拉什迪再次名满全球,接下来的诺贝尔奖会不会又向他招手呢?

(李文清　编译)

法国：阅读习惯从小培养

"信息社会中的法国年轻人喜欢阅读报纸或纸介质读物吗？他们阅读情况如何？"为此，法国于 2008 年 3 月 17 日举办了为期一周的"媒体走进学校"的活动。法国一些出版商、记者和博客参加了活动。近年来，如何培养青年人的阅读习惯已经成为法国官方、出版界以及各类媒体关注的焦点问题。

近年来，法国年轻人阅读纸介质读物，特别是日报越来越少。近期，根据法国 2007 年新成立的一个研究协会（Audi－presse）调查结果表明，法国自 1994 年以来 15～24 岁年轻人读报的比例下降了 20％，2007 年读报的年轻人数为 1 272 万名。随着高新技术的迅速发展和广泛使用，年轻人获取信息的主要方式是通过电视、互联网、电台和平面媒体。2005 年，法国 BVA 调查公司进行了一项调查，数字表明，法国 68％的年轻人通过电视获得信息，17％查阅互联网，13％收听广播，1％阅读纸介质读物。

官方重视

针对上述现象，法国官方、出版界以及各类媒体呼吁：重视青少年的阅读，良好的习惯必须从小培养。应法国政府的要求，BS 协会主席贝尔纳·施皮茨曾于 2004 年就"提倡青少年阅读"议题上呈过一份报告。贝尔纳·施皮茨在报告中提出了若干建议和措施。值得庆幸的是，根据 BVA 调查公司近期的调查，法国年轻人对平面媒体印象不错。2007 年阅读报纸的法国人数有所增加。据统计，每天有 2 270 万的法国人阅读一种日报。对于年轻人，关键的问题是从学校起使他们了解媒体并产生兴趣。为了使青少年逐步喜欢阅读,法国出版商和学校尝试了若干办法。由学生自己办报,从而使学生对写作和阅读产生兴趣的作法已经遍及法国的幼儿园、小学和中学。通常,是若干个班级合办一份报纸。

各界支持

学生自己办报的建议得到了法国年轻人媒体工会的支持。该工会不仅为年轻人编创了一套计算机程序 www. pressedesjeunes. com,还召集了 12 家出版社参与办报工作。每年这 12 家出版社要为 9 个月到 18 岁的幼儿和青少年提供 70 种1 500万册的图书和杂志。

Play Bac Presse 出版社是一家专门出版儿童和青少年新闻的日报。由 Play Bac Presse 出版社出版的《小日报》、《我的日报》和《新闻》三份报纸拥有 20 万订户,240 万读者。Play Bac Presse 出版社不仅办报,而且还为儿童和青少年举办记者培训班。

法国巴黎报刊运输新公司(NMPP)为了配合"媒体走进学校"的活动,在一周之内免费给与会代表和学生发放一份小报。代表们在买法国各报纸时出示这一小报可以减价。

(于平安　编译)

法国人爱看书

法国每年不仅要出版和再版 5～6 万多种图书,而且每年还要进行国民阅读调查。

最新一次调查,是法国《图书周刊》进行的名为"新读者"的调查。结果显示如下:

当代小说　64％的当代小说购买者是妇女,其中绝大部分是官员、业主和知识分子。她们虽然只占法国全国人口的 12％,但却占购买当代小说总数的 22％。工人中购买当代小说的人相对比较少,工人占法国人口的 22.5％,但只占购买当代小说总数的 13％。53％购买当代小说的妇女居住在人口 10 万以上的城市,其中 26％居住在巴黎。购买当代小说的妇女一般都比较爱看报纸和听广播,同时喜欢逛商场,其中 44.5％的人一般还要购物,高于法国此项平均值。她们比一般法国人看电视少,每天不足 2.5 小时,但她们中有 28.5％的人上互联网,比法国妇女平均上网值 22.5％高出 6 个百分点。她们经常看电影,其中 28％的人每月至少看一场电影。同时,她们参加文化活动的次数和购买 CD 光盘的数量明显高于法国全国的平均数,然而购买 DVD 光盘的数量与法国全国的平均数基本持平,她们中 10.5％的人平均每年购买 10 张以上 DVD 光盘,法国全国 9.5％的人平均每年购买 10 张以上 DVD 光盘。

古典小说　同当代小说一样,妇女是古典小说的主要购买者,约占购买古典小说总数的 62％。年龄的不同,购买古典小说的情况也有较大的差异:15～24 岁的购买者占总数的 16.6％,25～34 岁的购买者下降至 13％,35～49 岁的购买者上升至 27％,50 岁以上的购买者占 21.5％。古典小说的主要购买者是商人、手工业者、农民和官员。工人买古典小说的比较少,工人占法国总人口的 22.5％,但只有 14％的工人购买古典小说。在购买报刊和其他文化产品方面,古典小说的购买者低于法国全国的平均数,他们中 27％的人喜欢上互联网。

历史类图书 历史类图书的主要购买者是男性,而且年龄明显大于其他读者。他们中 59％的人在 50 岁以上,只有 6％的人为 15～24 岁。在历史图书购买者中,退休人员占 42％,干部占 21.5％,工人占 10％。历史类图书的购买者大多居住在人口 10 万人以上的城市。他们中只有 22％的人同孩子一起生活,而法国全国的平均数是 31％。他们是日报的主要消费群体,他们中 38.5％的人每天购买 3 份以上的报纸。然而他们不太喜欢购买杂志,其中只有 26％的人是杂志的读者。他们很少听广播,其中 11％的人根本不听广播,但他们都喜欢看电视,其中 28％的人每天看 4 小时以上。他们对互联网不太感兴趣,其中 30％的人没有安装互联网,只有 20％的人经常上网。历史图书购买者很少参加其他文化活动,他们中只有 20.5％的人每月看一场电影。他们很少买 CD 光盘和 DVD 光盘。然而,他们是博物馆和展览会的常客,其中 63％的人每年参观一次博物馆或展览会。

评论与文献类图书 主要购买者是男性。他们中 50％的人已超过 50 岁,他们大多是官员、业主、专业行会会员或专业行会的退休人员,只有 10.5％的工人和 7％的职员购买此类图书。55％的评论与文献类图书购买者居住在人口 10 万以上的城市,其中绝大部分居住在巴黎。他们是日报的主要消费者,他们中 38.5％的人每天至少阅读 3 份报纸。他们也是杂志的主要消费者。他们听广播最多,其中 38％的人每天听 2 个小时以上。但是他们看电视的时间比较少,他们中只有 19％的人每天看 4 小时电视,而法国全国的平均数是 30％。评论与文献类图书的购买者参加文化活动多而广,他们比其他人看电影的次数多,他们中 28％的人每月至少看一场电影,34.4％的人每年至少看一次戏剧。他们还经常参观博物馆和展览会,听古典音乐会。他们也是光盘的主要消费者,他们中 33％的人每年至少要购买 10 张光盘。

自传类图书 男性很少对自传类图书感兴趣,68％自传类图书的购买者是妇女。她们一般年龄都比较大,其中 45.5％的人已经超过 50 岁。在此类图书的女性购买者中,未退休者占 31％,工人占 18％,官员占 16％。在自传类图书读者中,30％居住在人口 10 万以上的城市,25％居住在市镇,23％居住在巴黎,12.5％居住在法国西南部,4％居住在法国北部。自传类图书购买者也是杂志的主要消费者,她们中 44.5％的人每月至少购买 8 份杂志。她们喜欢听广播,36.5％的人每天要听 2 小时以上的广播。然而,他们不太喜欢看电视,只有 36％的人每天看 2.5 小时的电视。她们上互联网的比例比较低,接近法国全国的平均数。她们也不太喜欢看电影,只有 21% 的人每月看一次电影。她们购买光盘的数量接近法国全国的平均数,她们中只有 9% 的人每年购买 10 张以上的光盘。然而,她们参加其他文化活动的次数明显比较高,她们中 58.5% 的人每年至少参观一次博物馆和展览会,26% 的人每年至少看一次戏剧,25% 的人每年至少听一次古典音乐会。

词典 词典的主要购买者是妇女(占 63%),其中 50% 的人年龄为 25~50 岁。在购买词典的人中,工人明显比官员或专业人员多,工人占 20%,官员或专业人员占 15%。她们中 42% 的人通常与 14 岁以下的孩子生活在一起,而法国全国的平均数是 31%。在词典的使用者中,看报纸的人数比法国全国的平均数低 5.6 个百分点,她们购买杂志和图书也比较少,听广播的时间也比较短。但是,她们看电视的时间比较长,30% 的人每天要看 4 小时以上的电视。她们使用互联网比较广泛,其中 28.5% 的人上网,高于法国全国上网的平均数。她们参加其他文化活动的次数要比其他人少,她们中只有 19% 的人每月看一次电影。然而,她们中 53% 的人每年参观一次博物院或展览会,22.5% 的人每年看一次戏剧,24% 的人每年看一次芭蕾舞和听一次古典音乐会。她们也是 CD 光盘的重要消费者,她们中 32% 的人平均每年购买 6 张以上 CD 光盘。

侦探小说 购买侦探小说的人,女性明显多于男性,女性占 59.5%,男性占 40.5%。在女性侦探小说购买者中,51% 为 25~49 岁,她们中 19.5% 是官员,15.5% 是工人。职员购买侦探小说的比例也很高,他们占法国全国人口的 10.5%,但他们占购买侦探小说人数的 12.5%。侦探小说的女性购买者主要居住在巴黎地区,她们占巴黎地区总人口的 16%,但她们占购买侦探小说人数的 23%。她们购买报刊比较少,但她们看电视的时间比较长,她们中 29% 的人平均每天看 4 小时以上电视。她们使用互联网比较广泛,其中 29.5% 的人上网。她们参加其他文化活动要比其他人少,她们中只有 52% 的人每年参观一次博物馆或展览会,21% 的人每年听一次故典音乐会,然而这还是高于全国的平均数。她们购买 DVD 光盘比较多,13% 的人每年购买 6 张光盘,7.5% 的人每年购买 11 张光盘。

连环画 在购买连环画的人中,男女几乎各占一半,男性占 49.5%,女性占 50.5%。购买连环画的人年龄相对比较年轻,81% 的人不足 50 岁,其中 10% 小于 24 岁。在连环画购买者中,工人占 23%,官员占 20%,职员占 15%。他们大部分是城里人,其中 48% 的人居住在人口 10 万以上的城市,47% 的人与不满 14 岁的孩子生活在一起。他们中只有 34% 的人买报纸,但是他们喜欢看杂志,他们中 46% 的人购买杂志。他们不太喜欢看电视,其中 41.5% 的人每天看 2.5 小时的电视。然而,他们是一些经常使用互联网的网民,其中 33% 的人喜欢上网。他们经常看电影和参加音乐会,其中 50% 的人每月至少看一场电影,25% 的人每年至少听一次音乐会。但是，他们参加其他文化活动的次数要比其他读者少，他们中50％的人每年参观一次博物馆和展览会，21％的人每年看一次戏剧。他们是DVD光盘的主要消费群体之一，其中17.5％的人每年购买6张以上DVD光盘。

艺术类图书　购买艺术类图书的人，女性多于男性，女性占59％，男性占41％。在艺术类图书购买者中，大多数人（52％）为35～64岁，少数人（11％）小于24岁。她们大多是官员和业主，其中23％为现职，22％已退休。在购买艺术类图书的人中，职员占7％，工人占12％，这两个比例都比较低。56％艺术类图书的购买者居住在10万人口以上的城市。每100本艺术类图书中，28本是被法国人买走的，3本是被北欧人买走的。艺术类图书的女性购买者也是日报和杂志的重要消费群体，她们中36％的人购买日报，48％的人购买杂志。她们爱听广播，她们中35％的人每天听2个小时的广播。她们看电视的时间相对比较少，她们中46％的人每天看2.5小时的电视。她们参加各种文化活动比较多，其中25.5％的人每月看一次电影，36％的人每年听一次古典音乐会。她们喜欢参观博物馆和展览会，她们中71％的人每年参观一次博物馆和展览会，远远高于法国全国38％的平均数。艺术类图书的女性购买者也是CD光盘和DVD光盘的主要消费者，其中35％的人每年购买6张以上的CD光盘。

旅游和美食类图书　旅游和美食类图书的主要购买者是女性（占54％）。旅游指南购买者中，通常23％为现职干部，21％为退休官员，年龄一般为35～64岁。年龄15～24岁的人很少买旅游指南和美食类图书，工人和职员购买此类图书也相对比较少，工人占12％，职员占7％。购买旅游和美食类图书的人大多数（55％）居住在10万人口以上的城市。他们中只有24％的人与孩子住在一起，远远低于法国全国31％的平均数。购买旅游和美食类图书的人也是报纸和杂志的重要消费者，他们中36％的人购买报纸，49％的人购买杂志。他们看电视的时间比较少，其中42.5％的人每天看2.5小时的电视。然而，他们经常使用互联网，其中33％的人每天上网。购买旅游和美食类图书的人参加其他文化活动多而广，他们中66％的人每年至少参观一次博物馆或展览会，30.5％的人每年听一次古典音乐会，33％的人每年看一次戏剧。同时，他们有许多的CD光盘和DVD光盘，他们中12％的人每年购买11张CD光盘，12％的人每年购买6张DVD光盘。

（张林初　编译）

法国人喜欢连环画

　　法国男女老少都喜欢连环画。目前,法国社会已公认连环画既是一种文学形式,又是一种阅读现象和经济现象。现在法国连环画的书商大多是 30 年前的儿童,他们对连环画的青睐完全不受家长和教师的约束。这也成为法国连环画市场得以保持全方位扩展的众多有利因素之一。法国连环画的突出特点是:种类繁多,题材多样,版本齐全。

　　法国连环画在 20 世纪经历了许多变化。60 年代,连环画第一次得到全方位发展,从封面到内容都发生了很大改变。80 年代,连环画虽然出现整体滑坡,但探险和讽刺类连环画有较大发展。90 年代初期,出现了一批新的连环画画家,他们尝试扩展连环画,比如在画中加入更多的插话、开展互动和改变版式等。为了扩大连环画的销售量,法国出版商和大众读物书店谋求建立连环画专卖网点。经多年努力,法国终于在 1999 年成立了专门发行连环画的体系和独立的销售点。

　　种类不断增多　法国人对图文并茂、主题鲜明和幽默诙谐的连环画情有独钟。根据法国《图书周刊》的统计,1995 年法国出版 481 种连环画,2006 年出版了 4 130 种。统计数字表明,从 1995 年起至 2006 年(除 2003 年外),法国每年新版和再版的连环画都呈增长趋势(图表附后),其中 2004 年比 2003 年增加了 36.1%。

　　版本逐步齐全　尽管法国连环画取得了显著的成绩,但是业内任何人都不敢高枕无忧。邻国比利时虽然是世界连环画出版大国,但是由于题材太老,正在走下坡路。虽然读者对老题材的连环画一往情深,但销售量却停滞不前。针对比利时连环画的情况,法国几家业绩突出的连环画社,如达高、迪皮、格莱纳、弗拉玛里翁、阿尔班·米歇尔和卡斯德尔曼等出版社近几年都采取了以下两个方法:一是以汇编本和全文版再版连环画;二是开展网上销售。

题材趋于多样化　近年来,连环画取得突出业绩的关键在于题材多样化。活泼、成熟、创新与逻辑性强已成为连环画的突出特点。各出版社不仅推出了多种题材的连环画,而且还加大了投资力度,巩固它们在出版界的地位。根据法国连环画评论协会分析认为,2006 年与 2005 年法国连环画有共同之处,即题材的多样化。2006 年是全法国连环画出版"成熟"的一年。

四大出版社业绩突出　根据法国《图书周刊》统计分析,近年来法国有四家业绩突出的连环画出版社,即达高出版集团、格莱纳出版集团、迪皮出版社和弗拉玛里翁出版社。1992 年格莱纳出版社创办了一套名为《蒂特夫》的连环画,至 2006 年底,该出版社已经出版了 11 卷《蒂特夫》。2006 年出版的《蒂特夫》第 11 卷销售业绩尤为突出,销售量高达 1 800 万册,成为 2006 年法国销售最多的连环画。

法国 1995～2006 年连环画出版情况表

年份	新版和再版数(种)	较上年增加(%)
1995	481	—
1996	638	24.6
1998	951	31.1
1999	1 037	9.0
2000	1 272	22.6
2001	1 598	25.6
2002	1 984	24.1
2003	1 901	−4.2
2004	2 589	36.1
2005	3 231	24.8
2006	4 130	14.7

（于平安　编译）

法国人阅读报刊兴趣浓

法国人爱看书也爱看杂志和报纸。2007 年法国新成立了一个研究协会 Audi-presse，负责调查法国人的阅读情况。2008 年 3 月 11 日根据该协会公布调查结果表明，2007 年法国人阅读杂志和报纸的情况比 2006 年要好。Audi-presse 的总经理格扎维埃·多雷多尔指出："2007 年所有的媒体都呈上升态势，这是十年来前所未见的局面。读者阅读刊物的种类在增加，互联网的使用者在增多。事实证明，网络未与纸介质读物竞争，二者相反在互补。"

法国人阅读杂志最多

法国于 1665 年创办了世界上第一份期刊《学者学报》。历经了四个多世纪的变革与发展，法国今天的期刊业依然十分繁荣活跃。阅读已经成为法国人工作和生活的一个良好习惯。根据法国 Audi-presse 和期刊研究所（Audience et études pour la presse magazine，简称 AEPM）调查结果显示，法国是世界上消费杂志的大国之一，世界上阅读杂志最多的是法国人。全国有 3 000 种杂志。人口只有 6 290 万的法国，杂志的读者达 4 830 万。97.2％的年龄在 15 岁以上的法国人平均每月阅读一种杂志。2007 年周刊的销售量增加了 1.5％；所有时事类杂志的销售量上升了 4.2％；经济和文化遗产类杂志的销售量增加了 5.6％。

阅读报纸的法国人在增多

Audi-presse 研究协会的调查结果表明，2007 年法国读报人数有所增加。据统计,每天有 2 270 万的法国人阅读一种日报,其中 817.3 万人阅读一种全国发行的日报。2007 年法国《队报》读者人数最多达 230 万。《世界报》的读者在同年为 203 万,比 2006 年增加了 7.7%。《巴黎人报》的读者有 200 万。《解放报》读者在 2007 年明显增加,达到 89 万,比 2006 年上升了 10.4%。2007 年只有《费加罗报》读者人数增加不多,为 119 万,仅提高了 0.5%。

地方报与免费报受读者欢迎

2007 年法国地方报的读者同样增多,每天 1 672.9 万的读者在阅读地方报,比 2006 年增加 0.6%。法国《西南日报》名列读者排行榜第一,该报拥有 233.7 万读者。

目前,在法国阅读免费日报已成为一种时尚。该类报纸争取到了众多的读者,多数读者是城里的年青人,他们大多是受过高等教育的专业人员。在地铁里、电车里、公共汽车里,随处可见法国人阅读免费报纸。免费报纸提供的统计数据显示,"每 5 个 15～34 岁的法国人中就有 1 个人在看免费报纸。"《20 分钟日报》是法国人阅读最多的一份免费报纸,现有读者 252 万,2007 年比 2006 年销售量增加 4.3%。第二份读者阅读较多的免费报纸是《地铁日报》,读者人数为 232 万,2007 年比 2006 年的销售量下降了 3.9%。

2007 年法国人阅读日报排行榜

报名	读者人数(百万)
队报	2.30
世界报	2.03
巴黎人报	2.00
费加罗报	1.20
解放日报	0.89
回声报	0.63
论坛报	0.40
人道报	0.34
十字架报	0.30
20 分钟日报(免费报纸)	2.53
地铁日报(免费报纸)	2.32

(于平安　编译)

法国年轻人看报减少

    根据法国 BVA 调查公司的调查数据显示,被称为"屏幕一代"法国年轻人信息的主要来源是电视、互联网和广播,其中电视占 68％,互联网占 17％,广播占 13％,平面媒体只占 1％。法国 850 万 15～24 岁的年青人中,78％使用互联网(约 660 万)。法国年轻人喜欢使用电脑、电视、手机和游戏机等。

    据统计,从 1984 年到 2004 年,法国全国性日报的读者已从 900 万人降到 856 万人,即减少了 2.3％,其中 15～24 岁的读者减少 8.5％,25～35 岁的读者减少 7.2％。不仅全国性日报的读者在老龄化,地方性日报的读者也如此。

    法国年青人看报减少的原因是多方面的。法国 TNS 公司媒体部主任多米尼克·莱维认为,"造成年青人看报减少主要有两大原因,一是与时间有关,二是与费用有关。日报一般要等到第二天才能看到想知道的消息,这与希望马上获取信息的年青一代格格不入。"与费用有关的原因也是多方面的,不只与媒体有关。法国咨询公司总裁贝尔纳·斯比茨指出,"一方面,报纸价格比较贵;另一方面,年青人还要花费各种新的开支,如手机费和游戏费等。"至于信息的获取,年青人习惯于从电视、广播和互联网上免费获取。因此免费报纸在年青人身上取得了成功。

    法国《20 分钟》报纸和 GfK 调查公司的统计数据显示,付费报纸和免费报纸的读者有着明显的区别。免费报纸《20 分钟》和《地铁》35.9％和 30.2％的读者是 15～24 岁的年青人。付费报纸的情况是:《队报》读者中 15～24 岁的年青人只占 27.4％,《巴黎人报》占 17.1％,《世界报》占 17.1％,《解放报》占 13％,《费加罗报》占 8.5％。主要在学校销售的法国《CITATO》杂志广告部主任弗兰克·迪洛指出,"免费报纸主要以随手可取和可读性强征服了年青人。"此外,报纸的销售网点越来越少也是一个重要原因。法国儿童报纸《小日报》主编费朗素瓦·迪夫则称，"人们看报减少的另一个重要原因是日报脱离读者"。

为吸引读者，从1990年起，法国公共当局和教育与新闻媒体联络中心一起在学校组织了报刊和媒体活动周。该活动发起人2004年10月向时任文化部长提交了活动总结报告。然而，报告至今石沉大海，报告中的一系列建议（向年满18岁的青年免费赠送一个月的报纸，在学校开设报亭等）也没有得到实施。

然而，尽管年青人看报减少，但是他们同报刊杂志的关系是错综复杂的。法国媒体读者评估研究所的调查报告显示，法国47%11～20岁的青少年每周至少看一次杂志。另外，年青人一直认为，在信息方面，报纸比电视、广播和其他媒体更加可信。78%的年青人认为，"要对事情有更好的了解"，必须看报刊。

在竞争十分激烈的今天，各种媒体也都在想方设法吸引读者。《法兰西西部》报刊集团负责人伊夫·勒舍维斯特里埃说，"千万不要强行搞销售活动，重要的是要与年青人保持联系。"另外，法国日报主编们正在设想在手机上发送信息。法国《世界报》则已经上网，此举受到读者的热烈欢迎。由此可见，年青人不喜欢传统媒体并不意味着不喜欢品牌报纸。

（于平安　编译）

夜郎自大者竟然宣称：
"法国文化已死"

美国自视为"巨无霸"，喜欢惹事，并且形成了习惯，过不了多久就要惹一回，惹了这个惹那个，惹了东方还要惹西方，哪怕是自己的"铁哥们"。

据阿根廷媒体报道，2007年上半年，中国国务院的吴仪副总理赴美访问，与美方签下50亿美元的贸易合同，当时让美国兴奋了好一阵子。然而，2007年下半年，上任不久的法国总统萨科齐访华，与中国签下近300亿美元的大单，这使美国心里发酸，感到丢了颜面，无奈之下，就从文化方面找碴。

在2007～2008年之交出版的一期欧洲版美国《时代》周刊上，封面文章的标题是《法国文化已死》。看到这篇文章，高傲的法国人被激怒了。

《时代》周刊对法国文化提出了所谓的"严厉批评"，问道："现在的法国，像莫奈那样杰出的画家，像普鲁斯特那样优秀的作家，像埃迪特·皮亚夫那样出色的歌唱家，还有像特吕弗那样眼光独特的电影大师都在哪儿呢？""现在的法国，还有多少图书可以流芳百世？"文章最后得出结论"法国文化偶像早就死光了"。于是一场新的文化战争在法国和美国之间爆发了。

文章以讥讽的语调说：萨科齐总统做生意可以，当个贸易掮客还过得去。"萨科齐总统想重振法国名声吗？以目前的文化环境来看，很难。"

法国感觉自己的尊严受损。法兰西学院成员、作家莫里斯·德吕翁说："又开始了，每隔四到五年美国就要发一回反法高烧，然后由它的一家大媒体把高烧传播到整个世界。"法国文化部长则表示，(《时代》周刊的)这些论断完全错误，毫无道理。

令人气愤的是，与《法国文化已死》相配的封面是一个身着条纹衫脸色苍白的小丑，他用忧郁的眼神看着手里的花。这篇长达四页的文章说，以前法国作家前辈从不缺少世界的关注，而现在只有十多本法国小说在国外出版，只有将近30%的法国文学被翻译成英文，却有一半的法国电影工作者在看美国电影。好莱坞大片快要把法国变成美国的一个州了。文章评论说："曾是重要的印象派和超现实主义发源地的法国，它的文化地位早就被伦敦或纽约超越了。"《时代》周刊认为法国文化"没落"的原因，是由于现在的法国政府对文化投入的减少和重视程度的降低。

法国各媒体则纷纷表示，《时代》周刊的这篇文章结论草率，更多的是自以为是，是井底之蛙的见解，而不是客观的评价。美国文化最多不过200年的历史，且发源地还在欧洲，有什么资格对源远流长的法国文化说三道四？

（郝新仁　编译）

俄小学生比他国小学生
更喜欢读书

多少年来，为了培养未来的读者，日本在小学校开展早上课前十分钟读书活动，但效果并不令人乐观。在美国的国际教育成绩评估协会刚刚公布的全球小学生阅读能力研究结果显示，日本的小学生排名不理想，而俄罗斯的小学生阅读能力最强，每天看纸介质图书的时间最长，高居榜首。

这项针对 45 个国家和地区 9 岁至 10 岁小学生的研究自 2001 年展开，每五年进行一次。研究的目的不仅在于比较各个国家和地区小学生的阅读水平，还在于探索完善儿童教学的途径、考察各类教育体制和总结正面经验。

研究由美国波士顿大学国际研究中心具体负责，得到了 45 个相关国家和地区教育机构的配合。专家们测试了 21.5 万名小学生的阅读、理解和对所掌握信息的运用能力。

研究结果表明，近年来出现了阅读兴趣下降的趋势，孩子们更喜欢坐在电脑前，或拿着手机，或听着 MP3，而不是手捧书本。这一趋势在发达国家尤为明显。例如，2001 年还名列第一的瑞典，这次滑落到第十位，英国和苏格兰的名次分别由原来的第 3 位和第 14 位降至 19 位和 26 位。美国只比英国高出一个名次，排在第 18 位。

在接受调查的小学生中，超过 37% 的孩子表示，每天花在电脑上的时间至少是三个小时。只有 32% 的孩子每天阅读大纲要求的文学读物，40% 的孩子每天阅读课外读物。研究负责人强调，在那些孩子阅读能力较高的国家，家长们大都积极参与孩子的生活，本人也喜爱阅读并时常读书给孩子听。而最新的调查显示，这样的家庭与2001年相比减少了。此外,通过调查还发现,女孩子的平均阅读水平要比男孩子高出许多,同时,只有一半的小学生真正热爱读书。

这项最新调查让俄罗斯的出版商很高兴,而其他国家的出版商则忧心忡忡。

（郝新仁　编译）

研究"8"的图书也让俄罗斯人迷恋

据俄罗斯媒体报道,"领袖出版热"正方兴未艾,研究数字特别是研究"8"的图书又开始走红。俄罗斯人怎么啦? 为什么越来越中国化?

现而今,俄罗斯人对阿拉伯数字越来越迷信,对研究阿拉伯数字的出版物爱不释手。比如,7 是公认的吉利数字,所以在 2007 年 7 月 7 日,各地婚姻登记机构都门庭若市,新人们希望藉此为家庭生活祈福。现在,恋爱男女又将目光瞄准了 2008 年 8 月 8 日注册,认为三个 8 相连是难逢的吉日。尽管有统计为证,扎堆结婚者,爱情难以长久,但俄罗斯人似乎并不在意;虽然 8 月 8 日的婚礼价格已涨到平日的三倍,也不能浇灭他们选择当天喜结连理的热情。

对数字 8 的崇拜来自东方。中国人认为,8 是最幸运的数字,因此,奥运会也选择在日期中有三个 8 的这一天举行。不过,数字占卜学家伊琳娜认为,中国人对 8 的钟爱是合情合理的,"8 倒过来仍是 8,它是无穷尽的象征。所以,在含 8 的日子结婚,幸福将长长久久、坚不可摧。此外,2008 年 8 月 8 日恰逢周五,这天的佑护者是有爱神美誉的金星。没有更合适的佳期了。"

成千上万对希望步入婚姻殿堂的俄罗斯男女,或是迷信数字占卜,或是对中国传统情有独钟,或是决定重现 2007 年 7 月 7 日盛况的,已经发出了 8 月 8 日结婚的喜帖。

新娘安娜手里拿着一本研究数字 8 的书,引经据典地说:"我们婚礼的主题就是数字 8,所有来宾必须乘坐 8 系列的车来出席,或是奥迪 A8,或是拉达 8,订了 8 桌酒席,还会挑歌词中有数字 8 的歌曲演唱。"

伊琳娜也在憧憬着自己黄道吉日的婚礼,"具体形式还没有确定,但一定是 8

月 8 日,蛋糕也要 8 层的……"幸福的红晕出现在她娇美的脸上,"我与男友同居三年了,一直没有登记,正好有这么个日子,结婚的人肯定比平常要多,我们便决定加入进去,让众人的幸福为我们的婚姻锦上添花。到时,登记处门口肯定会有无数身披婚纱的美丽女子和西服革履的英俊男子,多温馨的场面啊……"

心理学家奥莉加指出,在婚庆上跟风已成为一种趋势,年轻人都希望在特殊的日子成就自己的姻缘,然后在朋友面前炫耀。

目前递交 8 月的结婚申请还为时尚早,但已有很多人去登记处要求预定了。办理人员对这股结婚狂潮持怀疑态度。

2007 年 7 月 7 日,单是莫斯科就有 1 700 对男女登记。但某登记处人员告诉记者,2007 年这天结婚的两对夫妻,一对婚礼刚结束就来递交离婚申请,另一对一周后也各奔东西了。过于数字的追求,反而令情侣忘记检验自身感情的牢固性。奥莉加说:"把日期是否吉利放在第一位的人,往往都对感情缺乏信心,闪电离婚也就不足为奇了。"

不过,在 2007 年尝过甜头的婚庆公司对 2008 年的新一轮狂潮喜不自胜。蜜月旅行的价位比平日高出 500~1 000 美元。至于 2009 年 9 月 9 日,俄罗斯人就不这么感冒了,因为 9 倒过来是 6,俄罗斯人不喜欢 6,所以 2006 年 6 月 6 日那天,结婚登记处门可罗雀。

似乎是与婚庆公司达成了默契,出版商们使出浑身解数,把 8 吹得天花乱坠,即使在 2008 年 8 月 8 日到来之前,都已经赚得盆溢钵满。

(岳 月 编译)

印度人说：印度文化优于其他文化

不言而喻，印度历史悠久，印度文明曾经给亚洲和世界文明带来光彩。据印度媒体报道，总部设在美国的皮尤研究中心的调查表明，当代的印度人自认为印度文化"最美丽"，在世界上第一。这很有点像过去的法国人，自认为法语是世界上最美的语言，以至于给当代的法国人也带来并非积极的影响：不愿意学习外语。

"镜子啊镜子，这世上谁最美丽？"——最近，皮尤研究中心在其 2007 年度的"世界民情项目"调查中，对全球 47 个国家的人提出了这个现代版的《白雪公主》里的问题。

猜猜哪个国家的人最自恋？是印度人。认为自己国家是世界第一的印度人最多，至少在文化方面。

皮尤研究中心在调查中问 47 个国家的人，他们同不同意如下观点："我们的民族并不完美，但我们的文化优于其他文化。"对此予以肯定答复的印度人名列榜首，有多达 93％的印度人认为他们的文化比其他文化更优越，其中 64％的人对此完全认同，毫无异议。

所有民族都有自身文化的弱点。想看看我们的虚荣心有多么出格，就拿自己与相邻的"文明古国"比较一下。相对于我们高达 64％的比例，只有 18％的日本人和 20％的中国人确信本国文化是最好的。事实上，近 1/4 的日本人和中国人并不认为自己的习俗最好，而在我们当中，这样的人只占可怜的 5％。

因为文化帝国主义而广受谴责的美国同我们一比，就成了极度自卑的国家。只有 18％的美国人毫不怀疑本国文化的优越性，而我们当中有 64％。近 1/4 的美国人表达了对自我的怀疑，16％的美国人完全否定了自身的优越性，而印度的相应比例分别为 5% 和 1%。

奇怪的是,作为一个对本国文化自视甚高的民族,我们却极度缺乏安全感。多达 92% 的印度人认为"需要保护我们的生活方式免受外国影响",几乎和自视世界第一的比例一样。在这个问题上,我们又高出日本人、中国人和美国人约 25～30 个百分点。

调查结果表明,在支持"自由"市场的问题上,印度人是最狂热的民族之一。印度对市场经济的热情超过了自由资本主义堡垒美国。尽管存在不平等问题但仍支持市场经济的印度人占 76%,而美国的这一比例为 70%。中国和俄罗斯融入全球经济的程度即便不高于我们,也和我们大致相当,但只有 17% 的俄罗斯人和 15% 的中国人毫无保留和怀疑地支持市场经济。虽然我们说自己喜欢自由市场,但有 92% 的人希望政府帮助和照顾穷人。

说到底,要实现对自己的高期望,我们还有很长的路要走。当然,好消息是我们对自己抱有这样高的期望。

(方象磐　编译)

日本重新审视
汉语的中国和英语的印度

据美国媒体报道,一直追求"脱亚入欧"的日本,终于感到来自近邻的压力,感到自身正在失去优势,不得不重新审视身边说汉语的中国和说英语的印度,对这两个国家的教育越来越感兴趣。

总是扮着"身在亚洲又不想食亚洲烟火"酷像的日本,现在正遭遇一场信任危机,很多日本人以及西方人对日本与其亚洲新兴对手——中国和印度——的竞争力感到怀疑。但现在有一个结果是大家都没有预计到的:日本对中国和印度的教育越来越高涨的狂热。

尽管日本经济有所好转,但很多日本人对其本国学校仍感觉没有安全感。曾几何时,日本学生总是能在国际性考试中名列前茅。但这已是明日黄花。而这正是现今很多日本人改投中国教育和印度教育的原因。现在中国和印度已经成为日本眼中两个冉冉升起的世界性教育大国。日本首相福田康夫专程到中国的山东拜谒孔夫子庙,对中国开始遍布世界各地的孔子学院表现出特别的兴趣。"温故创新"的题词,从一个侧面表明日本重振国家教育雄风的决心。在日本的书店里,可以见到研究中国教育的图书和日语版的中国教科书。《极限印度算术练习》《印度人不为人知的秘密》这类书籍的读者,大多是年轻的家长们。日本的报纸总在报道,中国小孩或印度小孩能记住的乘法表远比日本同龄人记得的要复杂。移居美国的外国孩子,考试优异的总是中国孩子、印度孩子和犹太人的孩子,日本孩子连前三名都进不去。

在日本,印度国际学校为数不多。据报道,最近向这些印度国际学校递交申请表的日本家庭人数大幅度上升。在一家"小天使国际幼儿园"里,课本是印度课本,大多数教师来自东南亚,教室海报上画的是印度神话里的动物。小学生还在小旗子上用彩色笔给印度地图上颜色。

教育专家和历史学家说,在几年前,以另一个、另几个亚洲国家作为教育或所有任何事情的范本几乎是前所未闻。大多数日本人一直以来都不屑于其他亚洲国家,认为日本才是亚洲最先进的。事实上,日本在一个多世纪以来也的确一直领先,作为亚洲第一经济强国,达到了西方标准的经济发展。

但在过去的几年里,很多日本人担心中国和印度的崛起会令日本黯然失色。日本政府试图保持日本的技术领先地位并巩固其军事实力,但同时,日本也已经被迫放下了它对这个地区固有的冷漠。日本很不情愿地开始尊重其邻国。

东京上智大学的一名亚洲文化教授村井义鉴说:"之前日本一直认为中国和印度是贫穷落后的国家,现在随着日本渐渐失去对自己的信心,它对亚洲的态度也正在发生变化。日本开始把印度和中国视为可以借鉴的国家。"

(方象磐　编译)

日本农民阅读书报刊，主要看电视

　　2007 年，日本有着官方背景的家之光协会，开展了第 62 次"全国农村读书调查"。

　　调查结果显示，日本农民——

　　女性比男性更爱读书看报。日本农民平均每人每天阅读报纸的时间为 28 分钟；平均每人每天阅读书本的时间为 37 分钟（包括杂志和图书。对半分开，阅读杂志的时间为 18.5 分钟；阅读图书的时间也是 18.5 分钟）；平均每人每年阅读图书为 3.9 册；平均每人每天收看电视的时间为 157 分钟；经常或偶尔上网阅读"网络读物"的人占 10％；经常或偶尔阅读"电子杂志"的人占 4％；平均每人每年购买书本支出的金额为 1639 日元（包括杂志和图书。对半分开，购买杂志的支出为 819.5 日元；购买图书的支出也是 819.5 日元～1 639 日元约合 114.73 元人民币。对半分开，购买杂志的支出为 57.36 元人民币；购买图书的支出也是 57.36 元人民币）。

　　本次调查，以日本全国各地的 1 200 个 16～79 岁的农村居民为对象；调查时间是 2007 年 7 月 26 日至 8 月 5 日，这个时间段和 2006 年差不多。回收的有效调查问卷为 892 份，其中男性的答卷为 414 份，女生的答卷为 478 份，答卷的回收率为 74.3％。而 2006 年的答卷回收率为 72.5％。调查对象的年龄上限，2006 年为 69 岁，本次调查提高到 79 岁。

　　以下是调查结果概要——

　　综合阅读率　无论是阅读月刊杂志，还是阅读周刊杂志和图书，其综合阅读率为 67％。与 2006 年相比持平。从性别上划分，男性为 61％，女性为 72％。与 2006 年相比，女性继续高于男性。

杂志阅读率 无论是阅读月刊杂志还是阅读周刊杂志，其综合阅读率为58％。与2006年相比减少两个百分点。

月刊杂志阅读率 月刊杂志阅读率为43％，与2006年相比减少三个百分点。

同一种月刊杂志连续阅读的状况 同一种月刊杂志每期必读的读者，占全体调查对象的19％。

每期必读的月刊杂志 前三名依次是：①《家之光》；②《现代农业》；③《NHK趣味园艺》。

有时阅读的月刊杂志 前三名依次是：①《家之光》；②《橙色之页》；③《ESSE》。

获得月刊杂志的方式 排第一位的是在"书店"购买，占61％。

家庭订阅月刊杂志的状况 2007年的订阅率为26％，比2006年增加三个百分点。

家庭订阅的月刊杂志 前三名依次是：①《家之光》；②《现代农业》；③《挑战》。

周刊杂志阅读率 2007年的阅读率为37％，比2006年减少37％。按性别划分，男性为35％，女性为39％。

每期必读的周刊杂志 前三名依次是：①《周刊少年跳跃》；②《周刊少年杂志》；③《周刊少年星期日》。

有时阅读的周刊杂志 《女性自身》连续27年排第一位。前三名依次是：①《女性自身》；②《周刊女性》；③《周刊现代》。

获得周刊杂志的方式 与2006年相同，排第一位的是在"超级市场"购买，购买率为50％。排第二位的是在"书店"购买，购买率为41％。排第三位的是在"美容院、食堂、医院"购买，购买率为38％。

图书阅读率 1990年以来，女性的图书阅读率一直超过男性。2007年，女性为44％，男性为35％。

在一个月之内的图书阅读册数 与2006年相比，这个数据几乎一样，占全体被调查对象的28％。全体被调查对象的平均读书册数为1.3册；限于其中一直读书的人，平均读书册数为3.9册。

在半年之内阅读的图书 与2006年相比，排第一位的还是《哈利·波特》系列书。读者大半为女性。

获得图书的方式 一直读书的人获得图书的方式与2006年相同，主要在书店购买，购买率为82％。

一个月购买书本（包括杂志和图书）的支出 不买书本的为36％。购买书本的为32％，支出500～1 999日元。购买书本的人平均支出金额为1 639日元。

喜欢的作家和著者　前三名依次是：①西村京太郎；②赤川次郎；③司马辽太郎。

网络读物的阅读状况经常阅读和有时阅读的人加在一起，占全体的 10％。按性别划分几乎没有差别。按年龄划分，16～19 岁的占 48％；20 岁的阅读率较高，占 36％。按职业划分，学生为 57％，其阅读率占绝对的多数。

网络读物的今后阅读倾向　2007 年阅读过网络读物的人暂时还没有"挑剔"。

电子杂志的阅读率　经常阅读的人和有时阅读的人加在一起，占全体的 4％，阅读率很低。

平均每天接触媒体的时间　阅读书本（包括杂志和图书）的时间：不阅读书本的人占全体的 41％，而阅读书本的人的平均时间为 37 分钟。阅读报纸的时间：不阅读报纸的人占全体的 11％，四分之一的未满 30 岁的人不阅读报纸，而阅读报纸的人的平均阅读时间为 28 分钟，与 2006 年相同。收看电视的时间：不收看电视的为零，平均收看电视的时间为 157 分钟。

（古隆中　编译）

"韩流":暖流→寒流？

名噪环球的"韩流",跨出韩国的国门,在亚细亚持续了多久,有点说不清,但在日本却有着比较明显的萌芽——发展——繁荣——萧条的周期。也就是说,2000年,韩国电影《苏莉》登陆日本,为"韩流"形成打下基础。2003年日本的 NHK BS2 电视台播出了韩国电视剧《冬季恋歌》(也有翻译成《冬季奏鸣曲》的),以此为标志,在日本社会形成了"韩流繁荣"。"韩流繁荣"在持续了三四年以后,特别在"流"到2007~2008年的时候,其"河床"却作干涸状,火山岩浆般的"韩流"真的透出了丝丝"冬季"的寒意。然而,无论从商业利益看,还是从民族文化看,甚至从国家政治看,从21世纪初开始涌动的"韩流",对于日本和韩国都有着特殊的现实意义和深远的历史意义。于是,一场挽"韩流"于既倒的行动,正在日韩两国之间酝酿。

"韩流"水漫日本岛

所谓"韩流",是指当今韩国流行的大众文化。1997年以来,韩国政府和国民直面经济危机,在亚洲金融风暴中宁折不弯,咬紧牙关寻找出路。2000年前后,韩国政府开始大力实施文化输出战略。在这一大背景下,先于日本,韩国向中国的台湾、中国的大陆输出文化。不过,真正形成"韩流",吸引亚洲各国关注目光的是在2003年。据韩国的权威部门统计,在2003年,受"韩流"的影响,从亚洲各国到韩国旅游观光的游客为117万人,占韩国全部旅游观光人数的20%。另据韩国的有关专家推算,仅在2004年这一年,由"韩流"派生出来的经济效益就达到一万亿韩元。

　　"韩流"最初登陆日本的象征，是 2000 年开始在日本放映的韩国电影《苏莉》。这部电影放映时间不长，观众人数就超过 100 万，无疑是大获成功。之后，韩国电影《JSA》在 2001 年、《猎奇的她》在 2003 年、《宝石》（《シルミド》）在 2004 年相继进入日本电影市场，输出韩国文化逐步掀起高潮。2002 年，日韩共同举办足球世界杯，天随人意，日本进入世界足球强国前 16 强，韩国进入世界足球强国前四强，共同掀开世界足球历史的新篇章。由日韩共同制作的电视剧《布伦兹》（《フレンズ》，由 TBS 电视台播放）、《秋天的童话》、《伊布的一切》（《イヴのすべて》）相继播放，"韩流"渐渐形成。之后，由 NHK 电视台和地上波有线电视台前后四次播出了《冬季恋歌》，迎来了真正的"韩流繁荣"。《冬季恋歌》的主要人物形象是斐勇俊，他温文尔雅的气质，使日本 40 岁以上的中年女士为之倾倒。被称为社会现象的"斐先生繁荣"席卷日本，日本人对韩国电影、韩国电视剧、"韩流"中涌现出来的名星演员的热情，空前高涨。《冬季恋歌》的火爆，不只是出现在日本的故事，而且也可以说是同时发生在亚洲的跨越任何国界的现象。

　　从登台亮相的"韩流"名星演员来看，初期的"韩流"名星演员，是被称为"四大天王"的四位男性演员（**"眼镜王子"斐勇俊、"韩国黎明"宋承宪、"一哥"李秉宪和"万人迷"元斌**）。他们是新型的男子汉，温文尔雅，刚中有柔，征服了日本的女性，造就了无数狂热的女性崇拜者。2004 年 4 月，在《冬季恋歌》中扮演男主角的斐勇俊大驾光临日本，有 5 000 多个疯狂的崇拜者自发来到机场欢迎，这让人实实在在地感到了《冬季恋歌》在日本聚集起来的人气。当时，日本的媒体天天热炒"斐先生繁荣"，头条头版尽是有关斐勇俊的文章和写真。与此同时，以韩国的主流报纸《朝鲜日报》的报道为起首，韩国的媒体也开始关注在日本的"韩流繁荣"。

　　在音乐方面，日本媒体介绍了韩国的 K－POP 组合，由韩流名星演员主唱的音乐会比赛在日本一场接一场。其中，致力于"音乐无国界化"、在日本实现"处子秀"梦想的歌手宝儿（BoA），异常活跃，引人注目。她在上演"处子秀"的时候，就能讲一口流利的日本语，是当时被日本媒体介绍得最多的韩国歌手。在来到日本的第一年里，BoA 在最被歌手们看重的 NHK 电视台的"红白歌合战"栏目中连续出演两次，打破了年龄最小演员出演的纪录。2007 年 2 月，BoA 演唱的《DO THE MOTION》，在日本通俗唱片销售行情杂志的单曲排行榜上，名列第一。BoA 所在的韩国音乐制作经营公司，以打造培养国际级名星演员为目标，不妨认为，BoA 是该公司不懈努力的结晶。BoA 的活跃，加深了日本人和亚洲人对"韩流"名星演员以及 K－POP 的认识，可以说 BoA 功莫大焉。2007 年以来，"韩流"演员出现了歌唱能力和语言能力同时加强、使演唱的歌曲更加富有娱乐性的趋势。

《冬季恋歌》迷倒日本人

2003 年，NHK BS2 电视台播放了《冬季恋歌》。2004 年 4 月，地上波有线电视台又重新播放《冬季恋歌》。尽管播放时间从深夜 12 点 10 分开始，但据有关方面统计，最终收视率，在日本的关东地区为 20.6％，在日本的关西地区为 23.8％；平均收视率，在日本的关东地区为 14.4％，在日本的关西地区为 16.7％。现在的日本，黄金时段的收视率也不过 10％，与之相比，观看《冬季恋歌》的收视率之高，不能不使人瞠目结舌。

日本著名影视剧评论家土佐昌树指出，《冬季恋歌》的主题之一就是叙述"初恋"。为什么中年女性是主要收视者呢？这是因为，在年轻纯洁的剧中人物身上，或多或少有她们的影子；加上丰满的个性、浪漫的情怀、简洁明快的画面，更增加了电视剧的魅力。日本广大女性崇拜者用"斐先生"这样的爱称呼唤演员斐勇俊。他品格高贵，气质不凡，迥异于日本年轻的"懒人"们。他的形象飘飘欲仙，居高临下，成为女性们容易产生幻想的源泉。他戴着一幅眼镜，双目有神而温和；总是微笑面对一切，说话方式特别，语调深沉有力，身高超过一米八零，有发达的肌肉，有强壮的骨骼，这些都成为迷倒女性观众的因素。不仅如此，《冬季恋歌》还使日本观众超越了初恋和纯情的记忆，形成了与韩国观众发生共鸣的区域，伴随着苦难与悲伤的剧情发展，仿佛让日本观众领略了韩国崭新的文化。也就是说，在日本男性中见不到的斐勇俊等人物形象，男儿含泪，铁骨柔情，在现代社会演绎古典式的恋爱故事，令人心醉神迷。

2005 年 2 月，东京城西大学举办了《冬季恋歌》国际论坛。老资格的专家们指出，《冬季恋歌》聚集人气的"关键词"不仅仅是"纯洁爱情"，而且还有韩国式的人与人之间密切的关系，给日本社会吹来新鲜的空气。《冬季恋歌》画面优美，音响悦耳，情节生动曲折，使主角们发挥得淋漓尽致。成为该电视剧关键词的"记忆丧失"、"恋爱虚无"、"忧郁灰暗"——使左右命运的恋情终成正果，冬季恋歌的鲜亮，给观众留下了深长的回味。

在《冬季恋歌》播出以后，NHK BS2 电视台和地上波有线电视台，先后在 2004 年 4 月至 2005 年 10 月和 2005 年 10 月至 2006 年 11 月，播放了韩国电视剧《大长今》。由此开始，第二波"韩流繁荣"在日本形成。《大长今》的播出，引起日本人对韩国宫中料理的兴趣，日本女性对韩国女性的大粗辫子更是心驰神往。此外，像《天国的阶段》、《美丽的日子》、《万能型》（《オールイン》）和《巴黎之恋》等在韩国保持高收视率的韩国电视剧，不断给日本电视行业输送内容。韩国电视剧《波特莉亚》(《ホテリアー》),在 2007 年 4 月制作成日本语版,然后由"电视朝日"播出。近几年,日本电视(放送)行业呈现出"内容不足"的状态,一波接一波的"韩流",在很大程度上给予了弥补。

"韩流"也给包括"韩流"相关图书在内的出版物带来繁荣。《冬季恋歌》对 NHK 电视台的整个经营贡献最大。从 2003 年度 NHK 电视台的决算书看,在配送信号付费收入以外,一般业务的经营收入比 2002 年增加 46 亿日元,达到 1054 亿日元(约合 74 亿人民币),其中的 35 亿日元,属于和《冬季恋歌》有关的收入。在日本出版行业,一般出版物虽然没有受到"韩流"的"恩庞",但与《冬季恋歌》相关的图书,创纪录地登上日本畅销书排行榜,在年度 20 本畅销书中,居第 13 位。由 NHK 出版的电视剧《冬季恋歌》小说本,上下两册,发行突破 100 万套。韩国以前出版的与电视剧有关的出版物,发行量从来没有这么多,这让韩国出版人也感到吃惊。"日本·亚马逊"网络书店,乘"韩流"形成气候之机,从 2004～2007 年,不断增加韩国相关出版物的销售,据有关专家分析,这种势头在 2008 年依然有增无减。韩国电影的小说本、"韩流"明星演员的写真集、"韩流"明星演员的访谈录、韩国电视剧解说本等,构成日本文化产业——娱乐产业的一个中心。

然而,在现在,日本人对"韩流"的超级关注和疯狂热情的阶段,似乎已经过去。目前,韩国的电视剧主要由(官方)NHK 的有线电视台或 BS/CS 电视台播放,(民间)有线电视台播放的数量呈减少趋势,播放的时间段大多安排在深夜时间或重复播放时间。今后,"韩流"如果要在日本持续下去,韩国方面还得花大力气,下大工夫。

风光过后看"韩流"

著名学者毛利嘉考指出,凭借电视、卫星电视、因特网这些视听媒体,正在形成"泛东亚文化圈"。从这个理论出发,可以预测,共同拥有东亚或超越东亚的文化的时代即将到来。进一步考虑,"韩流"也可以作为泛东亚文化现象之一来把握。

日本大众文化的形态,正在朝着个性化、分散化的方向发展,而以韩国电视剧为中心的"韩流繁荣",可以理解为年轻的未被公认的支流文化。"韩流"作为一种社会现象席卷日本,可见其影响力之大。因为"韩流",日本社会开始重新认识韩国文化,也成为韩国广为日本、亚洲乃至全球所知的契机。

现在,"韩流繁荣"在日本渐行渐远,原因有很多。比如,"韩流"本身助长了过热的商业主义,"金钱至上"在无形中操纵着"韩流"的速度和流量。对于苦恼于内容不足的日本影视界来说,由于进口成本高涨,使得进口的利润增长点减少。2004年,日本 NHK 电视台虽然获得了韩国电视剧《大长今》的播放权,但是,每播放一集,就要向韩国的制作商支付高达2.5万美元的版权使用费。像《大长今》DVD等派生商品的版权使用费,支付的比例也高达12%～15%。相比较而言,日本进口韩国的电影,付出的成本比从美国进口好莱坞电影的成本还要高。例如,日本进口美国电影《我头脑中消失的橡皮》,支付版权使用费为270万美元;而日本进口由斐勇俊主演的韩国电影《四月的雪》,支付版权使用费就是320万美元,价格之高令人难以想像。与这种高涨的进口价格相比,对观众的动员却很不成功。由此发展下去,只能降低日本对韩国电影、韩国电视剧的关注度,即使是日本自身内容很缺乏。

无论是日本的专家学者,还是韩国的专家学者,大多认为"韩流"如果要持续扩大并长期占有"流域面积",韩国方面应当对内容重新认识。2007年前后,日本朝日新闻社出版了一本书,名叫**《韩流热风——电影、电视剧、音乐强势的秘密》**。该书指出,韩国的内容相关者、电影相关者、电视剧相关者以及音乐相关者,应当从长计议,为"韩流"的可持续发展考虑;应当对文化内容产业的薄弱环节进行调研;应当大力培养具有策划能力和剧本编写能力的人才,在内容制作方面下工夫;应当更新观念,提高韩国的品牌形象。出口(进口)文化产品,不仅仅是"软件"的传播,而且也是相互的文化交流。应当摸索"双赢"的发展模式。

《韩流热风——电影、电视剧、音乐强势的秘密》提出了很多建议,归纳起来也可以是一句话:不但要扩展作为商业的"韩流",而且还要改变观念,更新思想,着眼于长期的相互的进口出口,培育内容,培养人才。因此,在日本社会的"韩流繁荣"也应当改变面貌。在"韩流繁荣"之前,日本是一点点引进韩国文化,日本人对韩国文化的了解是知其一不知其二,犹如盲人摸象。以"韩流繁荣"为契机,日本人对韩国文化的了解开始全面了,深入了。在人与人之间的关系越来越冷漠的日本社会,"韩流繁荣"与日本社会的现象形成鲜明对照,无疑给日本国民带来了感动和共鸣。

哈佛大学主张"软实力论"的约瑟夫·奈(Joseph Nye)教授指出,大众文化无意识地传播形象和信息(情报),从侧面也会对政治产生重大影响。比起国家的政治实力和经济实力来,超越国家的文化实力才是起主导作用的。在当今的世界潮流中,"韩流"想要超越国家的概念,与日本社会水乳交融,甚至成为日本主流文化的一部分,非下长期的工夫不行。因此,不应当仅仅是"韩流"的单向奔流,而且还应当是通过日韩交流加深日本对韩国的理解。单方面的文化转移和扩散,最终只能止步于短时期的繁荣、眨眼间的红火。也就是说,随着今后对"韩流"和进入日本社会的韩国文化的认识深化,通过日本韩国之间的文化的开放与交流,有可能构建起超越国家框架的共同拥有的文化基础。

（金点子　编译）

政策与管理

各国出版教育

从全球范围来看,文化产业逐渐成为主要发达国家的支柱产业,在国民经济中所起的作用越来越大。出版业同样如此。作为主要信息载体的出版物不仅能够带来可观的经济效益,更重要的是可以提升国家软实力,促进社会进步。出版业要注入发展的动力,有赖于出版教育的发展,出版发达国家尤其重视出版教育,并在培育出版教育体系的过程中逐渐形成自己的特色。

美国:形式多样化注重短期培训

一直以来,美国的出版教育表现出多样化的形态。美国的出版教育形态主要分为六种培养形式:硕士学位教育;本科教育;暑假专业培训;强化班课程;专业行业组织举办的各种培训系列和出版企业举办的培训系列等。其中涵盖了学历教育和非学历教育。

纵观美国出版教育,可以发现,美国出版教育中并没有设立博士学位。据美国媒体报道,美国相关教育人士解释为:"在美国博士学位意味着不再从事日常的业务活动。"通常来说,博士毕业的去向主要是去研究机构或高等院校。而对出版这样的应用性很强的学科来说,硕士学位通常就足够了。

美国著名出版家小赫伯特·S.贝利在其专著《图书出版的艺术和科学》中说:"出版不是数学、政治、经典著作研究那样的理论性学科,而是一种活动和加工处理过程。"受这类观点的影响,即使是在正规的学历教育中也很少对编辑出版理论做系统教授,而是更加注重实务,以教授可操作性的实用知识为主,因而缩短了出版教育的周期。短期培训成为教育首选。

英国:冷静务实侧重能力培养

英国是一个重要的出版大国。语言(即英语)的世界性影响、辉煌的文学传统及国民的创新精神成为英国出版天然的优势,不少出版机构拥有上百年的历史,剑桥大学出版社可以追溯到古登堡印刷机时代,朗曼出版公司作为一家商业性出版机构也有200多年的历史。英国出版高等教育的学历层次主要有以培养教学和研究人员为主的硕士学位、为大学毕业生提供职业技能的研究生学历证书和学士学位以及高等专科学历等不同形式。相对于研究生教育,高等专科教育在传统上更讲求实用性、技术性。

总体来说,英国出版课程体系严密,为学生提供大量的经验传授和实践锻炼,并注重营销活动策划和文稿编辑能力双向培养,教学内容也与业界保持同步,比如数字出版等都及时补充到教学内容中。英国出版教育师资力量也十分强大,许多教授讲师来自出版行业,因而对学生的培养侧重综合能力的提升。

俄罗斯:学位建设成熟面向国际输出人才

俄罗斯是世界上最早创办编辑出版学专业高等教育的少数几个国家之一,因而办学经验相对丰富,在发展的过程中,逐渐形成了自己的特色。办学方式多样化也是俄罗斯出版教育几十年形成的特点。此外,俄罗斯许多大学还通过非正规教育的在职培训等形式进行广泛的社会教育。在办学过程中,俄罗斯出版教育的学位建设也日趋成熟,早在1971年,就诞生了第一个编辑理论与实践专业方向的博士学位获得者。

基于悠久的历史积累,俄罗斯出版事业与编辑、图书学两门专业在社会上得到广泛的认可,这两个专业的就业前景十分理想,在出版市场上有很强的竞争力,同时,在满足本国需要的同时,俄罗斯的许多出版院校还为匈牙利、朝鲜、罗马尼亚、越南等其他国家培养了许多印刷出版专业人才,极大地丰富了出版人才市场。

韩国:以专业学会促进教育发展

韩国出版教育比较重视行业协会的作用。"韩国出版学会"的会刊《出版学》自1969年8月创刊以来,发表了大量关于出版专业的优秀论文,极大地促进了出版理论的建设,也促进了出版教育的发展。

韩国正规大学开办出版教育始于 1963 年梨花女子大学开设"出版论"课程。韩国的出版教育同样着眼于实用性与业务性的结合,其出版教育的目标是培养信息产业社会所需要的有能力的出版专业人才。为达到上述目标,就要培养能熟练掌握各种出版过程和人文技术的人才,提高出版、编辑业务人员和出版营业员的素质。进入 20 世纪 90 年代,随着电子技术的广泛应用,韩国在出版教育上也进行了更新,开始开设"电子出版"的系列课程。

澳大利亚:贴近出版业进行人才回炉

澳大利亚的出版教育比较普及,许多大学都开设了相关专业课程。纵观整个澳大利亚出版教育的链条,澳大利亚的高等出版教育实际是大学后教育,通常要求受教育者已经完成大学本科教育,拿到学士学位并有一定编辑出版工作的经历。

在澳大利亚,人们选择出版产业是因为出版业是有创意的文化产业,进入出版业可以实践自己的文化创意。在澳大利亚申请硕士证书、硕士文凭通常要求取得学士学位,但如果有丰富的相关工作经验,也可以弥补学历的不足。因此,在澳大利亚,出版人的回炉深造现象十分普遍,这也是因为,澳大利亚高等出版教育的课程设置不仅贴近出版业的最新发展,而且课程更新快。据澳大利亚媒体的相关资料显示,多数澳大利亚高校的课程是一年更新一次,而澳大利亚出版教育也更致力于让学生通过课程学习与实践所掌握的基础知识与基本技能,与商业出版实践中各个关键领域所需要的基础知识与基本技能高度契合。同时,澳大利亚出版教育课程体系的设置也十分注重行业协会的力量,其出版教育的组织者、实施者由包括来自产业的实践者等在内的多方面人员组成。

（齐　骥　编译）

副标题闯祸——
《纽约时报》也得守规矩

　　据法国媒体报道，美国一流的在全球都有影响的报纸也有无地自容的时候。2007年的最后一个月，由于《纽约时报》暗示白宫在中央情报局销毁审讯录像的问题上误导了美国民众，白宫很少见地公开要求《纽约时报》进行正式更正。

　　白宫女发言人达娜·佩里诺非常少见地发表书面声明，愤怒地谴责《纽约时报》在2007年12月19日有关销毁录像的报道的副标题《白宫的作用比原来说的要广》，要求该报进行正式更正。

　　佩里诺说："《纽约时报》的关于在这个问题上'白宫试图误导'的推断是十分恶劣和令人焦虑的，我们正式要求《纽约时报》对这篇文章的副标题进行更正。"

　　佩里诺说，白宫只是拒绝在这个问题上发表评论，只说美国总统布什不记得在最近得到汇报之前就已知道这些录像或销毁录像的决定。

　　虽然白宫经常要求媒体更正或澄清一些报道，但以正式书面声明的形式公开提出要求是很少见的。

　　《纽约时报》方面称，他们收到了白宫的正式通知。迫于白宫的强大压力，《纽约时报》经过讨论后决定在其网站上进行修改。

　　这家法国媒体指出，如果有权威性的报纸时常出现不实新闻，也会影响权威性，读者也会疏远，因为读者往往只会上当受骗一回。

相关链接

美国 CNN 向奥巴马道歉

美国有线电视新闻国际公司(CNN)在讨论世界头号恐怖分子本·拉登下落的一个节目中,将字幕"乌萨马(Osama)在哪里?"错打成"奥巴马(Obama)在哪里?"事后,CNN 被迫向当时美国热门总统候选人贝拉克·奥巴马道歉。

捷克的艺术家玩笑开大了将上法庭

据美国媒体报道,与搞新闻似乎无关的艺术家们,也掉进了"哪里有我们,哪里就有新闻"的自设陷阱。捷克的一家艺术家团体,在 2007 年涉嫌非法干预国家电视天气预报节目,插播一个山峰风景区的虚假核爆炸场景,引发了巨大的恐慌。2008 年初,捷克一名地方检察官表示,涉案人员将面临审讯,如果罪名成立,他们有可能被判入狱三年。

在 2007 年 6 月,Ztohoven 团体(捷克的一个另类艺术团体,意即"从这里出去")的成员涉嫌破坏相关设备,令电视台在播出天气预报时插进了捷克著名风景区克尔科诺谢山的现场全景影像。当时画面显示现场有一片强光,当光线恢复正常后,画面上可以看到一朵令人毛骨悚然的蘑菇云从地平线上升起。

负责该案的检察官杜尚·翁德拉切克说,该艺术团体的六名成员在 2007 年 12 月因散布虚假危险信息罪名被起诉。

而 Ztohoven 则声称,他们的行动是为了显示媒体如何操控所谓的事实真相。

在 2007 年 12 月,布拉格国立美术馆授予了该团体的年轻艺术家一个新成立的"NG333 奖"。其中数字"333"代表奖金数:33.3 万捷克克朗。Ztohoven 是首个获得该奖的团体。

(岳 月 编译)

网络色情犯罪让美国政府伤脑筋

据美国媒体报道，由于一名网络色情嫌犯不说密码，有关专家又不得破解密码，取证遇到困难，因此不能为其定罪，接下来很有可能眼睁睁地看着这个嫌犯逍遥法外。

美国联邦政府要求佛蒙特州一个地区法院，命令一个男子输入密码，打开其电脑中的文件，尽管这名男子说，这样做会使他自证其罪，是违宪的。因为宪法规定当事人有权不提供对自己不利的证据。

据介绍，这是此类案件中第一个达到这一步的。这个案件提出了数字时代中一个特有的问题：如何在保护隐私和公民自由，与政府保护公众的责任之间平衡。

案件的被告涉嫌存储儿童色情作品。为了保护笔记本电脑和掌上电脑中文件的隐私性和安全性，现在越来越多的美国人开始设密码。联邦调查局和司法部说，与此同时，恐怖分子和犯罪分子可以通过设密码的方式秘密交流计划。

联邦调查局负责公共事务的助理局长约翰·米勒说，犯罪分子和恐怖分子现在利用"相对廉价、随手可得的可加密产品"。他说："法院必须有一个逻辑上和宪法上合理的方式"让执法人员得到证据。

2007年11月底，地方法官尼杰尔姆·德迈尔判决，住在佛蒙特州30岁的塞巴斯蒂安·鲍彻，输入笔记本电脑密码将侵犯第五修正案赋予他的拒绝被迫自证其罪的权利。

鲍彻的律师、波士顿的詹姆斯·布德罗说，政府已经上诉，并且一个大陪审团正在调查这个案件。他说，案件审理期间"不合适"作评论。而司法部官员也不愿评论。

可是,这一判决还是引发了争议。

隐私和技术专家、前联邦公诉人马克·拉施说,这个判决对于执法是"危险的"。他说:"如果它有效,就意味着,如果你给文件加密,政府不能强迫你解密。那样的话,毒品贩子和恋童癖者给文件设置密码,把情报保护起来,警察将无法得到。"

这起案件始于2006年的圣诞节前夕。当时塞巴斯蒂安·鲍彻——一个在美国有合法居住权的加拿大人——从加拿大开车到佛蒙特州的途中,在边境被美国海关和边境保护局的一名检查员截住。检查员搜查了鲍彻的汽车,发现后座里有一台笔记本电脑。检查员叫来了入境和海关执法局的特工马克·柯蒂斯。

柯蒂斯在法庭证词中说,他要求鲍彻"用电脑"向他展示下载的文件。柯蒂斯检查了视频文件,发现在图像中,有一个看似没穿衣服、摆出性爱姿势的未进入青春期的儿童。后来,鲍彻被捕,被判在跨州或跨国商业活动中传播儿童色情作品,首犯这种罪行可能被判20年监禁。

特工没收了鲍彻的笔记本电脑,佛蒙特州改造部的一名调查人员复制了电脑中的内容。但是这名调查人员无法进入那个存在Z盘中的内容,因为它被Pretty Good privacy保护——这是美国和世界情报机构使用的一种加密软件,网上到处都能下载。在一年多的时间里,政府无法看到Z盘的内容。

德迈尔在判决中说,强迫鲍彻键入密码,就像让他透露保险柜密码一样。政府可以强迫一个人放弃保险柜钥匙,因为钥匙是实物,而不是在一个人的头脑中。但是政府不能强迫人交出保险柜密码,因为密码可能"传递人头脑中的内容",这是受第五修正案保护的拒绝提供"证据"的行为。

乔治华盛顿大学计算机犯罪法专家奥林·克尔说,在鲍彻承认那是他的电脑,并在硬盘加密部分存储了图像时,鲍彻就丧失了第五修正案赋予的特权。曾任联邦检察官的克尔说:"如果你向政府承认了某些事情,你就随之放弃了拒绝自证其罪的权利。"

倡导公民自由的组织电子产品维权基金会的律师说,人们保护自己所写、所读和在网上看的东西的方法本来就不多,加密是其中之一。他说:"最后一道防线真的是保存自己的密码。这就是问题之所在。"

不能充分取证,就会证据不足;证据不足就不能依法定罪;而不能定罪在规定的时间内就得放人。

相关链接

打击网络色情"树袋熊计划"调查 2 500 人

据美联社报道,2008 年伊始,加拿大警方宣布,在全球打击网络传播儿童色情视频的活动中,又有九名加拿大人被捕。加拿大皇家骑警队警长厄拉－金·麦科尔说,此次抓捕行动是"树袋熊计划"(即全球打击网络传播儿童色情行动,被命名为"树袋熊计划")的一部分。

欧盟刑警组织的缅诺·哈格梅耶尔说,这些视频内容包括摆出挑逗姿势的女孩和父亲强奸年幼女儿等,曾销往 19 个国家,购买的人有教师、医生、律师和计算机专家。

在多伦多参加案情通报的哈格梅耶尔说,调查涉及全球的 2 500 人。调查行动在德国、意大利、比利时和英国等地展开。2007 年 11 月欧洲相关部门透露已经逮捕了 92 人,也在这一年,法国宣布逮捕了 20 人。视频中的女孩年龄在 9～16 岁之间,大多为乌克兰人,有人许诺让她们成为收入颇丰的模特,她们误信人言才从事色情表演。

麦科尔说,目前加拿大还展开了 50 多起"树袋熊计划"的相关调查。麦科尔还说:"以往对儿童有'性趣'的人基本都封闭在自己的小圈子里。如果他们去书店或通过邮购获得相关资料就有可能暴露自己。而互联网使他们能在匿名状态下与其他不法分子联系,同时能安慰对方这样的行为并不违法。"

2006 年 7 月,澳大利亚警方发现一段视频,内容是比利时的一个父亲强奸自己 9 岁和 11 岁的女儿,调查由此展开。这起事件的嫌疑策划人、意大利的塞尔焦·马尔佐拉和那名涉嫌侵害自己女儿的比利时人在 2006 年被捕。

德国大型网络色情案涉及 1.2 万人

据德国媒体报道,在 2007～2008 年之交,德国东部萨克森－安哈尔特州检察官彼得·福格特对中德意志电台记者说,该州的检察官正在调查 1.2 万名涉嫌拥有非法儿童色情图片的人。

福格特特别指出:这 1.2 万人"面临下载儿童色情图片的指控"。福格特说,调查始于 2007 年春天,已经追踪调查了 70 个国家的嫌疑人。检方是在接到柏林一家互联网供应商的举报后开始调查的,已历时近一年。

一个网上儿童色情犯罪集团在西班牙现形

据西班牙媒体报道,2008 年 1 月,西班牙警方宣布,成功破获了一个网上儿童色情犯罪集团,逮捕 51 名犯罪嫌疑人和另外 20 名涉案人员。

此次行动于 2007 年 3 月开始,在西班牙 27 个省同时展开,搜查了 73 处住宅,查获了 100 多万张色情图片及大量色情录像,没收了用于发布图片和录像的多台笔记本电脑、硬盘和 DVD 等设备。

西班牙科尔多瓦的一名市民向当地警方举报,当他进入网上一家图片资料交换网站时,无意中发现了大量儿童色情图像和图片。

警方随即在网上展开搜索,经过十个月的调查,终于发现了隐藏在背后的一个庞大的色情网络,并锁定了 71 名居住在西班牙各地的嫌疑人。

"奥运年"中国对网络色情宣战

2008 年 1 月,据英国媒体报道,大陆中国宣布,从现在直到北京奥运会结束,将联合各部委共同打击网络色情,中国从 2007 年开始打响该战役,共拘留 868 人,删除了 44 万个色情帖子。

员们宣称,该战役是一场更广泛的"净化"互联网行动的重要组成部分,主要是删除网上不道德的或是有政治危险性的内容。该行动也显示,北京决心在 8 月份的奥运会期间向世人展示最好的公共形象,而这里也成为了世界的焦点。

不过,虽然在 2007 年中国政府已经清除了超过四万个网页,对近 2 000 人给予行政处罚,但中共的宣传部和公安部仍表示,打击"有害信息"之战远未结束。

近几十年来,中国共产党在一定程度上放宽了方针。如今,审查人员允许人们在印刷品中和网站上自由展示裸体画作，在 20 世纪 80 年代，法律只允许向艺术系学生出售这些作品。不过，政府领导人似乎认为他们这种秉承自由主义的管理方式走得有些太远。

2007 年 12 月，有外国媒体报道，为了服务奥运游客，美国杂志《花花公子》将在（2008 年）8 月期间获准进入中国市场，由此引发了政府应当用何种方式管理色情文化的争论。

但最近中国有官员说，《花花公子》不可能在中国进行短期销售，某些互联网用户也强烈反对在奥运期间放开色情文化，通俗地来说就是所谓的"黄色"内容。

中国香港警方严查"艺人裸照"事件

2008 年 1 月，据境外媒体报道，中国香港警方要求国际刑警协助，严查"艺人裸照"事件。香港艺人裸照风波愈闹愈大，继前些时候两张疑似钟欣桐（阿娇）及已退出娱乐圈的女艺人陈文媛的裸照被人刊登在网络上后，昨天又有多张疑似张柏芝及陈冠希的性爱照片在网络上流传，引起社会各界广泛讨论，警方商业罪案调查科已介入调查这一事件。

综合香港本地媒体报道，警方商罪科科技罪案组证实，已接到两名女士报案，警方将此案当做是"在网上发布淫秽物品进行调查"。

警方指出，相信这些裸照是被人传到外国的服务器，由于不在香港司法管辖权内，警方已要求国际刑警协助，追查上传裸照到海外服务器关键人物的身份。

据称，警方已联络陈冠希、钟欣桐及张柏芝等人，以收集资料作调查。此外，警方已联络本地一个知名网上论坛，要求提供曾上传裸照的网民资料以协助调查，并要求网络业者，若客户上传艺人裸照，应尽快删除。

英皇娱乐集团在（2008 年）1 月 29 日发出声明，呼吁各传媒不要刊登以移花接木手法制作的不雅色情照片，否则会采取法律行动。

张柏芝也透过律师发表声明，对有不法分子发放及流传疑似她的不雅照片，予以强烈谴责，指责有关行为不道德及不负责任，严重影响她的形象及声誉，并声称她已报警处理。

陈冠希向公众道歉

据境外媒体报道,触发香港女艺人裸照风波的艺人陈冠希,于 2008 年 2 月 21 日公开露面,除了向涉及的艺人及港人道歉及要求原谅外,还将退出娱乐圈,从事慈善活动。

在香港九龙湾国际展贸中心,陈冠希用英文宣读自己的声明。他说,他从未逃避过责任。他承认过去在网上流传的照片大都是由他拍摄,但这些照片非常"私人",他从未有意向别人展示。有人非法盗取这些照片,在没有获得他同意下在网上恶意散播,造成恶劣的影响;而由于事件影响到整个社会,他为此感到不快。就此,他向所有受影响的人及涉及的女士和她们的家人道歉,为她们所遭受的伤害致歉。

陈冠希表示,这个时代的年轻人崇拜偶像,但他在这方面是失败的,没有做好榜样的角色;他希望每一个人都会从这次事件中汲取教训。他说,在履行已承诺的工作后,他会离开香港娱乐圈。

这次裸照风波在香港引起轩然大波,一方面有人批评警方执法不公,另一方面有人批评媒体渲染报道,扭曲道德问题。这次事件也严重动摇年轻人对艺人私生活的看法,令许多青少年感到困惑。

"适度"原则:删节《色·戒》色情

据韩国媒体报道,美国加利福尼亚大学洛杉矶分校教授汤姆·普拉特撰文指出,大陆中国删节电影《色·戒》色情内容,值得深思——

2008 年元旦前后,许多中国大陆影迷前往中国香港,似乎只是为了一睹《色·戒》的未删节版。在中国内地,当局只允许影迷观看这部色情间谍影片的删节版。

对于电影受到删节一事,我听说以后感到不理解,立刻告诉了一位担任社会工作者的朋友。然而,我得到的回答却出人意料也发人深思。

我这位朋友在加利福尼亚大学伯克利分校和洛杉矶分校拿到了硕士学位,是一名得到加州政府正式批准的社工。过去五年来,她一直在一家政府机构任职,从事了许多与"失败人群"有关的工作。

统计数据显示，美国的离婚率和非婚生育率一直居高不下。我们的文化导致出现遭到瘾君子丈夫殴打的妻子、无法保住工作的父母和难以爬出社会底层的破碎家庭子女。

这些人间悲剧背后的原因是纷繁复杂的，但从这位合格社工的专业角度看，美国社会在性和道德上的放纵也许是问题的一个根源，它似乎不会说"不"，也很少说"不"。

上述理论也许很难得到证明，但这位社工说，许多从事"破碎家庭和失败人群"工作的专业人员都对美国文化缺乏纪律约束感到十分不安。

当然，解决办法不是恢复清教徒主义，就连中国的大多数政府部门也不会建议这样做。即便如此，中国官员的决定还是引起了一些美国人的共鸣，因为他们意识到，我们的西方世俗文化也许正在坠入道德深渊。

美国是否因为放纵而变得伟大了？毋庸置疑，我们所强调的自由权利和个人至上带来了美国文化中与众不同的创业精神，但它就没有把我们带往消极的方向吗？

当然，美国不是中国，但我们的社会中也存在太多吸毒和酗酒现象。处于个人成长阶段的青少年还不知道自己是谁和将来可能成为什么样的人时，就被迫看到了太多露骨的色情画面。

也许我们应该听听古代大哲学家亚里士多德的话，而不是那些宣扬一时快感和个人自由的当代论调。他认为，人和社会更好的道德选择通常位于两个极端之间，避免走向极端就很可能避免错误的决定。

中国的北京也许委婉地提出了亚里士多德关于"适度"的问题。我们在美国也应该正视一个问题：我们是否应该培养一种善于思考的性格，对我们走向极端的趋势加以限制？

网络让法国的家长发愁

据法国媒体报道，对于日益普及、无处不在的网络，法国的家长越来越发愁，主要是担心给孩子们带来危害。

网络发达先进，但家长们却不信任网络，有一半以上的家长对网络感到畏惧。根据益普索－莫里市场调查公司的一项调查，有52%的受访家长表示担心他们

6～17岁的孩子受到网上不当内容和言论的影响或伤害。15～17岁少年的家长感到担忧的更多,占到65%。

家长的担心有必要吗? 一些致力于保护上网未成年人安全的社会组织认为完全有必要。有些组织甚至呼吁政府立法,对利用网络从事经营活动作出明确的规定,因为网上流传着大量恋童癖的图片,越来越多的非法交易在网上进行。

网络对于青少年的危险还不只是恋童犯罪一种,还有色情图片传播、煽动自杀、厌食等众多其它问题。孩子们把自己的照片或一些个人资料放到博客里,根本没有意识到这样做的危险。家长们对网络的了解远不如他们的孩子,面对孩子们对网络的迷恋和依赖常常束手无策。有77%的家长表示,他们6～17岁的孩子经常上网,其中有31%每天都上。15～17岁少年每天上网的比例更是高达65%。

为了帮助家长们防止让孩子网络成瘾,一些监控软件不断推出。今后网络服务商必须免费向家长提供监控软件并尽量简化操作程序。不过仍有61%的家长认为改进监督效果才是关键。家长们还抱怨有些网络安全的信息不容易看懂。相关专家则认为监控软件不是百分之百可靠,什么都取代不了家长与孩子的沟通,要向他们解释为什么不能与网上结识的陌生人见面,同时也不能完全禁止孩子们接触网络,那会使他们瞒着家长偷偷上网,局面会更加失控。

(李文清　编译)

法国政府支持
报刊视听业的持续发展

2007年9月26日,法国文化部长克里斯蒂娜·阿尔巴娜尔女士在2008年预算会议上表示,法国政府将在新的一年里继续支持报纸、期刊和视听业的持续发展。

2008年法国政府加大了对报刊业的资助,预算达2.88亿欧元,比2007年增加5%。法国政府希望报刊业实现现代化,无论是发行方面还是制作方面。法国文化部长克里斯蒂娜·阿尔巴娜尔女士指出,"政府支持报刊的自由、独立,使每个公民能获取信息,并保障文化产品的多样性和文化产品在全国的顺畅发行。"

2008年法国视听业的总预算达28亿欧元,比2007年增加3.6%。在法国,视听业涉及法国全国视听研究所、法国电台、法国电视台和有线电视。其中,法国电视台的预算为19.45亿欧元,比2007年增长3.5%;法国电台的预算为5.28亿欧元,同比增加4%;有线电视的预算为2.18亿欧元,同比增长4.2%。

(于平安　编译)

法国参议院建议
采取措施扶持报业发展

　　2007 年 1 月 23 日，法国参议院文化委员会成立了一个工作小组，围绕法国报纸的状况进行调查。同年 10 月，该工作小组向参议院上呈了一份名为"宣布慢性死亡的日报"调研报告。参加调研的参议员在报告中指出："法国政治和大众日报正经历一个困难时期，读者减少、广告收入下降，然而生产成本却在增加。"

　　法国参议员经过数月的调研发现，"法国日报面临危机，已经成为一个盈利较少的载体"。造成日报危机的原因是多方面的，尤其是免费报纸的出现，报业的竞争愈演愈烈。法国参议员在报告结论中提出了五项措施：一是扩大读者人数；二是方便读者看报；三是吸引更多青年读者；四是报业尽早适应数字环境；五是履行记者章程。

扩大读报人数

　　据统计，从 1984 年到 2004 年，法国全国性日报的读者已从 900 万人降到 856 万人，即减少了 2.3％，其中 15～24 岁的读者减少 8.5％，25～35 岁的读者减少 7.2％。不仅全国性日报的读者在老龄化，地方性日报的读者也如此。针对这一情况，法国参议员建议"成立一个 Médiamétirie de la presse，这将是一个独立的协会，其宗旨是采取科学措施，以保证阅读各类报纸的读者人数"。

方便读者看报

法国参议院文化委员会工作小组认为，今后十年有必要完善发行渠道和提高发行质量，"发行工作应该重新焕发活力"。为方便读者买报，建议设立专门的销售点或补充若干销售点。法国参议院的建议已经得到巴黎报刊运输新公司（NMPP）的支持。

吸引更多青年读者

法国参议院文化委员会认为日报应该吸引更多青年读者。为此，该文化委员会建议，在法国中学校园设立报亭以便利学生买报；高中学生可以按各自的需求选定一份日报。

报业尽早适应数字环境

为了使报业尽早适应数字环境，法国参议院文化委员会建议成立一个跨行业多种媒体集团（含纸介质、电子书和互联网等）。法国参议院文化委员会希望在执行反垄断法时更加灵活；出版商使用记者不同类载体编写的文稿要更加尊重作者的权益。

履行记者章程

为了履行记者章程，法国参议院文化委员会建议从积极的角度，保护信息来源。这一措施将由法国司法部长宣布实施。

（于平安　编译）

德国政府为青少年建立安全的互联网络

　　德国政府非常重视青少年网络安全问题，认为："新的媒体无疑给我们的孩子提供了极好的机遇，但对于未成年人应用网络，政府不能失去监控。"

　　"为孩子建立一个安全的网络"已经成为德国政府的目标。2007年11月德国文化部长就此发出了倡议，他认为到目前为止"这样的网络在欧洲尚不存在"。为实施安全的网络计划，每年德国文化部和家庭部将投资150万欧元；德国互联网AOL、德国谷歌和微软将负责网络的建设。德国政府建立安全的网络主要是针对8~14岁的青少年。不允许孩子们进入某些网站，使青少年远离色情、暴力等画面。

　　德国老师和家长可以免费下载一个被称为"Fragfinn"的程序，然后为孩子们安装在计算机的搜索处。在"Fragfinn"的平台上设有一份"白色清单"。清单上会不断补充一些新的网址。德国文化部长讲："孩子们不喜欢被关闭在一个封闭的世界里。"老师和孩子们可以把自己的建议写成帖子直接上网。

（干平安　编译）

海外看中国

英国李约瑟永远爱中国

提起英国的李约瑟博士,恐怕中国科技界无人不知。在李约瑟 1995 年去世后,由他开创的《中国科学技术史》系列丛书到 2008 年已经出到第 24 册。李约瑟对中国科技史的研究,改变了西方世界对中国文明落后的评价。西蒙·温切斯特所著的生动传记《那个热爱中国的人》着重描写了是什么促使李约瑟致力于中国科技史的研究。

除学者外,鲜有人了解这位剑桥导师进行的有关中国科学历史的研究。他改变了西方世界对中国文明落后无望的错误评价。李约瑟于 1995 年去世,至此他已出版了 17 册《中国科学技术史》系列丛书,其中一些完全由他独立完成。

在古登堡将印刷术引进德国前 600 年,中国人业已掌握这项技术。中国建造出第一个利用链条传送动力的装备,领先欧洲人 700 年。他们首先使用指南针,至少一个世纪后世界其他地方才出现相关信息。那么,到了 15 世纪中期这个高度发达的文明为什么突然止步不前了呢?

李约瑟对中国科技史贡献巨大,以至于这一谜题一直被公认为"李约瑟难题"。甚至连中国人都接受这一提法。

西蒙·温切斯特所著的生动传记《那个热爱中国的人》着重描写了是什么促使李约瑟一心扑在这个问题上。1936 年,三名中国助教到他的化学实验室工作。其中来自南京的鲁桂珍开始教授他中文,这激起了李约瑟对中国科技史的兴趣。他经过努力学习成为一名汉学家,之后作为英国科学特使前往重庆工作。

温切斯特先生大量参考了李约瑟的日记,其中有他非传统的生活方式、开明的婚姻、很多的婚外恋情以及他在中国的游历故事。

李约瑟开着他的雪佛兰卡车所到之处其中就有都江堰。2008 年的四川大地震使这个地方遭受重创。在那里，他仔细研究了这一 2 300 年前建造的、受用至今的伟大水利工程。温切斯特说，当时，只有美索不达米亚人在控制河流方面有如此进步。

李约瑟对中国成就的关注自然使他受到当地人的赞许。在被中国共产党推翻前不久，国民党政府曾授予他一项最高荣誉。不过，李约瑟与中国新政府也保持着密切关系。这一颇具争议的关系对他的事业产生了威胁。他参与了中国主导的对朝鲜战争期间美国发动细菌战的调查，在多数人认为这只是苏联和中国编造之谎言的情况下他却坚信不疑，这导致很多西方同仁对他避之不及。

然而，李约瑟所在的剑桥大学康韦尔科斯学院对他不薄，仍然信任他的学识，给了他很大的空间，免去了一般性的学术工作，使得他能够致力于著书立说。

李约瑟从未完全搞清楚中国的发明创造为何干涸。其他学者给出了各自的解释：中世纪帝国时期对官位的一味追逐以及经商阶层的缺乏使其无法形成竞争和自我改进意识；中国相对于欧洲小国的绝对规模，使其无法产生由激烈对抗培育出的科技竞争；以及中国的极权主义，等等。

由于学校里死记硬背的学习方法以及国家对大型企业的控制，"新中国"显然不是培养创新思维的理想之地。然而，中国人还在继续思考李约瑟难题。中国华中地区一所中学的党委书记最近指出，这个问题值得深思，问题的症结就在于中国教育体制对学生性格塑造的失败。**一位前教育部长也提到了李约瑟的悲叹：500 多年来中国未曾产生任何具有全球影响力的观点或者发明创造。**这位官员说，中国贡献的是"和谐"。

李约瑟去世后，《中国科学技术史》的研究编纂工作从未停止。从采矿、农产品加工到林业，很多作者仍继续致力于中国科技史的研究。今年的最新成果是第五卷的第 11 部分，每一部分都是一本书。这次是一本关于钢铁冶金的 512 页大开本书，作者是唐纳德·瓦格纳，该系列的第 24 本。

（岳　月　编译）

中国形象在西方出版界

中国的历史有 5 000 多年，中国是一本永远也读不完的巨著。中国哲学很难解释。可能每个到过中国的人都会这么说。另一方面，恰恰是那些曾经到过中国的人最喜欢做中国的诠释者——毕竟他们不愿任由那些只从千里之外来评价中国的那些人左右公众意见。尤其是那些曾经久居国外的人喜欢在别人问到时大讲自己的传奇经历。

这正是《中国呼唤你》一书最吸引人的地方。作者英戈·尼尔曼在书中让在中国生活的外国人以及久居海外后归国的中国人讲述个人对中国的体会认识，从而构成了一幅中国全景图。恰恰由于书中难免的矛盾之处，从而使它比某些单一的试图解释中国的书显得更能说明问题。

书中采访的有：民主德国驻华使馆最后一任武官（现在北京经营一家德式屠宰场及餐馆）、从幼时开始就坚持用筷子吃饭的瑞典演员、一个可疑的美国投机者及其丈夫、俄罗斯汉学家、将自己中等规模公司迁到中国的一对德国夫妇，还有靠做流动小贩赚到第一桶金、后作为敏感艺术品收藏家在美国隐姓埋名、现在中国南方经营茶场的自力更生的中国人、艺术家艺术家。

孟捷慕：《中国幻想》

对于陈词滥调、错误的期望尤其是华盛顿的政策，孟捷慕大为恼火，此外还有失望。因为他认为，美国政府几十年来就推行这样一种对华政策，它短期内可能有益，但长期肯定有害——不管是对中国人还是美国人来说。他一再强调并警告说，与中国越来越多的贸易不会自然而然地令中国言论更加自由并走向法治国家。他没有就中国未来几年或者几十年能走向哪里进行真正的讨论，而这是他的《中国幻想》一书的核心。持续的专制，这就是孟捷慕预计和担心的，但他认为在华盛顿没人谈论这个问题。

直到 20 世纪 80 年代中期，孟捷慕一直担任《洛杉矶时报》驻京记者站主任。但他是白费口舌，没人想听他的警告。以前没人听，因为美国希望中国在铁幕消除之前作为苏联的制约；今天没人听，因为现在没有任何美国投资者愿意放弃他在中国经济奇迹中的那杯羹。中国为什么对美国经济如此重要？两国间的联系应该如何？中国体制中最关键的问题在哪里？与中国交往的方式有哪些其它选择？孟捷慕没有回答这些问题。

黑尔维希·施密特－格林策：《中国简史》

如果要讲述中国历史该从哪里开始呢？距今 170 万年的元谋人？影响至今的儒家学说？中国第一个皇帝秦始皇？自从 30 多年前秦始皇陵被发现以来，兵马俑再度唤起了人们对中国辉煌历史的痴迷，范围已经超出了学术界。

研究这一历史，在此基础上帮助人们理解今天的中国，汉学家黑尔维希·施密特－格林策打算做的正是这个。毕竟，目前并没有太多尝试能让人们更好地理解中国的发展及其经济繁荣和中国不可阻挡地走向世界大国这一事实。对于只看到现在这个崇拜毛泽东但同时推行资本主义的国家的人，这一切都是抽象和难以理解的。而对远在 1949 年以前就扎下根的传统，社会结构和冲突的了解则会有巨大的帮助。

但施密特－格林策还是将大多数空间给了近代历史。有时略显不足的文字得到了图片的有力补充，并给人以深刻印象。《中国简史》一书是道开胃菜，它令人们有兴趣了解更多，而并非中国历史的泛泛概要。

马克·莱昂纳德：《中国在想什么?》

马克·莱昂纳德本打算作一次短暂的资料搜集之旅。在北京，这位欧洲外交事务委员会执行主任希望对中国思想库的概况进行大致的了解。但第一站就令他开了眼界：中国社科院副院长王洛林接待了他，并介绍说，该机构的 50 个研究所里有 4 000 人在对 250 个学科进行研究。

莱昂纳德的短途旅行变成了一个使命。这位英国人说，如果中国唯一思想库的人员就已经超过欧洲全部思想库的总数，那我们就应当尽可能地研究中国人的想法。莱昂纳德对中国经济、社会学的思想流派进行了研究，撰写了一本在最近出版潮中可谓令人赞叹的书——《中国在想什么？》。目前该书只有英文版本，但它彻底颠覆了我们对中国的看法。

花久志:《中国不是邪恶帝国》

与中国打交道哪种外交战略是正确的？我们该公开批评中国领导人的毛病吗？或者最好还是实际地拥抱共产党——希望中国靠自己的力量一跃成为民主社会？眼下，曾任《时代》周报兼《德国日报》驻京记者的花久志为第二种选择提供了至关重要的辩护词。

在其挑衅性的《中国不是邪恶帝国》一书中，他批评了西方在对待中国时的过分刚愎自用和狂妄自大——相反，他要求尊重中国领导人所作出的大量转型工作。花久志写道，一个国家的社会关系紧张如此严重、民族差异如此之大、而且改革任务还未完成，但它却很大程度上实现了无冲突发展，这近乎一个奇迹。尽管各种晦气话不断，但共产党30年来一直"致力于建立中国历史上首个现代的经济发达的法治国家"。

相关链接

与中国有关的十本畅销书

1.《中国饮食研究：最新营养研究大全》 科林·坎贝尔 托马斯·M.坎贝尔

2.《那个热爱中国的人》 西蒙·温切斯特

3.《中国牛市》 吉姆·罗杰斯

4.《丰饶之道》 倪道士 达纳·赫科

5.《天国之人》 恽兄 保罗·查塔韦

6.《中国〈孤单星球指南〉》 达明·哈珀

7.《野天鹅》 张戎

8.《不育治疗》 兰迪内·刘易斯

9.《幸运饼记事》 珍妮弗·B.李

10.《中国烟花：如何从全球最快的经济增长中获得大量财富》 罗伯特·徐

（雪 莲 编译）

孔子学院与中国文化走出去

一个国家的现代化，不仅是经济的现代化，还包括与经济发展相适应的思想观念和文化的现代化。

诞生由来和发展概况

进入 21 世纪后，中国的综合国力与国际地位日益提高，这为汉语的国际推广提供了难得的战略机遇，也对对外汉语教学提出了更高的要求。1987 年，中国政府成立了"国家对外汉语教学领导小组"，简称"汉办"。在其积极的运作和努力下，中国政府适时地推出了在世界各地成立推广汉语文化的桥梁——孔子学院的计划。2004 年 11 月 21 日，全球第一所孔子学院在韩国首都首尔正式挂牌成立。

孔子学院是在借鉴国外有关机构推广本民族语言经验的基础上（如法国的"法语联盟"和德国的"歌德学院"），在海外设立的以教授汉语和传播中国文化为宗旨的非营利性公益机构。孔子学院最重要的一项工作就是给世界各地的汉语学习者提供规范、权威的现代汉语教材；提供最正规、最主要的汉语教学渠道。

全球第一所孔子学院在韩国首尔成立绝非偶然。事实上，韩国流行"汉语热"，据介绍，目前韩国的一百多所大学有中国语学或中国语系，各类在校生学习汉语的达到 16 万多人。而从亚洲韩国开始，孔子学院迅速在欧洲、美洲、非洲、大洋洲的 60 多个国家和地区落户，并结合当地特色，成立了 210 余所孔子学院（2007 年官方统计数字）。

中国向世界敞开的一扇窗户

孔子学院建设绝大多数采用中外合作的方式,内容涉及各层次汉语教学、汉语师资培训、汉语考试和辅导、汉语比赛、来华留学咨询、当代中国介绍、中国文化体验和对华商贸知识等。孔子学院除了要提供日常的汉语教学之外,还要结合当地的情况,适时满足海外华人和外国友人想了解中国的各种需要。例如,有人打算去中国旅游,就会先到孔子学院来问问,应该去哪些地方,那些地方有什么特色;公司委派员工去中国出差,就会找到孔子学院,请求派老师给员工教授简单的日常用语,讲讲中国的风俗习惯,有什么忌讳;有人买了中国商品,看不懂说明书,也到孔子学院来问个明白,等等。作为中国向世界敞开的一扇窗口,各地孔子学院在教授汉语之外,还做了大量民俗和文化介绍的工作,如举办中国电影周、中国文化节。在中国的传统节日举办联欢会,直观地介绍中国社会的现状和中国的民俗文化。

未来会走得更远更好

继20世纪70年代的汉语热后,时下,又一轮"汉语热"在全球方兴未艾。方块字连同她的神秘魅力,在世界舞台上活跃绽放。汉语在一夜之间似乎与最复杂、最难掌握的外壳脱离,吸引着各国不同肤色的人们投入其中。2008年北京奥运会的成功举办,使世界上更多的人热衷于了解和传播汉语文化,古老的华夏民族又重新站到了时代的最前沿。孔子学院,作为连接中西文化交流的桥梁,承担起重要的历史使命,不仅要传播和弘扬中国传统文化,而且对海外华人以及华裔的汉文化教育,也肩负着不可推卸的责任。

（欧丽娜　编写）

孔老夫子又回来了

据日本媒体报道,中国出版界兴起了"儒经出版热",北京奥运会的开幕式好像是孔子学说的现代诠释,中国出现了儒教等传统文化复兴的动向。许多官员也重视传统文化,把孔子的一些思想作为指导理论。因为随着经济发展,人们开始追求心灵的充实。就连 2007 年访问中国的福田康夫首相,也专程访问孔子的故乡,接触由儒教传递来的日中共同价值观。

《论语》等书籍热销

"借人物,及时还"——位于北京中心地带、祭祀孔子的孔庙内,一些孩子在高声朗读儒家基本教义《弟子规》。

六年前,孔庙内开设了成贤国学馆,先后约有 600 名 3～12 岁的孩子在此学习儒教思想等国粹。他们像孔子的弟子一样,身穿传统服装汉服,坐在矮桌旁听讲。除《论语》、《大学》外,他们还学习唐诗、书法、中医、剪纸、京剧等等。

7 岁的刘姓小朋友能够背诵《孝经》的大部分内容,他说,"我非常喜欢国学,每天晚上睡前都要听录音。"11 岁的王姓小朋友说,"孔子是中国人的骄傲,希望他的思想能流传下去。"

成贤国学馆馆长纪捷晶指出,"随着北京奥运会的举行,民众学习中国优秀文化并将其展示给海外朋友的意识增强。"

现在,不少学校教育课程中也开设国学,《论语》相关书籍热销,而且中秋、清明等传统节日也被定为法定节日。

孔家、国家都兴旺

在孔子故乡山东省曲阜市，有儒教的圣地孔庙。

它是在孔子去世的第二年建造的，但在"文化大革命"后期的"批林批孔"运动中成为破除四旧的对象。造反派闯入孔庙，捣毁了历代皇帝拜谒孔庙时所立石碑。现有的大多数石碑都是用水泥黏合修复的。

曲阜的 63 万人口中，每 4 个人就有 1 人姓孔。当时孔子的后代被戴上三角帽拉到街上接受批斗。孔庙里的孔子石像也被东拉西拽，最后被毁坏。孔子本人和后人的墓地被掘，其后裔还被暴尸，孔子家族被彻底践踏。

孔子得以迅速恢复地位是在最近一些年。孔子的 76 代孙孔令周介绍说，"中国现在提出的和谐社会和以人为本，源自孔子倡导的'仁'、'义'思想，是中央重视儒教的表现。"

孔家一族每年 9 月举行的孔子诞辰祭祀仪式从 2004 年开始升格为政府主办的国际性活动，曲阜也成为每年有 600 万人参观访问的旅游大市。孔令周感叹道："艰难的过去已经结束，中国进入了新时代。"

古为今用看夫子

据法国媒体报道，中国人衣食足就要兴礼仪，自然开始重新崇拜孔子。

北京西北 30 多公里外的一个小镇有一所看似普通的小学。只有走到紧闭的门前，才看到门檐下挂着的牌子：四海孔子书院。很显然，这里的负责人希望保持低调。冯先生 40 多岁，笑眯眯的，很有教养，在出版部门工作 15 年后，决定冒险建立这所学校。他本人出生在河南和安徽交界的一个贫困地区，曾在中国人民大学学习三年，后来专心于哲学著作的翻译。1998 年有一次逗留香港，他发现了孔子。

冯坦率地说："我决定为中国年轻人的教育做点什么。我们几代人学的都是从西方引进的价值观，丢掉了我们自己的根。而这些导致了我们的自卑感。只有通过发现我们自己的文化，我们才能恢复自信。而且孔子是全人类的，他不是神而是一位智者，他的思考非常适合我们这个充满变化的时代。"

很多资助者和北京一家很有名的素菜馆都向学校捐资。和其他私立学校相比，学费（每年 3 000 欧元）还是合理的。学校并非以赚钱为目的。冯先生有一种使命感，他说："今天的家长工作繁重，只能把教育孩子的任务交给保姆或者自己的父母，而这些人可以说是文化水平较低的。我们的孩子穿得干净吃得很好，但是脑袋空空！"

四海孔子书院的教育方式非常激进。教学分三个阶段,每三年为一阶段:3～6岁的孩子必须背熟古诗文,重复背诵上百遍,不用理解意思。6～9岁的孩子仍读同样的古诗文,并且开始试着翻译成白话。最后一个阶段,少年们开始将古文经典理解消化成自己的东西。孩子们不学数学也不学科学,学校不教授任何现代科目,只有16～18世纪的英国古典文学会反复讲授。学校校长认为,经过这样的教育,学生们到时候不会有任何障碍,会很快掌握新知识。这种教学方式显然与教育部的教学方针大相径庭。政府发言人公开对此表示震惊,因为这种教学计划与小学义务教育大纲相去甚远。

不过最让人担心的是孩子们的学习环境。为了维持一个"宁静的环境",学生们慢慢地和外部世界隔绝。孩子们在6岁前可以每周回家一次,6岁到9岁只能每月回家一次,然后是每年回家两次。假期都在附近的军训营里度过,孩子们要学习中国功夫,吃饭(素食)的时候不准说话,要集中注意力听古琴,以便渐入禅境。

这种实验教学会有什么后果? 这些孩子一旦走出校门能够融入现实生活吗? 冯承认他也不知道,他只是强调他有信心:他自己8岁的女儿也在这里念书。有20%的学生学了几个月就放弃了。但是2004年以来,中国已经有上百家孔子学校开课。并不是所有学校都这么激进,不过这些学校的出现反映出20世纪六七十年代出生的家长们对如何教育他们的孩子产生了越来越多的疑问。他们对学费、从幼儿园就开始的可怕竞争、死记硬背重于创新的教育模式都感到担心。

这种复古的教育模式直接或间接影响到近千万孩子(他们都上过国家教学计划之外的付费课程),因而提出一个重要问题:在当今全球化的时代,他们想传授什么样的文化特性?

(韦锦官　编译)

《狼图腾》与中国出版"走出去"

2004 年，一部以狼为叙事主体的小说《狼图腾》给我国书市注入了活力。这部由中国作家姜戎创作的小说，自 2004 年 4 月由湖北长江出版集团下属的长江文艺出版社出版后，连续 16 个月高居国内畅销书榜前三甲，成为国内原创小说榜第一名。截至 2007 年 8 月，该书销量已突破 200 万册。

《狼图腾》不仅在国内引起各阶层读者的阅读兴趣和思考，同时，在国际上也引起越来越多的出版机构的重视。自 2005 年世界上最大的出版机构培生教育出版集团下属的企鹅出版集团购买了该小说的英文版权后，截至目前，全球已有 26 种语言引进了《狼图腾》的版权，预付的版税逾 110 万美元。《狼图腾》的法文版已经售出，韩文版即将面世，德文版和日文版以及其他小语种也正在洽谈中。西方主流媒体《时代》周刊、《泰晤士报》、《意大利邮报》、《南德意志报》纷纷给予报道和评论，认为该书通过蒙古草原狼的精彩故事，反映了人与自然和谐相处的环保意识和游牧文化与农耕文化的差异。

目前这本史诗般的小说即将进入英语国家。由《狼图腾》掀起的"中国狼热"在我国当前版权贸易总体呈逆差的形势下，无疑具有特殊意义。

企鹅集团：狼是可以承载全人类共同语言的动物

《狼图腾》是一部由几十个有机连贯的"狼故事"构成的小说，讲述了 20 世纪六七十年代蒙古草原游牧民族的生活，以及游牧民族在草原上与狼之间的感人故事。企鹅集团亚洲区总裁皮特·费尔德表示，与具有鲜明中国特色题材的图书往往受到西方青睐不同,此次企鹅选中《狼图腾》恰恰是缘于它的全球性。"企鹅集团一直在中国寻找一部既有鲜明中国文化特点,又有美妙故事的小说作品,幸运的是我们找到了《狼图腾》,找到了'狼',这个可以承载全人类共同语言的动物。"他认为,《狼图腾》是一个没有文化差异的动物的故事,人与动物如何相处、如何解决农耕文明与游牧文明的冲突等,是全世界都在关注的。

中国国内版权代理现状

20 世纪 80 年代以来,我国图书版权输入、输出比例长期徘徊在 10∶1 左右,版税平均保持在 6%～7% 之间。2007 年版权输出仅为 800 余项,而且 80% 以上集中在中国台湾、中国香港、日本等亚洲地区,向英语世界的输出极为有限。

而此次《狼图腾》的英文版权输出,不仅获得了 10 万美元的预付款,此外,10% 的版税收入也创下了我国图书版权贸易版税收入的最高值,可以说这在中国版权贸易史上是极为罕见的。尤其是文艺类图书方面,只有余华、莫言等少数几位当代作家的作品可以输出到西方世界,向英语国家的版权输出也主要集中在中医、按摩、风水、食疗以及其他介绍中国传统文化和旅游类图书。平均版税在 6% 左右,比较高的销量仅为 3 000 册左右。《狼图腾》创造了中国出版产业的一大奇迹。

长江文艺出版社法人代表、副社长方平说,我国版权输出多输往港澳台地区,输往欧美地区比较困难,这主要是因为与港澳台地区文化相通、语言相通。湖北的版权输出情况在国内算是比较好的,但情况也不乐观。以长江文艺出版社为例,2004 年引进版权的图书有 17 种,而输出版权的只有 2 种,均输出到我国的台湾地区。

我国图书版权输出量少价低,而引进的不仅数量大,而且价格很高。方平说,我们引进的图书版权一般都在数万美元,而输出的图书大多数是 1 000 美元左右。20 世纪 90 年代,长江文艺出版社出版的《圣贤人生》系列丛书 26 本,输出到台湾,价钱被认为是很不错的,版权转让费为 30 万元人民币,平均每本的版权转让费仅有 1 000 多美元。而最近引进韩国《火鸟》的中文版权,转让费是 2 万美元。有些引进的图书由于营销不佳,还不够支付版权转让费。

在我国,本应承担起版权输出主要责任的版权代理公司,除了北京、广西、福建等少数几家经营尚可外,大多数并未建立起公司机制,市场意识薄弱,名存实亡。方平说,国内图书版权输出有限,而引进图书版权的工作主要是出版社自己联系,大部分版权代理机构没有多少业务做。出版社大多提倡编辑直接找作者、出版社联系购买版权,省去了许多中间环节,也降低了成本。

加强图书版权输出任重道远

近年来，国际出版巨头已开始注意到中国作家的作品。在 2007 年举行的北京国际出版论坛上，兰登书屋主席兼总裁彼得·奥尔森说，"中国的新秀作家大多数尚未在世界范围内找到出版机会。目前世界范围内的畅销书主要由英文作者创作。"而西方一些批评家认为，美国对其他国家的文化领导地位和文学影响在上个世纪已经达到巅峰。因此，21 世纪亚洲作者，尤其是中国作者可能崛起，从而成为全球图书内容的最大源泉。

企鹅集团亚洲区总裁皮特·费尔德也认为，全世界的读者都期望能了解创造了经济奇迹的中国文化，特别是 2007～2008 年奥运会期间，是一个中国年，这给中国图书版权输出提供了难得的机遇。

但我国图书版权输出仍面临着一系列的困难和问题。如东西文化的差距、语言沟通的困难，寻找中文翻译的难度大、成本高，缺乏有效的宣传、包装和营销手段，都是中文图书输出难以跨越的障碍。"西方文化"在全球文化占有"主流地位"，对我们的文化存在歧视和偏见，很多文化观念难以被西方社会，尤其是主流社会接受。

《狼图腾》的策划安波舜说，与有些出版单位在版权交易会上寻找机会，依赖版权代理公司的方式不同的是，《狼图腾》请熟悉中国文化和英语的人撰写书评，争取刊登在西方世界的主流报刊上，以吸引国外出版商的注意。当时，多家海外出版机构和版权代理机构都曾与长江文艺出版社进行过洽谈，经过对比才最终敲定与企鹅出版社合作，这也是此书版税可以创纪录的原因之一。他认为，中国作家只要真正关心人类共同的话题，人类的终极关怀，就可能走向世界，并得到世界的关注。

方平说，对外输出图书版权是向外国主流社会宣传中华文化的有效手段之一，国家应采取通过设立专业基金补偿、免税等措施，对输出版权的单位给予一定的补偿，以鼓励输出好的精神产品。另外，我国的新闻出版总署、教育部、科技部等部门都有各自的版权贸易机构，这些版权贸易机构间应加强资源整合，促进合作与交流，使我国的版权对外输出工作迈上新台阶。新闻媒体也应在文化产品的宣传方面做好工作，为文化产品的营销做出应有的贡献。

（欧丽娜　编写）

《〈论语〉心得》与中国出版"走出去"

　　一本精致的小书,在短短的 15 个月内,在中国大陆销售量高达 460 万册。一位美丽的女教授,被西方媒体称为"The Beauty Professor",洋洋洒洒数万言,诠释了一个古老的经典,并把它展示在世界面前。一家有着近百年历史的出版社,在从未有过向欧美国家输出版权经验的情况下,勇于探索,使这本精致的小书,不仅受到欧美知名大出版公司的青睐,而且成功输出全球英文版权,引起世界瞩目。

　　虽然有来自学界的批评,但丝毫不能阻止这本书盘踞在全国的图书销售排行榜上。让我们来看一下中华书局出版的《于丹〈论语〉心得》自 2006 年 11 月上市以来创造的一系列纪录:

　　2006 年 11 月 26 日,中关村图书大厦新书首发式暨签售仪式上,当天店面零售1.36 万册,于丹签售 1.06 万册,创下新中国成立以来图书史上单店单品种零售和现场签售的新纪录。

　　自 2006 年 11 月至 2007 年 1 月底,共在上海、南京、杭州、广州、天津、石家庄、沈阳、西安等地签售 18 场,签售 3.6 万册,举办讲座和比较正式的读者见面会 8场,走过 15 座城市,得到当地媒体的高度关注和读者热烈欢迎。

　　从 2006 年图书首发以来,截至 2007 年 2 月,销售量达到 230 万册,在如此短的时期内达到如此销售量的大众图书,几乎是一个奇迹;书一经上市,一直居于各地书店销售排行榜的榜首。

　　2007 年 1 月,该书繁体字版落户台湾联经出版有限公司。5 月,在台北隆重上市,当月即两次重印,现已销售四万余册。

　　2007 年 2 月,该书韩文版落户韩国恒富出版社。4 月,韩文版正式发行,首印

4 000册售罄。韩国画家还为该书增配了全新插图。

2007年5月，日本讲谈社与中华书局签订《于丹〈论语〉心得》日文版出版协议。2008年1月，日文版《论语力》面世。首印万册，当月售罄。

而今，《于丹〈论语〉心得》再次创造了新中国图书版权贸易史上的奇迹：英国著名出版行业杂志《书商》在最近出版的一期的显著位置上，刊登了英国麦克米伦出版公司以十万英镑买下中华书局《于丹〈论语〉心得》全球英文版权的消息。十万英镑的版权交易额打破了2005年企鹅出版公司购买《狼图腾》时十万美元的中文版权输出纪录，并使于丹成为中国内地作品海外版权价格最高的作家。2009年，麦克米伦将出版该书的英文版，另外，美国、加拿大、意大利、法国、德国、荷兰、巴西等国的出版公司也已分别购买了该书在本国的出版权。葡萄牙、西班牙、以色列、冰岛、瑞典、挪威以及芬兰的出版公司也表达了引进该书版权的愿望。

一本不厚的小书成功地打入欧美市场，这不仅对于中国的图书出版业而言是历史性的突破，即使在世界图书贸易史上也堪称经典案例。对于《于丹〈论语〉心得》大家一致的看法是，这是一本"很中国"的图书，它融中国哲学、历史、文化于一体，是于丹对《论语》的个性解读，与千千万万当代中国人分享经典对于现代生活的启示。而把这本"很中国"的书成功推介给国际市场，中华书局以及有关工作人员付出了极大的努力。在经过撒网式的推广、北京国际图书博览会的重点宣传、寻求国际专业代理公司、多轮反复谈判后，中华书局圈定了三家国际代理公司并最终与麦克米伦达成协议，成功输出版权。在艰苦卓绝的谈判过程中，有一个细节需要引起大家注意：为避免美元贬值而带来不必要的经济损失，按照国际惯例，可以要求外国出版方以欧元或英镑支付版税，中华书局提出以英镑作为支付货币，在当今我国图书贸易引进大于输出，在谈判时国内出版社总体处于劣势，基本以国外出版方报价为主的情况下，这可以说是中国图书输出版权颇为扬眉吐气的时刻。

在国外知名网站的主页上，"中国版的'心灵鸡汤'——《于丹〈论语〉心得》"被放在显著位置上，这表明中国图书版权贸易再次迈出了坚实的步伐。

（欧丽娜　编写）

指导在华经商的图书走红世界

据英国媒体报道,随着中国经济的发展,GTP 的持续走高,北京奥运会的即将召开,打算到中国来经商的外国人风起云涌。而经过 30 年改革开放磨炼的中国,也有本钱抬高外资进入的门槛。这样,在国外出版界,指导在华经商的图书越发走红。

近些年来,有关中国的商业类图书频频出版,好像是某些国家的某些秘密工厂在不断炮制。这些大规模生产的读物铺天盖地,而真正根据在中国生活经历编写的又屈指可数,其中的好书需要"大海捞针"。

因此,像《驾驭龙》(皇冠出版社出版)这种书便显得难能可贵,这是杰克·佩尔科夫斯基在中国经营汽车零配件公司——亚新科公司将近 13 年的故事,也是在中国艰辛创业的第一手资料。佩尔科夫斯基以前的同事,蒂姆·克利索尔德在 2004 年那本引人入胜的《中国通》中已经讲述了亚新科怎么被中国合作者骗走了上百万美元。但佩尔科夫斯基没有放弃,这本体现了作者睿智及乐观的记录应该成为每一位在华创业者的必备读物。佩尔科夫斯基的书面面俱到——从需要培养(并且听从)当地管理者,到地方政府在和中央的关系中处干相对重要地位,等等。最重要的是,外国人千万不能回避趋于白热化的当地市场竞争,因为今天中国的商品价格就是明天的全球价格。

这也是《中国价格》(企鹅出版社出版)的主要内容。作者亚历山德拉·哈尼曾任英国《金融时报》驻珠江三角洲记者,她走访了中国数十家工厂,和工厂主、工人及西方购买者进行交谈。她的书充满当地色彩,读者几乎能闻到车间弥漫的汗味。但是哈尼总结说西方的廉价商品以中国工人受到的剥削为代价,这一预料之中的结论不免有些幼稚。因为她完全无视数以百万计的人为摆脱农村的苦难,涌入广东工厂过上相对富裕生活的现实。

《小心龙》(多伊奇公司出版)同样传递出阴郁的讯息。作者埃里克·杜尔施米德是一名资深战地记者,他概述了中国1000年的历史,从成吉思汗到朝鲜战争,看到的只有苦难和屠戮。他在书中武断地认为,未来中国还会引发更多动荡,尽管还不好说:是中国会攻打日本这样的对手,挑起贸易战争再升级为实际战争;还是仅仅出现国内剧变,将其他国家卷入其中。与此同时,他也不得不承认中国正在成为世界的贸易中心之一,商机无限。

在中国能否和平崛起为超级大国的问题上,新罕布什尔州达特茅斯学院教授康灿雄给出了更令人安心的观点。他在《中国崛起》(哥伦比亚大学出版社出版)一书中颇具说服力地论证了虽然大国崛起势必要破坏稳定,但1978年以来中国经济腾飞奠定了东亚繁荣的基础——而且大多数东亚国家更希望看到一个强大的、而不是衰弱的中国。康教授在该书中预测到,即便是日本和美国都会及时接受这一现实。

对于研究中国的外国人而言,有两本自称提供了最宝贵资料的书恰恰乏善可陈。曾以“环球投资旅行者”身份声名鹊起的吉姆·罗杰斯撰写的《中国牛市》(兰多姆出版公司和威利父子公司分别出版)、伯顿·马尔基尔与帕特里夏·泰勒合作撰写的《从华尔街到长城》(诺顿出版公司出版)都声称能帮助读者从中国的繁荣中获利。但是他们仅凭内地资产的利弊就给予指导未免太过草率,而且罗杰斯在介绍个人股份时的浅尝辄止对美国读者似乎完全不负责任。如果需要证明中国的股市泡沫,这本书就是证据——还有许多关于中国的图书也是。

总之,中国的人多,中国的事情复杂,要想写好中国,写出真实的中国,给外国人在华经商以正确的指导,最好像《驾驭龙》的作者一样,在中国工作、生活几年或十几年。

(岳 月 编译)

好莱坞大片:中国照样可以拒之门外

美国没事总喜欢找中国的"碴",而中国往往一忍再忍,委曲求全。然而,忍让总是有限度的。2007年上半年,美国毫无道理地在世贸组织对中国提出知识产权诉讼。那么对不起,中国只好采取行动了。2007年12月,一些好莱坞高管和美国政府官员对外宣称,中国已经停止向影院发放上映美国影片的许可,中美显然出现了贸易纠纷。

这几位不愿意透露姓名的官员说,中国政府没有宣布任何禁令,但美国影片不再获准于2008年年初在中国上映。这些官员说,中国政府采取这一行动或许是为报复美国2007年4月在世贸组织对中国提出知识产权诉讼。美国起诉的目的是迫使中国更加严厉地实施知识产权保护法,以便美国公司进入中国市场。

美国政府官员说,他们(2007年12月)在北京举行的经济谈判中提出禁止或暂停发放电影许可的问题,但他们没有说中国方面作何反应。美国官员说,中国领导人对美国2007年早些时候提起知识产权诉讼表示强烈不满。但是,中国政府没有公开宣布禁止或暂停美国影片在中国放映。

中国对在国内放映的外国影片已经有所限制,每年大约20部。但好莱坞一直在敦促中国放宽限制。在这里放映的影片还必须通过中国方面的审查,而且经常被严重删节。

中国或许也要采取措施保护自己的电影业。外国电影(多数来自美国)通常占中国票房收入近一半。2006年,中国票房总收入超过3.5亿美元。好莱坞大制作《变形金刚》是2007年中国票房的冠军。但是,12月留给了中国电影,所以从那时到现在中国影院里放映的美国影片极少。以《集结号》为首的一批中国产电影走红中国影院。

好莱坞高管说，近一段时间，他们试图递上一些片子，希望 2008 年上半年放映；但要么是影片遭到拒绝，要么是他们的申请遭到忽视或拖延。

一位高管说："并不是说他们不批准，只是你得不到任何说法。"

索尼影像娱乐公司、华纳兄弟影片公司和迪斯尼公司这三大公司都拒绝对此发表评论。

美国电影协会一直在向中国施压，要求获得更多进入中国市场的机会，同时敦促中国加强知识产权保护执法力度。

中美双方现在存在多项纠纷，涉及货币改革、食品安全和中方贸易顺差等问题。这场有关电影的贸易纠纷只是其中之一。中国人担心的问题包括，美国和欧盟可能要采取措施加强贸易保护，以降低贸易赤字。

知识产权也是争论的主要问题。2007 年 4 月，美国贸易代表办公室向世贸组织提起有关知识产权和市场准入的诉讼，内容涉及书籍、音乐、电影和其他商品的创作者和制作者。

这些商品中最受人瞩目的是美国影片，这些影片在中国影院很受欢迎，但在多数大城市也有盗版 DVD，特别是那些从未在中国公映的片子。2007 年美国提起诉讼后，中方官员指出，这对两国合作无益。

中方官员说，他们已经采取有力手段打击盗版，2006 年销毁假冒商品 7 000 多万件，2007 年销毁假冒商品的数量又超过 2006 年。有目共睹，在 2008 的"奥运年"里，打击盗版更是空前地加大了力度。中国在负责任地坚持不懈地打击盗版活动，美国却在背后"捅刀子"，很不够朋友，没有了"山姆大叔"的气度。人不犯我，我不犯人；人若犯我，我必犯人。毛泽东主席的话什么时候都管用。

（岳　月　编译）

主宾国→中文图书走出去→在法国大受欢迎

　　"走出去"的图书,从翻译到出版,一般都有比较长的周期。但是,从中文图书之于法国的情况来看,这种周期正在缩短。

　　2006 年法国图书出版业形势大好,共出版或再版图书 57 728 种,比 2005 年增加 8%,其中翻译图书 8 248 种,占图书出版总量的 14.4%。然而,翻译图书的出版数量下降了 3%,几乎涉及到所有的语种,但是汉语图书却增加了 47%,东欧国家语言图书增加了 29%,阿拉伯语图书增加了 6%,英语图书只增加了 1%。汉语图书快速进入法国,得益于在 2005 年 9 月北京国际图书博览会上法国作为主宾国的创意。2006 年法国共出版了 103 种汉语图书,而 2005 年只有 70 种。

　　法国出版四分之三的小说为译作　翻译小说依然是法国销售量最大的领域,占翻译图书出版总量的 41.4%。与其他翻译图书不同的是,2006 年翻译小说增加了 5%,当然英语仍然占据首位,因为英国、美国、澳大利亚,甚至印度作家都用英语写作,四分之三的翻译小说是从英语翻译过来的。不过,从汉语、德语、意大利语、西班牙语和东欧国家语言翻译过来的小说也增加很快,但是诸如从俄语、葡萄牙语等其他语言翻译过来的小说明显减少。

　　人文和社会科学翻译图书名列翻译图书的第二位,法国翻译的人文和社会科学图书占法国人文和社会科学图书的总量不足 7%,但翻译的哲学图书却占 14.4%,各出版社不仅喜欢英语的哲学图书,而且还喜欢德语和意大利语的哲学图书,2006 年意大利语宗教图书和传记与自传图书分别比 2005 年增加了 16.1% 和 10%。

　　连环画翻译图书名列第二位　小说之后,连环画图书是翻译最多的外语图书,占翻译图书总量的 19.1%。在该类图书中,亚洲的漫画约占五分之一,2006 年共翻译出版了 82 种,而英语的连环画只占 2.2%。2006 年,日本的漫画占翻译连环画的 59.1%,韩国的漫画占 17.3%。

青少年类图书的翻译量也很大,占翻译图书总量的 16.5%。另外,科幻图书占翻译图书总量的 19.7%,文献图书占 11.7%,励志图书占 10.3%。

2006 年,其他各类翻译图书占该类图书出版总量的比例是:艺术类图书占 10.1%,雕塑和造型艺术图书占 11.6%,绘画和书画艺术图书占 12.2%,摄影图书占 11.0%,实用图书占 8.9%,其中卫生和营养学图书占 10.0%,园艺图书占 10.2%,宠物图书占 21.8%,烹饪和美食图书占 7.1%,旅游图书占 7.6%。

按照文种排列分,前几位的是英语、德语、日语、意大利语、西班牙语和韩语。俄语已从 2005 年第 7 位降到 2006 年的第 9 位,而汉语则从 2005 年的第 11 位升到 2006 年的第 8 位。葡萄牙语从第 10 位降到第 13 位。

2006 年各文种在法国翻译图书中所占比例表

	翻译图书总数			其中小说		
	2005 年	2006 年	增减	2005 年	2006 年	增减
英语	4 937	5 005	1%	2 343	2 503	7%
德语	612	582	−5%	111	134	21%
日语	557	495	−11%	35	34	−3%
意大利语	446	414	−7%	95	108	14%
西班牙语	289	277	−4%	115	133	16%
韩语	182	146	−20%	13	7	−46%
斯堪的纳维亚语	123	118	−4%	76	70	−8%
汉语	70	103	47%	24	37	54%
俄语	151	99	−34%	77	44	−43%
东欧国家语言	65	84	29%	38	43	13%
荷兰语	86	81	−6%	22	19	−14%
阿拉伯语	54	57	6%	16	16	0%
葡萄牙语	82	48	−41%	41	25	−39%
波兰语	22	20	−9%	5	8	60%
其他	836	755	−10%	162	136	−16%
总计	8 512	8 285	−3%	3 173	3 317	5%

（张林初　编译）

国外关注中国"80后"作家

据日本媒体报道,中国"80后"作家如雨后春笋般涌现出来,给中国出版业带来了生机与活力。"80后"作家在受到无数读者"粉丝"追捧的同时,更受到中国出版界的青睐,不少出版社把"80后"作家作为"招牌写手"或"当家花旦"。

那些被称为"80后"的20世纪80年代出生的年轻作家迅速崛起。生在改革开放年代,长于"计划生育"政策之下的他们,受到比他们年纪更小的读者的狂热支持。随着市场经济在中国的深化,他们的影响力与日俱增。

"80后"的代表、24岁的郭敬明已经在中国的上海创办了自己的工作室。在中国迅猛发展的背景下出生和成长的这些年轻人,他们眼中的世界与上一辈有着天壤之别。郭敬明现在已经成为中国女高中生的偶像。甚至他的一口标准帅哥式的洁白牙齿也迷倒好多人。

青春期的友情、爱情、痛苦、愤懑和怒吼,还有独生子女特有的孤独,都是"80后"作品中必不可少的元素,而且成为了他们作品的独特风格。现在,只要"80后"有新作品问世,一般都会成为畅销书。签售会也必然会引来成百上千狂热的"粉丝"。这更让中国的出版人喜不自禁。

目前,在中国耳熟能详的"80后",在商业上也是成功的。郭敬明主编的《最小说》杂志,因刊登"80后"乃至"90后"小说家的作品一举成名,现在成为了发行量约50万份的人气杂志。最近,郭敬明又创造了外形小巧、便于携带的"普客"书(Pook:由pocket book变化而来),成为中国市场经济时代图书出版界的一位"旗手"。

2007年,郭敬明还登上了作家富豪排行榜首富的位置,并与其他几位"80后"

作家一同被吸收进了中国共产党领导下的中国作家协会。看来，中国官方是要把这些极具市场号召力的"80后"纳入到自己的体系当中来。

25岁的女作家张悦然，也是进入作协的"80后"作家代表人物。她的写作功力得到了极高的评价。张悦然说，我们这代人的特征就是自由地表达以自我为中心，不过多强调社会责任感。张悦然用自己的方式描写自己的生活，引起了很多同龄人的共鸣，她也因此活得充实。社会瞬息万变，他们的作品从未带有试图影响他人世界观的目的。

中国的文艺评论家们指出："80后"没有经历过改革开放之前的物资紧缺。对他们来说，政治和历史那些大题目，并不是什么突出的问题。今后，"80后"如何与他们的同龄人一同成长？如何才能被更广泛年龄层的读者接受？期待"80后"作家能作为中国文坛的生力军，薪火传承，将中国文学发扬光大。

作者与读者互动，文学创作与文学评论水涨船高，这是中国出版界最愿意看到的局面。

（李文清　编译）

中国《人民日报》也出版手机报了

据美国媒体报道，或许是为了深化改革，为了增强竞争力，为了更加显示权威性，大陆中国的第一大报纸——《人民日报》，终于放下高贵的架子，与高科技亲近，也推出了手机报。尽管在此之前，中国的一些报纸和杂志相继尝试着推出手机报和手机杂志，但人民日报社出版手机报，仍具有很强的"导向"作用，势必刺激和带动大陆中国其他主流报刊的积极跟进。

2007年12月，人民日报社与中国联通公司合作，推出自己的第一份手机报。据悉，该手机报主要内容以《人民日报》报系资源为依托，不是以彩信手机报的形式发送，而是基于中国联通BREW平台，其信息容量更大，但占用手机内存空间小。BREW是基于CDMA网络的基本平台，它提供的功能环境就好像电脑上的操作系统一样。

据介绍，该手机报"现在是每天早上发送一次，以后可能还会有晚报"。该手机报服务目前仅面向中国联通旗下CDMA网的用户，以后还会扩大到旗下GSM网用户。

相关链接

中国央视《新闻联播》出现新人

据埃菲社报道，"改革"改到了大陆中国央视的《新闻联播》。作为全世界收视率最高的电视新闻节目,中国中央电视台每天 19 点播出、并同时被各地方电视台转播的《新闻联播》节目起用新的年轻主持人,以改变其过去在百姓心目中"沉闷"和"带有宣传色彩"的形象。

《新闻联播》节目的观众约有 1.4 亿人。为了迎合如此庞大的收视群体,2007年,央视尝试起用了笑容可掬的具备评述时事能力的年轻主持人。

对此,分析家们认为这是一个良好的开端,有助于平息人们对这档已经播放了近 30 年的电视新闻节目的某些议论。近年来,《新闻联播》节目正在日益失去那些"热衷"于从互联网上获取新闻的年轻观众。

"我和我的朋友都不看《新闻联播》。晚上 7 点我们一般都坐在电脑前。"网民康康说。此外,中国政府内部也响起一些要求少一点宣传色彩的呼声。

在 2006 年召开的全国政协会议上,政协委员叶宏明上交提案,要求《新闻联播》改变形象,因为该节目"正在失去吸引力"。对于新出现的几张新面孔,叶表示满意,但同时也承认,作为国家电视台,中央电视台在改变风格方面是非常谨慎的。目前采取的方式主要还是以老带新,新老结合,新老交替出现。

央视的这一改变也许更大程度上是出于经济的考虑。与 20 年前相比,《新闻联播》的观众已经减少了 1/10。这是中国电视产业走向商业化和多样化的一个信号。尽管受到各种限制,但一些娱乐性节目还是获得了很高的收视率,一些地方电视台在全国范围内声名鹊起。

美联社为生存对自身进行改革

据美国媒体报道,在 2007 年和 2008 年之交,在近十年目睹报纸和作为竞争对手的通讯社业务不断减少之后,有着 162 年历史的新闻合作社美联社正在对自身进行调整与改革。美联社负责战略规划的副总裁吉姆·肯尼迪说:"你必须面对现实,你不得不适应市场。新一代消费者的习惯完全不同。"

为了满足这些习惯并更有效地应对 24 小时新闻周期,美联社将改变其采集、编辑和发布消息的方式,成立了至少四个地区编辑部,这是其所谓的美联社"2.0计划"的一部分。此外,美联社正在扩展其在娱乐、商业和体育报道方面的多媒体业务,且正朝全数字化平台方向发展,并将这一平台称为"数字合作社"。

本世纪初,美联社对驻外机构进行了彻底改革。此次成立地区编辑部的计划与之类似,目的是减少纽约等主要编辑部由于编辑工作过多而出现瘫痪的现象。

地区编辑部将处理本地区的新闻报道,而纽约编辑部将把重点放在"当天最重要的新闻"上。

肯尼迪说,此举的另一个目的在于让地区分社的编辑回到报道工作中来,这将增加一个新闻周期内的报道数量,并减少完成一篇报道所需要的人数。

美联社已经向同业工会保证没有裁员的计划,但美联社仍在计算每个分社所需的员工人数,一些雇员也许不得不调整岗位。虽然美联社在过去几年已经将员工人数增加到近4 100人,但它的几个对手已经处于艰难维持的状态,因为报纸和编辑部等客户的数量减少了。总部设在伦敦的路透社仅在2003年就削减了3 000个工作岗位。

美联社的非营利性质意味着它不必担心股价下跌或股东不耐烦。但肯尼迪表示,与其它任何企业一样,美联社依赖收入维持生存,并且目前更注重广告收入。

2007年底,美联社调整(提高)了多媒体信息等优质内容的价格。这些内容还被加上了特殊标志,以便对报道进行追踪,看看是否有人未经许可擅自使用美联社的报道。2008年则是检验改革是否有成效的第一年。

(雪　莲　编译)

十年来,中国广告收入报纸占 17%

据德国媒体报道,在过去的十几年里,随着中国经济的突飞猛进,中国广告行业的发展速度也很惊人。按照最新统计和分析,中国广告行业已经进入世界第二的位置。

从世界各国来看,美国广告行业的发展已经很快了,从 1997 年至 2006 年十年间增长 53%。但是与中国 1 200% 的增长幅度相比,相差甚远。目前中国广告业已经排名世界第二。昔日人们眼中的只是一种红色的中国如今变得万紫千红。德国广告经济联合会 2008 年 1 月在其网站上公布了它根据世界广告研究中心的数据计算的结果。

美国广告行业的老大地位没有改变,而且增长速度也很快。1997 年,美国广告行业的收入为 1 067 亿美元,2006 年增加到 1 630.36 亿美元,增长 53%。

但是中国广告行业的增幅绝对惊人:1997 年仅有 36.8 亿美元,而 2006 年猛增到 485.18 亿美元,足足增加了 1 218%。

日本被挤到了第三位。日本广告行业的增长速度在前十名中是最慢的,十年间仅增长了 2%,从 334.26 美元增加到 342.4 亿美元。排名第四的英国十年间增长了 62%,增至 258.27 亿美元。德国 1997 年排名第三,但如今被中国和英国超过,以 217.71 亿美元列第五位。巴西、墨西哥、法国、意大利和加拿大列第六至第十位。今天的前十名里仅次于中国的增长亚军是墨西哥,十年间增长了 367%,从 35.33 亿美元猛增到 164.93 亿美元。也在"埋头苦干"谋求快速发展的(辛格的)印度和(普京的)俄罗斯,没有能够进入前十名。

最明显的是,在广告收入的媒体结构方面,中国与西方国家截然不同。在中国的广告媒体中,电视广告以 81% 的比例占统治地位,而报纸广告的比例为 17%,这两类一共占了 98%。户外广告、海报广告、大众杂志广告以及互联网广告加在一起,共同占有 2% 的份额。

美国的电视广告收入虽然占首位(38%),但与第二位的报纸广告(27%)相差不多。日本的结构和美国相近,但它的户外广告(12%)却比美国(3%)多得多。英国的广告结构刚好颠倒过来,报纸(34%)占据榜首,电视(28%)退居次席,第三是大众杂志。德国的广告结构与英国相似。

尽管 2007 年的数字还在统计归纳之中,但从前些年的趋势看,中国的发展势头必然迅猛。2008 年,恰逢中国举办奥运会,广告收入的增长率大幅提升。虽然中国的广告收入目前与美国相差悬殊,还不到美国的三分之一,但是它追赶的速度飞快。鉴于美国的次贷危机愈演愈烈,而且业内人士一般都认为,美国经济已经陷入衰退,上述因素对广告收入的影响可想而知。这是不是为中国赶超提供了机会?

相关链接

2007 年中国网络广告市场规模 76.8 亿

据国外媒体报道,2008 年 1 月,中国互联网协会发布了《Netguide2008 中国网络广告市场调查研究报告》,数据显示,2007 年中国网络广告整体市场规模达到 76.8 亿元人民币,预计 2008 年将增长至约 121 亿元。

数据显示,2007 年中国网络广告整体市场规模增至 76.8 亿元(不含搜索引擎关键字广告),与 2006 年相比增长 54%,增长的原因在于网民增长的拉动以及品牌广告主对网络营销的重视和拉动。

中国互联网协会有关负责人表示,随着网民的快速增长以及更多的传统行业广告主对网络营销的重视程度进一步提高、奥运会的强势拉动,预计 2008 年中国网络广告市场规模将增长至约 121 亿元,增长势头良好。

数据显示,在调查中国互联网用户网络广告"第一接触"载体时,综合门户网站为互联网用户"第一接触"广告载体,50% 的互联网用户选择综合门户网站的网络广告,比例最高,第二为专业网站,第三和第四分别为即时通讯中的广告、搜索引擎关键字广告。

　　报告预计,中国网络广告市场年增长率未来两年将保持在 50% 以上,2011 年互联网将成为在电视之后、在报纸之前的第二大广告媒介。

（雪　莲　编译）

从《风云决》看
中国动画电影的复兴之路

北京奥运会举办前夕,产自中国本土动画电影的《风云决》和动画电视剧《福娃奥运漫游记》以及来自美国的动画电影《功夫熊猫》在中国上映和播出。这再次引起海内外动漫界的关注——是否预示着中国动漫产业从此拉开繁荣的序幕?

新中国成立以来,诞生了多少部动画电影? 50 部? 绝对没有! 30 部? 没有! 13 部! 1961 年和 1964 年的《大闹天宫》(上、下),1979 年的《哪吒闹海》,1983 年的《天书奇谭》,1985 年的《金猴降妖》,1995 年的《宝莲灯》,2003 年的《梁山伯与祝英台》,2005 年的《小兵张嘎》,2006 年的《魔比斯环》,2007 年的《闪闪的红星》,2008 年的《葫芦兄弟》、《潜艇总动员》、《风云决》和《真功夫》! 动画长片,进入院线的原来真的只有这 13 部……

而与此同时,2008 年,好莱坞梦工厂制作的动画电影《功夫熊猫》登陆中国内地,抢滩国内动画市场,再次掀起了国产动画电影的"奶酪之争"。《功夫熊猫》自从在中国内地上映以来,短短数周,票房过亿。人们不禁惊呼,原来动画电影也能赚钱! 中国熊猫、中国功夫、中国哲学、中国元素让一部外国动画电影在中国赚得盆满钵盈,让几乎所有的人都爱上那个贪吃好玩、贪生怕死的熊猫阿宝。熊猫阿宝的可爱形象也已深入人心,估计此后的相关产业也必将广泛开展下去。

正当国产影片自我救市的时候,国外大片已经用功夫敲开了国内的武侠世界。丝毫没有放弃自我的国内影人,也在不断开拓着武侠文化。在武侠已经成为屡试不爽的题材时,动画电影也开始尝试着借船出海,试图把国产武侠之路走得更宽广些。面对《功夫熊猫》的挑衅,《风云决》毅然扯起大旗,为动画"亮剑"。

据中国国内媒体报道，影片《风云决》自 2008 年 7 月 19 日在全国上映，连创国产动画电影各项纪录，将之前的《宝莲灯》等投资和票房纪录远远地甩在了后面。首日公映票房 600 万，首周两天票房破千万，不到两周票房达到 2 000 万。随着影片上映进入第三个周末，票房直逼 2 500 万，没有出现一般影片上映两周后的票房乏力。不仅票房出乎意料，《风云决》还在国际市场上表现高调，该片出席东京国际电影节展映，10 月登陆日本商业电影市场；影片已确定列为美国 AOF 电影节竞赛单元影片；影片在新加坡、马来西亚等东南亚国家和地区的商业放映也在 9 月上旬启动。导演林超贤在谈起这部以特效为最大卖点的动画巨制时表现信心十足，"很多精彩的画面，是投资一两亿元的真人电影也比不上的。这部电影经过了五年的制作，SMG 和深圳方块（出品方）的投入都比我要大，我更像是一个小螺丝钉"。在展映典礼上，国家广电总局领导、SMG 发行方以及导演林超贤等人手执木锤一起敲碎了代表 2 500 万票房的冰雕，实现了一次真实的"破冰航程"。

一部动画电影何以历史性地突破重围，扛起了国产动画电影的复兴大旗。分析其背后的原因，也许我们能摸索出一些简单而又不乏深刻的道理。

首先，从影片整体来看，在人物造型上，《风云决》的主要人物造型深受日本动漫影响，而次要人物则偏重于中国传统式造型；在故事题材上，采用魔幻与武侠并存，习惯于香港武侠片的观众对复杂的灵异逻辑的接受程度，都会为未来中国式动画大片的制作走向提供一个例证。这只是对影片静态工作的描述。关键一点是《风云决》对视听元素的把握，也值得为后来者所借鉴。虽然从整体上来说，《风云决》并没有完美地应用所有的电影语言，但它还是一部合格的电影。片中关于动作的剪辑紧凑洗练，节奏明快，一路高昂的打斗将真人电影不可能完成的动作——演练；还有电影中的几个转场，用了非常纯熟的电影语言；一些用来表现人物理想和心理的场景，动画片给人一种跟着镜头飞翔之感，辽远开阔。这足可见影片的制作者开始明白了动漫电影的要义，为以后的中国动漫电影培养了一批有电影意识的画者。

其次，《风云决》中大量使用 3D 技术制作的动画片场景，探索出一种具有表现主义倾向的漫画风格。影片的制作经历了长达 5 年的周期，剧本修改逾 9 稿，使用了超过 20 万张画稿、3 吨纸张，涉及香港和内地 400 多位工作人员，其制作的精良也是该片能够打入国际市场的前提条件。

再比如影片的受众定位，《风云决》的定位是青年乃至成年观众，这是个了不起的突破，不再像国内其他动画产品一样理所应当地堆积低幼产品，这对于拓宽中国本土动画市场无疑是至关重要的。

在经历了 2002 年《英雄》之后六年中国式大片洗礼的中国电影市场，电影票房好,并不只是由于电影的质量,电影的宣传造势也引起了电影人前所未有的重视。在这样背景下诞生的《风云决》,它的营销方式也将给以后的中国动画以指引和借鉴。《风云决》的出品方为上海文广传媒集团和深圳方块集团,这种公私合营的运作模式既有利于吸纳私有资金和人才的介入,聚拢了一线制作的精兵强将,同时在开展具体的营销运作时,又能以国有平台作为强有力的后盾,发挥集团强强联手的优势。

总之,中国动画现在的尴尬境地不仅仅是技术上的,更是方向上的。我们有充足的人才来完成动画制作的每个环节,但是我们没有专业的动画导演、动画编剧。动画如果要上映,它就是电影,它要符合电影的制作规律,这是毋庸置疑的;但动画片又是特殊的电影,有它不同的处理方式。中国动画要往何处走,要建立在千千万万动画人潜心"攻关"的基础之上。从这一点上讲,《风云决》无论风格,还是技术,对于每一位置身其中的从业人员都是一种有益的经验。后来如有成功之作,他们参考的先辈作品也必有《风云决》。

(欧丽娜　编译)

福娃(鼠宝宝):
中国动漫的形象符号(消费者)

　　日本动漫专家中野晴行在他的《动漫创意产业论》中预言,大陆中国经过 2008 年北京奥运会,到 2009 年或 2010 年,将成为亚洲乃至世界的动漫大国。

　　据德国媒体报道,大陆中国发展动漫产业,可谓天赐良机:有 2008 年北京奥运会,有五个福娃,还有无数已经或将要出生的"鼠宝宝"。

　　在 2007 年年末 2008 年年初,如果在中国城市的街头看不到太多的年轻夫妇,那可能是因为他们正在家里为即将举行的北京奥运会盘算。在成千上万的官员、建筑工人和志愿者为 2008 年最盛大的体育赛事奔忙准备的时候,爱国的中国夫妇们也在忙着利用黄金时间孕育一个在 8 月份北京奥运会举办期间内出生的宝宝。在中国的农历纪年法中,举办奥运会的 2008 年是鼠年,这让在 2008 年生孩子变得更为热门。北京的那些妇幼医院、儿童医院可以用"车水马龙"来形容。

　　虽然新中国已经公开宣传"无神论"将近 60 年,但每年的生育和结婚情况还是能说明古老的传统依然影响着中国人的行为。已经有人开始宣传,鼠年出生的人有宏图大志并且聪明伶俐。一些专家预测,2008 年中国将有 2 000 万新生儿。这让人们为未来这些"鼠宝宝"的升学和就业前景感到担忧。复旦大学社会学系教授于海接受采访时说:"生育高峰会导致这些孩子从出生到找工作要遇到一系列短缺。"

　　鼠年是中国十二生肖纪年当中的开始年份。中国古代利用十二种动物代表年份,并且利用阴阳五行加以排列组合,形成六十年为一个周期的循环。2008 年的鼠年是当前甲子循环中的第 25 年。中国的《易经》专家说,鼠年是一个启动新计划和新行动的年份，2008年世界将会相对和平和稳定。而鼠年出生的人很可能成为自己所从事的领域内的领导。属鼠的名人有柏拉图、莎士比亚、莫扎特、乔治·华盛顿等等。有魅力的"耗子"很容易交到朋友并且通常会在生意场上取得成功。但是如果他们在成名路上受到阻碍，他们会变得偏执和不合群。

打算生奥运"鼠宝宝"的父母还被奥运开幕日期的一连串"8"所吸引。2008年8月8日这个日子是一个理想的生日。2007年8月8日仅仅在北京就有3 400对新人登记结婚。8在中国是一个最吉利的数字，因为8在广东话的发音里和"发财"的发音类似。含有几个8字的车牌和手机号码的价格都会上涨很多倍。

鼠年和现代奥运会有不解之缘，因为1900年的奥运会恰逢鼠年。在鼠年举行的奥运会包括1900年的巴黎奥运会、1912年的斯德哥尔摩奥运会、1924年的巴黎奥运会、1936年的柏林奥运会、1948年的伦敦奥运会、1960年的罗马奥运会、1972年的慕尼黑奥运会、1984年的洛杉矶奥运会以及1996年的亚特兰大奥运会。

自从大陆中国的北京在2001年成功申办奥运会之后，已经有3 500多个孩子以"奥运"作为自己的名字。虽然很少有家长以老鼠给自己的孩子起名，但是仍然有很多人希望从其它动物上获得给2008年出生的孩子起名的灵感。现在已经有4 000多个孩子的家长以5个奥运福娃的名字给自己的孩子取名。据管理户籍的部门统计，截止目前，晶晶和迎迎是最受欢迎的福娃，分别有1 240和1 063个孩子以它们两个的名字命名。

日本著名的电视动画《铁臂阿童木》开播于1963年，而东京奥运会举办于1964年，作为动漫产业形象符号的"阿童木"，歪打正着地也成为奥运会的形象大使。"力拔山兮气盖世"的"阿童木"，因为奥运会而风光无限；首次在亚细亚举办的东京奥运会，因为"阿童木"吸引了全世界的眼球。以此为契机，日本的动漫产业步入三十年的繁荣发展时期。

北京奥运会的形象大使福娃有5个，创下了以往历届奥运会形象大使数量之最。中国出生的娃娃多，也创下了世界各国孩子出生数量之最。作为奥运会形象大使的福娃，已经成为或将长期成为中国动漫产业的形象符号。而2008年出生的"鼠宝宝"，此前此后出生的"牛宝宝"、"虎宝宝"、"兔宝宝"、"龙宝宝"、"蛇宝宝"、"马宝宝"、"羊宝宝"、"猴宝宝"、"鸡宝宝"、"狗宝宝"、"猪宝宝"都是或都将是中国动漫产业的消费者。所以不妨认为，中国动漫产业的突飞猛进是可以期待的。

相关链接

联合国借助"蜘蛛侠"

据英国媒体报道,联合国推出新创意,参与漫画出版,借助动漫形象——蜘蛛侠重塑联合国形象。闻名遐迩的蜘蛛侠一身正气,曾打败了从绿恶魔到章鱼博士等各种敌人,但是,如今他面临着一个更为艰巨的挑战:改善联合国受损的形象。

联合国正与出版制作《蜘蛛侠》和《绿巨人》的奇迹漫画出版社联手创作一本漫画图书,展现这个国际组织与超级英雄合作解决血腥冲突和消除世界疾病的故事。

在布什总统任内,联合国与美国关系紧张,联合国在美国人心目中的形象严重受损。因此,联合国官员称,他们希望先在美国推出英文版,并将其免费发放给100万名美国小学生,以后再将其翻译成各种语言,在世界各地散发。

故事发生在一个饱受战争摧残的虚构国家里,主要内容是蜘蛛侠等超级英雄与联合国儿童基金会、联合国维和部队等联合国机构合作的故事。

因为有着联合国强大的资金支持,奇迹漫画出版社却不仅仅满足于出版各种语言的漫画图书,该社已向联合国建议,准备同步制作各种语言的动画和DVD。

出口创意产品——中国第一

据法国媒体报道,2008年伊始,联合国贸易和发展会议(贸发会议)发表报告说,中国和意大利是电影、音乐、传统工艺、设计与建筑等创意产品的出口大国。

贸发会议的报告显示,从1996年至2005年,中国的创意产业出现了前所未有的迅猛增长,中国大陆的创意产品出口额在过去十年中从184亿美元增至614亿美元。

1996年,意大利就已成为创意产品的主要出口地。其2005年的出口额从

1996 年的 244 亿美元升至 2005 年的 280 亿美元,这反映出意大利"设计领域的竞争力"。

贸发会议秘书长素帕猜说,创意产业已经成为世界上最具活力的经济领域之一,为经济增长提供了重要动力。

(李文清　编译)

做活"奥运经济"发展动漫产业

在 2008 年 4～5 月间,武汉、杭州、天津、深圳等地相继举办了动漫产业或包括动漫产业在内的产业博览会。与会的国外境外动漫专家谈论最多的,就是中国如何乘奥运会东风、促进动漫产业的跨跃式发展。本刊综合归纳专家们的部分观点,以飨读者。

专家们指出,动漫作为可持续发展的产业,是需要符号形象支撑的。

当年,日本手塚治虫的"虫专业工作室"曾两度把《铁臂阿童木》拍成电视动画:第一次是配合富士电视台开播,制作了街头连环画剧形式的动画节目;第二次制作的是"写实版",即货真价实的电视动画。

第二次制作的电视动画《铁臂阿童木》开播于 1963 年,东京奥运会举办于 1964 年。当年,因为弄不清一部动画和一个体育盛会有多大关系,围绕《铁臂阿童木》什么时候播出,很让出版社、电视台、动画制作公司和广告赞助商伤了一回脑筋。有提出奥运会开幕前夕播出的,有提出奥运会举办之中播出的,还有提出奥运会结束之后播出的。最后决定不考虑奥运会的因素,制作好了就播出。当第二次制作的电视动画《铁臂阿童木》播出以后,一下子抓住了日本男女老少观众的眼球。大众传媒连篇累牍地发表评论,认为《铁臂阿童木》是"力量型动画"、"动作型动画",可以和"体育动画"媲美;由"体育动画"又联系到翌年就要举办的东京奥运会。这样一来,电视动画《铁臂阿童木》在很大程度上被看成东京奥运会的"宣传片","阿童木"这个符号形象,就理所当然地被看成东京奥运会的"形象大使"。由此而来,被东京奥运会"抬举"的电视动画《铁臂阿童木》,成为日本动漫产业的"牵引车",从此把日本动漫产业带入发展的黄金时期。

众所周知,北京奥运会已于 2008 年成功举办。作为北京奥运会的形象大使(吉祥物)——"五个福娃"的符号形象,已经陆续以玩具、商标、电视动画、书刊漫画的形式面世,社会效益和经济效益开始显现。但是,要使"福娃"产生"阿童木"那样的效应或者比"阿童木"更强大、更持久的效应,就应当根据具体特点采取具体措施。

一是"福娃"与"阿童木"相比,诞生的环节不同,所以,应当把借鉴"阿童木"与借鉴"芭比娃娃"结合起来。

动漫产业分为漫画、动画、游戏、符号形象商品以及相关版权等环节,在日本,一个符号形象一般首先诞生于作为"母体"的漫画或动画。比如"阿童木",从讲"故事"开始,最初出现在漫画杂志上,然后是漫画图书和动画,接下来才进入游戏、进入符号形象商品(玩具)、进入版权贸易。这种由虚拟而实物、由平面而立体、由静止而动态的过程,往往适合广大消费者(读者、观众、玩家)初步接受、慢慢喜欢、最后为之倾倒的心理过程。而我们的"福娃",从"形象"开始,直接诞生于符号形象商品,归类应当属于动漫产业链中的"延伸产品",是从"延伸产品"反过来进入属于"母体"的动画、漫画的。因此,以"福娃"完全照搬"阿童木"的经验,恐怕不行。

那么,在当今世界上有没有和"福娃"出生类似、却已经取得巨大成功的符号形象呢? 有的,那就是欧洲的"芭比娃娃"。当年的"芭比娃娃",与"福娃"类似,没有"故事",直接诞生于符号形象商品。"芭比娃娃"成功的奥妙在于,坚持在符号形象商品领域不断发生"裂变"。也就是说,①不同时代有不同的"芭比娃娃"。例如,20 世纪五六十年代的"芭比娃娃"比较传统,八九十年代的"芭比娃娃"比较摩登,21 世纪的"芭比娃娃"则比较超凡脱俗。②不同国家有不同的"芭比娃娃"。德国有德国的"芭比娃娃",美国有美国的"芭比娃娃",澳大利亚有澳大利亚的"芭比娃娃"。③不同行业有不同的"芭比娃娃"。在现实世界中,有 360 个女性从事的行业,那么,在艺术世界中,就有 360 种"芭比娃娃";在现实世界中,有 3 600 个女性从事的行业,那么,在艺术世界中,就有 3 600 种"芭比娃娃"……在符号形象商品领域持续发生"裂变"的过程中,"芭比娃娃"的老祖宗可能并不显赫,但"芭比娃娃"的家庭成员却越来越了不起,进入漫画,进入动画,进入游戏,在欧洲、北美洲、大洋洲占有的广阔市场至今不能被撼动。

我们的"福娃",在借鉴"铁臂阿童木"的经验时,也应当借鉴"芭比娃娃"的经验。一方面,在符号形象商品领域让"福娃"发生"裂变"。比如,在北京奥运会开幕之前,集中表现 56 个民族大团结的主题,以五个"福娃"为五个系列,"裂变"出 56 种民族的"福娃";在北京奥运会举办之中和之后,集中表现奥运会五环旗的主题,世界上有多少个国家和地区,就"裂变"出多少个国家和地区的"福娃",和"芭比娃娃"一样，以"群体的符号形象"逐渐征服中国和世界的消费者。与此同时，漫画、动画、游戏积极跟进，为不同民族的"福娃"、为不同国家和地区的"福娃"，量身设计情节，用千变万化、生动曲折的"福娃故事"打动成千上万的读者、观众和玩家。像中国北京电视台播出的100集的电视动画《福娃奥运漫游记》，不妨一直编下去，200集、300集、400集，只要有"故事"，可以长期编下去。让"福娃"有喜怒哀乐，有爱恨情仇，也有悲欢离合。让"福娃"和"铁臂阿童木"一样，在"故事"中升华，在"故事"中成为超级偶像。

二是"福娃"与"阿童木"相比，诞生的背景不同，设立"福娃动漫奖"，可以对中国动漫产业产生"强刺激"作用。

众所周知，手塚治虫在当年属于"下九流"的"赤本漫画"和"贷本漫画"的艺术世界已经成为大家、大师，但凭着良好的自我感觉造访东京时，还是被日本第一大出版社讲谈社、日本第一大动画公司东映公司拒之门外。这很有点像鲁迅笔下的阿Q拜访赵太爷，被赶将出来，赵太爷还口口声声地吼道："你也配姓赵？"（你也配画漫画？）、"你也敢姓赵？"（你也敢作动画？）。即使电视动画《铁臂阿童木》快要播出的时候，那些首都圈的正统的漫画出版商、动画制作商还讽刺道：（播出《铁臂阿童木》）是在"把丑小鸭装扮成白天鹅"。对于以上经历，手塚治虫在《我是漫画家》一书中有着刻骨铭心的记载。所以，说动漫大师手塚治虫孕育于社会底层，说动画巨作《铁臂阿童木》诞生于日本"民间"，应当是恰如其分的。由此看来，"阿童木"和东京奥运会联系上，并从此成为日本动漫产业的"牵引车"，多多少少有点歪打正着的意思。

与"阿童木"相比，"福娃"的出身就要高贵得多，正统得多。世界上公认的三大体育赛事分别为奥运会、F1赛车和美洲杯帆船赛。在这三大顶尖赛事中，奥运会又排名第一，因此可以认为，奥运会是世界上第一大赛事。北京代表中国参与世界各国的激烈竞争，争得了奥运会的举办权。举办奥运会，这在亚洲是第三次，在中国是第一次，是中国政府和13亿中国人百年不遇的大事。"福娃"在这种背景下诞生，自然有着浓重的"官方"色彩。而且，象征着五大洲的"福娃"一诞生就是"五胞胎"，这在世界奥运会"吉祥物"设计历史上也是绝无仅有的。有着"高贵血统"的"福娃"，值得中国动漫产业好好利用。2007年下半年，在四川举办的国际电视节上，电视动画《福娃奥运漫游记》获得特别大奖。可不可以借此东风，**请国际奥委会或国际上最有权威的评估机构对"福娃"的品牌价值进行评估？与此同时，设立"福娃动漫奖"或"福娃动漫游戏奖"，把这一奖项打造成中国动漫产业最高级别的、最有含金量的奖项？**这里，不妨把话题再延伸一下。众所周知，全世界最高级别的奖项莫过于诺贝尔奖。自从诺贝尔奖诞生以来，诺贝尔奖的诞生国的获奖者不多，获奖者大多是其他国家的。中国能不能进一步把"福娃动漫奖"打造成世界动漫产业最高级别的、最有含金量的奖项,也就是世界动漫产业领域的"诺贝尔奖"? 把世界各国的动漫人才和动漫资源都吸引到中国来。据北京官方预测,北京奥运会至少赚 16 亿人民币,那么就从中拿出 1 亿人民币来打造"福娃动漫奖"。借奥运会的舞台,摆动漫产业的擂台,使"福娃"的品牌效应不仅在北京奥运会之前、在北京奥运会之中、尤其是在北京奥运会之后能够长期持续下去。使"福娃"在"阿童木"之后、在"米老鼠唐老鸭"之后成为北京、中国乃至世界动漫产业的"牵引车"和"永动机"。

凭借"福娃动漫奖",中国政府不断加大政策支持力度和资金投入力度,调动社会各界的积极性,既褒奖前辈,又鼓励后学;既重视专业,又关注业余,给中国动漫产业以"强刺激",促进中国动漫产业跨跃式发展。机不可失,时不再来。经历过1964 年东京奥运会的日本动漫专家们、经历过 1988 年汉城奥运会的韩国动漫专家们特别预言,经过 2008 年北京奥运会,在 2009 年,至迟在 2010 年,中国将成为动漫大国。这并不是天方夜谭。

专家们还特别指出,中国动漫作为产业的萌芽,应当在改革开放以后。从现在往回看,可以认为,中国动漫产业已经错过了一次发展的大好机遇。1990 年,亚运会在北京举办,北京亚运会的形象大使"熊猫盼盼"品牌价值连城,是中国动漫产业取之不尽的富矿,但除了符号形象商品领域得到"刺激"以外,漫画、动画、游戏以及相关版权贸易的领域似乎都相当麻木。亚运会结束后,"熊猫盼盼"也慢慢淡出人们的记忆。如果说还残存着某些痕迹,那就是某种防盗门的商标,某个篮球俱乐部的名称。这种历史错误不应当重演。不过,值得欣慰的是,饱受磨难和冷落的"熊猫盼盼",正在"福娃"系列中重新受到青睐。

（李文清　编译）

漫画内容荒　动画基础摇

　　尽管日本出版一直不景气，但每年仍然能够出版漫画杂志 280 多种，漫画图书 9 800 多种，为动画提供了取之不尽用之不竭的内容。相比之下，中国内地由于漫画杂志和漫画图书的出版没有形成规模，使得动画产业总是迈不开步子。

　　据境外媒体报道，中国内地将延长国外境外动画片的禁播时段，以保护国产动画产业。然而观察人士认为，北京应该采取更多措施来推动国产动画产业的发展，比如从抓漫画出版入手，为动画培育内容，而不仅仅是禁播国外境外动画片。

　　中国国家广播电影电视总局（2008 年）2 月 19 日在自己的网站上发布通知，要求自 2008 年 5 月 1 日起，全国各地电视台的动画频道和少儿频道在每天 17～21 时之间不得播出国外境外动画片。

　　自从 1981 年播出的日本动画片《铁臂阿童木》成为中国内地引进的第一部国外境外动画片，中国的动画产业就一直被日本和美国的作品所占据。

　　在北京市丰台区某小学就读的一名学生说，他不喜欢国产动画片，因为它们太没意思了。

　　这名小学五年级的学生说："我和同学们谈论的是超人、蜡笔小新和数码宝贝，买的玩具也是这些卡通人物。国产动画片太幼稚太无聊了。"

　　《蜡笔小新》和《数码宝贝》都是非常受欢迎的日本动画片。前者讲的是一名 5 岁男孩子与父母和朋友之间的可笑故事，后者讲的则是生活在"数码世界"里的各种精灵。

　　家住中国广东省云浮市的刘华森（音）说，他小时候喜欢看《美猴王》。这个故事取材于中国古代经典神话著作《西游记》。

这名 11 岁的男孩说:"现在我很少看动画片,因为它们大多数都是国产的,很幼稚。我最近看的一部动画片是电影动画《料理鼠王》,讲的是一只老鼠和一名新厨师携手成为巴黎首席名厨的故事。"

刘华森的母亲于初梅(音)怀疑广电总局颁布的禁令能否奏效。她说,像刘华森这样的孩子可以通过在网上购买 VCD 或 DVD 来观看国外境外动画片。

一些业内人士对广电总局的举措表示欢迎,认为它能够推动国产动画片的销售。

环球数码创意控股有限公司的营销负责人许翎说,随着动画频道和少儿频道被迫寻找更多国产动画片来填补时段,终将给国内动画制作企业带来更多机会。

她说,中国的电视台更喜欢全球发行的国外境外动画片,因为这些有收视保障的节目比国产动画片还便宜。

她说:"中国动画产业仍处于萌芽期,因为直到几年前它才被政府视为一项产业,所以它十分需要这样的政策扶持。政府的禁令将给电视台带来一项任务,那就是购买更多的国产动画片。"

2000 年,广电总局颁布规定,要求各地电视台引进的动画片需报广电总局批准,并设定引进动画片的比例。2004 年,广电总局再次颁布规定,要求国产动画片的播出数量不得少于动画片总量的 60%。2006 年 9 月,广电总局开始禁止在每天 17~20 时的黄金时间播出国外境外动画片。

据广电总局透露,在实施这项政策之后,2007 年全国制作完成的国产电视动画片共计 10.19 万分钟,比 2006 年增长了 23%。

上海东方电视台哈哈少儿频道副总监叶超说,国产动画片有好有坏,不能满足观众和市场的需求,所以若没有更多的优秀国产动画片出现,他们在填补动画片播出时段时就会有压力。

电视台给国产动画片的报价很低和许多国产动画片的粗制滥造已经形成了一种恶性循环。

作为环球数码创意控股有限公司的子公司,环球数码媒体科技研究(深圳)有限公司投资 1.3 亿元,经过五年时间和 400 多名动漫工作者的努力,于 2005 年制作出中国首部 3D 动画长片《魔比斯环》。许翎说,在收获了 300 万元的票房后,电视频道仅给《魔比斯环》开出了 60 万元的价格。

除了薄弱老套的剧本之外,还有人批评这部动画片与好莱坞大片在许多雷同之处,抄袭痕迹较重。中国传媒大学动画学院的教授说,中国动画产业在各个方面都远远落后于国外境外的竞争对手。北京电影学院动画学院的教授指出,问渠哪得清如许,为有源头活水来。现在制作动画的技术条件、硬件环境都具备了,动画产业反而迟迟不见起色。其它且不论，中国的漫画内容太少，是中国的动画"潇洒"不起来的重要原因之一。

汉王绘画板为动漫游戏企业打开方便之门

据境外媒体报道，中国动漫产业只有形成自己的核心竞争力，才能出现可持续发展的态势。在以往的岁月或前几年，动漫对于中国人的经济生活来说并不是什么必需品，而今天，动漫已经成为我们日常生活中的关键词，撼动着青年一代的品格、信仰以及文化的根基。现在，中国的动漫产业逐渐红火起来。

但是，必须清醒地看到，由于创作动漫产品的核心硬件技术——计算机绘画板掌握在国外企业手里，中国的动漫创作成本一直居高不下，导致现阶段中国的动漫产业依然停留在代加工的层面上，专业人士指出，如果绘画板价格的高门槛得不到解决，势必会成为阻碍中国动漫产业发展的瓶颈。

据了解，一些中国企业早在几年前就开始了研究开发计算机绘画板技术的课题，但是，国外企业通过专利申请形成了密不透风的专利墙。2006年，这一局面取得突破性进展，汉王科技绕过国外企业的技术壁垒，推出了自主知识产权的汉王绘画板系列产品。

汉王科技董事长刘迎建接受记者采访时说："汉王研发计算机绘画板核心技术的初衷就是为了打破国际企业多年以来对专业级绘画板市场的垄断，为中国人争口气，由于汉王的无线无源、微压精密传感技术等多项核心技术在国际上都具有领先水平，使得我们中国制造的计算机绘画板产品在技术上已经全面超越进口产品，而其价格定位也必将激发市场的热情，从而带动计算机绘画板的迅速普及。"

2007年的绘画板市场硝烟弥漫，国产绘画板的横空出世迫使相关企业迅速调整市场策略，并且开始进行绘画板市场的培育。汉王绘画板坚持自主研发，取得国际专利，为中国的动漫游戏企业打开方便之门。唯有敢于突破，敢于超越，奋发图强，中国的动漫产业才能获得不竭的生命力和创造力，才能形成自己的核心竞争力。

中国动漫形象符号市场发展潜力大

2004 年,日本政府提出,要以日本固有的漫画、动画为核心内容,在未来 10～15 年内,建成规模为 25 万亿日元(约合 1.75 万亿人民币)的内容产业。2008 年,机器猫担任日本"动漫大使",向全世界推广日本文化。紧接着,凯蒂猫闪亮登场,充当日本"可爱文化"的使者。与漫画产业、动画产业遥相呼应,形象符号(衍生、延伸)商品产业拉开了新一轮发展的序幕。这不能不对中国、亚洲乃至世界的动漫产业产生影响。

据境外媒体报道,随着技术的进步和资本进入动漫产业,中国内地动漫产业发展势头很好,动漫的形象符号商品市场日益受到重视,不少动画制作传播公司纷纷涉足这一市场淘金。

卡酷动画要当"第一品牌" 中国北京卡酷动画卫星频道有限公司总裁帅民介绍,2008 年卡酷动画分两种渠道系列来打造自己的品牌专营店。"一种是面积在 1 000～3 000平方米的旗舰店,一种是面积在 100～500 平方米不等的加盟店、连锁店。这是分两步走的计划,第一步是先开出三家集玩具、游戏、文具用品以及体验中心为一体的卡酷动画旗舰店。"据介绍,落户在北京恒基中心的第一家卡酷旗舰店于 2008 年 5 月亮相,而连锁店模式现仍在具体调研中。

为抢占这一市场,卡酷动画打造自己的市场终端的费用不菲。帅民总裁介绍,从租金到运转流通,卡酷动画预计每家旗舰店的费用将达 1 000 万～1 500 万元人民币,加上北京地区若干连锁店,粗略算下来,要打造这样一个终端网络总共要花 5 000 万元人民币以上,"若这一模式运营成功,卡酷将向全国 40 多个卡通动画卫视落地的大中城市进行推广"。

帅民总裁十分看好动漫形象符号市场的前景,他为卡酷动画卫视设定的目标是,2008 年年收入实现一亿元人民币,逐步将自己打造成集动漫制作、动漫播出、动漫形象符号开发于一身的综合动漫运营体"第一品牌"。

打造中国式的卡通产业链 据中国内地动漫专家估计,目前动漫形象符号商品市场规模已经达到二三百亿元人民币,随着人们消费能力的增长,这一市场充满潜力。中国的三辰卡通集团有限公司副总裁郭燕介绍,三辰卡通集团有限公司最近以蓝猫形象授权于英国与英国 GE Eaglemoss 出版集团合作出版"蓝猫环球探险"专辑。中国的金笛卡通国际文化有限公司也与英国维珍动漫公司合作推广，打造一个由我国首部水墨立体动画片《姑苏繁华图》而衍生出来的动漫形象符号系列产品。

郭燕表示，动画公司通过品牌授权所获的收益已经大大超过电视播出的收益，并且动画形象一旦形成了品牌，就会超出节目本身的价值而独立存在，产生源源不断的效益。

虽然目前中国内地动漫产业得到大力发展，但在开发形象符号产品方面，国产动画片目前还处于初级阶段，竞争力相对较差。在百货商场，蓝猫等国产玩具、文具、礼品等动漫产品，售价大多在二三十元人民币，同样是动漫形象符号商品的史努比、小熊维尼等，商品种类较多，陈列在醒目的位置，产品单价或套装能卖到五六十元甚至几百元人民币。

中国北京电影学院动画学院院长孙立军认为，中国的漫画故事不多，优秀的漫画故事更少，这在基础上就制约着动画的发展。目前的动画研发公司基本都是小公司，而部分大公司又不具备研发的心态，追求当年投资当年收益的模式，"一夜做大"的心理造成优秀国产动画片的缺乏，相关卡通形象也难以深入人心，衍生产品也失去市场存在的基础。

"作品的价值只有在市场上才能体现和放大，目前能够吸收多元化的资金来源，成功运作市场的企业或人才相当缺乏。"中国版权保护中心副主任邹建华也表示，动漫产业现在面临的许多问题，根本上在于中国卡通产业链缺乏一条清晰有效的商业运作模式，特别是缺少有能力整合各方资源把作品形象推向市场化的企业。

保护知识产权任重道远　帅民总裁特别指出，目前卡酷在衍生产品市场还遭遇到了如何保护自己知识产权的问题。他介绍，能够遏制盗版泛滥的一种方法就是动画片刚播出就在市场大量铺货，不给盗版打时间差的机会。但是这一方式风险太大，若市场反响不佳，库存积压对于企业来说是很大包袱。这也是卡酷公司为何自己进入流通领域来培养自主品牌的原因之一。

发生在这一市场最著名的案例就是 2003 年三辰公司举报香港某公司非法录制蓝猫系列音像产品，经过长达一年多的调查取证和法律程序终于胜诉。郭燕表示，目前在追求量的扩张的同时，如何加强知识产权的保护是三辰公司考虑的重点之一。据了解，三辰公司现已规范了品牌授权体系，实行专业化经营服务，以蓝猫、淘气等八个卡通形象和文字在 44 个商品/服务类别上申请了 385 件注册商标。此外，三辰公司还专门成立了研发部、法律部、国际版权部、品牌授权部、衍生产品开发部，制定了蓝猫形象使用手册，组建了维权专业团队。

邹建华副主任表示，动漫市场发展速度之快，超出了人们的预料，动漫产业的版权多元化问题成为影响动漫产业发展的关键之一。目前中国内地在保护知识产权方面出台了政策,也加大了打击力度。他同时表示,如何更好地保护动漫原创,还需要在实践中摸索。动漫企业要研究针对版权问题的行业自律和经营规范,以及版权保护中出现的问题的对策,不仅要依靠司法、版权、舆论的支持,企业也要学会利用法律的武器维护自身的权益。

北京奥运形象商品吸引英国媒体

2012 年的奥运会由英国伦敦承办,但英国人已经提前进入"角色",为中国北京 2008 年奥运会鼓与呼,最近,英国媒体纷纷推介北京奥运形象商品。这些媒体无不充满激情地指出:奥运会每四年才举办一次,就让我们热烈地欢迎奥运商品吧! 因此,下面将为你专门介绍 2008 年北京奥运会最精美的必备产品。

• 2008 年北京奥运会吉祥物福娃套装——奥运会都要有独特的吉祥物,而通过 eBay 网站或者奥运商品专柜可以购买到整套的福娃。全套有五个福娃,代表着奥运会五环,可爱之极。五个福娃同时也是中国目前最抢眼的动漫形象。

• 联想 3000V200 笔记本电脑——2008 年奥运会火炬设计者激发了一整批商品的设计灵感,其中就包括这台拥有 12.1 英寸液晶屏、120GB 硬盘,150 万像素摄像头的宽屏笔记本电脑。这些电脑只通过网上竞拍的方式限量发售,不过如果你真的很喜欢奥运会火炬,为什么不把一台这样的电脑据为己有呢?

• 联想奥运火炬——要想永远占有它可能得花一大笔钱,但你要是想参与奥运会火炬传递,那么你只要有激情、想像力和一点个人主义。联想主办的奥运火炬手选拔活动选出的平民火炬手就具备这些条件,包括热心奥运的音乐家、老师、妻子,还有两个孩子的母亲等。

• 三星虚拟火炬传递——没有入选火炬手的人可以通过 Facebook 网站上的这个活动,虚拟参与火炬的传递过程。

• 奥运会倒计时软件——这是我自己最喜欢的,不是因为我想下载这个软件,而是因为我喜欢看一些中国人戴着印有"北京"字样的帽子,穿着 T 恤和短裤,攥着两面旗帜,情绪高昂地盯着这个钟,等待伟大时刻到来的样子。即使你对奥运会没那么着迷,这个软件也可以在你的工作时间提供一点趣味。

动漫产业要向"绿色"发展

据西班牙媒体报道,西班牙玩具技术研究所发明一项新技术,可将杏仁壳加入塑料材料中,生产出无毒可生物降解的玩具。从动漫产业的角度看,这亦是对环保做出的一个贡献。

研究人员称,通过这项技术可以使用常规方法混合或者加工含有杏仁壳的塑料制品,其中杏仁壳在塑料中所占重量达到45%。由杏仁壳塑料制成的玩具可以回收,因为它们很容易进行生物降解,又不会散发残留任何有毒物质。这种特性使玩具得到了更好的利用。

专家指出说,杏仁壳是可更新的天然物质,把它加入塑料材料配方中,有助于更好地解决环境问题,并且它降低了最终产品的成本,因为杏仁壳的价格比塑料制品便宜很多。

杏仁壳塑料玩具外观形似木头玩具,但是它又像塑料那样可以弯折。这赋予玩具设计更大的灵活性以及玩具生产的快速性,因为厂家无需更换生产线和目前使用的材料。

这项发明旨在增加玩具的生物降解特性,并为地中海农产品废物提供新的用途。

（雪　莲　编译）

文化创意 798 区
或在商业租赁中窒息

据加拿大媒体报道,被外国人誉为中国"文化创意圣地"之一的北京 798 区,由于房租的成倍上涨,其多样化的艺术氛围逐渐消散,少数"富有"的"阳春白雪"似乎正在"驱逐"多数"清贫"的"下里巴人"。这大概也是北京市的官方始料所不及的。

北京的 798 区自形成以来,名气越来越大。然而,殊不知名气也是一把双刃剑。你看,大量慕名而来的游客,却终于使傅雷(音)离开他安静地进行了六年油画创作的艺术工作室。

798 区有大量废弃的军工厂房,当年有人形容 798 区是"被人遗忘的角落"。艺术家们因为房租低廉、空间充足聚集在一起,于是一个地下艺术场所便出现在这里。傅雷是首批在 2002 年来到 798 区的艺术家之一。

艺术家现身于这些工厂厂房引来了过路打工人员的侧目,但对于傅先生和他的朋友们来说,798 区是一个能够安静作画的理想场所。

正是 798 区在商业上出乎意料的成功扼杀了这里的灵魂,使艺术家们不得不纷纷逃离。

这一切发生在中国艺术品打进主流社会,著名中国艺术家的作品在国际拍卖会上售价惊人之后。很快,798 区成为了中国消费者和游客们一个新的观光热点。虽然拆毁的威胁渐渐远去,但 798 区现在却面临着新的威胁。房租迅速上涨。狭窄的街道挤满了车辆。建筑工地的噪音震耳欲聋。游客遍地都是。

傅先生说:"旅游巴士每天都会来到这里,好像这里是紫禁城似的。"

他说:"交通堵塞。我甚至不能开门,因为那样的话游客就会走进来。你能想像一下不断有陌生人未经许可走进你家里的感觉吗？"

与此同时，他的房租却涨了三倍。他的大多数艺术家朋友已经付不起在 798 区的生活费用。他们只好离开这一地区，把它留给商业领袖和资金充足的画廊。

这位 48 岁的艺术家说："这里正在变得非常俗气。只有有钱人待在这里。第一批来到这里的艺术家现在基本上都已经离开。我们已经不可能在这里生活。新来的人追求的是时髦和商业机会，而不是艺术。"

如同北京的所有事物一样，798 区的变化速度惊人。仅仅几年前，这里还像 20 世纪 60 年代纽约的索霍区一样古怪、大胆、前卫、后工业化，甚至有点危险。纽约的索霍区经过 30 年才被小商店和漂亮的餐馆占领。但在北京的 798 区，这一过程只经历了五年。

一度打算摧毁 798 区的北京市政府现在把这一地区当成了一个政府项目，但对于真正的艺术家们来说，这一决定就像是一个死亡之吻。小型画廊被推平给停车场和其它大型开发项目让地儿。有的地方房租已经是 2002 年的十倍。

798 区的一个书店老板说："最后，只有全球顶级品牌才有能力待在这里。我们都付不起这里的开支。"图书在这里仅仅起修饰作用的资格也被剥夺。

塔姆辛·罗伯茨的"红 T"画廊于 2005 年在 798 区开业，但 2008 年春天被关闭，以便给一个停车场腾地儿。罗伯茨说："大规模的商业化发生在这里，随之而来的是那种时髦的画廊和人物。"

她说："这个地区从前主要是些艺术家，只有少数几家画廊，但现在却来了个咸鱼翻身。这里来了更多的精英人士。艺术变了，卖些什么成了这里的重中之重。这里充斥着那些渴望找钱的大牌画廊和艺术家。这是些高端货，面对的是高端人群。"

罗伯茨女士是英国人，她说，她花了两万美元改造她的画廊，但却被告知这个画廊要关闭，她将得到不足 3 000 美元的补偿。

（李文清　编译）

《资本论》和"中国龙"

据英国媒体报道,西方人认为,大约在 20 世纪 70 年代中后期以前,中国一直很穷,主要是因为中国人片面理解《资本论》,把"资本"留在西方,仅仅引进了"论",多年来"论战"不休,"嘴仗"不断,政治升级,经济停滞。当年中国和苏联关系破裂,产生了举世皆知的"九评"。中国的毛泽东还觉得不过瘾,他说,有必要,可以"论战一万年"。"三起三落"的邓小平复出以后,首先指出,理论问题不要说了,"发展才是硬道理"。到了现在,中国日益强大富有,令西方人不得不刮目相看。他们认为,中国人不仅把"资本"与"论"还原为一,而且还把古老的"龙"与现代的中国很好地结合在一起。

中国的龙既不会喷火也不会俘虏年轻女子,它是一种通常脾气温和的动物,为人们兴云布雨,令家庭多子多孙——龙凤呈祥代表着快乐的婚姻生活。

龙一共有九种;龙有九九八十一种变化;龙爱吃燕子;龙既可以化身巨大的水龙飞卷上天庭,也可以缩成桑蚕的大小。既有保卫神仙的天龙,也有守护智慧明珠的宝龙。龙有时也会不守规矩——道教有个神仙有一把斩龙剑——但它们总体上对人类是一种益兽。

从西方的角度来看,龙的形象截然不同。尤其是在北京奥运会前夕,龙几乎成为出版商和发行部门必选的主题。这里罗列了八本与龙有关的书,在西方人眼中看来,这群动物张牙舞爪,大部分是红色的,令人畏惧。

伟大的历史学家费正清曾写道:概述中国是"我们八年级就应该学会的东西",接着却要花一生的时间付诸实践研究。有关巨龙的陈词滥调层出不穷,根据费正清的标准,这意味着我们要做的事情还有很多。

"中国龙"可怕吗？

《小心龙》的作者埃里克·杜尔施米德描绘的龙最恐怖，他直白地警告我们要小心：尽管中国数世纪来被认为是"沉睡已久的古老巨龙"，但中国"在世界史中确实写下了令人胆寒的一笔"。他的书的副标题是《1000年的流血牺牲》，书中追溯到蒙古族人入侵欧洲，以及参加朝鲜战争的中国人。尽管埃里克·杜尔施米德承认，这一时期不过延续了七个世纪，而不是十个世纪，而且蒙古人也并不是汉人——但我们仍然应该小心。幸亏中国明朝一位偏信谗言的年轻帝王下令航海家郑和返航，西方文明才得以侥幸留存。如果郑和继续向西航行，他也许能消灭威尼斯和热那亚的商船，以及伊斯坦布尔的苏丹。

在中国经年累月的"混乱与屠杀"之后，我们终于进入了21世纪，封建帝王和可汗长久以来的追寻也许将在这个世纪实现，中国将会统治世界。毛泽东会称赞这本书是值得研究的"反面典型"，以理解反华偏见为何不断深入，而这就是这本书将被阅读的方式——如果会有人看的话。

看了史景迁的《回到龙山》，读者会觉得他仿佛是今天的费正清。他笔下的龙更令人同情。历史学家张岱从小在龙山长大，在1644年明朝灭亡后他又回到了龙山，这个友好的地方紧挨着江南城市绍兴。张岱的一生正是明朝衰落的隐喻。张岱最后回到龙山，过着俭朴的生活，重新开始纂修明史。

"中国龙"源远流长

和明朝的帝王一样，满清皇帝坐在龙椅上，龙袍上绣着五爪金龙。然而这种神秘的动物并不象征恐怖，而是代表在"四海之内"促进人民生活和福祉。

将大河比作龙也顺理成章。《中国宝藏：巨龙王国的荣耀》一书的首页，是一幅黄河的图片，好像一条巨龙，蜿蜒曲折地发源自偏远的青海省。

该书作者约翰·钦纳里执教约半个世纪，启发英国学生的思维，我也是这些学生中的一员。他撰写的这本书从权威的角度流畅地叙述了中国的文化历史，并配有丰富的插图。一直以来，佛教为中国最伟大的艺术赋予灵感，而钦纳里特别用一个章节讲述了四川的大足石刻，石刻的脸有的像人，有的像佛，古怪而栩栩如生。

相对于中国文化，乔纳森·芬比撰写的《龙椅》一书更关注中国的历史。150多名皇帝曾登上龙椅，在这本书里几乎都有涉及。芬比像记者一样对历史上的奇闻轶事十分敏感，尽管后朝记载的这些故事并不那么符合史实。《龙椅》一书中还包括了一些关于皇帝与后妃、绘画与瓷器、凶猛的武士和外国敌人的图片。

"中国龙"不怕孤立

哈里·盖尔伯在《龙和外国恶魔》一书中,呼吁我们不要孤立地看待中国,而是要将中国与外部世界联系起来。其他国家与团体在中国的利益不断变化,正如中国在不同时期也对它们有兴趣或兴趣不大。在西方商业帝国主义敲开中国的大门之前,清朝因早期的过度扩张和人口对土地造成的压力备受困扰,因而更倾向于闭关锁国。盖尔伯援引康熙大帝的话警告说,在未来的几百年或上千年里,中国将在与西方国家的摩擦中受到威胁。

盖尔伯的著作信息丰富,包罗万象,而且他新书的简装版价格也比较低廉。凯里·布朗撰写的《龙的崛起》售价令人咋舌,但同样反映了中国与外部关系的兴衰史。这本书研究了中国对内与对外的投资,开头是一段对中国现代经济史的生动描述,提醒我们"从更长远的角度看,中国在过去的 20 个世纪中,有 18 个世纪都是世界上最大的经济体"。他认为,未来取决于中国对外投资的程度。

凯里·布朗认为,毛泽东时代的"自力更生"时期是一段正常又非正常的时期,从 1978 年开始,中国就已经回到"原来的状态,经济日益自由、开放,重启了一种在 20 世纪 20～30 年代之间的发展势头"。中国 21 世纪的改革派也赞同这一关于 1949 年以后中国历史的标准观点。我们可能很容易忽略毛泽东时期的中国和毛泽东本人被孤立的程度,因为简单来说,他们是被西方孤立的。然而,毛泽东不怕,中国人不怕。

"中国龙"风华正茂

今天,中国龙让人更多地联想到企业家而不是皇帝,美国商人杰克·佩尔科夫斯基认为,他已经学会如何制服它。《制服巨龙》一书的副标题是《我如何在中国建立价值数十亿美元的企业》。杰克·佩尔科夫斯基说,任何忽略中国市场的公司未来注定只能是二流公司,而关键是要寻找到合适的中国经理——并不一定是那个英语说得最流利的人。杰克·佩尔科夫斯基出身于匹兹堡一个蓝领工人家庭,他对中国人辛勤的工作状态印象深刻。他还指出,与西方相比,中国也许更有动力开发新的节能技术。

杰克·佩尔科夫斯基与其他许多西方商人一样,看待中国的视角结合了洞察力与傲慢。他对初来乍到的人建议说,如果你喝到的咖啡跟你要求的不一样,或者你的饮料里没有放冰块，不要小题大做。事实上，中国仍然"处于青春期"。

在《硅谷之龙》一书中，丽贝卡·范宁与十几名这样的"青春少年"进行了讨论，他们全部是中国高科技革命中涌现的成功企业家。她的采访扣人心弦且发人深省。她所有的受访者都出生于文化大革命期间或文化大革命前，大多家境贫寒，或父母下乡插队。一些人曾在硅谷或美国其他地方求学，但美国风险投资家正争相寻找的最新一代技术革新者却是土生土长的中国人。

31岁的软件开发者刘英魁将自己的公司命名为东方般若。他说，他希望将儒家思想与资本主义相结合。是的，这肯定是一个新品种的龙。

从"资本"和"论"的分离到"资本"和论"的结合，从"中国"和"龙"的疏远到"中国"和"龙"的重合，中国的未来不能不令人胆寒。总有那么一天，高擎《资本论》的"中国龙"，真的会让世界为之发怵。

相关链接

兴儒教，改善中国的社会道德

中国看日本，问题多多。日本看中国，亦是问题不少，且很多时候失之公允。不过，日本人"以子之矛攻子之盾"，常常却让中国人不得不冷静下来。

据日本媒体报道，一些日本人在中国专门收集民间流传的段子，综合归纳。比如在社会道德方面的，"身体越来越胖，心胸越来越窄。头衔越来越多，学问越来越浅。讲话越来越长，真话越来越少……"同时，也注意到中国人在这方面的自省。

比如，日本人认为，中国最近出版的方舟所著的《四十四岁必读书》，是对迎来人生转折点的44岁的人们提供的一本生活指南，也是中国社会道德方面的一本指南。44岁的人总是被不安的情绪所笼罩，为了逃避现实极易做出违背人伦之事，因此才会有"路边的野花不要采"这样的警告。

2007年中国的离婚案较之前一年增加了18%，突破了140万件。据中国媒体的报道，大城市中六成以上的离婚案是由婚外恋引发的。据说一位律师2007年接手的离婚案件中，75%都是年龄在35～45岁之间的白领夫妇。另一方面，1980年后出生的独生子女，也就是所谓的"80后"，更被视为"不负责任的代名词"。这一代人中，"闪婚·闪离"的人数超过以往。在浙江省宁波市，"80后"的离婚案件占到全部案件的24%，其中三分之一的夫妻婚龄不足三年。

造成社会道德如此沦丧的背景主要是心灵支柱的缺失和信赖感的丧失。甚至连共产党机关刊物《求是》杂志也在2007年撰文指出，"一部分共产党员不信马列信鬼神，不信组织信个人"，严厉警告在干部队伍中兴起的通过占卜风水以图升官发财的风潮。其实这些人正是由于缺乏信仰，才会走上迷信的道路，丧失对于不道德行为的抵制能力。

而另一方面，信仰宗教的人数却在增加。根据中国政府的统计，在中国信仰宗教的人口有一个亿，但事实上恐怕要比这多得多。而且这些宗教正在知识阶层中迅速扩张。

难道除了宗教就没有其他的方法可以用来支持人民的心灵、改善社会道德吗？中国把目光投向了"儒教"。

访华的日本首相福田康夫造访了孔子的诞生地山东曲阜。而在此前举行的首脑会谈中，胡锦涛主席向福田介绍说，应当在人民中间广泛树立起加强精神文明建设的意识。在当代中国，儒教等传统思想被称为国学，许多孩子从小就被灌输这些学问。

孔子说过"以和为贵"。重视道德的儒教创始人孔子的"和"与"仁"的思想正好契合了胡主席"和谐社会"、"以人为本"的理念。现在的许多共产党领导人精通儒教和道教，他们提出的政治口号也多是沿袭了儒教的精神。

在"文革"时期，儒教是受到排斥的。孔子被视为封建主义的象征。在"文革"后期，一场所谓"批林批孔"的运动更是在全中国轰轰烈烈地展开。而改革开放后，进入市场经济，无秩序的拜金主义之风泛滥、社会道德沦丧。为了遏制这种风潮，中国逐渐开始转变对儒教的态度，到现在，儒教则得到了完全的复兴。

如果对道德沦丧的局面持放任态度，中国很可能丧失国际信用，甚至给整个经济带来恶劣影响。中国的目标是通过在中国重新引入儒教思想，改变本文开头的段子中描述的情况，使中国的国民都能拥有胸怀、知识、真诚和威信。

读《茶经》，品中国茶文化

据德国媒体报道，古老的《茶经》正在风靡欧美，茶文化与咖啡文化对话，东方文明与西方文明交汇。

茶叶之于中国人，就如同葡萄酒之于欧洲人。虽然由于全球化，越来越多的中国人学会鉴赏葡萄酒，但中国茶也因繁多的品种和古老的传统而被越来越多的欧洲人视为一流的奢侈品。其实这是个再发现的过程，因为自从1560年葡萄牙人第一次将茶叶带入西方以来，这种昂贵的植物叶子就成了除丝绸和瓷器之外，欧洲商人最渴求的商品。

不过，中国茶的历史要比这久远得多。传说3 000多年前，神农氏游历南方时发现了茶叶。当时，仆人正在为他烧水，一片叶子恰好被风吹入锅中，水于是变成了绿褐色。神农氏决定品尝锅中之水，发现它令人气爽神怡。茶叶由此诞生。

中国的茶文化受到了佛教的深刻影响。不仅茶叶和佛教后来一起传入日本，而且公元800年问世的《茶经》也出自一位名为陆羽的和尚之手。《茶经》记载了极其精湛的饮茶技巧和礼俗，以及不同种类的茶叶对身体和心灵所起的作用。几个世纪以来，茶文化已经产生出需要用一生时间来掌握的深刻哲学和技巧。

"从理论上说，喝茶是一门学问，从实践上说，它是一门艺术"，一位在中国浙江做买卖的日本茶商说。"水温、沏茶技术和工具的使用因茶叶而异，需要很高的准确性、大量的知识和练习。"不过，并非只有精于茶道和学问高深的人才喝茶，茶道也是一种大众文化。在中国，人们一日三餐都喝茶。紧跟潮流的中产阶级不仅能区分美式咖啡和卡布其诺，也能分清花茶和龙井。商人们在茶楼寻找适合谈生意的气氛。在茶文化气息历来比北方省份更为浓郁的广东省，人们早晨不是去"吃早饭"，而是去"喝早茶"。南方人喝茶时也更注重礼节。

与欧洲盛行喝茶不同，绿茶是中国人最喜欢也是流传最广的茶叶。中国种植的茶叶差不多有3/4是绿茶。很受欢迎的一种绿茶是杭州的龙井，清朝的乾隆皇帝认为它是中国最好的茶叶。乾隆曾四下杭州，钦点了18株最好的茶树。这些茶树所产的茶叶属于非卖品，只能进贡皇宫。现在，最好的春茶每两最多可以卖到7 000元人民币。尽管如此，春茶通常在之前的冬天就已预售一空。

进入21世纪，喝茶在欧美重新流行起来。虽然咖啡在开放的中国年轻人中相当流行，但它的受欢迎程度远远比不上茶叶。反过来说，人们无疑也相信，西方人同样不会冷落自己的咖啡文化。但鉴于眼下中国的繁荣，这一天可能即将到来：到时，欧洲城市的咖啡馆中有更多种类的茶叶可供选择。

不管怎样，饮茶肯定正在中国复兴，一种古老的文化再次苏醒。

（雪　莲　编译）

世界三"大国" 大中国居中

据英国媒体报道,当今的世界秩序由三个"帝国"决定,而中国是三个"帝国"中的一个。这种论点在两位著名学者帕拉格·康纳和罗伯特·卡根的专著中清晰可见。

不可否认,从表面上看,康纳的《第二世界:新世界秩序下的帝国和影响力》和卡根的《历史的回归与梦想的终结》这两本书的主题并无二致:由于亚洲经济实力增长,特别是中国的经济实力快速增长,加之全世界在伊拉克战争后对美国感到不满,地缘政治领域呈现出重要的趋势。然而,这两本书的差异又显而易见。康纳的专著是一部深奥难懂的长篇论著。他得出了一个简要(而且简单化)的结论:当前支配世界的是三大"帝国":第一是美国,第二是中国,第三是欧盟。卡根的专著则简短易懂,认为世界比以往错综复杂了许多,对世界的影响,不仅仅是这三个"帝国"。应当说,与康纳相比,卡根的专著略胜一筹。

康纳的专著:无论走到哪里,都会发现美国、中国和欧盟的影响

不过,康纳的专著以内容广泛和气势恢弘见长。作为新美国基金会的学者,康纳从阿诺德·汤因比50年前写就的《从西方到东方:环球游记》中汲取灵感,决定动身远行。他游历了50多个国家,其中大多属于他所谓的"第二世界"。也就是说,这些国家介于富有的西方发达国家和最贫穷的非洲国家之间。他在旅行中前往乌克兰、土耳其、巴尔干和高加索地区;前往中亚的"斯坦国家"和中国的边陲;前往拉美、中东和东亚。

他在这本大部头作品中花费大量篇幅描述自己探访的所有这些国家和地区。作为随笔集,该书的内容相当广泛,但就每篇随笔而言却非常平庸:选材不够典型,描写不够生动,分析不够深刻,古怪看法和错误观点随处可见。例如,书中说土耳其的反美情绪有所加剧(这是事实),对欧盟的好感则显著增加。由于加入欧盟的谈判缺乏进展,土耳其感到非常沮丧,所以上述陈述是不准确的,且不太公允。康纳认为,日本受到中国的"吸引"。他的这种看法只是基于贸易和投资数据而缺少其他证据,其实大多数证据支持的是相反的观点。中国当然不会对日本感到放心。日本对中国的亲近也是很有分寸的。作为欧洲的全球影响力的佐证,他说《金融时报》的总销量不到《纽约时报》的一半,而且有 2/3 是在欧洲大陆发行的。

康纳在所有旅行中归纳的共同点是:无论走到哪里,他都会发现三股外部力量(第一是美国,第二是中国,第三是欧盟)施加的影响。他认为,世界的未来将由这三个"帝国"决定。在这三个"帝国"中,中国正在崛起,但前途未卜;美国正在衰落,缺乏竞争力,傲慢自大;欧盟比较可取,比较灵活,比许多骄傲的欧洲人料想得更为强大。人们或许认为印度、俄罗斯或巴西也有可能成为强国,康纳则认为它们只能居于落后位置。在关于中国的章节的结尾处,他用大约 500 字讲述了印度的情况。他认为该国缺乏秩序,不值得重视。他宣称,即使印度崛起,也只能是按照中国的方式崛起。

卡根:复苏的单一制度有时会成为有效甚至合理合法的政体

在酝酿《历史的回归与梦想的终结》一书时,卡根也许根本没有离开过书房。这本书只有 100 多页,字很大,行距也很宽。不过,康纳的书沉闷肤浅,他的书则奥博而深刻。他指出,冷战结束后,有人认为意识形态冲突已经终结,自由民主获得了胜利,但这只是一种错觉。他说,我们如今重又回到了国家的目标和利益相互碰撞的世界里。形势更接近于 19 世纪,而不是 20 世纪 90 年代。

在这个世界里,无法依据简单的规则预言或控制国家的行为。在这个世界里,美国不再是唯一处于支配地位的大国,但从全球范围来看,仍然是最具影响力和实力的国家,即使在伊拉克遭遇失败之后也是如此。他认为,并非只有三个"帝国"以彼此间的相互制衡影响着世界。在这个世界里,许多国家及其统治者都在争夺地位和优势,其中一些国家急于证明,当前关于影响力和地位的假设是可以推翻的,而且肯定会推翻。如果说,近年来的形势反映了一种大趋势,那就是复苏的单一制度有时会成为有效甚至合理合法的政体。如果存在一条鲜明的分界线,那就是民主制度与独裁制度之间的分界线。不过,在运作外交政策时使用这一分界线就像以往一样困难。两位作者一致认为,打造纯粹而安全的、既符合理想又适应实际的世界的梦想已经彻底破灭了。

(古隆中　编译)

从手机诗歌到纸介质诗集

据境外媒体报道，当日本出版行业处在"越卖不动越必须出，越出得多越卖不动"的困境不能自拔时，手机图书却在勾勒一个全新的出版模式：大量手机图书出版——无数手机用户（读者）筛选——很多手机图书聚集人气——出版印刷纸介质图书——发行销售成为畅销书。

在当年的中国，《扬眉剑出鞘》引起"天安门诗歌"风行全国。一首《致橡树》，揭开了"朦胧诗"繁荣的序幕。而中国出版在其中既坐享其成，又推波助澜。

灾难凝聚人心，血性产出诗家。在 2008 年的中国，四川汶川大地震以后，成千上万首对地震灾民表示支持的诗歌，正在通过互联网和手机短信系统在民间流传。这给中国出版业是否也提供了机遇？比如，海量的网络、手机诗歌出版——众多优秀网络、手机诗歌脱颖而出——编辑、出版、印刷纸介质诗集——掀起中国当代诗歌出版的久违的又一次繁荣，为中国当代文学增添新的篇章。再如，凭借"中英文对照"、"中法文对照"、"中德文对照"、"中葡文对照"、"中西（班牙）文对照"、"中日文对照"、"中韩（朝鲜）文对照"……同时也推动中国诗歌、中国出版"走出去"，向全世界展示中华民族的生死与共和坚不可摧。

自从 30 年前中国致力于经济发展以来，诗歌这种艺术形式一直不太流行。诗歌的最近一次繁荣还是在上世纪（20 世纪）80 年代初，当时中国的改革开放激发了作者的灵感。

2008 年 5 月 21 日仅新浪网一个聊天室就有全国各地网民上传和转贴的超过1.5 万首诗歌和评论。他们用传统的方式来表达自己的震惊，对生命逝去的痛惜，对父母、老师、救援者以及其他拯救生命的人的赞美。

中国文联副主席冯骥才说，人们通常用诗歌表达强烈的感情，特别是悲伤。他说："与之类似的是 1976 年周恩来总理逝世的时候，人们写了无数的诗来纪念他。（地震引发的）这种共同感情令这些诗被广泛传播。我也读了一些，都写得很好。"

28 岁的北京职员马玲（音）说，自己在读到网络上流传最广的《孩子快抓紧妈妈的手》时，禁不住泪流满面。这首诗没有署名作者，有汉语普通话和英文两个版本，表现的内容和情感特别富有代表性：

孩子，快！抓紧妈妈的手。
去天堂的路，太黑了，
妈妈怕你，碰了头。
快，抓紧妈妈的手，让妈妈
陪你走。
妈妈，怕！
天堂的路太黑，我看不见你
的手。
自从，倒塌的墙，把阳光夺走，
我再也看不见，你柔情的眸。
孩子，你走吧。
前面的路，再也没有忧愁。
没有读不完的课本，和爸爸
的拳头。
你要记住，我和爸爸的模样，
来生还要一起走。
妈妈，别担忧。
天堂的路有些挤，有很多同
学朋友。
我们说，不哭。
哪一个人的妈妈都是我们的
妈妈，
哪一个孩子都是妈妈的孩子。
没有我的日子，你把爱给活
的孩子吧。

妈妈,妈妈,你别哭。

泪光照亮不了,我们的路。

让我们自己,慢慢地走。

妈妈,我会记住你和爸爸的

模样。

记住我们的约定,来生一起走。

（岳　月　编译）

日本媒体从文化嬗变
谈中国"多难兴邦"

　　中国的近邻日本,是典型的多地震国家,比如 20 世纪 20 年代的关东大地震,20 世纪 90 年代的阪神、淡路大地震,都是震惊全世界的大灾难。但是,幸存的日本人还得活下去,风雨飘摇的日本国不能毁灭,而大灾大难给日本社会文化带来的影响更是巨大的,这对目前的中国,似应有所启迪。

　　中国的温家宝总理写下"多难兴邦"四个大字,这意味着中国人不怕大灾难,四川人将在大地震中重新崛起。

　　据日本媒体报道,(2008 年)5 月 12 日四川大地震发生后,相关报道给普通民众造成巨大冲击。地震灾害至今仍在持续,不仅余震连连,而且因为受灾人口太多,临时住房的建设也难以满足需求。在灾区还存在水坝溃坝和传染病流行等次生灾害的可能性。

　　(日本的)中井久夫是一名有过受灾经历的精神病医生。他曾经指出紧急救援时的一些重要问题。例如,要考虑生还者的孤立感;不仅要关心受灾者,还要关心救援者的心理治疗问题等。

　　媒体的重视及世界各地伸来的援助之手,可以缓解受灾者的孤立感。中井久夫认为,孤立感会加快受灾者的衰弱。对四川受灾者而言,最大的心理危机大概会在北京奥运会后到来,因为到时候世界会开始忘记这场地震灾害。

　　但是,震灾带来的并非只有心理危机。中井久夫曾经写过一篇文章《日本社会外伤性应激反应》,总结了阪神大地震后十年间日本精神面貌的相关变化。例如,由于 PTSD(创作后应激障障)等词汇广为人知,因此在地震后社会十分关心精神创伤问题。对受灾者有组织的救援，形成了强烈的社会共同感情，"在战后首次唤回了日本人的自尊心"。这样的地震对社会和文化的确都有着重大影响。

日本历史上最严重的一次自然灾害，应当是 1923 年发生的关东大地震。此次地震导致 190 万人受灾，死亡失踪人数为 10.5 万人，东京也在地震中受到了毁灭性的破坏。

地震对日本文化产生了重大影响。江户文化的连续性被切断，这为接受欧洲、美国和俄罗斯等国文化提供了土壤。在大规模重建计划的指引下，道路扩建和区域整治等基础设施建设快速发展，现代建筑大量出现。有研究者认为，日本的现代化，是以地震为契机推进的。

再如，日本文学方面的"现实主义"感觉的变迁。在地震之后，自然主义的现实主义文学和"私小说"（即当时日本的文学流派之一）趋于衰退，新兴的是"新感觉派"和无产阶级文学。这是因为地震动摇了人们对现实世界的信任，从而使人们在虚幻和政治中找寻新的"现实感"。

再行追溯，同样的变化也发生在 1755 年葡萄牙里斯本大地震之后。里斯本大地震时，火灾和海啸造成了至少六万人丧生。里斯本几乎被毁灭，葡萄牙经济遭到重大冲击。

这次地震也影响了当时欧洲的思想潮流。在伏尔泰的小说《老实人》中，就有主人公遇到里斯本大地震的情节，这一作品是为了质疑莱布尼茨的盲目乐观主义而写的。哲学家康德也受到了这次地震的影响，他后来发表了一篇讨论地震原因的论文，被认为是现代地震学的开端。

那么，四川大地震将带来何种变化呢？现在已经有了几个先兆。在大规模组织救助受灾者的同时，中国政府迅速接受了外界的支援，特别是与中国有较多摩擦的日本的支援。中国国民的反日情绪，也因日本救援队的活动而大为缓和。地震激发了中国国民空前的爱国心和同情心，互联网上流传着许多催人泪下的"地震诗歌"，其艺术价值堪比唐诗和宋词。

（雪 莲 编译）

台湾民众喜欢汉字的简体字

据境外媒体报道，一直使用汉字繁体字的中国台湾民众，也日益喜欢上汉字的简体字了。

在中国台湾，使用繁体字还是简体字，常常被认为是涉及意识形态、事关毁灭还是保存中华文化的大是大非问题，不仅简体字不能用，连文字横排都是禁忌。正因为如此，某些台湾学者把方块字看作是老祖宗给后人留下的珍贵文化遗产，必须好好守护。当他们看到中国大陆的简化字"儿"、"厂"、"广"等破坏了方正字形的美感时，便越发觉得"简化中国文字是一种罪过"。

但是，随着政治的解禁、社会的变迁，以及两岸的交融，这种偏激的看法越来越失去了原有的市场。因为越来越多的台湾民众开始接受简体字，认识简体字，并且从简体字里面获得越来越多的资讯、知识和机会。随着对简体字了解的增多，很多台湾民众发现，大陆用简化字确实简洁方便，能提高工作效率，尤其是像"尘"、"灭"这类简化字造得很高明，甚至连反对使用简体字的人也不自觉地模仿运用起来。

简化字"渗透"台湾，与老兵到大陆探亲、台商到大陆投资，以及近年大陆以优惠措施大量进口台湾水果有密切关系。两岸经贸往来的频繁及大陆文化界人士不断访问台湾，使得台湾人对简化字的畏惧情绪有所淡化，也使得台当局严禁销售大陆简体字书籍的规定有名无实。简体字进入台湾家庭并为许多人所认同已是不争的事实。新竹市长林政在市务会议中提出，让中学生利用社团时间学习简体字。

2006年9月下旬，台当局为举办"海峡两岸图书交易会"，特别允许新闻出版总署副署长一行328人赴台。这是两岸文化交流史上规模最大的简体字书展，有近200家出版社参展、47万册简体字书展出和销售。

从 2003 年起,就连民进党也公开声明部分大陆书籍可以"入境",台湾销售简体字书籍的书店骤然增多。尽管台当局对大陆书籍审查严格,以防宣扬统一的书籍流入台湾,但在执行起来却非常困难。台湾书摊有不少大陆领导人的演讲集及中华人民共和国地图,里面讲到"台湾是中国不可分割的一部分"也未被删去。

仅 2005 年,大陆出版的简体字书籍在台湾的销售额约 6 800 万新台币,比 2003 年多五倍。简体字书籍之所以受欢迎,原因在于一方面它是"最实惠的一种商品",即内容厚实,价廉物美;另一方面,将大陆书籍转成繁体字版本不仅浪费人力财力,而且讲究速度的读者也不能在第一时间读到。

因此,到大陆旅游的台湾作家,常常不问价钱拼命购买,不怕沿途深受书籍之累,也不怕台湾海关扣留或没收。像大陆文艺研究专家姜穆三次探亲都一路买书,前后 100 多公斤的书搬回锦屏再搬到贵阳,然后带着视同宝贝的简体字版本的书籍飞经北京、香港,再运回台湾。

大陆综合实力不断增强,海峡两岸的民间交流更频繁。随着中国国际地位的提升,中文的国际市场也不断扩大。作为中国的一部分,台湾民众要很好地了解大陆的法规、市场经济状况,要到大陆发展、就业、求职等,最首要的就是认识、书写简体字。

目前,台湾民众除了学习英文、日文,很多人也在学习简体字。他们认为,简繁两种字体系出同源,不难学,重点是要摆脱政治和意识形态的束缚。现在大陆市场越来越红火,在经济和文化强势地推动下,台湾大学生学习简体字的热情越来越高。

简体字"渗透"台湾已成不可阻挡之势,为遏止这股风潮,尤其是防止大陆书籍所宣扬的中国统一观念在台湾扩散,当时的台当局干脆利用本无政治性的文字大做"文化台独"文章。

据岛内媒体 2007 年 7 月报道,一年一度的教科书出版热季来临,台湾教育部门最近向各教科书出版社提供一份涉及 5 000 用词的教科书"不当用词检核"报告,要书商依此全面更改。

根据这份报告,"国父"、"国画"、"国字"、"国剧"、"古人"等词,都被列为"不当"用词,而所谓合适的用词就是删掉"国父"二字只剩"孙中山"字眼,其他词则相应改成"中国水墨画"、"中国文字"、"中国京剧"、"中国古人"等词。

依据这份"指引",台湾教科书中凡有"大陆"两字的全要改成"中国","台湾地区"必须改成"台湾","海峡两岸"要改成"两国"。台湾的家长和教师面对教科书的这种"去中国化",均表示强烈不满。"全台家长团体联盟"副理事长林文虎痛斥台湾政治紧绷,族群对立严重,如果又急着将教科书中的"大陆"用词改为"中国"两字,情势会更恶化。

还有的教授认为,这种利用审查机制干预教科书编辑自由的做法,使人仿佛又回到"戒严时代"。有的游行示威者则高举"教育戒严,民主倒退"的标语牌表示抗议。部分民进党"立委"也不赞成"去中国化"的用语,认为"只会徒增困扰,浪费社会资源"。

当时的台当局搞"文化台独"既难以彻底切断海峡两岸同文同种的文化脐带,也无法阻挠台湾民众对简体字的青睐。简体字风行台湾,有很多因素促成。繁体字书写起来确实繁杂、困难,在计算机处理文件时也较为繁琐,删繁就简符合人们的读写习惯。

更重要的是,简体字所传递的信息、知识以及影响力已经今非昔比,随着大陆综合国力的提高,以及中文在国际社会的普及,推崇简体字在华人世界已经形成潮流。正如台湾媒体认为,台当局不能只注意简繁字体的消长,更重要的是要关注字体市场消长所反映的两岸大势的变迁。

（郝新仁　方象磐　编写）

CEO 图书正在中国幼儿园火起来

据德国媒体报道,在有着一两亿少年儿童的中国,只要找准一种选题,就会给出版业带来丰厚利润,难怪外国人说中国出版就是教育出版,教育出版代表着中国出版。现在,中国年轻的父母,望子成龙的目标似乎从孩子出生那天就开始明晰起来——当 CEO,成为经理。足球从娃娃抓起,CEO 也从娃娃抓起。围绕幼儿园娃娃们的 CEO 图书,似乎正在火爆起来。

遥想当年,20 世纪 50 年代、60 年代和 70 年代前半期,中国孩子的理想职业一般有三个:工人、农民或者士兵——现在 5 岁的孩子就已经在为其将来当 CEO、做经理的生涯做准备。

一个星期五的晚上,一位小演讲者在上海浦东一座大楼的第十层会议室里发表演讲。讲台前放着几张排成 U 形的黄色桌子,会议室里的一切布置都与成人世界的董事会会议室相同,只是桌子和椅子要小得多。

11 个孩子笔直地坐在那里。当演讲者做完报告时,他们热烈鼓掌,因为他们当中的每个人都会在某个时候轮到发言。

孩子们尝试做报告和采取成人行为的表演使人觉得好笑。但他们不是在做游戏。这是一个培训班,名叫"天才宝贝课程"。它允许教会小孩"经济和自然科学等方面的基础知识"。最小的天才宝贝课程参与者才 3 岁(刚刚进入托儿所的年龄)——孩子们不能比这更早开始为职业做准备了。

刘辰宇(音)刚满 5 岁,剪了个蘑菇头发型。他不安宁地坐在椅子上来回滑动。老师过来提醒他:"Jason(贾森),坐着别动!"在 MBA 课程培训班中,取英语名字是一种时髦。Jason 累了,他已经难以集中注意力。

他的一天是这样安排的:上午8点去幼儿园。上完早操和手工课后,他与其他小孩下中国象棋。然后,他母亲把他从幼儿园接到少年宫。他每天晚上在那里上一个小时钢琴课。之后,母亲又驾车将他送到MBA课程培训班。每个星期五,Jason的课程安排得特别紧。尽管如此,Jason说,他每次都盼着去上MBA课。

校长办公室离学校大门不远。校长毛艳芳(音)25岁,身着刺花牛仔裤,将头发染成淡红色,看上去根本不像人们所想像的MBA课程培训班的主管。这所儿童商学院的创意源自美国。一些年来,它在中国特别富有成效。

目前仅仅在上海就有四所这样的学校,超过300个小孩在这里为未来的职业生涯做准备。"当然我们的培训班不能与真正的MBA课程相比",毛艳芳说。她不得不经常解释在小孩MBA后面隐藏的东西。她总是先向来访者播放录像,说明其教育计划。

校长打开录像机,墙上很快展现出经济繁荣的剪接图片:有飞机和大型机械设备在运转的工厂车间等,接着出现比尔·盖茨、香港富翁李嘉诚和一位诺贝尔经济学奖得主的头像。在整个放映过程中配有听起来略带威胁性的男音。然后人们看到"天才宝贝"五彩缤纷的教室,孩子们在学习生物、数学、经济——教育计划里总共有12个专业。

毛艳芳不向家长作任何许诺,"每个孩子有自己的个性。孩子在上完为期两年的培训班后也没有显示出任何领导才能,这完全可能的。但上天才宝贝MBA培训班的孩子至少有一种机遇"。Jason的母亲周卫红(音)曾聚精会神地倾听校长说的话。她在孩子演讲结束后说:"如果孩子觉得没有乐趣,我就不会把他送到MBA培训班。"

(岳　月　编译)

中国报纸日发行量 1.07 亿份

据美国媒体报道,在世界各国报业市场规模的排名中,中国独占鳌头。

在本届国际报业大会上,行业权威人士表示,受亚洲和南美洲需求的推动,全球报纸发行量呈上升趋势,否定了纸介质媒体即将寿终正寝的预测。

据世界报业协会报告统计,2007 年,全球付费报纸的发行量上升了 2.6%,其中,地处亚洲的印度和中国的发行量增长最多。中国目前是最大的报业市场,日发行量达 1.07 亿份。

在发行量居于全球前 100 名的日报中,经济活跃的亚洲拥有 74 家,其良好的发行业绩与西方日益减少的报刊读者形成鲜明对比。

该报告显示,2007 年美国的报纸发行量下降了 3%,欧洲下滑 1.9%;最近五年来,美国的报纸发行量共下降 8%。

广告业的发展趋势也与之相似。该报告显示,报纸广告利润在全球所有地区都有所上升,但美国除外,2007 年其广告利润下降了 3%。

与此同时,全球互联网广告利润上升了 32%,这表明网络媒体的转化,报刊编辑正日渐意识到开发多媒体平台的必要性,以巩固老的读者群,争取新的读者群。

美联社委托开展的一项调查结果显示,当今的年轻人与前几代人获取新闻的方式存在深刻差异。

美联社 2007 年委托进行的这项研究对美国、英国和印度六个城市的 18 名不同种族、不同性别、年龄在 18～34 岁之间的年轻人进行了调查,分析他们的新闻阅读模式。

美联社战略规划主管吉姆·肯尼迪说,这项研究最终帮助美联社设计出一种满足年轻人需求的新闻发布模式。这种模式包括美联社所谓的"三步归档法",首先是对突发事件进行标题快讯形式的报道,然后以适合网络和广播电台的简短新闻形式进行实时更新,最后加入细节,按各种媒体的需要汇总成最适合他们的新闻。

佐格比国际民意调查所和路透社对全球704家报纸的编辑所作的一项调查结果显示,44%的人认为,大多数人在十年后都会在网上看新闻。2006年开展类似调查时,这一数字还只有41%。

世界报业协会负责人蒂莫西·鲍尔丁说,对北欧报纸编辑开展的调查显示,他们认为主要的竞争对手是免费报纸,其次是互联网。

（孟斯咏　编译）

假发票或有损中国印刷业形象

如果说德国、美国、日本等国是印刷强国的话,中国至少可以算是印刷大国了。在从印刷大国向印刷强国迈进的过程中,总有诸多不和谐的东西困扰着中国印刷业,甚至起了拖后腿的作用,比如泛滥的假发票。

据奥地利媒体报道,在中国的首都北京,做假发票生意的随处可见。

在通向北京国际展览中心的人行道上每天都可以看见假发票卖得红红火火。顾客是普通公民,但也有公司代表或参观展览的人。顾客花几美分或几欧元就可以买到各种各样的发票,然后他们可以用这些发票去发横财。

但假发票生意中的大亨不是拎着塑料袋坐在马路边叫卖,而是在内地用专业印刷机、电脑和扫描仪成吨地制造假发票。2008年前后有五名主要作案者在中国西南部的三个省被抓获。2008年2月22日,在云南省罗平县法院开庭审理的诉讼案件涉及自1949年以来最大的制造和销售假发票案件。以宋帮福和张慧龙为首的作案者印刷和销售了97种发票。

据报道,被没收的100多万张发票的票面值预计约为1 000亿欧元,它们给国库造成高达70亿欧元的税收损失。当地警察说,仅仅这些发票本就可以装满两卡车。

通过做假账逃税或发横财已成为中国国有经济和私有经济并存的混合经济体中的“群众性活动”。最高可判处死刑的处罚没有吓倒作案者,因为从中可以牟取的利润非常高。进行轻微刑事犯罪活动的假发票销售者显得并不害怕。 名如女说,在大搜捕时“我们就逃跑”。到那个时候,她就把装满假发票的塑料袋扔掉,“因为丢掉的仅仅是纸”。

(雪 莲 编译)

策　　划:杨松岩
责任编辑:申　珺　张双子
装帧设计:肖　辉
版式设计:东昌文化
责任校对:刘越难

图书在版编目(CIP)数据

海外新闻出版实录(2008)/新闻出版总署对外交流与合作司　编.一北京:人民出版社,2009.3

ISBN 978-7-01-007669-0

Ⅰ.海…　Ⅱ.新…　Ⅲ.①新闻工作－概况－世界－2008　②出版工作－概况－世界－2008　Ⅳ.G219.1　G239.1

中国版本图书馆 CIP 数据核字(2009)第 011782 号

海外新闻出版实录(2008)
HAIWAI XINWEN CHUBAN SHILU(2008)

新闻出版总署对外交流与合作司　编

人民出版社 出版发行
(100706　北京朝阳门内大街 166 号)

北京利丰雅高长城印刷有限公司印刷　新华书店经销

2009 年 3 月第 1 版　2009 年 3 月北京第 1 次印刷
开本:720 毫米×1020 毫米 1/16　印张:34.5
字数:580 千字

ISBN 978-7-01-007669-0　　定价:58.00 元

邮购地址 100706　北京朝阳门内大街 166 号
人民东方图书销售中心　电话(010)65250042　65289539